中国社会科学院创新工程学术出版资助项目
国外现代政治经济学经典译丛
程恩富 主编

商 业 周 期
——资本主义下的增长和危机

The Business Cycle:
Growth and Crisis under Capitalism

[美] 霍华德·谢尔曼◎著（Howard J.Sherman）

胡永红◎译

中国社会科学出版社

图字：01-2012-4166号

图书在版编目（CIP）数据

商业周期：资本主义下的增长和危机／（美）霍华德·谢尔曼著；胡永红译．—北京：中国社会科学出版社，2016.6

书名原文：The Business Cycle：Growth and Crisis under Capitalism

（国外现代政治经济学经典译丛／程恩富主编）

ISBN 978-7-5161-8572-8

Ⅰ.①商… Ⅱ.①霍…②胡… Ⅲ.①资本主义经济—经济增长—研究②资本主义经济—经济危机—研究 Ⅳ.①F03

中国版本图书馆 CIP 数据核字（2016）第 157937 号

Copyright@ 1991 by Princeton University Press
Published by Princeton University Press,41 William Street,
Princeton,New Jersey 08540
In the United Kingdom：Princeton Univerity Press ,Oxford
All Rights Reserved

出 版 人	赵剑英
责任编辑	赵　丽
责任校对	李　莉
责任印制	王　超

出　版	中国社会科学出版社
社　址	北京鼓楼西大街甲158号
邮　编	100720
网　址	http://www.csspw.cn
发 行 部	010-84083685
门 市 部	010-84029450
经　销	新华书店及其他书店
印　刷	北京君升印刷有限公司
装　订	廊坊市广阳区广增装订厂
版　次	2016年6月第1版
印　次	2016年6月第1次印刷
开　本	710×1000　1/16
印　张	29.5
插　页	2
字　数	460千字
定　价	108.00元

凡购买中国社会科学出版社图书，如有质量问题请与本社营销中心联系调换

电话：010-84083683

版权所有　侵权必究

国外现代政治经济学经典译丛
编辑委员会名单

主　　编　程恩富

副 主 编　彭五堂　丁晓钦

编委会成员（按姓氏拼音排序）：

陈张良　崔　云　丁晓钦　侯为民　胡乐明
胡永红　黄纪苏　金吾伦　雷玉琼　彭五堂
孙业霞　谭扬芳　田　文　童　珊　王荣花
邬璟璟　徐则荣　余　斌　张　衔　张建刚
赵　丽　赵英杰

总　　序

程恩富

　　政治经济学作为一门研究社会生产关系，揭示人类经济活动和经济发展客观规律和运行机制的科学，并总是需要随着人类社会经济活动的演化而不断发展创新的。科学地与时俱进是政治经济学的内在品质和根本要求，也是它具有非凡的认知解释力、实践改造力和持久生命力的根本之所在。

　　新中国成立和改革开放以来，我国的经济发展取得了举世瞩目的伟大成就，经济社会结构也发生了翻天覆地的变化。这一切都对中国政治经济学的发展创新和现代化提出了强烈的现实要求。中国政治经济学的现代化应当坚持"马学为体、西学为用、国学为根、世情为鉴、国情为据、综合创新"的学术原则，在国际化、应用化、数学化和学派化这四个学术方向上持久地开拓创新。这不仅要求我们牢牢扎根于中国经济改革和发展的现实，从丰富的经济实践活动中探寻经济规律，提炼经济理论，而且需要我们怀有开放的心态，真诚地了解、借鉴和吸收国外学者的相关研究成果。当今国外一大批马克思主义经济学家，以马克思主义经济学基本原理与当代世界经济具体实际的结合为主题，阐述了世界资本主义和社会主义市场经济的一系列新的理论和政策思路，为中国政治经济学理论创新提供了可资借鉴的宝贵思想资源。"国外现代政治经济学经典译丛"正是出于这样的目的，遴选和翻译出版国外著名马克思主义经济学家的经典性著作，供国内学者学习研究和借鉴。

　　本丛书第一批翻译出版的 10 本著作，都是经过十分严格的遴选程序挑选出来的。首先，我们请世界政治经济学学会的国外数十位经济学家推荐了 100 多部专著，又约请了国内外 20 多位著名的马克思主义经济学家向我们推荐近30年来在政治经济学领域具有创新性贡献并产生重要影响的经典性著作，总共收到30多种推荐著作。我们从中选择有2人以上推荐的著作，然后对其内容的科学性、创新性和影响力进行了全面评审，在此基础上最终精挑细选出10种著作进行翻译出版。这些著作的作者都是在国际上享有崇高声誉的马克思主义经济学家，著作本身是具有重大理论突破和创新，在国际政治经济学学界具有持久影响的经典之作。为了保证翻译质量，我们规定，著作的翻译者必须是在高等院校或科研院所实际从事经济学教学和研究工作的教师或研究人员，且必须具有博士学位。著作的校对者必须是长期在政治经济学领域从事教学研究工作的专家学者，一般要求有正高职称。通过这些努力，我们力图把这些经典著作高质量地奉献给广大读者。

本丛书虽然属于经典性的学术著作，但除了个别著作含有较多数理模型和数学推导外，大都以文字叙述为主，内容并不晦涩，现实感强，可读性强，对于了解一个真实的当代资本主义也颇有价值。因此，它不仅适合高校和党校系统等经济类专业的教学和研究人员，可作为教学或研究的辅助教材或参考资料使用，而且也适合关注社会现实问题的党政干部、高校学生和其他各界人士阅读参考。

本丛书的翻译出版得到中国社会科学院创新工程学术出版资助项目的资助。在丛书取得中文版权和编辑出版过程中，中国社会科学出版社赵剑英社长、田文主任、赵丽编辑等人做了大量的工作，付出了辛勤的劳动。在丛书出版之际，我谨代表丛书编委会向上述单位和人士，以及所有对丛书的翻译出版给予帮助和支持的单位和人士，表示衷心的感谢！

尽管我们力图通过严格的规定和细致的工作，使丛书能够以完美的面貌呈现给读者，但是错讹和疏漏恐怕还是在所难免。所以我们诚恳地希望广大读者批评指正，以便在将来再版时进一步完善。

二〇一四年五月

（作序者系世界政治经济学学会会长、中华外国经济学说研究会会长、英文国际期刊《世界政治经济学评论》和《国际批判思想》主编；中国社会科学院马克思主义研究学部主任、经济社会发展研究中心主任、学部委员、教授）

前　　言

写这本书是因为我们强烈地感觉到我们需要了解为什么资本主义是如此不稳定，为什么数以百万计的人如此频繁地陷入非自愿性失业中。目前，大多数关于经济危机的著作令人不甚满意，因为它们并没有回答这些问题。本书试图将经济周期的不稳定性置于宏观经济理解的中心地位，这与当前宏观经济学的主流观点的立场是完全相反的。因此，读者不难发现本书同当前大部分流行的著作有着很大的差异，而本书主要从经济学领域的伟大先驱马克思、米切尔、凯恩斯和卡莱茨基那里获取灵感。

Arthur MacEwan, John Miller, Barbara Sinclair 和 Martin Wolfsan 在关键时刻给了我很大鼓舞。Shirlee Pigeon 和 Sandy Schauer 完美地完成了打字工作，包括修订我的一些错误。对于手稿的一些建设性批评指正（或通过文章给予的建议），我要感谢 Rhon Baiman, Samuel Bowles, William Darity, Jr., Jeanne Diaz, John Duffy, Gary Dymski, Howard Engelskirchen, Keith Griffin, Robin Hahnel, Lawrence Harris, Craig Justice, Azizur Khan, John E. King, Philip Klein, Arthur MacEwan, John Miller Terry McKinley, Robert Pollin, Christime Rider, Sheldon Stein, Frank Thompson, Andrew Winnick, Martin Wolfson 和 Kenneth Woodward。我还想感谢 Lyn Grossman 帮我编辑手稿。

我要感谢以下允许我使用一些文献的出版社。Howard Sherman,《经济危机理论：需求侧，供应侧与利润挤压》，载于《科学与社会》（1989）；Howard Sherman,《资本主义的商业周期》，载于《应用经济学国际评论》（1987）；Howard Sherman,《马克思，凯恩斯，米切尔，卡莱茨基的利润挤压理论》，载于《激进政治经济学评论》（1989）；Howard Sherman,《劳动力份额的周期性行为》，载于《激进政治经济学评论》；Howard Sherman,《商业周期中的实体和货币因素》，载于《激进政治经济学评论》（1990）。我还要感谢 Gary Evans 允许我使用一些 Howard Sherman 和 Gary Evans 的文献，《宏观经济学：凯恩斯主义，货币主义和马克思主义观》（纽约：Harper and Row Press，1984）。

最后，我要感谢加州大学河滨分校研究委员会的支持。

目 录

第一部分 导论

第一章 商业周期的浪费 ………………………………………（3）
  社会损失 ……………………………………………………（4）
  经济损失 ……………………………………………………（4）
  个体劳动者损失 ……………………………………………（4）
  分析框架及争论 ……………………………………………（5）

第二章 商业周期的测量 ………………………………………（7）
  商业周期的定义 ……………………………………………（7）
  周期的日期 …………………………………………………（9）
  参考周期与特定周期 ………………………………………（10）
  周期的划分 …………………………………………………（11）
  周期的相对系数 ……………………………………………（12）
  增长率 ………………………………………………………（14）
  周期振幅 ……………………………………………………（16）
  领先、滞后、同步指标 ……………………………………（17）
  作为一个整体的经济周期 …………………………………（21）
  参考数据附录 ………………………………………………（22）

第三章 商业周期史 ……………………………………………（23）
  为交换而进行的生产 ………………………………………（24）
  货币的经常使用 ……………………………………………（26）
  作为私人牟利的生产活动 …………………………………（29）

商业周期的蔓延 …………………………………… （30）
　　美国资本主义的各个阶段 ………………………… （32）
　　商业周期的长期变化趋势及规律 ………………… （34）
　　美国的商业周期 …………………………………… （35）
　　3个时期的消费和投资 …………………………… （40）
　　收入的周期性波动 ………………………………… （41）
　　失业 ………………………………………………… （42）
　　结论 ………………………………………………… （46）
　　进一步阅读 ………………………………………… （47）

第四章　内生性和外生性周期理论 …………………… （48）
　　萨伊定律 …………………………………………… （48）
　　对萨伊定律的批判与辩护 ………………………… （50）
　　关于萨伊定律的3种观点 ………………………… （51）
　　新古典—凯恩斯主义对萨伊定律的批判 ………… （52）
　　后凯恩斯主义学派对萨伊定律的评论 …………… （53）
　　货币主义 …………………………………………… （54）
　　新古典主义经济学 ………………………………… （55）
　　供给侧经济学 ……………………………………… （59）
　　谴责受害者 ………………………………………… （60）
　　新古典—凯恩斯主义经济学的新古典微观基础 … （61）
　　外部冲击和调控障碍 ……………………………… （62）
　　结论以及外生性理论的政策含义 ………………… （64）
　　商业周期的内生性理论 …………………………… （65）
　　需求理论：乘数加速数理论 ……………………… （65）
　　需求理论：消费需求不足 ………………………… （65）
　　供给理论：真实过度投资 ………………………… （66）
　　供给理论：货币过度投资 ………………………… （66）
　　供给理论：后备军理论 …………………………… （67）
　　利润挤压（或胡桃夹子效应）——马克思、米切尔、凯恩斯与
　　　卡莱茨基 ………………………………………… （67）
　　分析框架 …………………………………………… （70）

逐次逼近法……(70)
附录　马克思论再生产和经济增长……(71)

第二部分　基本模型——需求与商业周期中的供给

第五章　消费……(79)
消费的类型……(79)
凯恩斯的消费观……(80)
相对收入理论……(84)
生命周期假说……(84)
永久收入假说……(85)
新古典—凯恩斯主义理论评价……(86)
阶级收入假说……(89)
工人和资本家的消费倾向……(91)
消费与收入……(93)
平均消费倾向和劳动份额……(99)
消费信贷……(101)
政府……(102)
国际贸易……(102)
结论……(102)
附录　时滞……(103)

第六章　投资：利润假说……(105)
消费与投资……(105)
利润假说……(107)
竞争……(108)
预期与不确定性……(109)
需求和销售……(110)
投资成本理论……(111)
利润研究……(112)
投资类型……(113)
投资、利润和利润率：1949—1970……(115)

投资、利润和利润率：1970—1982 ……………………（116）
投资过程中的时滞 ……………………………………（119）
不同产业的时间节奏 …………………………………（121）
存货投资 ………………………………………………（123）
折旧与重置 ……………………………………………（128）
对投资部分的试探性结论 ……………………………（130）
附录　投资方程 ………………………………………（130）

第七章　乘数—加速数模型 ……………………………（133）
加速数关系式 …………………………………………（133）
加速数理论的局限与条件 ……………………………（136）
投资乘数理论 …………………………………………（137）
乘数理论的条件与局限 ………………………………（141）
乘数—加速数模型 ……………………………………（142）
乘数—加速数模型如何起作用 ………………………（145）
结论 ……………………………………………………（146）
附录　乘数—加速数模型的标准化 …………………（146）

第八章　收入分配：利用率—失业假说 ………………（151）
框架与概念 ……………………………………………（151）
劳动份额的决定因素 …………………………………（153）
工资滞后假说 …………………………………………（154）
间接劳动费用假说 ……………………………………（155）
后备军假说 ……………………………………………（157）
利用率—失业假说 ……………………………………（159）
当前美国收入与财富分配 ……………………………（160）
利润、工资和生产率的测量问题 ……………………（161）
收入分配的周期性变化：1921—1938 ………………（163）
从 1949—1970 到 1970—1982 的长期变化 …………（164）
劳动收入与劳动份额的周期性模式：1949—1970 …（165）
工资和生产率：1949—1970 …………………………（166）
劳动收入与劳动份额：1970—1982 …………………（168）

工资和生产率：1970—1982 …………………………………… (172)
　　失业与产能利用率 ………………………………………………… (175)
　　用周期的各阶段对劳动份额周期性变化的解释 ……………… (178)
　　摘要 ……………………………………………………………… (180)
　　结论 ……………………………………………………………… (181)
　　附录　劳动份额模型 …………………………………………… (181)

第九章　需求侧理论：消费不足假说 ……………………………… (184)
　　非社会主义的消费不足长期停滞理论 ………………………… (184)
　　社会主义的消费不足长期停滞理论 …………………………… (186)
　　对消费不足长期停滞理论的批判 ……………………………… (187)
　　马克思与消费不足理论 ………………………………………… (189)
　　凯恩斯与消费不足理论 ………………………………………… (191)
　　一个由消费不足（或利润实现，或需求侧）导致的商业周期
　　　理论 …………………………………………………………… (191)
　　消费不足周期模型的运用 ……………………………………… (196)
　　对消费不足商业周期理论的评论 ……………………………… (197)
　　附录　消费不足商业周期模型推导 …………………………… (198)

第十章　厂房、设备及原材料成本 ………………………………… (201)
　　商业周期中关于资本品成本的理论观点 ……………………… (201)
　　关于早期差异性价格变化的实证研究 ………………………… (201)
　　1949—1970 年间的价格波动情况 ……………………………… (204)
　　1970—1982 年间的价格波动情况 ……………………………… (205)
　　结论 ……………………………………………………………… (206)
　　附录　原材料与消费品价格的比率的规范计量分析 ………… (206)

**第十一章　商业周期中的过度投资与后备军理论：供给侧
　　　　　　视角** ………………………………………………… (208)
　　马克思关于短期资本成本周期性变动的观点 ………………… (209)
　　非货币过度投资理论 …………………………………………… (210)
　　哈耶克关于资本成本理论的论述 ……………………………… (210)

一个商业周期的过度投资模型 …………………………………（212）
　　过度投资理论的运用 ………………………………………………（215）
　　对过度投资理论的评价 ……………………………………………（216）
　　马克思关于劳动力后备军理论的论述 ……………………………（216）
　　长期停滞中的后备军理论 …………………………………………（217）
　　后备军商业周期理论 ………………………………………………（217）
　　后备军模型的运用 …………………………………………………（221）
　　对后备军周期理论的评价 …………………………………………（221）
　　附录　过度投资和后备军理论模型的建立 ………………………（222）

第十二章　利润和利润率 ……………………………………………（225）
　　利润数据的定义及偏见 ……………………………………………（226）
　　长期利润率趋势 ……………………………………………………（227）
　　韦斯科普夫关于利润率的分析 ……………………………………（228）
　　财产总收入和企业利润的周期性行为：1949—1970 ……………（230）
　　企业利润与财产总收入的周期性行为：1970—1982 ……………（231）
　　财产收入的其他组成部分：1970—1982 …………………………（232）
　　利润率的周期性行为：1949—1970 ………………………………（234）
　　利润率的周期性行为：1970—1982 ………………………………（235）
　　与韦斯科普夫的发现相比较 ………………………………………（236）
　　与韦斯科普夫理论总结的分歧 ……………………………………（239）
　　结论 …………………………………………………………………（240）

第十三章　利润挤压（或胡桃夹子）周期理论：生产—实现的
　　　　　　一种假说 …………………………………………………（241）
　　马克思和利润挤压（或胡桃夹子）理论 …………………………（242）
　　凯恩斯和利润挤压（或胡桃夹子）理论 …………………………（242）
　　米切尔和利润挤压（或胡桃夹子）理论 …………………………（243）
　　卡莱茨基论利润挤压 ………………………………………………（243）
　　韦斯科普夫、鲍尔斯和戈登论利润挤压 …………………………（244）
　　利润挤压（或胡桃夹子）理论的关系 ……………………………（246）
　　利润挤压模型的操作 ………………………………………………（249）

对利润挤压(或胡桃夹子)理论的评价……………………(255)
附录 利润挤压(或胡桃夹子)理论的一个规范模型………(255)

第三部分 更多的现实逼近

第十四章 信贷和金融危机……………………………………(263)
 马克思、凯恩斯和米切尔的共同观点…………………(263)
 马克思主义者解决货币危机的方法……………………(265)
 早期的货币理论和货币过度投资理论…………………(266)
 货币主义者的观点………………………………………(267)
 后凯恩斯主义者的观点…………………………………(268)
 金融体系的历史变迁……………………………………(271)
 金融全球化………………………………………………(273)
 利率的趋势………………………………………………(273)
 周期不稳定性地增长……………………………………(274)
 金融行为的持续性和变化………………………………(275)
 货币供应和货币流通速度………………………………(276)
 总信贷……………………………………………………(277)
 商业信用…………………………………………………(279)
 消费者信贷………………………………………………(279)
 利率的周期性特征………………………………………(282)
 真实因素和金融变量的时间特征………………………(284)
 结论：金融的周期性作用………………………………(286)
 附录 信贷是怎样修正利润压榨模式的………………(288)

第十五章 垄断力量与商业周期………………………………(290)
 价格行为…………………………………………………(290)
 战时的通货膨胀…………………………………………(290)
 二战前的通货膨胀和通货紧缩…………………………(291)
 二战以后的周期性价格行为……………………………(291)
 工会实力的下降…………………………………………(293)
 垄断力量的增强…………………………………………(293)

垄断力量和限价 …………………………………………… (296)
　　对价格行为的解释 ………………………………………… (300)
　　垄断与利润率 ……………………………………………… (302)
　　商业周期中的垄断利润率 ………………………………… (305)
　　跨国公司(或全球性公司)的集聚 ………………………… (307)
　　结论 ………………………………………………………… (309)
　　附录　利用垄断力量的利润压榨(胡桃夹子)模型 …… (310)
　　关于垄断力量的文献综述 ………………………………… (310)

第十六章　国际经济与商业周期 ………………………………… (312)
　　美帝国的崛起 ……………………………………………… (312)
　　美帝国的衰落：20世纪60年代至今 …………………… (313)
　　商业周期扩散理论 ………………………………………… (316)
　　投资与商业周期的传播 …………………………………… (317)
　　大萧条时期的投资和贸易行为 …………………………… (318)
　　二战以来进口和出口的周期循环模式 …………………… (321)
　　国际金融与周期的传播 …………………………………… (324)
　　先前对商业周期同步性的实证研究 ……………………… (326)
　　关于商业周期同步性的数据 ……………………………… (328)
　　结论 ………………………………………………………… (329)
　　附录　关于国际周期的规范模型 ………………………… (332)

第十七章　政府财政行为与商业周期 …………………………… (333)
　　政府行为的内生性 ………………………………………… (333)
　　财政行为的局限性 ………………………………………… (335)
　　财政行为的长期趋势 ……………………………………… (336)
　　战争时期与和平时期的商业周期支出模式 ……………… (340)
　　联邦总支出 ………………………………………………… (341)
　　联邦收入与赤字 …………………………………………… (342)
　　周期中的州和地方财政行为 ……………………………… (345)
　　总体政府财政活动的周期性行为 ………………………… (346)
　　关于财政数据的矛盾解释 ………………………………… (348)

结论 …………………………………………………………（351）
　　　附录　正式周期模型中的政府 …………………………………（352）

第四部分　政策

第十八章　改革政策能减轻资本主义商业周期吗 ………………（357）
　　　财政政策、货币政策及收入政策 ………………………………（357）
　　　分析性结论所得到的启示 ………………………………………（357）
　　　新古典—凯恩斯主义财政政策 …………………………………（358）
　　　行政制约下的财政政策 …………………………………………（359）
　　　政治制约下的财政政策 …………………………………………（359）
　　　经济制约下的财政政策 …………………………………………（363）
　　　货币政策 …………………………………………………………（366）
　　　货币政策的影响 …………………………………………………（370）
　　　货币政策的局限性 ………………………………………………（371）
　　　货币政策、工资和通货膨胀 ……………………………………（372）
　　　收入政策：对工资与物价的直接控制 …………………………（373）
　　　一致的自由宏观政策 ……………………………………………（375）
　　　自由计划带来的问题 ……………………………………………（376）
　　　推荐阅读 …………………………………………………………（378）

第十九章　商业周期能否被消除 …………………………………（379）
　　　经济民主与民主规划 ……………………………………………（379）
　　　经济民主 …………………………………………………………（379）
　　　民主规划 …………………………………………………………（380）
　　　凯恩斯的社会化投资 ……………………………………………（381）
　　　国际影响 …………………………………………………………（382）
　　　民主规划与苏联计划 ……………………………………………（383）
　　　充分就业：制度、法律和执行 …………………………………（384）

附录 ……………………………………………………………………（385）
　　　附录 A　定义变量 ………………………………………………（385）

附录 B　7 个周期的基圈 ………………………………………（387）
附录 C　7 个周期的相对指数、均值：1949—1982 …………（389）
附录 D　4 个周期的相对指数、均值：1949—1970 …………（391）
附录 E　3 个周期的相对指数、均值：1970—1982 …………（392）
附录 F　7 个周期的每季度增长率、均值：1949—
　　　　1982 ……………………………………………………（395）
附录 G　4 个周期的每季度增长率、均值：1949—
　　　　1970 ……………………………………………………（396）
附录 H　3 个周期的每季度增长率、均值：1970—1982 ………（398）

参考文献 ………………………………………………………（402）

索引 ……………………………………………………………（418）

第一部分

导　论

第一章

商业周期的浪费

在20世纪30年代的大萧条时期，数以百万计的民众陷入了非自愿性失业的困境中，失业人士没有足够的钱来获取他们迫切需要的食物、衣服和住所。从某种程度上说，这一人类苦难在每次经济周期的收缩阶段都会重演。这样一个重大的社会问题正是在一个看似非理性的经济形势下产生的。

所有的资本主义经济都饱受商业周期之苦。一个商业周期可能被界定为经济活动的扩张（通过产出、就业、利润等指标来衡量）和随后的经济活动的收缩（包括产量下降、大量失业、经济损失和破产）。它没有一个有规则的频率，但相同的经济事件确实一次又一次地接连发生。每个周期都是不同的，但我们也会发现有许多规律或是类似的事件存在于每个周期里。尽管在这本书中，我也有讨论所谓的长周期和长期趋势，但本书讨论的重点是2—10年的短期周期性行为。

由于商业周期包括一个扩张阶段，因此大多数新古典主义学派强调商业周期好的一面，即经济周期过程中确有增长。

新古典经济学家认为，经济衰退或经济萧条只是暂时性的问题。他们将周期的收缩阶段作为一个必要的弊病，它能够解决制度中的一些问题，并且能够开辟一条新的更有力的增长道路。他们争辩说，现行制度是唯一可能导致经济增长的有效率的制度，因此周期性衰退只是付出的一个小小的代价。此外，新古典经济学家认为，几乎不存在非自愿性失业，而是人们自己选择了失业。

与新古典主义的观点相反，本书的假设之一是经济收缩带来的危害和痛苦并不是在所有有效率的经济体制下所必需的，相反，在一个更理性的经济体系中这种损失和痛苦是可以被完全消除的。商业周期的问题是它使工人、资本家和其他市民陷入一种长期的不确定性状态之中。本书将不确定性问题列为经济周期问题，但必须强调的是它也是一个人类问题。另一个主要问题是周期性的收缩给社会、商业和个体劳动者造成了损失，尤其是非自愿性失业。如果本书关于"资本主义存在内在的不稳定性并导致周期性失业"的假设是正确的，那么所有宏观经济学都应该围绕这一重点被重构。强调均衡、市场出清和不存在非自愿性失业的主流新古典主义观点均应该被强调动态的、历史的、周期性为导向的观点所取代。

社会损失

整个社会在商业周期发生的收缩期间遭受各类的损失。成千上万的工厂停产，数以百万计的工人失业，这使社会因为当前的消费水平丧失了巨额的潜在产出。由于新厂房和设备的投资大幅度减少，社会还因此损失了未来扩张期可能存在的生产潜力的增长。出于这个原因，每一次衰退或萧条都降低了长期增长率。尽管从总体上说，美国的长期趋势是增长的，但是根据本书的发现，该增长率已经被这些损失降低了。社会损失了由于缺乏动力和研发资金不足而无法实现的新发明。社会遭受损失是因为数以百万计的人们无法通过工作去充分发挥他们的最大潜力，以及人们会因此感到沮丧和不幸福，整个社会氛围遭到了破坏。

经济损失

在每个收缩期内，很多企业无法通过出售他们的商品来赢利，破产企业的数量急剧增加，新的企业数量急剧下降。数以百万计的小企业被迫停业，企业所有者往往处于失业状态。甚至一些大型企业也停业，所有雇员都失业。

个体劳动者损失

然而，商业周期的最大危害应该是数以百万计的工人的非自愿性失业。每一个失业者都饱受原本的殷实生活遭破坏之苦，一家之主们不能养活自己的孩子。失业者觉得自己一无是处，每个人都认为这是他们自己个人的失败。在失业者和他们的家庭中，精神疾病和生理疾病与日俱增。失业人数的增加还导致酗酒、离婚、虐待儿童、犯罪甚至自杀人数的增加。

一份来自联合经济委员会的研究记录了这严峻的事实。失业率持续增加1%，将导致以下统计比例的显著增加：自杀，4.1%；州精神病院入院率，3.4%；州监狱入狱率，4%；凶杀，5.7%，肝硬化死亡，1.9%；心血管疾病死亡率，1.9%（布伦纳，1976，V）。

分析框架及争论

第二章介绍了一种以米切尔（Wesley Mitchell）方法为基础的商业周期经验性描述的衡量体系。第三章阐明了制度主义的立场，即商业周期仅仅是由资本主义制度造成的。经过把资本主义制度与资本主义之前的制度相比较，该章揭示了商业周期的历史是随着资本主义阶段的变迁而变化的。

失业是经济学中最受争议的主题。第四章解释了美国经济学的主流观点，即除了不能减少的摩擦性失业或者"自然"失业水平外，不存在非自愿性失业。这种观点是基于如下信念：资本主义体系会自动调整需求和供给从而达到充分就业的均衡，这种均衡只会在来自外部的因素或外生变量影响经济系统时才会造成短暂的偏离。这种观点遭到内生性理论的反对。

第四章则简要说明这本书的主要假设：内部或内生性因素是造成资本主义商业周期的主要原因。一些内生性的理论强调消费者的需求不足，有的强调供给成本，包括高工资、利率或原材料价格。尽管需求侧和供给侧理论均有助于我们理解和认识资本主义经济周期，然而，仅仅只考虑需求侧或供给侧的任何一个方面是不够的。于是，本书提出了一个综合了马克思、米切尔、凯恩斯和卡莱茨基观点的综合理论。

本书的第二部分更详细地讨论了涉及每个重要变量的争议，以及关于经济周期的不同方面相联系的理论。第五章和第六章讨论了消费和投资行为。第七章阐释了以消费和投资行为为基础的乘数—加速器理论。第八章讨论了劳动和资本在商业周期中的收入分配行为。第九章阐述了需求侧理论，例如建立在收入分配、消费和投资行为基础上的消费不足。

第十章详细讨论了厂商，包括原材料、厂房和设备消耗等成本行为。在这些数据的基础上，第十一章提出以资本成本（过度投资）或劳动成本（后备军理论）为基础的供给侧理论。第十二章检验了周期中利润和利润率的变化。在此基础上，第十三章提出了一种新的利润挤压（或胡桃夹子）理论，试图提出在经验上支持需求侧和供给侧的综合理论。

第三部分为理论框架增添了更复杂的现实性，考虑了货币和信贷（第十四章）、垄断力量（第十五章）、国际关系（第十六章）以及政府行为（第十七章）。一些经济学家可能会认为应把每一种标准都引入经济的最初的模型中来，但这将意味着这个模型从一开始就极其复杂。如果模型从一开始就涉及每一个重要的关系，那么这对于我们来说将是极其困难的，甚至不可能理解该模型的任何一部分。从简单的模型开始，运用逐次逼近法，进而推广到更复杂和更现实的模型，这将有助于我们做出更精确和更严谨地分析。

最后，第四部分考虑了我们需要什么样的制度变革和政策改变，以减轻甚至完全消除商业周期带来的浪费。

第二章

商业周期的测量

对商业周期进行经验性描述的先驱是米切尔。确实，他开发了很多我们目前正在使用的国民收入账户。在亚瑟·伯恩斯的帮助下（详见伯恩斯和米切尔，1946），他创建了一个专门用于测量商业周期的方法。该方法曾被国民经济研究局（NBER）用在若干商业周期的研究上。尽管国民经济研究局不再遵循米切尔的方法，但它仍然被称为国民经济研究局法。

米切尔的国民经济研究局法描绘出如何在平均商业周期中找出一个单变量的准确路径。本章将详细介绍米切尔国民经济研究局法的细节，该方法仍然是获得商业周期清晰画面的一个最好方法。国民经济研究局法能够揭示变量间的一个简单的可观察关系，这有助于我们为检验做出假设，但应强调的是，它并不提供各种关系之间的统计检验。在国民经济研究局法显示了一个变量的典型的周期性行为之后，在接下来的分析阶段，我们往往利用计量经济学的回归和相关性分析方法来检验经济周期与其他变量的关系。

商业周期的定义

在一个现象可以被测量之前，它必须被仔细地界定。米切尔介绍了商业周期中最有用的定义，如下文："商业周期是以商业企业运作为主的国家总体经济活动的一种波动。一个完整的商业周期由以下几个阶段组成：扩张阶段，此时，大部分经济活动同时出现扩张，继而是类似的普遍性衰退，然后是收缩，以及融入下一个周期扩张阶段的复苏阶段；这个变化的序列是重复发生的，但不是定期的；商业周期的持续时间从超过 1 年到 10 年或者 12 年不等；它们不能被细分成更短的与自身有类似波幅特性的周期。"（伯恩斯和米切尔，1946 年 3 月）

米切尔这个定义的各个要点都值得我们单独研究。第一，很显然，商业周期是在资本主义制度下而不是在其他制度下的一种现象（见下一章）。第二，商业周期不只是局限于单个企业或行业，而是涉及整个经济系统，这能在总体指标中最清晰地显示出来。商业周期大范围扩散，并在一系列事件中显示出来。第三，一个周期接着另一个周期，事件发生的规律性和类似的次序刻画了这种现象。第四，每个周期在许多方面，包括周期能持续多久都存在差异，因此不存在有规律的周期性。第五，米切尔提到整个商业周期的时间是从 1 年到 12 年。有些学者已经发现，一些短期的、温和的 3 年或 4 年的周期比 10 年的周期更剧烈。无论是米切尔还是这些学者都没有找到这些迹象的证据。周期的长度从 1 年到 10 年不等，每个周期大致相同的事件顺序，这些周期的模式和关系在性质上是相似的。当然，现实中存在一些很温和的周期和一些异常剧烈的周期，但没有证据显示每个剧烈的长周期都穿插着 2 个到 3 个温和的周期。米切尔详细地证明了如果短于国民经济研究局所确定的时间周期便会呈现无规则的事件序列，所以他们所谓的模型是没有统计意义的。

另外，一些学者声称已经找到了 50 年或 60 年的长周期。第一个提出这种观点的是康德拉捷夫（Kondratief），并因此以他的名字命名。这些著作中最有名的主张者是熊彼特（1939）。因很少有证据表明长周期的存在，在繁荣的 20 世纪 50 年代和 60 年代，这些讨论便逐渐消失了。在 20 世纪 70 年代和 80 年代的困难时期，人们对长周期的兴趣开始复苏（详见科茨的调查 [1987]）。

目前，众所周知的主张复兴长波理论的有戈登、韦斯科普夫和鲍尔斯（Gordon, Weisskopf and Bowles, 1983）。他们认为："美国和世界资本主义经济目前正处于由过去一个世纪的危机造成的第三个长周期。"（第 152 页）如何界定长周期？他们承认，长周期虽然不能由总产出或总投资来决定，但可以在"累计性的社会结构"变迁中确定下来。该概念是极其复杂的多维度政治经济学概念，因而他们的实证分析仍然引起了高度的争议。

在长周期的问题上，米切尔没有找到相关证据，同时，在持这种观点的作者的研究中也没有发现。如何在他们的拥护者已经发现了三个长周期之后找到更多科学系统的证据呢？在接下来的章节我们将看到资本主义（而不是长波）已经度过了各种不同的阶段，并且经济周期在这些阶段表现出显著的差异性。

我们必须区分不同类型的变迁方式。第一，长期存在一个经济体系从一种生产模式到另一种生产模式的演变。例如，在欧洲，从古老的罗马奴隶制度演变到中世纪的封建主义。第二，尽管各经济体系发展并经历了不同阶段（涉及相当大的变化），但依然可辨识为同一个体系。例如，美国的经济体系一度曾以存在不同的微型经济单位为特征，但是现在处于由不同程度的垄断力量构成的大公司为特征的阶段。第三，尽管我们可以识别一个体系中的某一阶段的许多长期趋势，如妇女在劳动力中的比例不断提升，但这些长期趋势会跨越几个阶段。一个长期趋势有时会因一个体系到另一个体系的渐进性或革命性变化而几乎完全中断。第四，存在所谓的长周期。第五，存在米切尔定义的经济周期。第六，许多经济变量存在季节性变动，如在天气转暖的月份建筑业会有一个较快的增长。第七，每个经济变量也存在不规则的变动，这些变动与上文提到的系统性变化并不存在直接的联系。尽管本书只重点介绍经济周期，但在必要时也会引入长期趋势和资本主义阶段作为分析背景。

周期的日期

米切尔的方法首先从建立每个周期的波谷和高峰时期开始，该方法利用一切可获得的证据，其中最主要依赖总量变量。米切尔对周期日程界定的文著首先得到了国民经济研究局的认可，后由商务部出版在《商业景气文摘》上。二战以来的经济恢复情况季度数据详见表2.1。

表2.1显示，周期波谷（每个周期的最低点）分别为1949年、1954年、1958年、1961年、1970年、1975年、1980年和1982年。其中，最严重的波谷发生在1975年和1982年。值得注意的是，在出现波谷的年份中，波谷出现于不同的季度中，而没有呈现出一定的模式。

本书采用的这些日期划分都是作为经济周期的最有效日期划分，人们对于这些日期的划分存在很多方面的争议（谢尔曼，1986）。如他们不对严重的萧条和较小的衰退做任何区分，只是简单记录在一段较长时期内总量经济活动发生持续下降或是持续上升的现象。记录高峰和低谷的标准应该是复杂的，且应包含若干指标在内。伯恩斯和米切尔（1946，第4章）及摩尔（1983，第1章）对这些标准进行了清晰的解释。这些日期之所以被采用，一方面因为没有更好的可利用的序列，另一方面它们已经被该领域的大多数学者接受和使用。国民经济研究局对高峰和低谷的日期划分可以追溯到19世纪，这些较早的日期数据将在主要介绍商业周期史的下一章节中给出。

表2.1　　　　　　　　　　季度周期数据

周期	初始值 谷底	峰值	终值 谷底
1	1949.4	1953.3	1954.2
2	1954.2	1957.3	1958.2
3	1958.2	1960.2	1961.1
4	1961.1	1969.4	1970.4
5	1970.4	1973.4	1975.1
6	1975.1	1980.1	1980.3
7	1980.3	1981.3	1982.4

资料来源：美国商务部经济分析局：《周期性指标手册：经济景气摘要附录》（华盛顿特区，美国政府出版局，1984）。以上日期源自原始材料的第178页表格。

注：1940.4指1940年第四季度。

本书自始至终都使用季度数据，因为季度很可能是周期分析的最佳时间单位。正如伯恩斯和米切尔（1946）指出，在较长时期内，日度、周度甚至月度数据往往易带有较大的干扰性，打一个比喻——不见树木，只见森林。另外，年度数据只给出了许多周期性的转折点，不够详尽。

参考周期与特定周期

表2.1中给出的日期确定了国民经济研究局定义的所谓的参考周期。参考周期是指美国经济所有部门的平均商业周期，除非另有说明，本书中所有实证分析的周期指的都是参考周期。

然而每个具体的经济序列，都同平均周期一样，有着或多或少不同的波峰和波谷。有时候我们有必要去观察一个特定周期中某个经济变量的表现。如果一个变量同参考周期相比存在巨大的系统性差异，那么这个变量通常是无效的。例如，利润率总是先行于参考周期而变动，也就是说，它们在波峰之前就会下降。有些利润率会滞后于参考周期变动，也就是说，它们会在波峰之后开始下降。

值得注意的是，一个周期可以通过谷底到谷底或是波峰到波峰来测量。基于更一般的做法，本书中所有的周期测量都采用谷底到谷底的测量方式。

周期的划分

米切尔将商业周期的上升期，即从最初的低谷到高峰称为扩张期；将商业周期的衰退阶段，即从高峰到最后的低谷，称为收缩期。

在由米切尔定义的商业周期中，共有 4 个阶段：两个处于扩张期，两个处于收缩期。从最低点或波谷出发，周期存在一个快速回升的过程，这被称为"复苏"阶段。接下来是更进一步的扩张，这被称为"繁荣"阶段。紧接着而来的是衰退，这被称为"危机"阶段。最后，危机转化为收缩，这被称为"萧条"阶段。轻度的"萧条"有时被称为"衰退"，但本书将采用米切尔的术语"萧条"来描述周期的最后阶段。

在随后更加详细的分析中，米切尔将周期分为 9 个阶段。尽管这些阶段的数字是任意的，但其具有一定的逻辑性。第 1 阶段是周期的波谷，是周期开始的最低点。虽然可以采用"波峰—波峰"的方式来测量周期，但出于这种方式不便于解释经济周期的大多数理论的考虑，本书只使用"波谷—波谷"的周期。第 5 阶段是周期的波峰，该点上大部分的经济活动均达到了最高点。最后，第 9 阶段是最后的谷底，它也是一个新周期的开始。根据定义，第 1、第 5、第 9 阶段的时间长度均为 3 个月或者一个季度。

扩张期从第 1 阶段持续到第 5 阶段。整个扩张期（阶段 1 和阶段 5 除外）被划分为 3 个相等的时间段，这 3 个相等长度的时间段分别被称为第 2 阶段、第 3 阶段和第 4 阶段。因此，如果扩张期（阶段 1 和阶段 5 除外）有 15 个季度那么长，那么这 3 个时间段中的每个时间长度便是 5

个季度。

同样,收缩阶段从第5阶段至第9阶段。整个收缩(阶段5和阶段9除外)被划分为3个相等的时间段,这3个相等长度的时间段分别被称为第6阶段、第7阶段和第8阶段。因此,如果整个收缩期是6个季度那么长(阶段5和阶段9除外),这3个时间段中的每个时间长度便是2个季度。既然扩张期通常长于收缩期,第2、第3、第4个阶段持续的时间通常要比第6、第7、第8个阶段更长。

现在这4个阶段可以根据9个时间段来进行更加准确的定义。这样,复苏阶段为第1—3阶段,繁荣阶段为第3—5阶段,危机阶段为第5—7阶段,萧条阶段为第7—9阶段。整个扩张期为第1—5阶段,而整个收缩期则为第5—9阶段。换句话说,复苏(阶段1—3)是扩张的第1个阶段,而繁荣(阶段3—5)则是扩张的第2个阶段。类似地,危机(阶段5—7)是收缩的第1阶段,而萧条(阶段7—9)是收缩的最后阶段。米切尔认为,商业周期理论的任务就是解释一个阶段如何导致下一个阶段的产生。

表2.2 实际国民生产总值模式(以1982年的10亿美元为单位)

					阶段				
	谷底				峰值				谷底
	1	2	3	4	5	6	7	8	9
			扩 张 期				收 缩 期		
A 部分				1970—1975 周期数据					
原始数据	$2414	$2485	$2588	$2721	$2747	$2737	$2695	$2695	$2643
周期相对系数	91.8	94.5	98.4	103.5	105.1	104.5	104.1	102.5	100.5
B 部分				平均周期数据,1949—1982,7 个周期					
原始数据	$1987	$2071	$2200	$2301	$2336	$2323	$2297	$2289	$2280
周期相对系数	89.6	93.9	100.1	104.7	106.4	105.8	104.7	104.3	104.0

资料来源:同表2.1。国民生产总值来自资料的50列。

周期的相对系数

表2.2显示了实际国民生产总值(扣除价格因素,即平减物价后的

定值美元金额）。A 部分介绍了 1970 年第 4 季度到 1975 年第 1 季度 1 个周期的数据，第 1 行是"原始数据"，它们简单地说明了商业周期 9 个阶段中每个阶段的平均美元金额。

该表的第 2 行显示了周期的相对系数。周期的相对系数是指某变量的历史数据除以这个变量在整个周期的均值所得出的数值，变量在整个周期中的均值被称为周期基数。该周期阶段的 GNP 均值为 26290 亿美元，因此，每个阶段的原始数据除以这个均值便得到这 9 个周期的相对系数（每个相对系数分别乘以 100，以使用百分比表示）。例如，第 1 阶段的平均 GNP 为 24140 亿美元，它除以周期基数（26290 亿美元）即得到周期相对系数 91.8。这样，一个周期相对系数是原始数据与每个阶段的周期均值（周期基数）的百分比，此过程将整个周期的数据标准化为一个以 100 为基数的指数。因此，我们可以比较两个完全不同类型的序列，如 GNP 和利率，即使原始单位存在显著差异。此外，我们也可以比较不同周期中的相同变量，即使在每个周期中其周期基数并不相同。

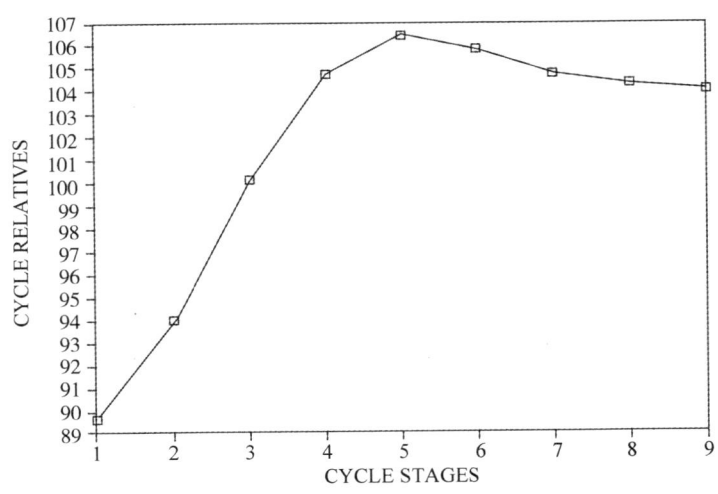

图 2.1　国民生产总值：7 个总周期的平均振幅，1949—1982

（见附录 C 第 50 列）

表 2.2 的 B 部分和图 2.1 显示的是从 1949 年到 1982 年，所有 7 个

周期的平均国民生产总值数据和平均国民生产总值周期相对系数。我们可以看到，国民生产总值在初始的第 1 阶段最低，位于最初的谷底。国民生产总值在第 5 阶段上升到峰值，在第 9 阶段又下降到谷底。但由于经济出现了增长，国民生产总值在最后第 9 阶段的谷底高于它在最初第 1 阶段的谷底。这对于所有增长中的经济变量来说都是可能的，但是对于那些正在下降或是纯粹周期性（如不存在长期趋势的失业率）的变量来说，则不适用。

当 GNP 达到周期峰值（第 5 阶段）的时候，并不是所有的变量都会在周期的峰顶各自达到峰值。某些领先指标，如利润率，通常会在周期峰值之前下跌。某些滞后指标，如利率，通常会在周期峰值之后才开始下降。覆盖面越宽泛越综合的变量，它更有可能像所有周期活动的均值一样，以相同的周期性方式进行规律性的变动。GNP 是覆盖面最宽泛的综合变量，所以它通常能够反映经济周期，即在扩张时期平稳上升，在收缩时期平稳下降，一般不会出现提前或滞后的状况。

表 2.3　　　　实际国民生产总值增长率（均值，7 个周期，
　　　　　　　　1949—1982，以周期基数为百分比）

	1—2	2—3	3—4	4—5	阶段	5—6	6—7	7—8	8—9
	扩 张 期					收 缩 期			
总变动	4.3	6.2	4.6	1.7		-0.6	-1.1	-0.3	-0.3
季度	3	5	5	3		1	1	1	1
每季度变动	1.4	1.2	0.9	0.6		-0.6	-1.1	-0.3	-0.3

资料来源：同表 2.1。

注：各季度平均数字进行了四舍五入。

增 长 率

为了研究增长或衰退，我们必须研究从一个时期到另一个时期的变化。为此，一个分割段被定义为从一个阶段中期到下一个阶段的中期。虽然国民生产总值在所有扩张期的阶段内都是上升的，在所有收缩期的阶段内都是下降的，但增长或下降的速度却存在很大的差异。

在表 2.3 中，我们测量了从一个阶段到下一个阶段（即每个分割

段）周期相对系数的总变动情况。表 2.3 的第 1 行描述了国民生产总值在一个分割段中的总变动，第 2 行显示的是在每个分割段中的平均季度数量（所有数据均进行了四舍五入）。值得注意的是，在 1949 年到 1982 年期间，平均扩张期内每个分割段的数量由 3 个季度到 5 个季度不等，但在平均收缩期内，每个分割段只有大约 1 个季度。因此，在这一特定周期内，扩张期比收缩期持续更长的时间，然而扩张期比收缩期长的这种情况并不是在所有阶段都成立。在过去 25 个商业周期中，有 10 个是收缩期长于扩张期的（例如，最近的 1981 年到 1982 年的收缩期就比先前的扩张期更长）。

最后，我们用每个分割段中的总变动除以分割段中的季度数量，从而得出每个季度的增长率（或下降率）。这些增长率详见表 2.3 和图 2.2。在所有 7 个平均周期中的 4 个扩张段中，每季度 GNP 的增长率分别为 1.4%、1.2%、0.9% 和 0.6%。这种模式是资本主义制度下私人经济活动扩张的典型模式。换句话说，经济增长在第 1 个扩张段是最快的，在第 2 个分割段便开始放缓，到了第 3 个分割段则更慢，在到达波峰之前的最后分割段则达到了最慢。

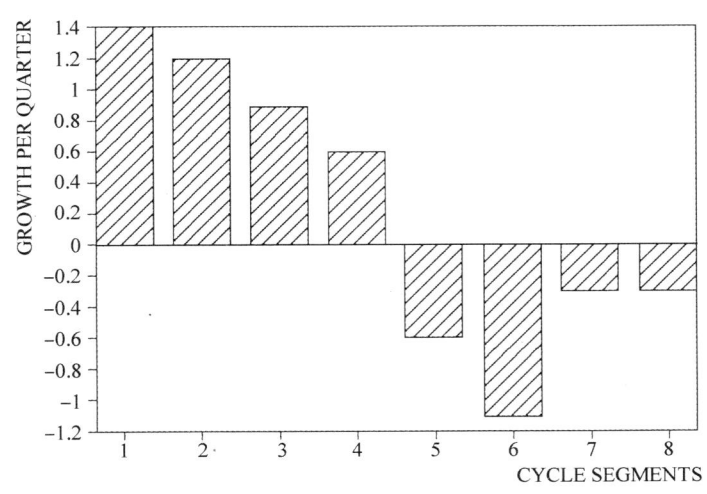

图 2.2　国民生产总值：7 个周期按阶段划分的增长率，1949—1982
（来自附录 F 系列第 50）

米切尔注意到，经济增长在达到零增长前总会越来越慢，之后便开始下降。这种模式在数学上可以用正弦曲线来表示。在每个周期和每个变量中，这种模式可能存在差异。我们可以设想，增长在最后一个分割段中速度最快，然后出现一个外部冲击，随之而来的是急剧下滑。相反，在我们实际的经济活动中，早期的扩张，甚至在出现大规模的外部冲击下经济活动仍能持续。通常情况下，外部冲击只有在波峰之后会加剧经济的下滑。收缩阶段中的经济增长模式很少得到很好的界定，仅仅是因为它们通常都比较短暂。然而，通常情况下，收缩期前半时段会比后半时段呈现出更加快速的下降，如图 2.2 所示。因此在所有 7 个周期的平均值中，GNP 在前半时段的收缩中每季度下跌了 0.9%，在后半时段中每季度却只下跌了 0.3%。

周期振幅

我们怎样才能测量一个周期的振幅（上升和下降的总量）以便我们可以比较不同的周期？在大多数的调查研究中，总是存在来源于不同基数的百分比的比较问题。尽管如此，周期相对系数总是从 100 这个基数开始，所以我们很容易就可以用其来比较振幅。表 2.4 显示了周期振幅。

表 2.4　　　　　　　　实际国民生产总值的周期性振幅

	扩张期振幅	收缩期振幅
	（峰值—最初谷底）	（峰值—最终谷底）
1949—1954 周期	25.7	-2.8
1954—1958 周期	10.6	-3.1
1958—1961 周期	9.4	-0.3
1961—1970 周期	35.6	-0.4
1970—1975 周期	13.3	-4.6
1975—1980 周期	19.8	-2.5
1980—1982 周期	3.3	-3.3
均值	16.7	2.4

资料来源：同表 2.1。

一个扩张振幅等于峰值减掉根据周期相对系数计算得到的周期最初的波谷值。在表2.4的第2列的扩张振幅，反映了国民生产总值增长率和不同周期中扩张期的不同长度。因此，越南战争对经济的刺激对于GNP在20世纪60年代长达8年扩张期的快速增长（35.6%）起了重要的作用。第2位的GNP最大增长则是发生在20世纪50年代初的朝鲜战争期间。值得注意的是，从1980年到1981年间的增长都是短暂且疲软的。

一个收缩振幅等于最终的波谷值减去根据周期相对系数计算得到的峰值。收缩振幅通常是负数，它反映的是从峰值到最终谷底的下降。表2.4的第3列显示了每个周期GNP的收缩幅度。实际GNP最急剧的下降出现在1975年到1982年发生的严重衰退期间。

领先、滞后、同步指标

米切尔在开展其研究项目时，往往聚焦于那些一般来说领先于周期的（即在周期波峰前出现峰值和在周期波谷前出现低值）变量，与周期峰值和波谷几乎同步的变量，以及滞后于周期（即在周期波峰后出现峰值和在周期波谷后出现低值）的变量。美国商业部现在正在遵循这些指标。表2.5与表2.6和图2.3、图2.4、图2.5展示了领先、滞后或同步的行为变量。

表2.5显示，领先指标在第4阶段达到周期高峰（用P来表示峰值）、同步指标在第5阶段达到周期峰值，滞后指标则直到第7阶段才到达峰值。类似地，领先指标在第8阶段达到波谷（用T来表示波谷），同步指标在第9阶段到达周期波谷，滞后指标则继续下降，直到下一个周期的第2阶段才到达谷底。表2.6和图2.3、图2.4、图2.5显示了每类指标的增长率。值得注意的是，每类指标在到达其峰值之前都具有最低的增长率，并随后开始下降（这类似于GNP和其他经济变量的变化）。表2.5和表2.6也正确地显示了作为商务部所采用的领先、滞后和同步指标。

根据米切尔的开创性成果，摩尔（1983）完成了大量关于领先指标的工作。他表示，领先指标倾向于测量预期或是新的承诺，而同步指标则倾向于测量经济表现的综合指标。他为这些变量在不同时期有不同变动的特定原因提供了解释："更具体地说，代表了早期生产投资过程（关于耐用品、房屋开工或许可证的新订单）的变量领先于代表晚期阶段（最终产品产出、投资支出）的变量。在不确定性的条件下，人们首先做出不太具有约束力的决策。例如，员工工作时间延长（或缩短）是由新的雇佣（或裁员）方式决定的。"（摩尔，1983，27）

一些滞后指标之所以滞后，是因为它们代表的是受周期影响的活动。因此，利率通常落后于周期性衰退，是因为经济衰退导致了紧急的信贷需求。紧急的信贷需求需要更高的利率才能被部分满足。长期（超过15周）失业率滞后于衰退仅仅是因为需要15周来增添数据到相关记录中。在经济回升的时候，长期失业滞后的原因是长期失业者（平均来说）寻找工作会更加困难。

摩尔（1983）考察了6个其他国家（加拿大、英国、西德、法国、意大利和日本）的指标。以美国的转折点为基准。他发现："每个国家的领先、同步和滞后指标出现的次序与美国大致一致。"（第77页）克莱因和摩尔（1985）对这些指标做了最详尽的研究。他们研究了所谓的古典周期（实际回升或衰退）和所谓的增长周期（增长率的回升或衰退）。当美国经济遭受古典衰退的时候，欧洲人和日本人有时只遭受增长率的衰退。克莱因和摩尔发现："到目前为止，我们已经看到了大多数领先和滞后指标在美国的古典转折点和其他至少9个国家在领先和滞后增长周期转折点上有类似的记录，这些领先和滞后指标显示出相一致的行为。我们研究开发的指标体系显示，经济过程中的周期相互关系也彼此相类似。"（第109页）

表2.5　　　　　领先、滞后及同步指标：周期相关系数

（7个周期的均值，1949—1982）

					阶段					
					峰值					
		1	2	3	4	5	6	7	8	9
	指标		扩	张	期		收	缩	期	
12	领先（910）	87	95	102	106P	104	103	100	99T	100
4	同步（920）	87	91	100	107	109P	108	106	102	100

续表

		阶段							
		峰值							
	1	2	3	4	5	6	7	8	9
指标		扩 张 期				收 缩 期			
6 滞后（930）	93	907	96	106	111	112	113P	111	109

资料来源：同表 2.1。

注：变量数字：变量名字后面的括号数字在资料来源里面的列的数字。波峰和波谷：每个变量的峰值由字母 P 表示，每个变量的波谷由字母 T 表示。这些参考周期日期划分来源于国民经济研究局和商务部。组成部分：根据商务部，12 个领先指标（1 个平均指标，列#910）如下：#1—制造业生产工人平均每周工作小时；#5—平均每周失业保险金的初始领取；#8—定值美元下制造消费品和原材料的新订单；#12—定值美元下净营业设备指数；#29—地方建筑施工许可授权的新私人住房单位指标；#32—供应商的表现，接受延迟交货的公司百分比；#36—定值美元下制造业和贸易库存的变化；#99—感光材料的价格变化；#106—定值美元下的货币供应量（M2）；#111—企业和消费未偿信贷变动。根据商务部，4 个同步指标（索引见列#920）如下：#41—非农业员工工资单；#47—工业生产指数；#51—定值美元下个人收入与转移支付之差；#57—定值美元下制造和贸易额。根据商务部，6 个滞后指标（索引见列#930）如下：#62—每单位产出的劳动力成本指数，制造业；#77—比率，制造业和贸易销售存货；#91—失业的周平均持续时间；#95—比率，消费分期付款信贷与个人收入；#101—定值美元下商业和工业未偿贷款；#109—银行平均优惠贷款利率。

表 2.6　　　　领先、滞后及同步指标：每季度增长率

（7 个周期的均值，1949—1982）

	1—2	2—3	3—4	4—5	阶段	5—6	6—7	7—8	8—9
指标		扩 张 期				收 缩 期			
12 领先（910）	2.6	1.5	0.7	-0.4		-1.8	-2.3	-1.5	1.2
4 同步（920）	1.6	1.8	1.3	0.8		-1.3	-2.6	-3.4	-1.7
6 滞后（930）	-1.1	1.3	1.8	1.9		1.8	0.5	-2.0	-2.5

资料来源：同表 2.1。

注：同表 2.5。

因此，不仅在美国，而且在所有的主要资本主义国家中，我们都找到了周期连续过程的清晰规律。此外，所有的这些国家的变动基本都在同样时间发生，我们在国际化进程的章节会有详细介绍。

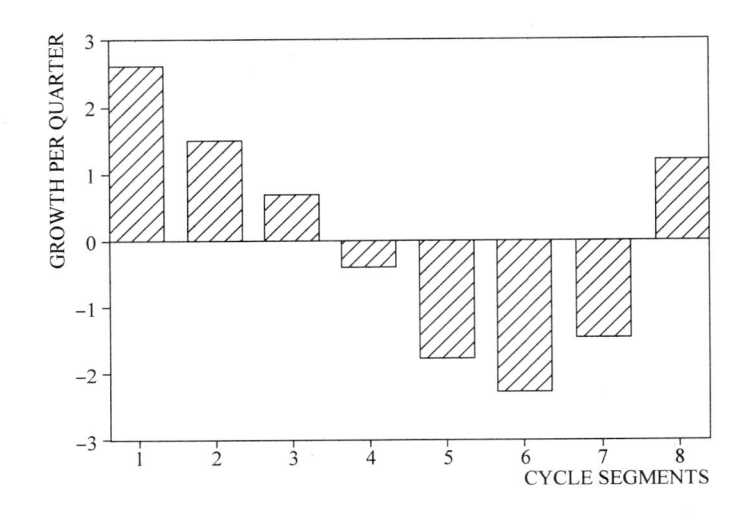

图 2.3 领先指标：跨 7 个周期按分割段的平均增长率，1949—1982
（来自附录 F 第 910 序列）

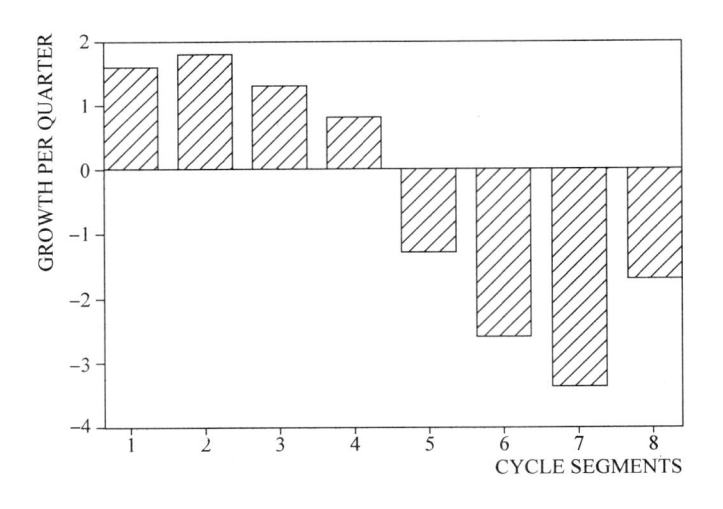

图 2.4 同步指标：跨 7 个周期按分割段的平均增长率，1949—1982
（来自附录 F 第 920 序列）

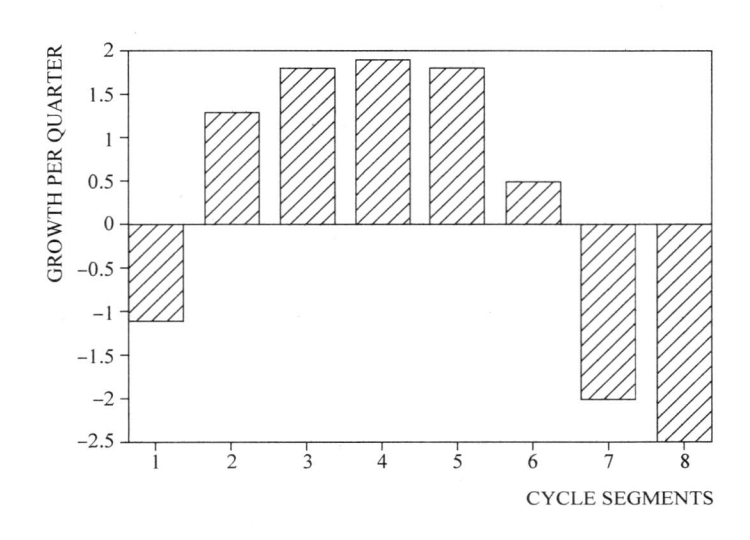

图 2.5　滞后指标：跨 7 个周期按分割段的平均增长率，1949—1982
（来自附录 F 第 930 序列）

读者须注意的是，虽然领先指标总是正确地预测萧条或是复苏，但是这往往只有事后才会被证实。首先，存在从领先指标的峰顶到周期峰顶的时间滞后，但这是随时变动的和不可预测的，除非采用平均的方式。其次，尽管领先指标的下降总是预见到总体经济活动的下降，但这个量是可变的，可以从增长率的微小下降到严重衰退。因此，领先指标是了解过去的有用工具，但用来预测未来却是很值得怀疑的。

作为一个整体的商业周期

米切尔的方法让我们将经济周期作为一个整体来看待，而不能仅仅只注意其单独的扩张阶段或是收缩阶段。这意味着，它不是一个检验正处在形成期内和未完成的商业周期的科学合理的方法。由于该书撰写时的最近一次商业周期是从 1983 年开始的，到目前还没有完成扩张期。因此，笔者必须放弃对目前状况进行全面检验的尝试。将整个商业周期作为一个整体来进行检验，本书只是系统地涵盖了截止到 1982 年的时间跨度，只有少数长期趋势例外。

参考数据附录

附录 A—H 是由国民经济研究局和商务部确定的初始谷底和最终谷底所限定的特定时间。这些周期被称为参考周期，以区别于每个变量的特定周期（可能与参考周期不同）。附录里的周期和贯穿全书的周期都是按季度进行划分的，使用的数据也都是季度统计数据。

原始数据在此没有介绍是因为他们很容易获得，但附录 A 确实提供了所有变量的简洁定义，还列举了使用详细定义的来源。附录 B 包含了周期基数，即自 1949 年以来的 7 个周期中每个周期变量的平均值。这样使得读者在完全独立于经济周期影响的情况下可以观察绝对水平并跟踪长期趋势。附录 C 介绍了周期相对系数，从 1949 年到 1982 年所有 7 个周期的平均值。附录 D 列出了从 1949 年到 1970 年 4 个周期平均相对系数，因为那是一个重要的时期。附录 E 是从 1970 年到 1982 年 3 个周期相对系数的平均值，因为这一时期同上一个周期有着显著的差异性。类似地，所有 7 个周期（1949—1982）每季度的增长率都在附录 F 中，1949 年到 1970 年的 4 个周期在附录 G 中，1970 年到 1982 年的 3 个周期在附录 H 中。并不是所有的变量都会在每一个附录中给出，只有那些跟本书有关的和被提及的才会出现在附录中。

这些附录是贯穿全书的参考而不是仅供阅读一次而设计的，因此为了方便读者，它们均被置于书末。此外，为了方便读者阅读，每个附录都按主要来源序列号顺序排列，这在每个附录中均有提到。

第三章

商业周期史

法国19世纪初的经济学家萨伊提出了供给能够唤起自己的需求的供求定律（"萨伊定律"）。也就是说，当经济出现短暂性失衡时，需求将一直调整到适应供给的水平以使经济达到均衡。由于需求能调整以适应任何供应水平，所以，如果产品是在充分就业的水平上提供的，经济将调整到充分就业的均衡状态。萨伊定律意味着工人在任何时刻从未因为对劳动力的需求不足而导致失业，因此绝大部分工人的失业可以被解释为"自愿性失业"。

"数以百万计的工人陷入'自愿性失业'和经济在大部分时间内都处于充分就业均衡"的这一荒谬的观点从萨伊时代开始一直到20世纪30年代大萧条的大部分时间，都为正统经济学所接受，直到现在，仍然有许多捍卫者。在接下来的一章，萨伊定律的现代捍卫者，以及20世纪30年代凯恩斯对萨伊定律彻底的驳斥将得到检验。本章基于米切尔的方法审视历史制度主义对萨伊定律的批判。米切尔声称——正如前面章节所引用的他对经济周期的定义——当且仅当资本主义的私营企业制度占据主导地位时经济周期才会发生。在米切尔看来，在资本主义制度下存在非自愿性失业。

萨伊定律否认总供给大于总需求（除暂时的外）。在下一章中，我们将看到，凯恩斯强调，有效需求（按货币计算的需求）可在一个较长时期内少于供给，从而导致经济衰退或萧条。因此，这一章将集中讨论需求可能少于供给而导致的周期性衰退的历史条件和制度。这并不意味着需求不足是周期性危机爆发的唯一必然性原因，这是一个有待进一步讨论的至关重要的问题，因此暂不在此做出预判。

许多经济学家，包括马克思和凡勃伦（米切尔的老师）已经指出，萨伊定律确实适用于早期社会，包括以下几方面：①产品供生产者自身使用；②生产的动机不是为了个人利益最大化；③存在非常有限的交换，即物物交换。然而，萨伊定律在现代私营企业的资本主义经济中不能成立，即①生产是为了在市场上交换；②生产是为了私人牟利；③经济的特征是货币和信贷的普遍使用。以上每一个条件都将在本章中进行详细的探讨，然后我们再检验资本主义经济的各个发展阶段，发生在商业周期不同阶段及发生在资本主义阶段内某些时期的变化，以及对美国历史上3个不同时期的周期进行实证性描述。

为交换而进行的生产

这是以英国在18世纪末私营企业经济的充分发展和大多数生产纯粹是为了在市场上进行出售作为特征的。这显著区别于早期社会。在最原始的社会中，几乎所有的生产活动都是为了获取食品——或是通过由部落里全体男性和（或者）女性组成的集体单位来对水果和蔬菜进行纯粹的采集或种植，或进行狩猎。自然而然地，产出通常是在这同一部落成员或他们的家庭中，成员按大致平均的比例消费。即使在较后的那一阶段（以农业和畜牧业为特征），生产也是为了（自己）使用而不是销售；美洲大陆中没有一个印第安部落甚至阿兹台克人（Aztecs），购买或出售土地或生产农作物来销售以获得利润。事实上，"对红人来说，土壤存在只是为了提供生活的必需品；其经济基础是生产而不是利润……失业在早期美国的印第安人社区是从来不会成为问题的"（科罗，1948，54）。

由于部落集体地掌控绝大多数的产品，成员之间几乎没有交换，如果有的话也只是在其成员之间进行。事实上，在最原始的部落之间进行的交易的数量是极少的，它们主要被限制在一些细小、珍贵的装饰材料上，且为数极少。即使是在南美洲的印加帝国这样相对较先进的社会中，其基础仍然是一个被称为ayllu的由若干家庭组成的自给自足的经济单位，allyu唯一的外部经济关系是工作服务税，税额由国家扣留以用于收购农产品或支持政府项目（见Crow 1948，26—29）。事实上，数千年来，世界各地几乎所有的经济制度——无论部落或封建——都是建立在相对自给自足的农业单位基础上的。

罗马帝国时期存在大量的交易，但其中大部分是奢侈品，并且没有影响基本农业单元——奴隶种植园的自给自足（尽管盈余的缺乏可能会给很大数目的城市居民带来饥荒）。正如一位作家说，"尽管贸易和工业经历了显著的扩张，帝国内部的广大群众仍继续依靠土地来维持生计。农业仍然是整个古代最平常最典型的经济活动，土地是财富最重要的形式"（沃尔班克，1956，11—13）。罗马的城市劳动者中，确实存在失业，其中大部分是前身因为奴隶制的竞争而被迫使之离开土地的农民。这是一个由于大众市场的完全缺乏而不是市场的周期性崩溃造成的长期现象。

封建体制下的英国缺乏大规模的贸易和城镇，因为原始的技术水平使得大量城镇人口无法得到输送，甚至极大地限制了村庄之间的贸易交易。在封建时期的大部分时间，英国很少与欧洲其他地区进行贸易交易。当然，后来的中世纪时期出现了像佛兰德（Flanders）和意大利北部这样较发达的工业生产地区，而甚至相对落后的英格兰与佛兰德斯开展了系统性的羊毛贸易。然而，这些是封建经济的一般规则的例外，可以被认为是该经济开始走向尽头的早期迹象。

在中世纪，市场制度——如同我们今天所理解的一样——没有得到很好的发展。如果刚好有来自封建庄园的剩余产品，那么这些剩余产品可能在市场上被交易以获得满足庄园主需要的外国奢侈品。但它并不关涉经济单位的生死存亡问题。如果这些剩余产品发现没有市场，庄园仍须为那一年提供其必需品并将为了明年的需求继续其生产过程。

这种经济上自给自足的社会只会因那些或多或少属于经济"外部"的灾难而受到扰乱，即自然灾难（如干旱、瘟疫或洪水）或人类的冲动（如政府干预、战争或革命）。无论是在各种随机间隔时间还是季节，由于农业的特殊季节敏感性，这些现象会并且确实会减少产出（和带来饥荒）。然而，这样的经济不可能出现所有商品的有效需求不足这样一个市场经济常见的严重问题。需求不足的问题不会存在，因为经济单位直接消费了自己土地的大部分产出，并且在完全没有交换时确实是这样。

在英国十六七世纪和 18 世纪的过渡期间，大多数人仍然依赖于土地，但越来越多的农业品和工业产品被投到市场上。人们在此期间的长期失业率日益增长，因为农民从农业生产中脱离的速度远远超过资本主义工业中就业人数的增长速度,但失业率并不具有周期性。

到了 18 世纪末,为市场交换而生产的私营企业制度揽括了绝大部分的经济活动。为市场交换而进行的商品生产不再像过去那样是一种偶然,而已成为私营企业制度的最本质的特征之一。在 19 世纪,一个企业创业者可能拥有一个生产数以百万计鞋的工厂,但是企业家整个家庭只能消耗其中的很小的一部分;其余的鞋必须被出售以购买创业者家庭中的其他消费品,支付工资给那些为企业工作的工人以及更换和扩大企业的厂房和设备。

在早期的经济体系中,自给自足的经济单位或为知名客户制造手工产品的工匠不可能因为产品的需求不足而陷入困境。当经济单位生产的几乎所有产品已由其自身消费的时候,需求不足并不会成为问题。但在工业化私营企业体系中,只为市场生产的专业化生产商人将仅因他的产品没有需求而不能继续生产。也就是说,这是 18 世纪后期私营企业经济的第一个主要的制度特征,也是使得大规模的周期性失业现象的出现成为可能的三个条件之一。

货币的经常使用

第二个制度特征是货币在交换中的经常使用,这对于总需求不足来说是必要的,它取代了以物易物的物物交换体系。尽管许多经济学家都强调这是有效需求不足存在可能性的唯一必要条件,然而那时,因为他们持有为市场进行交换的产品总是伴随着货币在交换中的经常使用的这样一个观点。这两个条件可能会作为一个正式命题而被提出,但是将它们分离开来分析是有用的。

在最原始的部落中,很少有交换,即使有也是物物交换。在稍微先进的社会,物物交换仍然是交换的唯一模式。但某些商品,如牛或马,从某种意义上可能被用来充当"货币",从而所有其他商品的价值都以它们来衡量。只有当存在大量的贸易使得经济体系开始成为类似于现代货币经济的时候,一定量的贵金属才通常被用作所有其他商品特定数量的人所共知的等价物。在一个更现代的时期,金属被冲压成硬币以达到更方便地计价并便利交易的最初目的。

然而,货币的使用为经济运行带来许多新的并发症。在罗马帝国时期，政府需要大量的资金以维持战争的扩张、大规模常备军、警察和官僚机构的费用，以及平衡贸易逆差（由于从东方进口奢侈品）。罗马皇帝最终被迫采取减低铸币成色或在铸币时混进贱金属合金以使铸币贬值的权宜之计。由于政府贬低了铸币价值以及帝国在随后的日子里产出的下降，可用货币购买的产品量迅速下降。换句话说，一场灾难性的通货膨胀爆发了。

尽管罗马帝国的财政困境及货币的使用困难重重，但他们没有面临市场上相对于金钱的需求来说商品"太多"的现代性问题。货币的经常使用是不够的，只要罗马的绝大部分经济仍处于自给自足的农业单位中，其本身就迎来了总需求不足的威胁。尽管帝国的奢侈品贸易没有遭受到极端通货膨胀的影响，但它比殖民战争、奴隶起义、雇用奴工的极端低效率更痛苦，并且罗马公民认为，任何对工作过程中的参与都是有辱人格的（因为工作只适合奴隶的）。此外，由于大部分人仍然依赖于土地生活，相对少量的贸易和商业对大部分的经济持续运作来说并非绝对必要的。不可否认的是，帝国作为一个政治单位和大型城市中心的较高文化保存，贸易是至关重要的，尤其是在罗马。罗马是埃及和北非的一个粮食进口国，同时也从 Gaul 进口葡萄酒和各种水果（这里只提及一些比较重要的进口）。在公元 2 世纪，当这种贸易下降时，罗马城遭难并开始衰落，但农业单位以新的形式甚至在更加自给自足的基础上持续发展。

随着罗马帝国的解体，贸易遭受了相当大的削减。在早期的封建主义时期，孤立的、自给自足的庄园模式占据了压倒性地位。因此，以物易物的重要性得到提高，而货币的使用减少。在每一个庄园，作为对庄主"保护"的回报，农奴向庄主及其家人和随从提供他们所需要的全部消费品和服务品。然而，在中世纪的较后时期，西欧的技术开始得到改进，工商业开始缓慢复苏并达到新的高度。中世纪较后时期的贸易扩展，最终导致货币经济取代了物物交换。同时，如上一节指出的，越来越多的产品在市场上销售，而不是用于家庭消费。

随着货币被越来越多地使用，市场交易需要货币作为一种"媒介"。不管什么理由，一旦货币持有人决定持有货币，并放弃用货币来购买商品，那么对市场商品的需求将较原来的水平低。某些在市场上待售的商品将不能售出。

大多数古典经济学家否认将货币引进交易会带来问题。例如，大卫·李嘉图认为，"产品总是由产品或服务来购买，货币只是影响交换的媒介"。（李嘉图［1817］1891，275）诚然，货币的一个作用是促进了商品的交换，但它还有其他的用途。在现代经济中，商品的卖方出售商品只获得金钱。卖方在稍后时间可能会也可能不会拿着同一些货币去购买其他的商品；与此同时，钱可能作为价值被储存起来以供日后使用。因此，一个人可能购买或出售而没有在同时进行相反的行为。情形并非总是如此，即所有买家将立即用自己的钱购买他们想要的东西。因此，货币经济没有使卖家能为所有推向市场的商品找到买家的内在必然性。

问题不在于经济中货币的总量不足。当希望购买商品的穷人没有钱，而有钱的富人却可能减少他们的支出时，流通链可能在货币流动减缓时被打破。循环流动的减少就像一条小溪中流水量的减少，这种方式导致了产品流动的减缓。尽管事实上，即使货币被引进后，商品被用于交换商品，然而，货币桥的必要性造就了世界上的所有差异。如果没有货币这座桥，成品将被堆放在仓库中，而潜在的消费者却无法购买。只有货币可以使私营企业体系中的一个潜在的消费者成为一个现实的购买者。因此，货币的使用使有效需求、对货币或对商品的需求不足成为可能，所以它是经济周期的一个先决条件。

这种经济体系中的过度供给并不意味着每个人都完全满意。在每一个经济衰退或萧条时期，都有数百万贫困人口会高兴，并得到更多的商品和服务。因此，问题不是一个社会的总商品的生产过剩的供应在绝对意义上超过人们的需要或欲望；相反，问题是相对于货币或对它们的"有效需求"来说市场上有"过多"的商品。所谓"有效需求"简单地说意味着欲望是离不开货币的，因为离开了货币的欲望或需要在资本主义制度下是没有意义的。

货币领域的另外一个问题源于辅币或纸币的使用。政府可能总是仅仅开动印钞机造出更多的纸币便足以引起某种程度的通货膨胀。例如，欧洲的经济就曾被18世纪初法国和英国金融市场巨大的崩溃拖垮。这两个国家的政府过度印刷纸币导致两国金融证券的狂热投机。紧接着的金融市场崩溃，摧毁了无数的财富，导致失业加剧，并引发了近10年的经济困境。

新的复杂情况来自货币可能只是仅仅作为一种计价单位被用来记账

的事实——也就是说，以信用活动的形式。信用的使用加剧了所有的货币问题，不仅仅是因为一个人可能卖出东西而不立即购买别的东西，而且他也可以卖出东西而在一段时间内不曾收到出售物品的收益。如果布朗欠史密斯钱，史密斯又欠约翰逊钱，而约翰逊又欠马丁钱，则这条信贷循环链任何地方出现中断，对这条链中的所有后继方来说都将是灾难。此外，在本质上，现代私营企业经济链通常是循环的，从而反响一旦到达出发点则会再次开始循环。当然，这并不能解释为什么循环从未曾在起点崩溃。

这里有人认为，在货币和信贷机构成为业务往来经常的方式之前是不会引起有效需求不足问题的。这是否意味着这些机构已足以解释经济衰退和萧条？我们知道，货币和信贷存在于古代罗马和16世纪至18世纪的西欧，但那个时代的金融动荡似乎并没有呈现出同现代经济衰退的那些相同类型的现象。在货币和信贷的发展之后，每一个灾难性的自然发生或暴力的政治事件将会在金融机构得到一个突然的不信任和在金融市场的恐慌得到反映却是不争的事实。例如，当1667年英国舰队被荷兰烧毁，并在1672年查尔斯二世停止从国库支付，伦敦银行遭受突然的挤兑。又如18世纪时，1708年因詹姆斯党的阴谋引发的金融危机，1720年爆发的南海泡沫（股票投机），1745年同觊觎王位者的斗争，1763年7年战争之后的余波和美国革命战争引发的动乱。

然而，米切尔认为，这些恐慌不论原因还是结果都不同于现代的经济收缩。首先，它们起源于"外部"原因，而不是运作于资本主义制度下的内生机制（如我们应当看到的）。其次，它们只在少数行业造成有限的衰退。他的结论是第一个真正现代意义上工业萧条迟至1793年出现于英国（米切尔，1913，583—84）。

金融部门的困境已成为绝大多数萧条最重要的原因，但事实并非总是如此。通常情况下，更严重的衰退涉及一种或另一种形式的金融灾难。金融部门对经济危机的作用将在后面的章节中得到验证。

作为私人牟利的生产活动

两个必要条件已得到讨论——为交换而进行的生产活动和货币的经常使用。如果经济收缩发生于需求波动低于供给的充分就业水平时，上述两个条件必须同时具备。在经济下滑能够被说成是由总需求不等于经济中的总供给这样的事实造成的之前，至少还需要具备一个制度条件。这第三个条件就是私有制的存在和为私人牟利而进行的生产。

在基于个体竞争的私有制经济中，它们决定生产的产品总量可能不等于由其他个人和企业决定的支出总和，即消费和投资的总和。如果产出的价值总和超过了货币或有效需求的总和，那么就没有足够的收入来支付生产成本和私营企业家的额外利润。该准则是决定性的，因为如果私营企业家不赚钱，他将减少或停止生产，机器将会被闲置，企业的工人将面临失业。

没有经济学家比古典经济学家花费更多的时间来讨论作为生产的中心动机的利润动机。然而，除了马尔萨斯之外。生产是无利可图的事实似乎并没有被纳入经济衰退的讨论中。因此，他们得出以下结论：在私人企业制度下，赢利能力的缺乏不可能引起经济衰退。事实上，这种可能性在商品的生产超过对商品的需求时就一直存在，至少在产品价格足以弥补成本和企业获得的利润的情况下也是如此。

我们做一个尝试性结论：前资本主义社会不曾因缺乏需求而遭受周期性衰退，因为他们只有有限的交换，这极有限的交换又是物物交换，而且生产主要不是由获取私人利润驱动的。在16世纪和17世纪，市场交换变得更加广泛，货币的使用逐渐蔓延，然而大多数生产并非资本主义性质的且不是为获取私人利润的。在这个过渡时期，货币和信贷的使用也造成一些随机的混乱，但没有造成系统性的商业周期。商业周期仅仅出现于资本主义形式成为主导地位的18世纪后期的英国。在资本主义制度下，大部分商品是在市场上进行交换的（包括劳动力，既可以买和卖，也可以维持失业），私人利润成为生产的主要动力（所以如果预期没有利润就不会有生产）。当然，货币和信贷的使用得到了进一步扩大。

商业周期的蔓延

米切尔认为："过去商业周期的总量可能少于1000。因为对于在西欧占主导地位不到2个世纪而在其他地区时间更短的某种经济组织形式而言，商业周期是个特殊现象。"（米切尔和索普，1926，47）

资本主义的商业周期似乎已经在 18 世纪末的英国首次出现。在这之前的经济危机很容易归因于外部的或纯粹的政治事件。它确实显示了 19 世纪英国商业周期是英国经济发展的衍生品。然而，英国巨大的贸易网络能延伸到世界上大多数国家，因此，大多数国家的商业周期一定是部分地属于来自英国及独立演变扩散的产品。当然，这并不意味着英国保持没有受到其他国家随之而来的发展的影响或它是受当今国际事件影响最少的国家。

商业周期在所有资本主义国家出现，但周期的形式深受国际活动和国家特质的影响。在每个国家，商业周期阶段具有相似的进程。然而，没有两个周期是完全一样的。它们的区别体现在原因、持续时间、工业范围、强度以及各方面的重要性上，也体现在它们如何迅速地从一个国家蔓延到另一个国家。最发达的工业国家如英国、法国和德国，存在密切的联系和同步周期。然而，在 19 世纪，欠发达和以农业为主的国家，如沙皇俄国、巴西和中国，商业周期的特点与国际模式存在显著差异（米切尔和索普，1926，93）。

米切尔发现，现代商业周期出现于 1793 年的英国、1796 年的美国（受英国的影响）、1847 年的法国、1857 年的德国和 1888 年至 1891 年期间的沙皇俄国、阿根廷、巴西、加拿大、南非、澳大利亚、印度、日本和中国。1890 年以后，在商业周期方面呈现出与主要周期相关的真正国际化的特征。同样重要的是我们并没有在那时期之前落后国家爆发商业周期的记录，因为这些国家主要是农业国且没有符合前面讨论过的三个条件的资本主义体制。1890 年以后，当欧洲经济开始通过殖民化、贸易和投资的方式来控制资本主义世界其余各地时，周期在欠发达国家变得越来越明显。在 1929 年的大萧条中，世界上每个国家都受到影响并陷入萧条期（除了苏联外）。同样，在 1938 年，大多数国家一起遭受了复发。在西欧和日本，美国经济衰退并没有造成 20 世纪 50 年代和 60 年代的大衰退。然而在 1973 年到 1975 年的衰退时期，这些国家陷入了同美国一样的衰退——并在 1980 年到 1982 年期间，所有这些国家再次陷入了同美国一样的衰退。总之，随着资本主义体制的扩张，商业周期也在蔓延。此外，由于资本主义经济交织在一起，各国的商业周期变得越来越同步。

美国资本主义的各个阶段

我们看到美国的经济周期并不是一成不变的，而是变化甚大。商业周期的这些变化反映了美国资本主义结构的变化。美国最初是一个殖民地国家，经济被英国所控制。即使在美国独立后，英国在19世纪以一种典型的新殖民主义模式继续控制着美国。

美国资本主义的第1阶段（19世纪初）类似其他欠发达经济体，仍然依赖于英国的投资和贸易；农业占主导地位，欠发达的小企业，极少的政府开支，欠发达的工人组织，不发达的金融体系并且欠缺国际实力。美国资本主义第2阶段（19世纪末和20世纪初）的特点是工业和金融垄断力量的崛起、农业的相对下降、经济独立于英国及具备较弱的国际实力。美国资本主义的第3阶段，自20世纪30年代后期开始，我们见证了美国政府实力的崛起，充分体现于20世纪五六十年代在国内事务和作为领导国际实力方面。在20世纪70年代和80年代，从政府和国际部门的重要性来看，这一阶段仍在持续，但以欧洲与日本的经济竞争和在越南的军事失利为标志，美国遭受国际实力的相对下降。

现在，让我们更详细地研究其中的一些趋势。如上所述，在19世纪上半叶，美国经济仍然以农业为主，伴随有一些商业资本。商业属于非常小型的商业，尽管各地区之间是彼此孤立的，然而一些行业却存在激烈的竞争。未成熟的美国经济在大多数情况下并没能引发自身商业周期，但对英国商业周期的反应却存在一个时滞。南北战争后，美国的资本主义崛起，出现了许多大公司和许多行业的寡头或垄断。从20世纪60年代末至今，美国兼并成潮。垄断力量对商业周期的影响将在后面予以探讨。

在美国的大部分历史中，工会的力量是相当弱的，但在20世纪30年代至40年代得到迅速成长，这归因于劳动者的斗争性（由于大萧条）、新政的友好环境和第二次世界大战期间的充分就业。然而，自20世纪50年代中期以来，工会的力量有所减弱，这是由于充满敌意的政府、服务业的兴起以及工业的下降。结果是工会工人的百分比出现了一个急剧的和长期的下降，这可以从工会的政治和经济实力的下降反映出来。在1955年，有1/3的美国工人是工会成员，而现在只有1/6。尽管对于工会力量变化的解释大相径庭，但工会力量薄弱和不断下降已经成事实。当我们考虑收入分配的重要性时，将详细讨论工会力量的衰落如何影响商业周期中的收入分配。

美国银行和信用体系在整个 19 世纪还不发达，许多金融危机和崩溃都源于其混乱性。1907 年金融恐慌之后，联邦储备系统终于起草了一些导向银行系统控制的立法。20 世纪 20 年代的特点是大量金融创新和投机性的信贷扩张，这导致了 1929 年的崩溃。在 20 世纪 30 年代，更多的控制和规制生效。新法规在二战期间和 20 世纪 50 年代和 60 年代的繁荣时期帮助控制了财政。与放松管制相伴而来的新的金融创新导致 20 世纪 70 年代和 80 年代极度扩张和脆弱的银行信贷体系。消费者债务、公司债务和政府的巨额债务是现代美国经济生活的另一种主要事实。本书将强调其对经济周期的影响。

除了战争时期之外，直到 20 世纪 30 年代，美国的政府开支一直都很少。直至 1929 年，美国的政府开支只占国民生产总值的 1%。即使在 20 世纪 30 年代，这个数据也只上升到 3% 或 4%。第二次世界大战期间，联邦支出占国民生产总值的比例上升到 40%。二战以来，联邦支出仍然维持在很高的水平，并在里根时代的朝鲜战争和越南战争期间达到顶峰。随着国家和地方支出的迅速攀升，政府总开支已占国民生产总值的很大比例。由于收入没有增加得那么快，因此政府出现了非常大的赤字（政府债务在里根时代翻了 3 倍）。因此，在对该模型视作私人领域的概述之后，我们将详细讨论政府对商业周期的强烈影响。

最后，在英国统治结束以后，美国经济国际的影响力直到二战仍然相对较弱。在 20 世纪 50 年代，美国在各方面，包括生产、贸易和投资，都主导着世界。美国对其他国家的影响是巨大的，但其他国家似乎没有能影响美国的经济。然而，到了 20 世纪 70 年代，美国的经济受到国际关系的强烈影响。例如，美国的进口量从 1949 年占国民生产总值的 5.8% 上升至 1986 年的 11.4%。此外，美国的经济面临激烈的外来竞争，甚至包括在其国内市场上的竞争。到了 80 年代，尽管出口有所上升，然而进口增长更快，并存在巨大的贸易逆差。因此，尽管美国经济在国外持续进行大规模的投资活动，然而，在美国进行的外国投资也非常重要。因此，我们强调，更高层次的国际联系将被作为影响美国商业周期发生变化的另一个因素。

这些长期的结构性变化，自大约1970年以来，对美国资本主义产生了几个令人不安的影响（对这些长期趋势的定量分析见梅斯万［1989］，更详细的研究见哈里森和布鲁斯通［1988］）。首先，在20世纪70年代和80年代，生产力的增长明显减缓，同时扩张减弱、经济衰退明显。其次，在20世纪70年代和80年代，失业率在每次衰退中都以一个比以前的经济衰退更高的速度攀升，因此我们可以说在此期间出现了一个更高的失业率的长期趋势。再次，在20世纪70年代和80年代，实际小时工资（考虑到通货膨胀因素）事实上是下降了，平均实际小时工资从1980年的6.66美元下跌至1988年的6.32美元。在此期间，在周期性扩张时实际小时工资略微有所提高而在周期性收缩时则有明显的下降。又次，收入分配的不平等在70年代和80年代有所扩大，自1973年以来穷人的实际收入已经下降，而富人的实际收入则有所上升。最后，财富分配的不平等在1973年至1989年期间也扩大了。日渐扩大的收入不平等主要是由于股息、租金和利息的增加。衡量收入不平等的基尼指数从1949年的0.376下降到1968年的0.348（反映了更多的平等），然后在1986年上升到0.390（反映了日益增长的不平等［见哈里森和布鲁斯通，1988，130］）。

商业周期的长期变化趋势及规律

资本主义的历史阶段以及在每个阶段的长期趋势都极大地影响了商业周期。继20世纪20年代和30年代大萧条的痛苦之后是40年代长期的繁荣，伴随有50年代和60年代温和的衰退。20世纪70年代和80年代又再次目睹了严重的衰退。20世纪70年代和80年代周期性行为的模式或续发事件的次序同20世纪50年代和60年代相比，更类似于20世纪30年代，尽管20世纪70年代和80年代的经济萧条的严重程度无论如何都比不上30年代的大萧条。由于商业周期在各个历史时期是特殊的和变化的，本书通常会考虑将20世纪20年代和30年代期间的商业周期行为同较后时期的商业周期行为区别开来，同时也把20世纪50年代和60年代期间的周期性行为同20世纪70年代和80年代的商业周期行为区别开来。

另外，考虑到每个商业周期的特殊性，需要强调的是，商业周期的基本动力和模式已经持续了很长一段时间。扎诺维茨和摩尔（1986）指出，领先与滞后指标在美国过去的 100 多年里一直保持显著一致："该记录最显著的特点是指标组中的时序关系的重大变化的缺失（p. 571）。"

此外，克莱因和摩尔（1985，81）发现了所有资本主义国家高度一致的领先、同期和滞后指标的转折点序列。他们的发现是基于对 9 个国家（美国、加拿大、英国、西德、法国、意大利、比利时、瑞典、荷兰和日本）中每个国家的 6 个周期的考察。因此，有相当的证据表明，商业周期相同类型的内部机制存在于所有的资本主义国家的各个阶段，尽管其在每个周期中有着非常不同的和独特的形式。

美国的商业周期

当一个国家处于其工业发展的初期阶段时是很难不受外国影响的。同样，当一个国家较小且无法自给自足时，它通常要依赖于外国的供给和需求。19 世纪初，美国的工业化还未完成，并且工商业中心主要局限在沿大西洋海岸的小区域。因此，那个时期美国的经济很容易受到外国势力的影响，特别是受英国的贸易和投资的影响。其影响的基本方向肯定是从英国已经快速发展的产业到美国欠发展的产业和商业。英国经济陷入萧条，也会导致美国的经济萧条，因为美国对英国的进口也下降了。在个别情形下，美国开始出现衰落，英国投资机会的减少可能扩散到整个英国并致其萧条。

在美国的投资会带来丰厚的利润，但同时外国投资者的决策也包含着巨大的风险和受到剧烈波动的冲击。美国经济的其他所有特征都说明了美国是一个典型的欠发达国家，它包括了那一时期的以下特点：农业占了美国所有产出的 2/3 或更多；在北部和西部的大部分企业（不论其是农场还是手工业）都是一人独资企业；在南方，则是大型奴隶种植园；尽管在奴隶制下不存在经济周期内生的指标，但美国南部奴隶制受到世界其他地方商业周期的影响。很多工作是在家里完成的，商店橱窗往往就是朝向街道的家庭的一部分；很少有城市工薪工人，因为很少有一个以上店员（有可能是一个学徒）的商店。市场仅限于本地区域。北方大多数农业家庭基本上能自给自足。西部有大量无人认领的和尚未开发的区域。那里存在大量的物物交换，很少使用货币且有着不发达和低效的银行系统。那时候，资本最重要的部分是从事商业和贸易——很大程度上是外国商业和贸易。由于缺乏必要的条件，美国经济的早期阶段（至少直到1837年）并没有内生出经济周期（本部分的材料主要来源于李［1955］和米洛斯基［1985］）。

在1837—1860年期间，外国影响显得不那么重要了，于是商业周期部分地归因于内生的结果。然而，外国影响对美国发展起着如果不是支配性的也肯定是决定性的作用。例如，1847年的英国金融恐慌直接导致了美国1848年的温和性衰退。

从南北战争到19世纪结束这段时期，是美国工业达到成熟的时期。到该时期结束为止，商业的公司形式占支配地位，农业只占全部输出的1/6，农业本身更具商业化和以市场为导向，具有成千上万工人的工厂体系取代了小手工艺品店和几乎生产所有物品的家庭手工业。美国具备了一套复杂的并且与世界其他地区相互关联的重工业体系。组织管理面临着不断强大的工会运动，货币在经济的每一个方面已经取代了物物交换；市场扩展到全国或国际范围；边境已经湮灭，并且商业也只提供国民收入的一小部分。由于具备了先进的资本主义条件，美国经济产生了自己的周期，但仍与西欧的周期密切关联。

20世纪的美国，外交关系只在几次主要战争中主导着国内经济：第一次世界大战、第二次世界大战、朝鲜战争和越南战争。除此以外，国内的内部机制已主导了美国的经济周期，尽管军费开支以及国际贸易和投资已明显地发挥了越来越重要的作用。美国经济的急剧衰退，如20世纪30年代的大萧条或1975年和1982年的严重衰退，已经严重危害了世界其余各地。美国经济经历过的每3年或每4年温和的经济衰退并没有对世界大部分地区产生重大影响，尽管它们显然伤害了一些具体的贸易伙伴。值得注意的是，即使是"温和"衰退也确实通过造成数以百万计的美国工人被迫失业、收入急剧下降及情绪悲观、冷漠，从而导致离婚率、犯罪率、自杀率提高而增加人类的痛苦。

当然，20世纪最具灾难性的经济事件要数大萧条（关于大萧条的原因的详细讨论见迪瓦恩［1983］）。虽然共同的看法是大萧条整整持续了20世纪整个的30年代，摩尔（1983）从持续时间、深度或幅度和范围方面更科学地分析了其作为一个整体（遵照米切尔的定义）从

1929年到1933年的衰退。他发现了这种下降持续了43个月（摩尔，1983，21）。他发现实际国民生产总值下降了33%，工业生产下降了53%，而非农就业人数减少了32%，失业率上升了22%（官方失业率达到空前的25%）。这一下降的幅度比20世纪任何其他的衰退还大，并伴随着所有产业100%的衰退。

钱德勒（1970）更生动地讲述了这个衰退的故事。他把这次大萧条描述为国家银行体系的彻底崩溃、房地产市场崩溃、国民产出惊人的下降，以及严重的通货紧缩。失业人数从150万人激增至1280万人。批发价格同期下降超过30%。投资下降了惊人的88%。虽然所有产业产量下降，但一些关键产业遭到毁灭性的破坏。钢铁、木材和汽车产量分别下降了59%、58%和65%。

在1933年到1937年，出现了一次缓慢复苏，即使经济在这期间从来没有恢复到1929年的水平，失业率仍然很高。第2次衰退开始于1937年。直到二战前，美国经济仍没有得到全面复苏，随后的军事需求最终使经济得到全面恢复。

二战期间，美国经济得到巨大发展之后，20世纪40年代末、50年代和60年代美国经济的特点是温和的增长速度和4个小的经济衰退。它们还带有朝鲜和越南这两次非常大的"有限"战争这两个特点，其中军费开支在经济中保持了一个很高的水平。在两次战争中，军费都导致了很高的通货膨胀率。然而，在越南战争结束后，通货膨胀仍在继续。它一直延续至今，通胀率在经济扩张期上升而在经济收缩期则缓慢下降。除了持续性的通货膨胀外，70年代和80年代初的特点是很低的增长速度、严重的经济衰退和高失业率。1982年的反通货膨胀措施导致了严重的衰退或萧条，导致1200万人失业。另外近200万劳动者感到沮丧而放弃寻找工作，数以百万计的非自愿失业者从事兼职工作。

正如第二章指出的，米切尔发展了一种测量商业周期顶峰和低谷的方法，这一方法一直或多或少为国家经济研究局沿袭采用，现在也被美国商务部所采用，但存在很多问题：①人们用计算机程序机械地使用这种方法；②不能区分温和的衰退和严重的萧条。官方的时间列于表3.1。尽管它们存在许多问题，但这些官方日期在本书中仍被采用，因为它们是最被普遍接受的日期。

表3.1显示，美国自1858年以来，出现了30次衰退或萧条。这意

味着每4—5年便出现一次经济收缩。这种计算方法包括战时的周期，该表所显示的要比和平时期平均周期长得多。如果去掉战时周期，平均周期仅为3—4年之久。更确切地说，从1945年到1982年，先后有8个周期，包括持续达45个月的平均扩张期和仅持续11个月的平均收缩期。但是这些扩张也包括两个周期中的一些长期战争，即朝鲜战争和越南战争。如果去掉那两个战争周期，那么扩张期平均为34个月（或11个季度），而收缩期平均仅为11个月（或4个季度）。尽管这期间的收缩期远远短于扩张期，但这种情况并非一直都如此。例如，在1854年到1919年的14个和平时期的周期，平均扩张期为24个月（或8个季度），而平均收缩期也为24个月（或8个季度）。

表3.1　　　　　美国商业周期的扩张与收缩，1854—1981

商业周期参考日期		初始值	扩张期月份	收缩期月份
谷底	峰值	谷底	谷底至峰值	谷底至谷底
1854.12	1857.06	1858.12	30	18
1858.12	1860.10	1861.06	22	8
1861.06	1865.04	1867.12	46	32
1867.12	1869.06	1870.12	18	18
1870.12	1873.10	1879.03	34	65
1879.03	1982.03	1885.05	36	38
1885.05	1887.03	1888.04	22	13
1888.04	1890.07	1891.05	27	10
1891.05	1893.01	1894.06	20	17
1894.06	1895.12	1897.06	18	18
1897.06	1899.06	1900.12	24	18
1900.12	1902.09	1904.08	21	23
1904.08	1907.03	1908.06	33	13
1908.06	1910.01	1912.01	19	24
1912.01	1913.01	1914.12	12	23
1914.12	1918.08	1919.03	44	7
1919.03	1920.01	1921.07	10	18

续表

商业周期参考日期		初始值	扩张期月份	收缩期月份
谷底	峰值	谷底	谷底至峰值	谷底至谷底
1921.07	1923.03	1924.07	22	14
1924.07	1926.10	1927.11	27	13
1927.11	1929.08	1933.03	21	43
1933.03	1937.05	1938.06	50	13
1938.06	1945.02	1945.10	80	8
1945.10	1948.11	1949.10	37	11
1949.10	1953.07	1954.05	45	10
1954.03	1957.08	1958.04	39	8
1958.04	1960.04	1961.02	24	10
1961.02	1969.12	1970.11	106	11
1970.11	1973.11	1975.03	36	16
1975.03	1980.01	1980.07	58	6
1980.07	1981.07	1982.12	12	17

资料来源：《国家经济研究》，美国商务部的经济状况文摘部报告。

注：强调数字是战时扩张（南北战争、一战、二战、韩国战争和越南战争）。

表3.2　　　　　　　　国民收入账户振幅：支出

	均值，4个周期 1921—1938		均值，4个周期 1949—1970		均值，3个周期 1970—1982	
	扩张期	收缩期	扩张期	收缩期	扩张期	收缩期
国民生产总值（50）	21.2	-16.4	17.9	-1.5	12.1	-3.5
消费						
总计（231）	15.0	-9.9	16.6	1.0	10.4	-0.7
非耐用品（238）	16.4	-11.4	14.2	0.7	6.9	-0.4
耐用品（233）	31.0	-27.0	24.1	-5.9	20.8	-5.0
服务（239）	14.4	-6.4	18.0	2.9	10.7	2.1
投资						
总私人住宅（241）	55.4	-49.3	23.5	-9.5	9.8	-28.0
设备（88）	46.0	-39.4	29.8	-12.0	24.0	-12.8
非住宅（87）	30.6	-32.9	18.4	-0.4	17.7	-9.9

续表

	均值，4 个周期 1921—1938		均值，4 个周期 1949—1970		均值，3 个周期 1970—1982	
住宅（89）	33.9	-22.0	6.9	3.0	16.9	-18.4

资料来源：Data for 1921 - 1938 are from Wesley Mitchell, What happen During Business Cycles (New York: National Bureau of Economic Research, 1951). All date for the years 1949 to 1982 are from the Business Conditions Digest, Published by the Bureau of Economic Analysis, U.S. Department. of Commerce. (Washington, D.C.: U.S. Goverment Printing office).

3 个时期的消费和投资

我们检验表3.2中3个不同时期的非常周期性行为。1921年到1938年这一时期包括大萧条时期，因此它具有相当大的起伏；1949年到1970年期间展现了相对温和的周期；以及1970年到1982年期间再次显示了较剧烈的波动。除了时期之间的差异外，最有趣的是在每个时期这些序列的相对振幅在这所有3个时期中的规律性。

表3.2显示，大萧条期间总消费量下降的幅度远低于总投资下降的幅度，这也重现于其他两个时期中。当然，有大量论述消费和投资活动的文献，讨论了造成更大的投资波动的原因，其中会在后面的章节中谈到。

类似地，大萧条期间的数据揭示了耐用消费品的振幅远比非耐用消费品的振幅大，而且这种特点也重现于后来的两个时期中。当然，非耐用品必须更频繁地被购买，所以对它们的购买不可能像耐用消费品那样被推迟很长时间。此外，大萧条的数据显示了消费服务比消费品更小幅度的波动，这一特征也重现于后来的两个时期中。在这种情况下，在所有时期，消费服务较小幅度振幅的原因是与服务产业相对强烈的长期扩张趋势有关。服务业向上增长的趋势烫平了相对于商品生产这一领域的波动。

另外，设备投资的波动较所有3个时期普通厂房（非住宅建筑）投资更大。这并不奇怪，因为设备库存的增加和减少远远较厂房的增加或减少容易得多。而厂房投资更可能有一个较长的时间，因为它们必须考虑更长的建设周期。

到目前为止，我们已经注意到在所有商业周期中存在的一些规律性。3个时期之间存在什么差异？主要的区别是，在第一个时期，因为它包含了大萧条，因此它比20世纪70年代和80年代具有更加剧烈的下降，而70年代和80年代反过来又比50年代和60年代的温和性周期有更剧烈的下降。这样，1921年到1938年这段时期显示了在收缩期间平均国民生产总值下降了16.4%，但国民生产总值在1949年到1970年这段时期平均仅下降了1.5%，而在1970年到1982年这段时期则平均下降了3.5%。其他大部分消费和投资变量同样如此。

在20世纪20年代和30年代，总消费量在收缩期下降了，但在20世纪50年代和60年代的温和衰退期中，消费实际上是增长了；在20世纪70年代和80年代较严重的收缩时期中，消费略微有所下降。20世纪20年代和30年代的收缩期消费者服务下降了，但在随后两个时期继续增长（以较慢的速度）。在20世纪50年代和60年代的4个温和收缩期里，住宅建筑实际上上升了，但在其他两个收缩期却显著下降了。

收入的周期性波动

正如表3.3中揭示的，20世纪20年代和30年代，职工薪酬（所有劳动收入，包括工资和薪金）的上升和下降速度比国民总收入慢。显然，结果是财产性收入（国民总收入减去职工薪酬，有时也被称为非劳动收入）的上升和下降比国家收入快得多。在财产性收入里面，企业利润显示了迄今为止经济衰退中的最大跌幅。净利息收入没有周期性下降，尽管其增长率是下降的；利息收入显示了比周期性波动更剧烈的长期上升趋势。

在20世纪50年代和60年代，收缩期间所有类型的收入的下降明显地比20世纪20年代和30年代的少。事实上，租金收入（如利息收入）在这些温和收缩期间内是上升了而不是下降了。在20世纪70年代和80年代，每种类型的收入的减少幅度比20世纪50年代和60年代严重得多，某些情况下是其2—3倍。租金收入下降了而不是上升了，利息收入的增长率只有50年代和60年代增长率的20%。

在70年代和80年代，职工薪酬的波动慢于财产性收入的波动，也慢于国民总收入的波动，就同20年代和30年代的情形一样。只有在50年代和60年代那段不同寻常的经济繁荣时期，职工薪酬的增长才快过财产性收入和国民收入。虽然百分比差异似乎较小，但每个百分点包括的美元数量却非常大，因此我们看到，收入分配的这些变化会影响消费者的需求。因此，工人阶级消费需求不足是 20 世纪 20 年代和 30 年代的一个主要问题，而在 20 世纪 50 年代和 60 年代，则是一个不重要的问题，而到了 20 世纪 70 年代和 80 年代又再次成为了一个大问题。

表 3.3　　　　　　　　周期振幅：收入

	均值，4 个周期 1921—1938		均值，4 个周期 1949—1970		均值，3 个周期 1970—1982	
	扩张期	收缩期	扩张期	收缩期	扩张期	收缩期
国民收入（220）	22.5	-17.6	18.7	-2.5	12.5	-4.8
雇佣补偿金（280）	19.8	-13.0	22.7	-1.9	10.5	-2.2
所有者收入（282）	8.7	-6.1	3.9	-0.5	9.8	-11.1
租金收入，CCADJ（284）	5.7	-15.1	8.4	2.2	-23.3	-12.1
利息收入（288）	3.2	1.0	38.4	15.9	29.0	3.3
税前公司利润（286）	168.8	-174.6	18.8	-16.2	23.2	-27.5
财产收入（220—280）	23.7	-26.5	11.5	-4.2	18.0	-12.6

资料来源：同表 3.2。

注：同表 3.2。

由于通货膨胀，对 1949 年到 1982 年期间业主的收入和企业利润数据给予存货估价（IVA）和资本消耗调整（CCADJ）调整。

失　业

在比较不同时期的失业问题之前，我们需要对数据的含义给出一些警示。贯穿本书，我们是用美国劳工部的官方失业数据来测量失业率的。但是，这些官方数据有重大偏差。事实上，应该强调的是，在这本书中使用的每一个官方政府数据几乎都存在各种偏差。对每个序列是如何构建的以及它的偏差是什么的最好的讨论，可见于弗兰坎（Norman Frumkin, 1987）的那本出色的和极其有用的著作。

失业数据在 3 个方面严重低估了失业率。首先，许多劳动者在失业很长一段时间之后感到沮丧以致他们主动放弃了求职，尽管他们仍然想要一份有薪水的工作。这些"气馁的"工人都应该算作失业，但官方数据并不把它们算在失业内。相反，它们被划分为不属于劳动人口的一部分。因此，失业被严重低估了，而萧条持续的时间越长低估就越严重（因为感到沮丧的工人的比例上升）。

其次，一些工人"就业不足"。也就是说，它们远低于其资质等级就业。如果一个人有物理学的博士学位但却只能找到一份作为一个加油站服务员的工作，这就是就业不足。虽说很容易举出这样的奇闻，但这种不足无法得到量化也无法纠正，因为"未充分就业"本身就很难量化。

最后，受雇于任何工作的兼职工作，甚至每星期1个小时的工人，都计算在官方统计的"就业"里面。然而，许多兼职工人非常渴望有全职工作。由于他们无法找到全职工作，他们认为自己是部分失业。事实上，平均兼职工人只工作整个全职时间表的一半。因此，愿意获得全职工作的兼职工人平均来说或许应该被算为一半失业。

从1970年到1987年，整个就业劳动力增长了39%，但兼职工人人数却增长了63%（美国劳工部鲁萨考夫［Russakoff］和Skrzycki 1988年1月做的统计报告）。事实上，想要获得而又不能得到全职工作的兼职工人人数已从1970年的2446000增至1987年的5401000，这是一个长期的趋势，因为兼职比例通常在经济衰退时期增长而在扩张时期下降，可是1970年是一个衰退年而1987年却是一个扩张年。为什么会出现这种趋势？因为兼职劳动力是可伸缩的。其波动范围在生产和需要高峰期，这些员工第一次去是在困难时期，形成了围绕一个缓冲更好的报酬的核心排序和迎接全球竞争，这是现在削减劳动力成本的青睐的工具，并保持灵活（Russakoff和Skrzycki，1988，18）。不仅是兼职工人的工资较低且容易被解雇，而且他们通常也没有获得额外福利（目前约占工资的15%）。

在阅读这些失业数据时，人们还应该记住，这些都是在一个时间段的平均数。但是，一年里某段时期的劳动失业率的百分比是全年失业率百分比的2.5倍（见马格多夫和斯威齐，1987，62）。因此，如果1982年全年平均有1000万人失业，我们预期有2500万人（或1000万的2.5倍）将失业一周或更长时间。

对于1921年到1938年期间，我们现在缺乏对失业的许多方面解释的详细数据，但米切尔确实提出了两个比较序列。表3.4显示了3个时期的工厂就业和每周工作时间。这两个序列在这3个时期显示了不同的顺周期性，但1921年到1939年期间的波动是最强烈的，在1949年到1970年期间的波动则是最微弱的（尤其是在收缩期），1970年到1982年期间则居中。工时、工资和就业波动的事实意味着在萧条期间在职的工人仍受到小时工资降低和每周工时减少的伤害。

我们只能获得1949年之后描述失业其他特征的数据。表3.5和图3.1和图3.2列出了1949年到1982年7个周期的平均数。该数据显示了失业率的非常大的和系统性的波动，在每个扩张期迅速下降而在每一个收缩期则迅速上升。

我们从失业保险索赔中观测到这些波动相同或略大于失业总人数。表3.5的这两个序列显示了每一个周期性收缩期数以百万计的人陷入非自愿失业的现实。非自愿失业水平的一个更清晰的指标是招聘广告对失业人数的比例引起的非常迅速的变化，在经济扩张期上升了74%，但在经济收缩期下降了78%。因此，在每个时期，当失业率上升时，可供选择的工作越来越少。

表3.4　　　　雇佣与时间：扩张期与收缩期振幅

	均值，4个周期 1921—1938		均值，4个周期 1949—1970		均值，3个周期 1970—1982	
	扩张期	收缩期	扩张期	收缩期	扩张期	收缩期
工厂						
雇佣（#40）	24.2	−23.3	13.5	−6.8	9.2	−9.0
工作小时						
每周（#1）	8.4	−16.4	2.4	−2.2	2.5	−3.0

表3.5　　　　失业，1949—1982（平均振幅，7个周期）

	扩张期	收缩期
失业率（43）	−42.7	48.9
失业保险索赔（5）	−43.8	53.9
广告求助/失业数据（60）	73.9	−78.3
周失业平均数据（91）	−28.6	19.9
超过14周失业者的失业率（44）	−71.1	83.3
平均加班时间（21）	31.9	−28.0

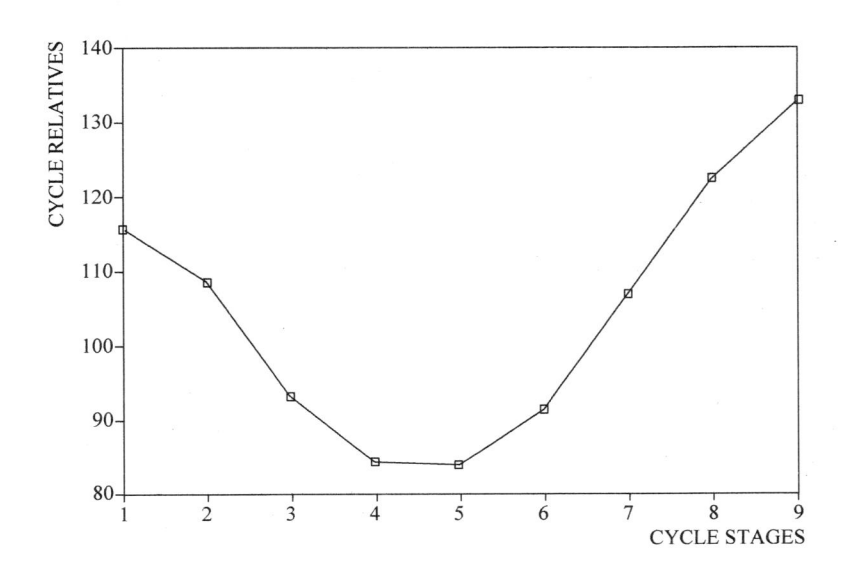

图 3.1 失业率模式：7 个周期按阶段划分的振幅，1949—1982

（来自附录 C 序列第 43）

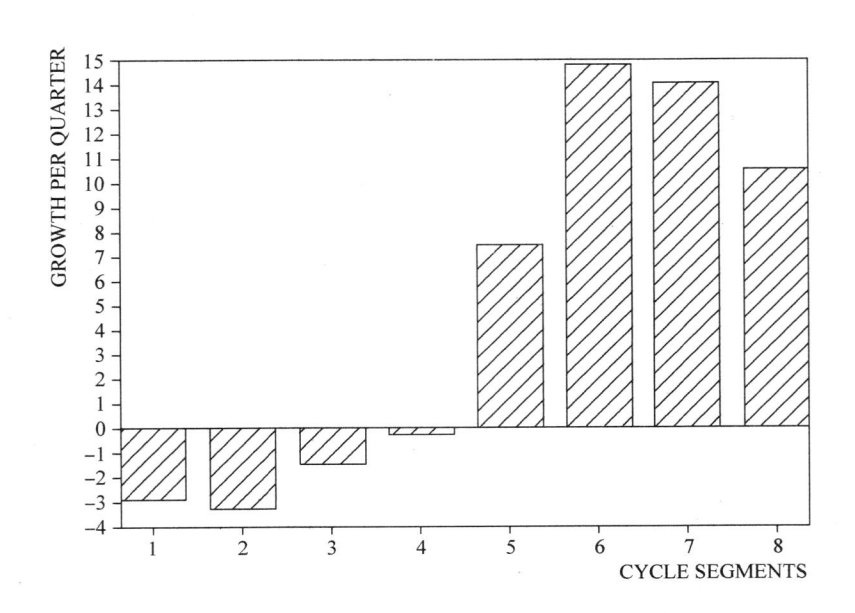

图 3.2 失业率：7 个周期按分割段划分的平均增长率，1949—1982

（来自附录 F 序列第 43）

表3.5也表明，工人失去工作的周数逆周期地上升和下降，即与周期中经济活动的方向相反。这意味着失业者在经济衰退或萧条期比扩张期承受更长的失业时间。与此同时，在平均收缩期内，对于那些失业已有较长一段时间（15周或以上）的人来说失业率急剧上升（上升83%）。最后，那些在收缩期仍有工作的工人以另一种方式（即加班时间减少）受到了损害，这意味着每小时工资率大幅度减少，因为加班工资比普通工资更高。

结　论

经济危机（每几年就发生衰退或萧条）是资本主义的特征。资本主义以前的社会并未遭受这种类型的危机。资本主义容易遭受周期性的危机，因为它为交换而进行生产，为私人牟利而进行生产，货币和信贷的使用。美国经济遭受了频繁的周期性危机，但其性质已经随着资本主义结构的改变而改变了。它有以下特点：①强大的垄断势力；②家庭、企业和政府对信用的广泛使用；③工会力量的减弱；④政府巨大的影响；⑤激烈的国际竞争。20世纪70年代和80年代的趋势包括生产力增长疲软，停滞的实际工资，不断扩大的收入不平等，以及严重的经济衰退。3个时期的商业周期之间的一些主要差异：20年代和30年代包括大萧条；50年代和60年代的周期是非常温和，以及20世纪70年代和80年代的又一更猛烈的周期。20世纪50年代和60年代的非自愿失业相对较少，但在30年代以及七八十年代期间，非自愿失业的数量非常大。

这里谈到的"资本主义产生周期性的衰退和危机"的观点完全与占据主流地位的新古典主义观点（即认为经济体系总会调整到充分就业均衡，因此衰退和萧条皆来源于外部冲击）完全相反。然而，它也反对马克思主义的一些极端的看法，即经济体系处于一个长期危机之中（有些理论家将危机追溯至从第一次世界大战，而其他经济学家则将其追溯至20世纪60年代末）。本章揭示了持续的或者长期危机的概念没有什么特别的经验意义，但在资本主义的不同阶段会存在长期趋势——部分学者认为这种长期趋势没有太多问题或仅仅是非常温和的衰退，而其他学者则将其看作为日益恶化的长期问题（如政府赤字和贸易赤字）和严重衰退（如1982年的危机）。

进一步阅读

关于商业周期历史的一本非常有趣的书可见米洛斯基（1985）。关于大萧条历史的一本有用的、有些折中的书可见伯恩斯坦（1987）。关于历史方面的一些有用的文集已经由菲利普·克莱因（Philip Klein）编辑（1989b）。

第四章

内生性和外生性周期理论

本章介绍一些商业周期理论。但由于篇幅有限，没有对每个理论都进行详细严谨的叙述。这样做的目的在于为读者提供更多关于周期的可选择的研究方法，为在后面几章出现的内容作铺垫，并为本书余下的章节提供了一个基本的分析框架。

两类不同的商业周期理论学家之间存在巨大的差距。正如凯恩斯所说："是什么造成了我们之间的鸿沟呢？一方的经济学家们认为现存的经济系统，从长期看来是一个会自我调节的系统，尽管其中存在许多不安定的因素、外界干扰和谬误……另一方则持反对态度，认为现存的经济系统在任何重大意义上都不是自我调节的。"（引自米莱茨基 Mirowski 1985，46）大多数的古典和新古典经济学家认为，需求会自动调整直到与供给平衡，在没有外界干扰的条件下系统会迅速回到充分就业的平衡状态，而且所有剧烈的衰退都是外生性的，也就是说，是由外在的因素引起的。

经过对古典主义和新古典主义关于商业周期外生性原因理论的研究，我们回到了"鸿沟的另一边"。后凯恩斯主义学派、马克思主义经济学家和制度学派断言，系统不会自动调节需求直到与供给平衡，系统不会自动返回充分就业的均衡状态，而且反复出现的周期性衰退主要是内生性的，即是由内部原因引起的。当然，尽管这两个学派的内部存在重要的差异性，但这两个学派之间也有一个基本的分歧。

萨伊定律

古典经济学家认为，资本主义制度下无形的手产生了一个平稳运行的系统，它总是能够恢复到经济体最优运行的均衡状态。与这一观点相一致，萨伊于 1803 年提出了"供给创造自身的需求"定律。换句话说，如果市场总供给增加，总需求也会增加，直到达到一个新的充分就业的均衡状态。系统会自动调节以应对任何变化或外部冲击。因此，除了非常短暂性的失业外，没有非自愿失业。在古典主义观点看来，失业是由调整时的短暂摩擦或外在障碍引起的，这些障碍使得市场无法自由运转；否则，人们就是自愿失业的。也就是说，相比只拿当前的工资，他们宁愿不工作。

古典主义的观点不仅不是一个过时的旧理论，而且它被复兴，并在美国经济学界中成为一种重要的甚至可能是占支配地位的理论。正如本章后面提到的，货币主义、新古典经济学家和供给学派都认为萨伊定律是正确的。该理论拒绝认为"需求的缺乏会导致周期性萧条的可能性"，现在让我们看看这个理论是如何演变的。

萨伊和其他古典经济学家（尤其是詹姆斯·密尔和大卫·李嘉图）认为，生产行为本身创造的收入水平足以购买所有已经生产的商品。所有的工资和薪金、租金收入、利息收入和利润收入的总和与所有生产商品的价值相等。因为收益总额与所有生产的待售的产品价值相同，所以收入对于那些产品提供的需求来说是足够的。因为无论从收益中节省出多少资金都将会被借给那些急于购买超过他们目前收入产品的其他人，所以萨伊相信所有收入都应该用来购买全部产品。因此，在充分就业情况下无论潜在的 GNP 有多大，市场的力量应该确保所有可使用的劳动力资源都被雇用。

萨伊承认单独一种产品可能存在过度生产，但是市场应该纠正短期的困境。只要竞争能够迫使资本从一个产业转移到另一个产业，这种暂时性的失调就必然得到纠正。在一个典型的古典陈述中，李嘉图指出："某一类特定产品可能生产过剩，也可以说在市场上这种商品供过于求以至于不可能收回花费在它身上的资本；但这不适用于所有商品。"（［1987］1891，286）

古典经济学家主张储蓄（没有花在消费上的收入）总能以投资的形式找到出路，因为人们不会放弃投资带来的收益，若某人仅仅是"储藏"这部分储蓄，他就将失去这些储蓄所带来的收益。高水平的储蓄对经济增长来说是健康的和有益的，因为没有高储蓄就不可能有高投资。

总的来说，古典经济学家仅仅看到了高储蓄的利益，没有看到它内在的困难。

萨伊定律的核心常常被解释为，价值1美元的产品或者供给，创造价值1美元的收入或者潜在需求。每一次购买构成一次销售，每一次销售对于某些人意味着货币收入，而那些收入可能在下一期被用到更多的购买方式上。李嘉图写道："没有人生产不是为了消费或者销售，同时他也不会仅仅销售，他也会购买一些其他可能会对他有用或者对未来生产有贡献的商品。通过购买它们，他依然成为他自己产品的消费者或者成为其他人商品的购买者或者消费者。"（［1817］1891，273）

换句话说，商品和货币的循环是企业生产和销售的循环。它给工人和资本家带来收益，这些收益用来向企业购买消费者商品和生产者商品，然后这一循环又重新开启。这是在一切都完美运行的情况下对于周期的正确描述，但它不是表明一切正常运行的证据。

李嘉图正确地指出了今天被称为"萨伊恒等式"的有效性，即产品的价值恒等于收入的价值——但这仍然是在失业率达到50%状态下的情况。萨伊定律不仅断言生产创造相等的收入（会计学定义中总是正确的），而且断言收入创造相等的需求——但后者的论断未必是正确的。

对萨伊定律的批判与辩护

假设在充分就业条件下，资本主义体系总有供求均衡的趋势，那么唯一能够造成暂时性失衡的只有某种外部冲击。从萨伊在1803年提出萨伊定律直到古典主义时期结束（1870），萨伊定律是占支配地位的。这种支配地位持续到新古典主义时期（大约从1870年到20世纪30年代中期）。在凯恩斯主义经济学这个小插曲之后，萨伊定律又恢复了支配地位，并从20世纪70年代中期一直流行至今。由于它最重要的观点是经济体系会自动达到充分就业的均衡水平，关于经济萧条的唯一被认可的理论是引起经济暂时性偏离充分就业的外生冲击理论。

第一个著名的外生性理论是杰文斯的理论，他认为商业周期是由太阳黑子造成的。在农业占据重要地位的19世纪，这个理论听起来并没有那么奇怪。当时有许多理论认为一些周期性的气候现象（比如太阳黑子）导致坏天气，从而导致农业减产，从而进一步导致经济起伏。由于农业的重要性已经减退，这些理论也就过时了。

马克思（[1905]1952）批判过萨伊定律，理由是古典经济学家们把资本主义与之前的体系（或一个虚构的鲁滨逊·克鲁索岛）相混淆了。在封建主义（或克鲁索岛），产品仅仅被一个相互孤立的群体使用。在资本主义体系下，产品是在货币市场上出售的，而且只有在预期能够获得利润时，生产才会继续。每一次销售都会带来收入（萨伊恒等式），但是这份收入可能不会被花费。

对萨伊定律类似的批评是由米切尔（1913）提出的，他强调经济周期只有在资本主义社会才会出现，因为资本主义是货币经济。仅仅当预期有利润产生时，生产才会进行；在资本主义环境下利润的缺失将导致失业。在第三章中，我们讲述了商业周期的发展史，它表明了经济周期确实是资本主义的产物，而萨伊定律不适用于资本主义。

从理论的角度看来，越来越多的对萨伊定律的拥护者对这些批评做出回应。穆勒、马歇尔、杰文斯和瓦尔拉斯等经济学家强调只要价格、工资、利率灵活，经济就可以恢复均衡。需求不足会导致物价降低，但是这又导致需求增加和供给减少，所以经济恢复均衡。

凯恩斯（1936）使用一些新古典经济学家所熟悉的论证和分析工具，以一种相当正式的方式抨击了萨伊定律。因为大萧条证实了确实存在供给过剩和需求不足的状况，这也造成了25%的失业率，所以凯恩斯的观点非常具有说服力。最后，大多数经济学家宣称，萨伊定律已经过时了。

然而，第二次世界大战之后，20世纪50年代和60年代的一段长期繁荣时期使得人们对资本主义重拾信心——萨伊定律开始卷土重来。我们这里讨论的主要是古典主义/新古典主义对萨伊定律的主要评论，这些观点是在20世纪五六十年代提出来的，它们是对两种凯恩斯主义观点的回应。

关于萨伊定律的3种观点

首先，假设商品的总供给暂时大于总需求。有经济学家主张，在竞争中灵活的价格会很快抚平这种失衡。在竞争条件下，产量供给过剩将自动导致价格下降。在新的低价格水平下，需求会自动增加到与供给平衡的状态。由于需求会以这种方式调整到任意的供给水平，包括达到充分就业水平的供给水平，所以在达到供给的充分就业水平时，均衡就会出现。

其次，假设除了投资需求以外，还有一些暂时性的额外储蓄（即收入未被用于消费的部分）。有经济学家主张，在竞争中，灵活的利率将很快抚平这种失衡。在竞争条件下，储蓄过剩供给将自动导致利率下降。在新的低利率条件下，将会有更多可以赢利的投资机会。因此，投资需求将上升到与储蓄供给相同的程度。同样，这种观点也适用于储蓄供给的充分就业状态。

最后，假设暂时性的劳动力供给超过劳动力的需求，并导致暂时性的失业。有经济学家主张，在竞争中，灵活的工资将很快抚平这种失衡。在劳动力市场的竞争条件下，劳动力供应过剩（失业）将自动导致工资下降。如果工资下降，那么工人就可以为资本家创造更多的利润。因此，在新的较低工资下，资本家将雇用更多的工人，直至达到充分就业。对于那些找工作的工人们来说这被定义为充分就业。没有就业的潜在工人被定义为自愿失业或非劳动力。

新古典—凯恩斯主义对萨伊定律的批判

在20世纪五六十年代，大多数经济学家都赞同萨缪尔森所谓的"新古典—凯恩斯主义综合"理论。这个理论认为，如果经济体存在某些障碍或刚性，那么萨伊定律不能成立，但是一旦这些障碍被消除或被政府行为弥补，那么萨伊定律和新古典主义的竞争平衡将再次占上风。针对过去的观点，他们提出了以下三种论点。

首先，假设所有商品的总供给都大于总需求。新古典—凯恩斯主义者声称，价格相对缺乏下降弹性。这种刚性部分源于市场中的寡头或垄断力量。不管是什么原因，如果价格不能灵活下降，那么供给将长期高于需求。以多余存货越积越多的形式表现出来的超额供应，最终将导致经济衰退，即商品生产数量会下降而商品价格仍然居高不下。在这种情况下，供给将向下调整以适应需求，而不会像萨伊定律中所设想的那样需求会向上调整以适应供给。一般来说，古典主义的观点认为在充分就业水平下需求会向上调整以适应供给。凯恩斯主义学派认为供给向下调整以适应需求。

其次，假设目前的储蓄超过投资，导致超额货币从流动中退出，或者至少是暂时性退出。有些新古典—凯恩斯主义学者声称，这时可能存在"流动性陷阱"，即低于某一水平后，利率不会继续下降。这是因为在低于某一水平后，放款者预期利率在不久的将来会再次上升，所以利率停止下降。因此，潜在的放款者（具有储蓄性）由于他们认为将来利率会上升，所以他们可能以投机动机持有现金。缺乏弹性的利率下降防止储蓄上升，以满足投资需求。

最后，假定劳动力供过于求。新古典—凯恩斯主义学者声称工资不会灵活下降。由于工会的力量或者最低工资法等其他原因，工资可能是刚性的。在这种情况下，如果工资不能下降，那么对于劳动力的需求将会低于劳动力的供给，并最终导致非自愿失业。

在这些情况下，根据萨缪尔森新古典—凯恩斯主义综合的观点，我们需要政府行为来恢复充分就业条件下的均衡。如果工资、价格和利率的水平是刚性的，那么政府所需要做的是清除这些障碍并且恢复灵活的工资、价格和利率。但是，只有这几个要素是刚性的，政府就必须通过财政和货币政策去刺激经济（这些将会在书中的后续部分进行详细讨论）。

后凯恩斯主义学派对萨伊定律的评论

后凯恩斯主义学者以一种更加激进的方式来解释凯恩斯的观点。这不仅仅是刚性的问题，而且是一个累积性的过程。一旦价格和工资确实下降，累积性过程将会导致有效需求的缺失，并引起那些影响投资的预期不确定性问题的出现。

第一，如果存在商品的超额总供给，即有效需求的缺失。假定所有的价格都是有弹性的，而且这些价格确实下降。但这样并不能够解决问题，因为这也意味着从当前产品销售中获得更少的收益。越低的收益将会导致更低的总收入，这将会再次降低需求，因此这个过程将会使累积性下降。换句话说，低的价格将会导致没有获得既定收入的需求。另外，逆效应将会导致总收入的下降，这也同样将会引起需求的下降。更重要的是，收入和价格的下降降低了消费者和投资者的预期，这将会导致需求的进一步下降。这样,灵活的价格可能会成为问题的一部分。(凯恩斯主义者同样认为低价格意味着真实负债的增加,这必将加速工业和农业的破产)。

第二,假使有一个导致失业的超额劳动力供给。部分新凯恩斯主义者(他们追随凯恩斯的观点)指出:即使工资是弹性的,也可能会出现一个问题(这点是有悖于古典主义观点的)。假使工资是弹性的而且会出乎意料地下降,那么这种剧烈的下降将会引起消费需求的减少,因为商品需求会影响劳动力的需求,所以消费者需求的下降必然趋向于对劳动力需求的减少。当然,不断下降的劳动力成本也会影响生产。但是,如果这两项因素(消费者需求和劳动力成本)以同样的速度下降,那么这两者的效应将会彼此相互抵消。充分就业的平衡不但无法修复,相反还可能出现螺旋式下降。

古典/新古典学派观点是如何忽视了"降低工资会导致总需求下降"这个事实的?部分原因是古典/新古典学派的观点是关注每一个独立的产业,如果一个产业的工资开始下降,比如说汽车产业,那么这对汽车的需求没有造成显著的影响。但是,如果所有产业的工人工资都开始下降,那么总需求就肯定会下降。我们把这种忽视总体效应的错误称为合成谬误。这种观点首先是凯恩斯提出的,并且受到了新凯恩斯主义学派的大力支持,但是却常常被新古典主义学派的经济学家所忽视。

第三,假使出现了超过投资的过度储蓄。如果预期的利润率出现了负值,正如在萧条时期一样,即使再低的正利率都无法催生投资。如果需求不足致使预期损失,那么为什么还有理性的商人愿意在任何正的利率下借款呢?凯恩斯和新凯恩斯主义学派认为,对未来收益的不确定性引起了投资者对金融事件的强烈反应。如果现在的利润率快速下降,那么投资者将会预期未来的利润率为负数。这样的话,储蓄和投资在现阶段将不会出现均衡。

货币主义

至少从 19 世纪早期开始,经济学界出现了大量的货币理论(可阅读哈伯勒的综述[1960,第 2 章])。这些理论常常认为过度的乐观主义导致了投机性泡沫的出现,紧接着当银行拒绝贷款时就会爆发经济危机

（在本书后面对信用的阐述中会验证这些理论中的一部分）。

货币主义和早期的理论有所不同。货币主义中的对立面既不是私人银行体系也不是贷款者的悲观情绪，相反，货币主义认为政府才是对立面。在他们看来，美国政府首先过度地扩大了货币的供给，然后又过度地降低了货币供给。货币主义者相信："鉴于严重的工资和价格调整的滞后情况，货币量交替出现的高低增长率导致了总需求和实际经济活动相应地波动……"（这些关于货币主义的总结是扎诺维茨［1985，547］在他关于商业周期理论的调查文献中给出的）

米尔顿·弗里德曼（现代货币主义的创始人）和他的追随者认为，政府除了按照与国民生产总值增长率相等的稳定比率增加货币供给外，什么都不需要做。政府不需要做其他事，因为资本主义市场经济具有内生的稳定性。也就是说，需求会自动地调整以适应供应。因此，货币主义者默认了萨伊定律。商业周期是由政府货币当局（从不接受教训，因为政治压力还是一次又一次地重复着同样的错误）的外生性冲击造成的。

新古典主义经济学

尽管新古典主义经济学得出了古典主义经济学的结论，但它基于更加复杂的概念，尤其是理性预期和持续的市场出清。货币主义者（如弗里德曼）假设"适应性预期"的行为，也就是说，消费者和商人能够从最近的事件当中摄取经验而渐渐地将他们的期望融入其行为当中。比如说，当公众开始感受到现有通货膨胀的影响时，通货膨胀预期就会逐渐形成。这样，在公众意识到这是通货膨胀之前，政府支出政策在短期内可能刺激产出，但在价格快速上涨后，从长期来看，产出又回落到原初位置。因此，在新古典主义看来，政府支出对经济没有长久的刺激作用，相反却会导致通货膨胀。

理性预期货币主义者（包括新古典主义经济学家）认为，这样反而能使得公众理性地意识到新实施的财政与货币政策可能会对经济产生影响，并且将快速和准确地形成预期。例如，如果公众知道，美国联邦储备体系大幅度增加了货币存量，公众将会立即意识到通货膨胀的后果，并且立即和充分地把通货膨胀预期整合到他们的行为中，因此，价格会迅速上涨以至于新政策将会对产出没有影响,也不会创造出新的就业。

预期会影响市场行为。买家和卖家所知晓的所有相关信息都反映在价格上。这个价格会有效地使市场出清,因此市场上将没有短缺或过剩。由于所有的市民是理性的并且无所不知,所以市场基本上是竞争性的,所有的商品价格都是有弹性的,经济会自动恢复到一个充分就业的均衡状态。新古典主义经济学家断定"任何政府对经济的干预行为都会收到反效果"(彼得森 1987.71)(彼得森的文章对此进行了非常明确详细的解释,并对这种观点进行了批判)。

结合萨伊定律,新古典经济学家把休闲作为对外部冲击的反应的个体偏好。因此,卢卡斯(1986)写道:"要想了解为什么人们把时间分配到……失业,我们需要知道他们为什么会宁愿失业也不做其他事情。这意味着失业是自愿的。"

这些新的古典理论经常被称为均衡理论,是因为该理论的整套方法都基于以下观点:在条件发生任何变化后,经济会迅速地调整到均衡状态。(布莱克 Black,1987 年的著作提出了这个观点的典型例子)如果放任自流,没有外部冲击或政府干预,那么私人资本主义经济将始终处于平衡状态。这使他们把自己的成果称为"商业周期均衡模型"(卢卡斯,1975),但这一提法却自相矛盾。

均衡理论认为,市场经济在随机冲击的影响后会调整到充分就业均衡状态,因此只有均衡分析工具可以解释商业周期。卢卡斯(1975)提出了一种商业周期理论,这种理论仅仅在它对"真实产出创造了一系列相关的波动"(p.1113)的意义上才成立。但是这些波动是由外部冲击而不是由资本主义本身的特性造成的"使得这些波动产生的机制包括无章可循的货币财政冲击……"(p.1140)因此,周期的最初诱因不是资本主义体系失误而是政府失误(因为政府显然不具有理性预期,政府不会学习更新知识,并重复同样的错误)。另外,个体是理性的,但是他们需要时间学习和处理货币和财政政策中未经宣布的变化。

一旦人们察觉到政府的失误,周期就开始了。因为"影响是经过时间传播的,而这是因为信息的滞后和加速器作用"(卢卡斯,1975,1140)。所以,调整不是即刻发生的,而是需要时间的,这部分原因是人们不具有完全信息。在卢卡斯的模型中,"信息是不完全的,不仅仅是就未来的不确定性而言的,同样也就没有个体对现有的经济状态具有完全信息这一说法"（p. 1113）。因此，商人们可能认为状况比他们实际的好，所以他们会过度投资或过度借贷。卢卡斯指出，他的理论在某些方面类似于20世纪30年代的货币过度投资理论（见哈伯勒，1960）。

"在给定可获得信息的条件下，个体的预期是理性的"（卢卡斯，1975，1113）。在这个意义上，卢卡斯的模型是一个理性预期模型。事实上，在这种情况下，人们知道政府政策的含义（正如货币主义理论预测的那样）。这些理论家认为，人们都会犯错，这仅仅是因为他们的信息是不完全的，而不是因为他们缺少对新古典货币理论的理解（根据他们的观点，对于任何理性的人，这种理论是显而易见的）。在他们看来，这样的错误源于对相对价格和一般价格变化之间的混淆，这点将在下面进行讨论。

值得一提的是，理性预期方法现在成为新古典—凯恩斯主义理论的一个主流方法，在一定程度上，是因为"凯恩斯主义者"相信理性预期。例如，艾斯纳（Robert Eisner）对所谓老式的凯恩斯主义的一个批判性评论指出："现代凯恩斯主义模型假设在设定货币工资和价格时，经济人具有理性预期。"（埃文斯，1987，1346）除了所有的"现代"经济学家认同的错误观点外（所以艾斯纳不是现代经济学家），我们注意到，新古典经济学家使工人和资本家都消失了，而仅仅谈及"经济人"。

"价格和数量在每个时间点上都是由竞争均衡决定的。"（卢卡斯，1975，1113）从这个意义上说，卢卡斯模型是一个均衡模型。当然，从某种意义上来说，卢卡斯的新古典模型与新古典—凯恩斯主义模型很相像，因为这两种模型坚持在每一个时间点上都保持均衡。但是，那些自称凯恩斯主义的模型都保留着失业均衡。新古典模型经历了多次失业均衡但最终会调整到充分就业的均衡。卢卡斯也假设持续性竞争市场能够出清，然而大多数新古典—凯恩斯主义模型假设由于企业或者工会的垄断力量，市场调整可能具有刚性。

扎诺维茨指出新古典理论家的目标是"在严格遵守经济均衡分析的基本原理（个体对自我利益的持续追求和相对价格引致所有市场持续性出清）的条件下，发展出一般商业周期理论"（扎诺维茨，1985，552）。甚至部分代表人物已经指出"当前的均衡理论在对商业周期的解释力上是存疑的"（巴罗，1980，74）。

均衡方法的基本问题是经济是持续性均衡的观点是不现实和具有误导性的。在研究商业周期时，我们会发现一个快速增长阶段（伴随着需求大于供给），紧接着是危机，然后是产出和就业的下降（经常伴随着金融恐慌）——这些都与持续均衡没有任何关联。均衡的思想模式本身已成为问题的一部分，因为它已经构成对商业周期进行现实分析的一个障碍。劳埃德·瓦伦丁（Lloyd Valentine，1987，在该领域最广泛应用的标准教科书的作者）指出："事实上，所有经济理论都是以均衡概念作为其核心而发展起来的。在外生性或外部变化滞后时，任何变量的移动或者变化都被看作对均衡的回归……对于那些需要对由经济活动的连续上涨或者下落导致的商业周期进行解释的理论来说，打破静态分析方法的常规是非常困难的。这已经成为发展令人满意的经济波动理论的绊脚石之一。"（p. 326）

由于均衡理论家们认为经济是平稳运行的，而且总是会自动调整到一个充分就业的均衡水平，他们必定认为萧条是暂时的，而且是由外部冲击（包括政策"惊喜"）造成的。他们中的一些人认为，这些外部冲击主要是政府的货币和财政政策失误。其他人则认为是各种其他的随机冲击，比如基于石油输出国组织（OPEC）规定的油价上涨，局部地区的战争造成的供给缺乏，农业失收，或是民众偏好的突然变化以及科技革新，等等。"真实商业周期"这一抽象的模型忽略了政府和货币，仅仅假设"随机冲击影响许多产品的生产，其中每一种在每个环节都可以作为消耗或用作生产资料投入其他商品的生产中"（扎诺维茨，1985，567）。真实商业周期理论把大多数的冲击与随机技术变革联系起来。

真实商业周期（"真正的"的意思是非货币）理论是目前在新古典经济学家中最流行的理论。巴罗（1989）对这个理论做出了详细的讲解，普洛瑟（1989）对该理论做出了简要但非常清晰的阐述，而曼昆（1989）对该理论做出了经典的批判。真实商业周期理论声称冲击是所有周期的成因，而这些冲击在每个经济社会中都存在，因此周期是"自然的"。由于周期是自然的，是在每个经济系统中都存在的，"经济周期现象……完全与理想的经济效率相一致"（隆和普洛瑟 Long and Ploser 1983，43）。对效率如此奇特的定义使得我们可以将一个处于极度萧条中的经济称为一个有效率的经济。正如大部分古典理论学者所认为的，真实商业周期理论完全是非历史的，因为它假设所有经济系统都是有周期的，而这是建立在理论之上，而不是建立在一个广泛的实证研究之上的（我们可以在前面的章节中了解到某些类型的经济系统没有现代形式的商业周期）。

由于周期是一个由冲击引起的"自然"现象，在每个经济系统都普遍存在，真实商业周期理论学者得出这样的结论：没有任何办法可以避免周期性失业。如果政府采取措施，只会让事情变得更糟（参见隆和普洛瑟，1983，68）。这个保守的结论来自他们虚构的非历史的假设（上述言论受到克莱 [1989b] 对真实商业周期理论精彩批判的深远影响）。

供给侧经济学

供给侧经济学是建立在这样的思想上的（这个想法最初是由阿瑟·拉弗写在一张餐巾上的）：生产活动与税收是负相关的（彼得森，1987，71）。如果税收减少，人们会更愿意努力工作和使储蓄增多，更高的储蓄会自动创造更高的投资，因为更高水平的产出会自动创造自己的需求。正如乔治·吉尔德（George Gilder, 1981）写道："萨伊定律中的重要论断仍是正确的。供给创造需求。一般商品过剩是不存在的。"（p. 32）

既然需求不足是不存在的，那么问题应该出在供给侧上。一个典型的供给侧冲击就是政府增加税收。

显然，人们在税收更少时工作更开心，就这一点，该理论进行了更深层的研究。首先，降低税收会导致储蓄增加。其次，储蓄增加会带来投资增加。再次，投资的增加导致劳动力的需求增加，于是失业减少了。这三个观点都曾被否定或被极力推崇过。对富人减税可能会导致储蓄增加，但是有时只是在奢侈品消费上的增加。储蓄的增加并不会导致投资增加，除非其中有赢利的预期，而这种预期在经济衰退时期几乎是不存在的。最后，投资的增加有时会引起技术的飞速进步，而技术进步的结果是只需要雇用少量工人工作（供给侧经济主要是对政策的讨论，而不是一个关于商业周期的理论。由于商业周期是萨伊定律的假设，所以在这里简短地提了一下；在本书的最后部分我们将对政策问题进行详细的讨论）。

谴责受害者

新古典经济学者强调资本主义经济体系总是可以回到充分就业的均衡水平。由于经济体系不是周期性失业的原因，因此人们倾向于指责政府失误，甚至是责怪工人本身（尤其是工会工人、女工或童工）。艾伦·布林德（Alen Blinder，1988）在美国经济协会的主题演讲中将欧洲的高失业率归因于下列因素："强硬的工会和善意但无知的政府建立了一个旨在充分就业的微观经济屏障网络，它可以使得劳动力变得更昂贵并且把工资从可变动的成本变成固定的成本。这些屏障包括最低工资限制、高遣散费、高就业固定成本、雇用和解雇的限制、扶持已关闭的联盟店以及关于高压工作环境中的规定等……"

这样看来，消除失业最好的方法是取消所有的工会，终结所有安全监管，废除最低工资，让工厂接到工资后的一个小时后关闭。我们要了解到，这个政策建议不仅仅是反对工人的偏见，而是来自基本的新古典主义假说——经济体系在完全无干扰的情况下可以完全运行。

此外，新古典主义的做法始于给定某个人的偏好（如在下一节讨论的），它提供了假设全部或大部分失业是自愿的偏见。因此，许多作家纷纷猜测，妇女和青年工人的劳动人口的增加可能使得失业率增加，因为这些工人是"倾向于失业"的（摩尔 Moore 1983，163）。"容易"失业意味着这些团体自愿失业还是他们因为受到歧视而失业呢？如果人们在失业问题上谴责妇女和青年人而不是谴责雇主，造成这种现象的原因和效果（以及政策含义）就完全不同了。当然，在较早时期，类似的论点较多归咎于黑人工人及他们的高失业率，但现在人们对种族歧视的敏感使得谴责的对象变成了其他人。最后，还有许多经济学家认为可能更高的失业补偿金导致了更多的自愿失业，但失业率（在本书的第一章讨论过）带来的痛苦，这无法解释在经济衰退时期的数百万人的失业。

所谓的失业搜寻理论与以下观点相一致，即认为大部分的失业仅仅是工人们在各种工作之间自由转换，寻找更高工资的结果。

搜寻理论认为，工人们经常得到错误的信息，使得他们认为有更好的工作，而实际上是没有的，所以工人们会自动辞去现有工作，寻找新的工作（阿尔钦 Alchian，1969）。这个理论的一些拥护者认为，妇女和年轻人更容易辞去现有工作去寻找新的工作（参见佩里 Perry，1970）。当经济出现突发性变化，如经济衰退，人们更难获得完美的信息，从而能够解释失业率的突然增加。有些搜寻理论家声称，妇女和年轻人通常需要更长时间寻找新的工作，因为他们对自身劳动的价值缺乏充分的信息，以致他们需要花费更长的时间去做出是否就业的决定。然而，美国劳工部的每个实证研究结果都显示，相对于成年男子，妇女和年轻人比较不太可能辞去相同的工作，原因是相对于成年男子，他们找到一个更好的工作的机会更小。当然，人们不能获得完全信息，但在前面的章节谈论过，在经济衰退时期数百万人同时被解雇，所以认为他们自愿离职的假设是不正确的。此外，正如在最后一章所谈论的那样，在经济衰退时期每一个工作岗位的招聘广告比正常时期少，所以实际上可供选择的工作更少了，而且这不仅仅是信息不完全的问题。

另一个相关的理论认为，经济体系中存在一种"自然"失业率。这种自然失业率被定义为在完全竞争条件下（即没有工会或者政府管制）劳动市场中存在的失业率。因此，"自然"失业率只包括摩擦失业（换工作或工作地点或因为技术或偏好改变而换工作）和搜寻失业（自愿寻找更好的工作）。当然，该理论假设萨伊定律是正确的，且不存在由资本主义内生性机制引起的非自愿失业。如果萨伊定律是错误的，那么自然率定律也是不正确的（罗伯特·切里 Robert Cherry，1981年对这个理论的批判）。

新古典—凯恩斯主义经济学的新古典微观基础

宏观经济学

新古典微观经济学始于决定需求的个人偏好，而生产函数（产出作为各类投入的函数）决定供给。对于每一个商品来说，它展示了如何通过价格调整达到供需平衡："供给和需求曲线相互依存，结合动态假设，即系统会自动调整直至价格水平同时满足所有市场供给和需求相等，这就是供求定律，它是编辑作家和传统教科书的最爱。"（明斯基，1986，109）对于由供求的微观定律到供求的宏观定律，这是很小的一步也是很重要的一步，这就是萨伊定律。

明斯基（1986）在强调了供应和需求平衡的重要性的同时，指出了如何用新古典微观经济的做法把标准的新古典—凯恩斯主义宏观经济偏向到完全就业均衡理论上，这些在萨伊定律中已说明。明斯基认为，新古典微观描述只适用于在一个有序经济体的个体市场中具有预算约束的个体消费者。它并不适用于计算一个存在不确定因素的未来宏观经济社会中的新投资者，因为在这种经济体中预算是由信贷灵活调整的。在这样一种经济社会中，投资者可能很容易低估或高估投资盈利额。

此外，宏观经济的新古典研究方法的应用假设，在任何单个市场是真实的，在总体市场也是真实的，这可能构成了"合成谬误"。如前面提到的，如果工资（一项供给成本）在单个市场较低，这可能不会对总体消费需求产生显著影响，但如果在所有市场工资下降，那么总消费需求会受到很大影响（这些问题在约翰·维克 John Weeks［1989］的一篇新古典微观经济学综合评论文章里进行了探讨）。

此外，新古典主义的供求分析可以比喻成在一个小村庄里的物物交换。但这个假设与现代的货币和信用经济没有任何联系。哈恩（Frank Hahn）强调了这个问题，他写道："对理论家来说，关于货币存在的最严重的挑战是，最好的经济发展模式无法找到适合它的空间。最好的发展模式，当然是瓦尔拉斯一般均衡模型的阿罗—德布鲁版本。"（p.1）即使在新古典模型中货币被公认为交易媒介，但在信贷和金融机构却不是。"新古典主义认为，投机、融资条件、继承的财政义务，累积总需求的波动行为与储蓄、投资以及利率决定毫不相关。"（明斯基，1986，111）在后面的章节中，我们将看到信用经济也可能是脆弱敏感的，因为乐观的投资者使用的信用可能会远远超过客观情况的许可。

外部冲击和调控障碍

由于新古典理论设想资本主义系统会自动并迅速地调整至充分就业的均衡状态，我们可以注意到新古典经济学家把经济衰退都归因于外部冲击（如歉收和政府失误）。无法回到均衡水平的原因是系统运作的屏障，比如工会或者最低工资法。对造成上扬或下滑的任何内部动力缺乏认识，将被事实反映出来，因为同样的、定期的事件在每个经济周期都会发生。

一个完全由外生变量影响的解释是不存在的，这种说法被大部分认为随机冲击干扰均衡调整模型的人们所认同。因此,扎诺维茨在他的调查中总结道:"均衡理论认识到该理论模型中的基本部分不足以导致产出和就业过程的持续运动,而这些运动在每个经济周期中都发生。然而,他们指出,对总需求的随机冲击可以通过适当的传播机制转换成持续性的运动……"(p.555)但这些"传播机制"正是滞后反应,以及在内生性理论的下一步检验中发挥主要作用的其他关系。

在新的古典模型中,有对滞后反应造成的货币供给增加进行讨论。货币供应量的增加会进一步导致物价上涨,但是资本家仅仅认为是由于人们对他们的商品的需求增加而造成的相对价格的上涨,而不了解这是大势所趋。"这场景……在很大程度上取决于部分市场参与者对于相对价格和一般价格波动之间的迷惑。"(卢卡斯1977,22)因为对信息的误读,资本家扩大生产的规模远远超出了客观需求。渐渐地,当需求最终低于预期,他们意识到了错误并且削减产量,就导致了经济衰退。因此,最主要的外生性理论主要依靠一个单一因果链解释,"随机的货币冲击引发价格误读,对价格的误读又会引发错误的生产决策"(扎诺维茨,1985,552)。

事实上,无论是当经济运行确实相当良好时,还是当民营企业的信心成为最关键的观点时,在基本稳定的经济情况下的随机冲击理论似乎对于大多数经济学家来说更加容易接受,正如里根政府时期那样。然而,在现实方面"所有类型的随机冲击在商业周期的形成中没有扮演在最近文献中描述的那样大的作用,关于这一点没有太多的以实验为依据的证明"。外生性政策因素(即政府决策失误)的权重也往往被夸大(扎诺维茨,1985,570)。

然而,没有重要的内生性或者内部性理论提出理由证明,外部冲击对于经济没有影响。它们有时确实对经济有主要影响,但是影响程度取决于周期的阶段。如果一个资本主义经济体正处于扩张初期的强劲复苏阶段,那么甚至相当强烈的外部冲击也只会产生非常小的负面影响。但是,如果一个经济体已经到了内部循环非常脆弱的阶段,那时一个相当小的外部冲击都可能引发经济衰退——衰退中的外部冲击或者会造成更大的衰退。

关于什么是外部什么是内部的问题,我们还存在相当多的困惑。经济学家使用的"外生因素"的术语,意指那些他们所描述的模型或者系统是外生的。在本章剩下的大多数理论，主要以私人资本主义经济的内部运行为基础描述一个周期。但是，这些理论学家都承认政府在资本主义经济中扮演重要角色——并且一些人认为，政府行为本身可以用资本主义经济体的状态和利益关系内生地加以解释。同样地，跨国公司的国际行为来源于个体经济，而跨国公司就发源于个体经济。此外，一些理论把工业的技术创新看作一个外生性因素，但是技术革新具有明确的内部原因。这可以反映在一个事实中，即无论什么时候出现一项发明，大多数工业应用出现在周期的初期扩展时期，那时经济体的内部环境对于创新是容易接受的。因此，大多数内生理论很容易将技术革新作为内部机制的一部分。在本书后面的章节将检验政府和国际关系对于经济周期的关系。

结论以及外生性理论的政策含义

本章中占统治地位的新古典主义外生性理论推断出所有失业是自愿的，资本主义系统将会总是停留在没有外部干扰的充分就业均衡状态，所有的经济萧条是由外界的干扰造成的，如政府的政策失误、政府的法律（如最低工资法）和/或工会的行动。这个理论是保守的，因为深刻的政策含义是除了消除所有政府干预，以及来自经济中的各种工会组织的干预以外什么都不做。这一理论的假设是非常不现实的，但它是一个维持现状的有用工具。

结束对于外生性商业周期的简要描述之前——原意仅仅是要突出其主要点而不是给出一个全面和平衡的论述——进一步介绍一些对于那些想要更多地了解外生性理论的人们会有所帮助的读物。对于现代外生性理论做了最好的概述的参考书目是扎诺维茨的著作（1985），早期理论的最好的研究书目是哈伯勒的著作（1960）。对于近期货币和均衡理论的研究概述和数学论述的书目，是马利诺的著作（Mullineus）（1984）。关于卢卡斯清晰地阐述自己的观点是在他重新出版的文章"理解商业周期"（1981）。一个简短的但非常清晰非常关键的研究是彼得森（1987）的著作。关于商业周期的新古典主义的实证文章精选是由戈登（1986）编辑的一本巨作。彻丽（1981）对自然失业率进行清晰地解释和驳斥，而新古典主义经济学家提出的对非自愿失业不可思议地消失的整个演变过程可以阅读拉斯奥斯伯格（Lars Orsberg，1988）出色的文章。

商业周期的内生性理论

内生性理论有助于回答两个问题：为什么资本主义如此不稳定，以至于它经常性地经历经济衰退和萧条？为什么数百万工人非自愿地在每一个经济衰退期或萧条期失业？本书的其余部分主要详细阐述内生性理论并且提供证据，因此下面的梗概只是作为其基本观点的简要概述。

需求理论：乘数加速数理论

尽管许多经济学家都对这一理论做出了贡献，但这一理论主要与萨缪尔森（1939）这个名字有关。他强调消费随着收入上升，但上升得更慢。该乘数是指这样一种事实，即任何注入的收入流（如新投资）一遍又一遍地消费在商品和服务上，因此最终对支出的整体影响可能数倍于原来注入的收入流。他还强调，投资是由需求变化决定的。这种不是消费水平而是消费变化影响投资的论点使这种关系中的加速数更加著名。由于消费上升越来越慢，减缓的消费增长率必然导致投资的绝对下降，这种机制演变出了一个商业周期内生性理论。这一理论将在本书后面详尽地阐述，那时乘数和加速数也将会被详尽阐述和批判。

需求理论：消费需求不足

消费不足理论者同意萨缪尔森关于"消费增长缓慢导致经济衰退和萧条"的观点。然而，大多数消费不足理论者强调的是，消费需求不足是由收入分配不均造成的。他们都同意穷人的消费与收入的比率要比富人高。因此，如果有更多的收入转移到富人阶层，收入中的平均消费将下降，导致需求总体不足。

有些消费不足理论者认为，这是一个永久性的问题，并伴随着每次复苏的不确定性如创新或战争等特殊因素，导致资本主义体系的长期停滞。其他消费不足理论者（正如我们将详细地看到）认为，在每一个资本主义的扩张时期，问题将会恶化并导致最终的危机和衰退。自由消费不足主义者（例如霍布森 Hobson［1922］）把分配不均看成资本主义制度的弊端，需要改革立法来矫正。马克思主义消费不足理论者（如斯威齐［1942］）争辩说，收入不平等是在生产过程中阶级斗争的必然结果，这会导致工人被剥削并且在扩张阶段剥削的比例一直上升。

供给理论：真实过度投资

上面讨论的所谓的供应侧经济学提出了一个分析经济衰退和萧条的纯粹外生性视角，并且认为经济衰退和萧条是由政府错误的税收政策导致的。完全不同的是，许多理论用内生性供给因素解释商业周期。这些理论都有一个共同的观点，即收益率随着单位成本上升而减少了，但是他们强调的成本的类型不同。

一个有趣的但在文献中很少被讨论的理论认为在扩张阶段，当新投资出现快速增长时，意愿投资将多于实际可用的原材料。如果原材料价格上升的速度开始超过了产品价格的增长速度，那么这将降低所有资本主义生产的制成品的利润。运用不同方法进行分析的哈耶克（1939）和马克思（［1905］1952）已将这个界定为商业周期的一个主要因素。这种理论常常与加速数的一个方面有联系。据此，厂房及设备的需求是消费需求变化的一个函数，而对原材料的需求是厂房及设备的需求变化的一个函数。因此，消费需求的微小变化可能导致对原材料需求的大幅度变化。

供给理论：货币过度投资

大量的理论以货币过度投资的笼统名义进行研究（参见哈伯勒，1960，第三章）。它们的范围从货币供给变化的外生性理论到利率上升或到对债务融资依赖上升的内生性理论。一般生产扩张导致对未来利润的乐观预期。这种乐观情绪造成巨大的投资增长，一些基于对现实的预测，另一些纯粹基于猜测。但投资增长远远快过可用于再投资的利润供给，所以企业转向信贷方面。在扩张阶段，高投资率依赖信贷。一方面，这意味着利率上升，因为对贷款的需求远远超出了储蓄的原始供给。利率上升显然降低了产业资本赢利率，但在其他所有的方面都是一样的。另一方面，企业的地位变得更加岌岌可危，因为借来的资金与权益资本的比率上升。轻微的需求下降就可能使其无法支付一些债务的利息或本金，进一步导致金融恐慌和经济衰退或萧条。

供给理论：后备军理论

马克思用引人注目的术语"劳动后备军"来形容失业。他强调，只要有大量可便捷找到的失业工人作为后备军，企业可能会扩张但不提高工资。马克思还讨论了特殊情况，其中后备军被完全耗尽，之后迅速增长的工资足以削减利润，并导致经济衰退。许多现代的马克思主义者（如博迪和克罗蒂 Boddy and Crotty，1975）已经发展了这种推论并指出，它是每一个企业扩张中的正常现象。他们指出，首先是失业工人供应充足压低了工资率。然而，当扩张接近顶峰，失业后备军几乎消失。然后，工人获得了讨价还价的能力，因为就业竞争减少了。因此，最终工资率的上升速度超过了生产力的增长速度，削减了利润。单位利润的减少导致较低的投资和经济衰退。

利润挤压（或胡桃夹子效应）——马克思、米切尔、凯恩斯与卡莱茨基

内生性的理论归结为强调需求的局限性和强调成本上升两部分。所谓"利润挤压"已经被供给学派以不符合逻辑的方式应用，例如，在后备军方面，仅仅意味着成本上升。这是不符合逻辑的，因为它只能解释利润是如何从一面被"挤压"的。但事物不能从一面就被挤压。如果一个橙子正放在地板上，当某人把橙子推了一下，它只是沿着地面滚动。要挤一个橙子，一个人必须找到一种方法来从反面挤压它，否则它跟用一只手拍掌一样毫无意义。利润挤压的概念是一个胡桃夹子的闭合。撇开所有隐喻，大多数需求理论的问题是他们忽视了成本方面，而供给理论的问题是他们忽视了需求方面。在一个合乎逻辑的和连续一致的经济周期模型中，需要解释的是边际利润如何在需求驱动的收入上限和供给驱动的成本下限之间被挤压。

这个问题已经在经济周期研究的四大巨匠——马克思、米切尔、凯

恩斯和卡莱茨基的作品中讨论过了，正是这四位巨匠给予本书方法上的灵感。在这一点上，不可能平衡论述他们全部的理论（在后面几个章节，在适当情况下会讨论），但是有必要说明他们怎样给予本书讨论的重新界定的利润挤压理论灵感。

马克思是第一个对萨伊定律进行清晰的批判并指出资本主义体系的不稳定性是作为经济学中最重要的问题之一的人。他明确地指出考虑供给侧（由工人生产的利润和资本成本的重要性）和考虑需求侧（即通过销售实现利润）在确定的收益率问题上的重要性。

他强调了阶级矛盾在工资决定论当中的重要性，同时他着重强调工资的变化将会影响消费需求和资本家的生产成本。他指出按阶级分配的收入方式将会影响消费和投资。马克思讨论了很多影响商业周期的内生性原因，以至于人们发现几乎任何内生性理论都可追溯到马克思那里。尽管他没能完全发展其中的任何一种理论，留下的也仅仅是一些诱人的评论——或者说是一种承诺，承诺在他以后的工作当中将会发展出一种完整的危机或者商业周期的理论（他从未实施）。马克思也确实讨论过有关资本主义经济平稳增长的条件（详见附录4.1），但是他也指出这些条件在内生性理论的资本主义生产方式下很难真正实现。

米切尔在1913年到1948年期间出版了关于商业周期的一些著作，而且得到了关于这个问题的有用的主要经验数据，这些经验数据都在他自己的书中和他创立的国家经济研究局（NBER）的数据中列出。米切尔没有构造出一个关于萨伊定律的明确的理论批判，甚至都没有提到它，但是其整本著作却是对萨伊定律暗含的拒绝，尤其是从他研究的过程中发现，商业周期是内生于资本主义制度的。米切尔的方法论贯穿了整本书，无论在一些实证研究，还是在理论方面都有所体现。虽然和马克思一样，米切尔从来没有阐明过一个完整的周期理论，但是他的实证工作不是随机的，而几乎是直接对商业周期中的利润行为做出解释。他最广泛的研究是在周期中的相对供给价格及成本，但是他也强调，利润同样也视商品的出售需求而定。更简单地说，这是一个有关消费者需求的问题。也许，米切尔的方法论中最重要的部分是他对经济复苏如何导致的繁荣，经济繁荣如何导致金融危机，金融危机又如何导致经济衰退，经济衰退又如何导致了新的经济复苏的反复强调。这迫使他自己和其他拥护他的想法的人，去组织一个所有的周期阶段的综合性理论，而不仅仅是一些关于经济危机方面的理论。

凯恩斯在大萧条时期撰写了对萨伊定律严谨的理论批判。他认为对萨伊定律这个过时的、独特的概念早就不应进行深入的研究了。凯恩斯不再提及萨伊定律，除了对那些把萨伊定律作为为现状作辩护的有用工具的人进行批判以外。萨伊定律是经济学之间的正统与异端的分界线。对于正统理论家来说，对萨伊定律的否定（不论这个版本是否在目前占主导地位）是异端理论家的困惑和无能的表现。对于异端理论家而言，正统经济学家承认萨伊定律是对现实的无视，并沉迷于荒谬的不切实际的想法（弗利，1983，1）。

凯恩斯是在研究宏观经济需求的重要性方面比较卓越的理论家。他对不同的部分包括消费、投资、政府和净出口进行的分析，是本书的一些构架及其理论框架的基础。然而，当他考虑到预期收益率（即资本边际效率）时，凯恩斯会清楚地认识到成本的重要性。他认为无论是工资成本或利率，都增加了新的金融层面上的分析。凯恩斯强调，由于工资成本和需求的影响，增加工资或降低工资都不是拯救经济衰退的灵丹妙药。后凯恩斯主义经济学家一直以来都遵循凯恩斯在金融不稳定性方面的研究工作。

卡莱茨基在20世纪30年代的时候也写了一些关于商业周期理论的文章，这和凯恩斯几乎是同一个时期。他的工作在某些方面是与凯恩斯平行的，但主要观点还是出自马克思主义的传统理论。因此，他理所当然地对萨伊定律有所排斥，并且积极地去构造一个商业周期模型，他的工作就是建立一个有用的关于商业周期的动态数学模型，来构建起理论大厦。卡莱茨基的方程式清楚地分析了投资如何影响利润，以及利润如何影响投资。就是这两种关系之间的相互影响，令卡莱茨基方程式把这两种关系揭示得如此完美。此外，他明确了利润的决定因素包括资金的供应和对商品与服务的需求。他跟随马克思的思路，解释了在收入和消费需求方面的阶级效应，同时，也详细地把利率作为成本要素进行考虑。

分析框架

从这些理论家的著作，以及现有的计量经济学和其他实证研究中分析，出现了下列基本假设，共同构成了本书的检验和分析框架：

（1）投资是解释周期性起伏的关键变量。
（2）投资是由预期利润所决定的。
（3）利润是总需求的函数以及成本要素的函数。
（4）凯恩斯将需求划分为消费、投资、政府和净出口。
（5）马克思将成本这一概念理解为维持劳动力生存的成本加上不变资本的成本（即厂房、设备和原材料）。
（6）美国经济收缩主要是内生性的，并且是由与成本不断上升相结合的有限需求造成的。
（7）美国的经济扩张主要是内生性的并且是由与需求不断上升的成本下降造成的。
（8）其他主要因素还有垄断程度、金融体系、国际关系以及政府行为。

逐次逼近法

地球上的一切事物都有可能会影响商业周期。但是，立刻提出所有的主要因素和相互的关系，这是不可能的；试图这样做的结果就只有混乱了，因为如果所有要素在同一时间被提出，那么包括理论和实证研究的结果都会混乱得难以理解。逐次逼近法是非常适合对这种情况进行论述的，它首先从最简单、最不现实的模型和最有限的事实出发，然后再对更复杂和更现实的模型进行分析。

因此，本文首先系统地阐述了消费行为理论（第五章）和投资行为理论（第六章）接下来是乘数加速数模型（第七章），这是建立在消费和投资行为之上的。接下来，我们介绍收入分配理论（第八章），这有助于解释消费和投资，并且为周期的需求理论（第九章）提供基本的依据。接下来的章节介绍了厂房、设备和原材料的成本（第十章）。其与关于收入分配的章节一起构成周期的供给理论（第十一章）的基础。

供给和需求因素相结合解释了跨周期的利润经验行为（第十二章）和利润挤压理论（第十三章）。这构建了一个理论框架，并在很大程度上对国内私人企业进行了实证研究，但仍然忽略了垄断和金融制度的特殊重要性。金融机构、货币和信用对商业周期的影响在第十四章中从实证方面和理论方面都进行了详尽的探讨。垄断权力对商业周期的影响在第十五章中是从经验和理论两个方面来进行调查研究的。

接下来，我们探讨的事实是现在的世界是一个相互关联的世界，处在其中的经济体都不可能孤立存在（第十六章）。最后，我们应该充分认识到政府对商业周期的影响是巨大的这个事实。那么我们最终可以在一个分析报告当中综合出所有的主要因素。之后的关于政策的两章，是以前面的所有章节为基础来进行分析的。

附录　马克思论再生产和经济增长

马克思关于"再生产"或者经济增长的观点形成了一个关于已经建立的几个周期理论的有用的框架。马克思以非常简化抽象的资本主义模型开始阐述。马克思的概念尽可能地翻译为现代凯恩斯主义的符号而为非马克思主义的阅读者提供方便（和马克思主义理论相同的模型出现在谢尔曼1971年的文献当中）。因此，这里的X是国民生产总值，Y是国民生产净值，GI是总投资，I是净投资，C是消费，R是利润，W是工资，M是材料成本也就是耗尽了的原料、厂房和设备的重置成本。用在这里的所有变量都表示在一年内所记录的流量，而不是指一个特定的时刻里的特定存量。

在马克思的术语中，"剩余价值"是一切财产性收入的代称，也就是利润、地租和利息的总称。对于这第一种近似的方法，我认为是不包括任何单独的租金或利息支付。因此，剩余价值总额可以大致粗略地认为是和利润（R）相同的概念。马克思的"不变资本"就是这里所谓的材料成本花费（M），即重置价值，或者是耗尽的未加工的原料和半成品（中间商品）成本加上耗尽的或者折旧的厂房以及设备的成本。所有这些物质材料的价值是一个常数，由它们在这些成本当中所投入的劳动力来决定。

对马克思来说，关键是"可变资本"的概念，在这里表示为工资

(W)。正是因为这种活劳动力能够产生超出其工资的一个变化的价值。那些叙写关于马克思主义文章的作家们把"不变资本"解释为实际工资品的集合。这种用消费者商品存货支付工人工资的想法源自从前的工资基金学说。虽然马克思直言不讳地抨击了这种观点,但是他的术语有时听起来还是很像这种观点的。即使在19世纪,资本家也没有持有这种存货量甚至是一种工资的特别基金。现在事实已经非常清晰,他们以银行中的整体信用(或活期存款)来支付工资,并且有可能仅仅把今天的销售收入存入银行来支付今天的工资。因此,现代马克思主义理论模型可以说是始终如一地规定"可变资本"就是指在一定时期内工资和薪金的流量,而不是指不存在的工资商品或工资基金的存量。

马克思表明,从供给或成本方面来说,国民生产总值是由可变资本(W,工资)加固定资本(M,材料费和折旧)加上剩余价值(R,利润)组成的:

$$X = W + R + M. \tag{4.1}$$

值得注意的是,这里的X要比凯恩斯主义的国民生产总值大很多,因为M不仅包含折旧及其重置价值,而且还有中间品的成本。因此这意味着相关商品的价值增加了,比如说,用于制作面包的小麦,相同的价值是在购买中计算了一次并且这一次作为最终产品价值的一部分。因此,凯恩斯主义在衡量总产出变化时,似乎有些商品被计算了两次。但是对于其他的一些特定问题,这个概念是非常有用的。

简单再生产(或静态平衡)

马克思提出一个问题,在什么条件下能够实现均衡的供给与需求?这种长期的静态均衡,就是所谓的简单再生产,意味着没有资本扩张,没有净投资。因此,总投资(GI)正好等于重置成本:

$$GI = M \tag{4.2}$$

由于没有净投资,所以这就意味着如果要实现均衡,所有的资本家和工人的收入必须完全用于购买消费品(C):

$$C = W + R \tag{4.3}$$

把上面的内容整合在一起可得出总需求或国民生产总值的公式:

$$X = C + GI = W + R + M \tag{4.4}$$

这个公式与凯恩斯的公式的区别仅仅在于马克思公式中的X、GI和

M 都是中间品购买以及厂房和设备的重置。

扩大再生产（或动态均衡）

在用一个存货不变或没有净投资的简单例子阐述了均衡条件以后，马克思又提出了一个更棘手的问题：在经济逐年扩张的情况下什么是均衡的条件？在这种情况下，资本主义部分利润必须用于净投资（马克思认为工人的收入不会用于投资，而是都用在了消费上）。令 b 代表资本家利润中用于消费的比例，（1－b）代表投资比例。为此，马克思认为，所有不被消费的收入就是投资，也就是说，萨伊定律在这里是适用的。

然后，消费者的需求等于工人的工资加上利润中用于消费的部分：

$$C = W + bR \tag{4.5}$$

同样，总投资需求必须等于重置加上源于利润的新的净投资：

$$GI = M + (1-b)R \tag{4.6}$$

最后，通过增加消费需求和总投资后，国民生产总值（包括中间产品）的价值为：

$$X = W + M + bR + (1-b)R = W + R + M \tag{4.7}$$

方程（4.7）与马克思主义观点相一致。它的逻辑一致性通过 $b + (1-b) = 1$ 这个函数式来保证，或者由 R 的 100% 来保证。此外，这种架构精简的增长方式，很容易符合马克思主义国家经济增长理论（这是隐含在模式当中的）。

该公式在按净额计算方面有所简化。如果更换减去等式的两边（4.6），那么净投资（I）是：

$$I = (1-b)R \tag{4.8}$$

国民生产净值（Y）只是消费加上投资：

$$Y = C + I \tag{4.9}$$

因此，如果我们增加等式（4.5）和（4.8），得到国民生产净值为：

$$Y = W + bR + (1-b)R = W + R \tag{4.10}$$

我们将在增长模型上利用这些方程。

增长模型

为了摆脱马克思主义的扩大再生产模式（或国民生产核算）以得到

一个明确的增长理论，这里必须有日期变量，并以 t 作为给定的时期，t-1 为前一段时间，等等。这一模式除去了折旧和中间产品所带来的一系列的不必要的难题，它仅涉及未来的国民生产（Y）和净投资（I）。

任何增长模式必须确定在国内生产当中是有所增加的。马克思认为在任何给定时间内的国民生产净值增长与生产能力下的投资和增长的数量有一个绝对的关系。这所代表的比例关系在这里用常数 K 表示，这些小写字母在整个附录当中都是一个不变的常量。因此，输出的变化（$Y_t - Y_{t-1}$）等于投资（I）乘以比例关系（k）：

（生产力增长） $\qquad Y_t - Y_{t-1} = kI_{t-1}$ （4.11）

依次下来，投资金额又等于整个国民经济收入（Y）减去消费：

（投资） $\qquad I_t = Y_t - C_t$ （4.12）

值得注意的是，该投资方程式 4.12 假定投资是等于未消费的收入部分或者是利润的储蓄比例（即 [1-b] R）。当然，马克思仅仅认为这个观点是最接近于萨伊定律的观点。他确切地认为这对于资本主义是不真实的，虽然这对社会主义的经济增长是有效的。

总消费，如前所述，等于工人的消费（W）和资本家的利润的消耗（bR）：

（消费） $\qquad C_t = W_t + bR_t$ （4.13）

当然，国民收入仍然分为工人的收入和资本主义的利润：

（国民收入） $\qquad Y_t = W_t + R_t$ （4.14）

最后，这是一个假设的增长模式，在一个给定的利用率下，用不变的 w = W/Y 表示：

（收入分配） $\qquad W_t = wY_t$ （4.15）

当然，这是一个简化的公式，因为马克思在他的收入分配理论的讨论中，预测在资本主义的制度下有一个长期的增长率（或下降的 w）。

马克思主义增长模型（包含 5 个方程和 5 个变量）可以简化为 1 个方程 1 个变量，国民生产净值，即：

$$Y_t = [1 + k(1-b)(1-w)]Y_{t-1} \qquad (4.16)$$

这个方程的解显示随着时间的推移，国民生产净值的路径（初始水平为 Y_0）：

$$Y_t = [1 + k(1-b)(1-w)]^t Y_0 \qquad (4.17)$$

这些可能更简单也更清楚地转化为产出的增长速度，也就是 $Y_t -$

Y_{t-1}除以Y_{t-1}。那么增长率就可以表示为

$$(Y_t - Y_{t-1})/Y_{t-1} = k(1-b)(1-w) \qquad (4.18)$$

该方程表明如果资本的边际产出（k）增加的话，工资的比例（w）降低，或者资本家的消费率（b）也降低，那么在资本主义制度下的增长速度可能会增加。在所有储蓄都会持续地用于投资时，这个规则就是正确的，但在资本主义条件下却不是真实的。马克思的观点是资本主义有可能会在这个速度下增长，但前提仅仅是假设扩大再生产的比例是适用的。他的周期理论说明了为什么他们在资本主义制度下不适用。

静态的投入—产出

马克思不仅研究总量均衡，他还用自己的增长模型发展了一个消费品部门和生产品部门之间交换的简单模型。如果马克思的模型被分解为投资和消费部门，那么价值构成在各个部门中将会被重复：

$$GI = W_i + R_i + M_i \qquad (4.19)$$

和
$$C = W_c + R_c + M_c \qquad (4.20)$$

在这里，i代表投资部门的工资、重置成本和利润；c代表消费品部门的工资、重置成本和利润。

在简单再生产或者长期均衡状态下，我们假定只有资本的重置，没有资本（或产出）的净扩张。因此，在两部门中对投资品的需求是简单的重置投资（对耗尽库存的原材料以及机械折旧的投资）：

$$GI = M_i + M_c \qquad (4.21)$$

消费品部门的需求c等于这两个部门的工人和资本家所获取的全部收入（因为我们在这里假设，工人和资本家都在消费品上花费他们所有的收入）：

$$C = W_i + W_c + R_i + R_c, \qquad (4.22)$$

如果我们研究部门之间的均衡，这种分析将导出一种由里昂惕夫发展起来的投入产出分析。那些分析有必要把模型从两个扩展到多个部门或者多个产业。

在只有两部门的情况下，投资供给等式（方程4.19）被设为与投资需求等式（方程4.20）相等：

$$W_i + R_i + M_i = M_i + M_c \tag{4.23}$$

消费供给方程（4.21）被设为与消费需求方程（4.22）相等：

$$W_c + R_c + M_c = W_i + W_c + R_i + R_c \tag{4.24}$$

这些方程给出了部门内部和部门之间交换均衡的所有条件。

下一步，马克思所进行的是抵消仅仅在一个部门内进行的所有交换（即删除相同项）。利用方程4.23或者方程4.24都会得到相同的结果：

$$M_c = W_i + R_i \tag{4.25}$$

该方程描述了在两个部门之间的简单再生产所需的交换。部门i必须提供的和部门c必须需求的能够满足部门c折旧资本重置所必须的不变的资本量，即 M_c。另外，部门i的工人和资本家必须从部门c获得消费品的供给等于他们的全部收入，那就是 W_i 和 R_i。

动态的投入—产出

在扩大再生产的现代模式中，总计的和各部门的供给方程可用来表示简单的再生产：

$$GI = W_i + R_i + M_i \tag{4.19}$$

和

$$C = W_c + R_c + M_c \tag{4.20}$$

两者的差异在于需求方。在这里，剩余价值的支出分为资本家消费和资本家投资，假设所有储蓄都被用来投资。如果b是资本家剩余价值的消费比例，而（1－b）是储蓄或投资的比例，那么消费者的需求可以表示为：

$$C = W_i + W_c + b(R_i + R_c) \tag{4.26}$$

投资需求可以表示为：

$$I = M_i + M_c + (1-b)(R_i + R_c) \tag{4.27}$$

正如马克思所强调的，均衡和增长之间的差异简单地由需求的构成或剩余价值的使用的变化决定（因为在简单再生产中 [1－b] ＝0）。

由此可见，两部门间的投入产出关系的均衡（通过设定需求等于供给并且抵消内部交易来简化获得的）是：

$$W_i + bR_i = M_c + (1-b)R_c \tag{4.28}$$

这个方程包括简单再生产（方程4.17）情况下的结果，同时也适用于 b＝1 和（1－b）＝0 的特殊情况。

第二部分

基本模型——需求与商业周期中的供给

第五章

消 费

消费需求行为对乘数加速器理论和消费不足理论而言，都是非常重要的。这两个理论都假设消费比收入增加更慢。此外，消费不足理论还假设消费会受到收入分配情况的严重影响。因此，从消费需求行为开始进行商业周期的实证研究是非常有意义的。

消费的类型

到目前为止，消费是总需求中最大的部分。年复一年，消费部分占了国民生产总值（GNP）的60%—65%。超过90%的个人可支配收入被用于消费。显然，消费行为将对总需求行为产生相当大的影响。

在国民收入账目中，消费分为3个部分：①非耐用消费品；②耐用消费品；③服务。在1982年，消费的支出情况按以下划分：12%用于耐用消费品，39%用于非耐用消费品，还有49%用于服务。因此，服务需求是当前最重要的消费类型。近30年来，随着非耐用消费品消耗的降低，服务消费的重要性相对逐渐增加。与那时相比，两者的相对地位已经几乎颠倒了。

尽管消费构成发生了改变，但作为一个总体，消费本身却几乎保持稳定。1952年到1980年期间，消费占GNP的比重介于61.5%至64.5%之间。而且，它也不存在明显上升或下降的趋势。尽管消费变化很缓慢，但由于它是一个非常大的种类，如果没有在其他地方有所抵消，在某一年即使它只下降1%，也将造成总需求的下降超过200亿美元。

米切尔（1951，1954）发现，在1921年到1938年的4个周期内，扩张的时期总消费增长了15%，而在收缩期却仅下降了10%。用米切尔的术语来说，扩张幅度为15，而收缩幅度为10。通过对这个大类进行分解，他发现非耐用消费品与总消费的变化是一致的，在扩张期增长了16%而在收缩期则下降了11%。然而，耐用消费品对周期的反应更为强烈（因为消费者可以推迟购买），因此他们的周期性振幅更大，在扩张期上升了31%，而在收缩期则下降了27%。最后，他发现，服务消费稳定得多，在扩张期增长了14%（显示向上增长的趋势），而在收缩期仅下降6%（显示出抗下降性）。将扩张期和收缩期的幅度加起来所得到的完整周期振幅，耐用消费品达到58%，而服务消费只有21%。

显然，混合的消费类型将影响周期振幅。消费波动成为温和的原因之一是消费中服务的权重一直有变大的趋势。服务消费占所有消费的比重从1955年的40%增加到1982年的49%，在不到30年里增加非常显著。

从1949年到1982年的7个周期中，在扩张期总消费增长了14%，但平均来说，在收缩期间消费也是持续上升的，尽管只有0.7%的增长率。非耐用消费品如食品和其他易损品的变化非常一致，在扩张期增长了11%，而在收缩期则几乎保持不变（实际上增长了0.2%）。耐用消费品如汽车的波动大得多，在扩张期增长了21%，而在收缩期则下降了5%，这同商业周期是非常一致的。另外，服务在扩张期增长了15%，但在收缩期则继续增长了3%。在美国的这段时期里，在服务消费上的投资比耐用消费品的投资风险似乎小得多。图5.1、图5.2和图5.3中详细展示了各消费组成的不同周期性模式。正如所预想的那样，耐用消费品在平均复苏阶段增长很快，在繁荣阶段增长越来越慢，在危机阶段下降得非常迅速，到萧条阶段则下降得稍慢。而非耐用消费品无论是在复苏阶段还是在扩张的繁荣阶段都上升，在危机阶段则稍有下降，在萧条时期实际上仍有所增长。最后，服务消费在周期的每个阶段都增加，在扩张期适度增加，收缩期的增加速度更慢一点。

凯恩斯的消费观

凯恩斯看到了对总消费需求行为进行阐述的必要性。先前的新古典主义者只讨论个人消费，因为萨伊定律证明，总需求总是很充分的。当凯恩斯推翻萨伊定律时，对他而言，阐述总消费行为就变得重要起来。

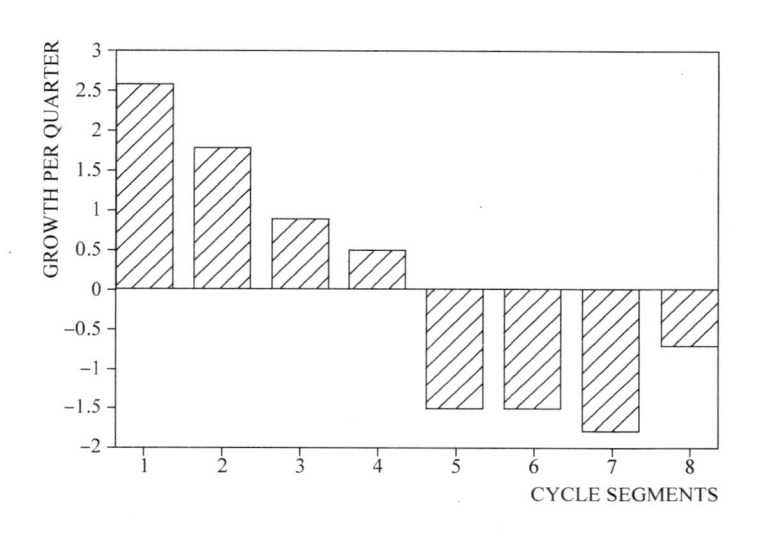

图 5.1　耐用消费品：7 个周期内各阶段的平均增长率 1949—1982
（来自系列 233，附录 F）

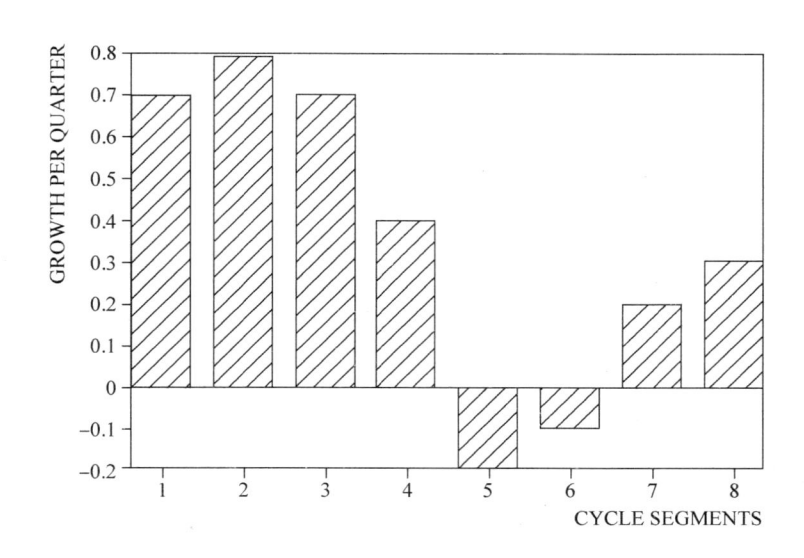

图 5.2　非耐用消费品：7 个周期内各阶段的平均增长率 1949—1982
（来自系列 238，附录 F）

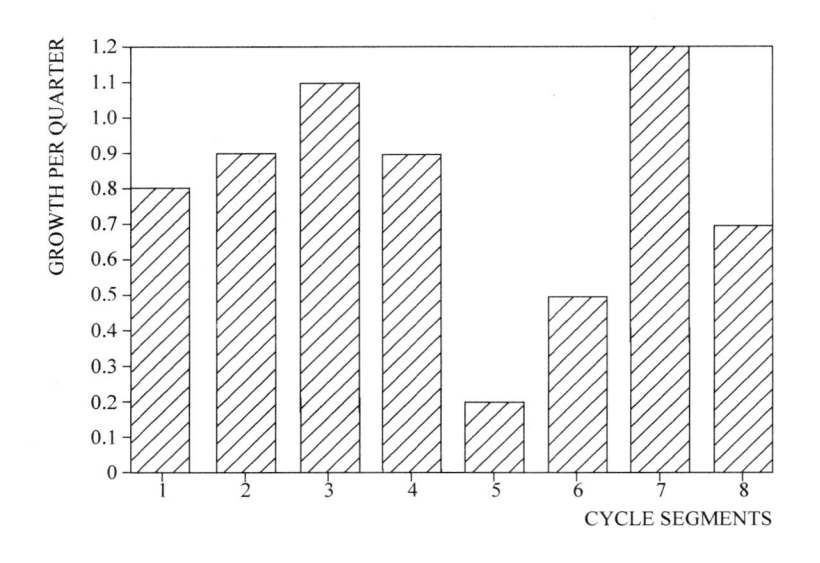

图 5.3 服务消费：7 个周期内各阶段的平均增长率 1949—1982

（来自系列 239，附录 F）

凯恩斯从心理学角度观察总消费行为。他认为"在一般情况下，虽然当收入增加时人们总倾向于增加他们的消费，但消费的增加量绝不会和收入增加量一样多"，这一理论被称为"基本心理学定律"（凯恩斯，1936，96）。他认为在某一给定的收入水平下，人们会有一定的习惯性消费支出或生活水平。如果一个人的收入上升，他最开始将继续原有生活水准，因此他会节省更多的钱。然而这个人会很快调整而增加他的消费——因此在经济周期的扩张阶段，储蓄仍倾向于比消费增加得更快。

由于凯恩斯从心理倾向方面解释消费，今天绝大多数的经济学教科书都将消费与收入之比定义为平均消费倾向（APC）。新增消费与新增收入之比被称为边际消费倾向（MPC）。正如我们将会看到的，决定消费与收入之比的不单单有心理倾向，还包括很多客观因素（如收入分配）。此外，心理倾向也绝不是天生的或永恒不变的。当前的消费者心理值取决于文化环境，包括家庭背景、宗教、教育和广告媒体的灌输。将结果归结为纯粹的心理倾向是一种误导。这一术语用在这里只是因为它被广泛使用，但总会有人含蓄地附带指出，这一倾向（APC 或 MPC）会被社会条件制约和被客观事实限制。

在初级经济学教科书中,"凯恩斯主义"消费函数用最简单的形式表示,它假设由收入引起的边际消费倾向是恒定的。相对于他的信念当收入增加时,边际消费倾向(MPC)可能会下降,凯恩斯自己的观点要复杂得多。凯恩斯的教科书还假设存在某种最低或称自发消费,它让人们即使没有收入也不至于饿死。由于这一理论从最低消费开始,然后加入不变的 MPC,因此得出以下结论:当我们远离最低水平时,消费与收入的百分比必然要下降(因为在低水平时消费比收入更大)。这样,通常的表述得出的结论是随着收入的增加平均消费倾向必然下降,但这只是一个主观臆断的表述。无论如何,凯恩斯本人和对凯恩斯的简化表述都清楚说明在周期性的扩张期,当收入增加时,APC 将下降,而在周期性的收缩期,当收入下降时,APC 将随之上升。

所谓的凯恩斯主义革命对消费行为的实证研究开始泛滥。对给定年份收入水平不同的家庭截面研究证实了随着收入水平上升,平均消费倾向下降(而平均储蓄倾向上升)的观点。贫穷家庭的 APC 值较高,富有家庭的 APC 值较低(早期研究及它们与后续理论的关系的探讨可见迈耶(Mayer)[1972] 和马格林(Marglin)[1984] 的出色概述)。

对相对短期内的总消费和收入的月度或季度时间序列数据(即小于或等于整个商业周期)所进行的早期研究似乎也证实,APC 随收入的增加而下降,随收入的下降而增加。这些早期的凯恩斯主义对商业周期理论研究的重要结果是在每个商业周期的扩张阶段,消费比收入增长得更慢,有效消费需求和产出之间的差距逐渐增大。

这些早期的结果(这也被本章给出的数据再次证实)似乎都表明,凯恩斯是完全正确的。这一观点被固化在平均消费倾向总随绝对收入水平的增加而减少的信条里。这一过于简单化的信条——远远比凯恩斯自己的文字欠缺细致与精妙——被称为绝对收入理论,并且被断言其没有时间或地点的限制。

后来,在可获得的美国长期统计资料中,其使用平均每 10 年作为一个点或者每个商业周期作为一个点。从长期来看,如果按这种方式定义,APC 在大体上是保持不变的(见格林 Green [1980] 著作的讨论)。当然,凯恩斯主要对短期感兴趣,他从来没有预测到 APC 将 10 年 10 年地下降(也没有任何其他人提出过这样的理论)。而且,此后有人指出在美国经济中,正是由于许多不同因素的共同作用才产生了几乎不变的长期 APC，英国的长期 APC 也只有细微的下降（对这方面的整个争议，在格林［1980］的著作中有非常好的阐述）。然而，由于错误的臆想，凯恩斯相信最简单的完全绝对收入理论，APC 长期不变的重要性被当作对凯恩斯整个理论进行攻击的大棒。

相对收入理论

另外，还有 3 种新理论。其中之一就是杜森贝利（Duesenberry）（1949）的相对收入理论。它有两种形式，两者均与凯恩斯的消费观相一致。其中一种强调消费支出总会和过去的消费支出的峰值有关，因为即使收入下降，人们也会坚持他们原有的支出习惯；这个"习惯持续"理论在迈耶（1972）的著作里有充分的阐述。另一种形式则强调每个消费者的支出总是和其他消费者的支出有关。这一形式同凡勃伦的制度主义观点是一致的。他认为人们之所以消费是为了不落后于他们的邻居或者炫耀他们的财富，这被凡勃伦解释成人们购买"炫耀性消费"商品，如购买真皮外套或者凯迪拉克仅仅是为了在别人那里留下深刻印象。

这两种形式都很容易解释凯恩斯主义的在短的扩张期里的 APC 下降而在长期内的 APC 固定不变的观点（例如，如果每个人的收入都同时增加）。在杜森贝利的理论保存了凯恩斯主义的基本框架的同时，出现了两种新的理论，其含义直接挑战了凯恩斯理论——尽管他们将问题置于凯恩斯主义的框架以内，因此他们可以被称为新古典—凯恩斯主义者。这两种理论被称为生命周期假说和永久性收入假说。它们至今仍处于支配地位，因此我们需要对其进行充分的解释。

生命周期假说

安多（Ando）和莫迪利亚尼（1963，1975b）提出的生命周期假说论证了人们在中年时期总会比他们在生命早期及晚期从收入中节省更多的心理倾向，从而解释了截面数据的结果。安多和莫迪利亚尼认为，在任何时候，中年人获得高收入的比例高于平均水平。同时，年轻人和老年人获得高收入的比例低于平均水平。

此外，生命周期假说对短期和长期这两者总时间序列数据的解释取决于前凯恩斯主义者假定的回归，即消费行为从根本上讲是由总财产估计、净财产估计或者现价估计来决定的。它也取决于"在周期中总财产估计和收入估计不同"这一信条。从长期来看，总财产估计和总收入估计的增长速度相同，而且消费是总财产估计的固定函数。根据生命周期假说，从长期看来，消费和收入应该以相同速度增加，这使得在长期时间序列中消费倾向几乎保持不变。从短期看，在衰退期，财产的市价——以及源于财产的收入的现值——比总收入下降得更慢（Evans，1969，37）。由于消费是基于收入的现值，财产所有者将继续维持他们的消费并使消费不随当前劳动收入的下降而迅速下降。因此，这是在经济周期的收缩期中 APC 倾向于增加而在经济周期的扩张期中 APC 再次下降到它的长期水平的原因。在许多文章中都存在对生命周期假说的所有论点及所宣称的事实进行的辩护或抨击（参见莫迪利亚尼，1975b；邦特里尔-怀特，1978，布林德，1976）。

永久收入假说

米尔顿·弗里德曼的永久性收入假说认为，在长期时间序列中消费与收入之比保持固定不变是永久性收入估计及长期消费水平期望之间"真正"不变关系的准确反映（弗里德曼，1957）。永久性收入是由个人生命期内财富总期望决定的。弗里德曼在截面数据和短期时间序列数据中（当收入增加时，消费与收入之比下降）对这一关系的明显偏离解释为一种统计观察假象，在这一假象中，长期消费及永久性收入之间的"真正"行为关系被"掩盖"了。

他的推理如下：存在一种暂时收入，其被定义为在某单一时期内因机遇或者意外而得到的收入。这种暂时收入不会影响我们对永久性收入的长期估计。然而，暂时收入及暂时消费（因暂时收入引起的消费）不可避免地被视作收入测定值及消费测定值。在任何时候，在给定的暂时收入定义下，高暂时收入的人群在高收入测定值人群中的比例比实际要低。同样，低暂时收入的人群在低收入测定值人群中的比例比实际要高。弗里德曼认为，因暂时收入引起的消费倾向比因永久性收入引起的消费倾向要低，因为人们知道他们必然会回到之前的长期状态。因此，在任何截面研究中消费与收入之比看起来将会随着收入增加而下降——但这只是一个表象，因为长期消费与永久性收入之比仍保持不变。

同样，由于衰退年份以暂时收入与收入测定值之比低于平均比例为特征，而繁荣年份则以暂时收入与收入测定值之比高于平均比例为特征，在商业周期的扩张期，消费与收入之比从短期看将随着收入增加而下降。而这也只是一个表象，因为长期消费和永久性收入之比是保持不变的，当然，无人能够真正测量弗里德曼的理论，因此要想做一个结论性的测试以反驳这一理论也是无计可施的。弗里德曼的消费函数表明，长期消费（Cp）等于一个常数（k）乘上永久性收入。其中从短期看，k是一个常数，但从长期看它是缓慢变化的。k的改变受到长期利润率的改变、人们的效用函数（包括他们的年龄、家庭组成及偏好改变）以及当前物质资产与总财产之比（w）的影响——但是，所有这些因素都变化得非常缓慢，因此，从长期看，消费与收入之比的变化非常小（注意收入分配并非影响这个比例的因素）。

新古典—凯恩斯主义理论评价

生命周期假说和永久性收入理论两者都是为尝试检验凯恩斯主义理论而产生的，但他们所采用的方法明显是新古典主义的，因此这些理论是萨缪尔森所称之为的新古典—凯恩斯主义综合体系的一部分——即使这些理论反对凯恩斯的一些基本观点。这两个新古典—凯恩斯主义理论都主要建立在因收入引起的消费心理倾向的假设上；两者都将平均消费倾向的波动视为"违反永久性收入增长平均速度的结果"（旺纳科特 Wonnacott，1974，343—44）。许多新古典—凯恩斯主义著作因此将长期周期内的消费和收入的特殊关系解释为主要由所有个体的心理偏好引起的。迈耶（1972）、马格林（1984）和格林（1984）的3本出色著作在理论上和实证上对上述理论进行了最清晰的评论，我们将在下面部分讨论。

在这些理论中，长期偏好被意外收入波动（参见罗森 Rosen，1973）、年龄、利率及期望的长期财产所修正。所有的经济学家同意可能存在由政府税收政策及影响进口的汇率变化而造成的影响（如见波斯金 Boskin，1978）。一个重要的议题是消费是否只是由一个特定的、外生的收入关系决定的，或者它是否可能受社会作用的影响，例如广告和教育。正如以加尔布雷思（1967）为代表的制度主义者所论证的一样，或者由社会性决定的习惯影响，正如杜森贝利（1949）提出的相对收入理论。一个同样重要的议题是消费是否可能被收入分配的社会经济因素影响。

永久性收入假说和生命周期假说预测出的结果几乎相同（事实上，正如下面将讨论的，几位非新古典主义理论也预测出了同样的结果）。消费被认为是收入趋势的近似函数，保持在这一趋势的65%左右，但其并不是实际周期性收入的函数。因此这些假说解释了消费与收入之比（APC）在扩张期下降而在收缩期则上升，但不是因为APC随着收入水平上升或者下降；其推理过程与收入测定值与财产或永久性收入的关系有关。

迈耶（1972）在一个详细的对生命周期和永久性收入的实证研究的阐述和评论中认为，消费和永久性收入"严格成比例"的假说是"绝对错误的"，这已被实证研究作为一个确凿的事实所陈述。他发现消费同暂时收入无关的假说也是错误的。在一个类似的发现中，他说："在这些验证中，本已勉强的生命周期假说在面对这些具体的预测时表现得并不好。"（p.350）另外，他的确发现这些事实同生命周期理论和永久性收入假说的放宽形式不一致。换句话说，这些因素可能影响消费，但是它们绝非唯一因素。他的最后结论就是"真理位于凯恩斯主义可测量的收入理论以及完全永久性收入理论和严格生命周期理论之间"（p.352）。

马格林（1984）在检查新古典主义及其他观点的实证研究的同时也验证了这些理论。他以迈耶的研究为基础，但警告"尽管这些结果［来自迈耶］给生命周期观点几乎没带来帮助或安慰，但是它们也还没强大到足够让一个信徒放弃他的信念的地步"（p.394）。在他自己对其他理论的检验中，马格林（1984）发现："给出表面上支持新古典主义储蓄理论的验证实例并不难，但是在相似的检验中，我们发现它也是同样合适地支持非新古典主义理论。"（p.393）总的来说，他所得出的结论是仅仅基于计量经济学的结果，我们不能排除任何一个消费理论。

格林（1984）对200多个实证研究结果的细致研究发现，在这些理论中，不存在选择生命周期假说（LCH）或者永久性收入假说（PIH）

理论的实证支持："在实证基础上对 LCH 和 PIH 所进行的检验并没有发现它们显示出比其他理论更具有优越性。"（p.96）格林发现这些理论被认可主要是因为他们同新古典主义范式的基本假设非常吻合而加强了其结论的可信度。接受过新古典主义训练的经济学家对它的认可可能是自觉的，也可能是无意的。就假设前提而言，他们从个人偏好开始，将其当作一个外部给定事实。这为作为新古典主义观点基础的消费者主权观念提供了支持。通过关注个人偏好，他们将工人储蓄行为组、资本家储蓄行为组及公司储蓄行为组之间的区别排除在考虑范围之外。因此他们的观点没有考虑一些后凯恩斯主义、马克思主义和制度主义的主要假说，而这些假说非常关注不同组别和制度行为的差异性（如马格林［1984］及其所引文献）。因此新古典主义观点存在对从富人向穷人进行收入再分配的宏观政策的偏见

简而言之，大多数新古典—凯恩斯主义理论——尤其是永久性收入和生命周期假说——产生了一个同凯恩斯的主要结论非常明显的矛盾。凯恩斯认为在高收入水平时平均消费倾向下降。因此，凯恩斯认为社会越不公正，也就是说，富人的收入比例越高而穷人的收入比例越低，将倾向于导致更低的消费需求。这意味着如果必须增加消费需求以减少失业率，那么社会收入应该变得更平均。

保守的新古典—凯恩斯主义，例如弗里德曼，不同意凯恩斯的观点，他们的理论在某种程度上是为了将那个观点移除出已广为接受的"凯恩斯主义"学说。例如，艾伦·布林德（1975）认为："在后凯恩斯主义的早期，通常认为，可能是基于凯恩斯的个人直觉，收入的平均分配将增加消费。然而，由于弗里德曼（1957）和莫迪利亚尼和布伦伯格（1954）消费行为模型的优越性，这一观点在学术圈变得有点声名狼藉。"他指出，"现代"或者说弗里德曼的观点"同直觉并不完全一致"，特别是"那些没有学过宏观经济学的人的"直觉（布林德，1975，448）。很显然，对布林德而言，宏观经济学只是意味着新古典—凯恩斯主义的观点，它并不包括凯恩斯、后凯恩斯主义及马克思主义的观点。

而凯恩斯认为，平均消费倾向在较高的收入水平时会出现下降，先前所讨论的两个新古典—凯恩斯主义理论都否定了这一基本发现。他们认为短期或者截面结果能被其他暂时性因素解释。顺着这个思路，在这

些理论家看来，收入分配的改变不会改变平均消费倾向（参见马斯格洛夫 Musgrove，1980）。这一政策的含义就是，收入分配由穷人向富人的转移，或者由工人向资本家的转移不会降低消费需求，因此它也不会造成负面影响。同样地，从富人向穷人或者从资本家向工人进行的再分配也不会促进经济发展。

除此以外，格林（1984）指出，尽管生命周期和永久性收入理论在最初被解释为新古典—凯恩斯主义综合体系的一部分，然而他们的结论被用于（如上面被布林德引用）抨击凯恩斯的基本观点，如 APC 和国民收入之间的短期周期性关系。另外，凯恩斯在实际应用及政策上的重要性是强调政府支出由于较高的消费倾向而对收入存在乘数效应（这一乘数关系将在接下来两章阐述）。但是当永久性收入假说假设由暂时收入所引起的边际消费倾向较低或者甚至为零时，政府支出的实际应用的重要性就被削弱了（这同新古典经济学的自由放任的偏见是一致的）。因此，格林得出结论："这些理论的存在以及为什么会有这么多使用它们的研究的原因将会在意识形态领域内找到。"（p. 96）

阶级收入假说

马克思经常强调资本主义下的阶级关系限制了消费需求。他写道"工人作为人口中的主要组成部分，只能在很小的范围内增加他们的消费"［马克思，(1905) 1952，492］。凯恩斯则强调认为分配不均状况的不断加剧可能会导致收入（或者产出）与消费需求之间差距的扩大，他说："因为我把个人消费倾向当作是一种（在正常状况下）随着收入的增加，使得收入和消费之间存在更大差距的原因，它很自然就推导出对作为整体的社区的集体倾向可能取决于……其中的收入分配状况。"（凯恩斯，1939，129）凯恩斯对收入由工人向资本家转移的效应非常清楚，"从雇佣劳动者向其他人的转移可能会减少消费倾向"（凯恩斯，1936，262）。

后凯恩斯主义和马克思主义两者都认为消费需求会受到收入分配的严重影响——可参见这些理论家如悉尼·温特劳布（Sidney Weintraub）（1958），米哈尔·卡莱茨基（1968），艾克内和克里格（Eichner and Kregal）(1975)，达里蒂和马列罗（Darity and Marrero）(1981)，索耶

(Sawyer)（1982）和马格林（1984）的著作。穷人有更高的边际消费倾向，即更高的新增消费与新增收入之比。富人的边际消费倾向则要低得多。因此，如果富人的收入份额比之前更高而穷人的份额更低，对整个国家而言，边际消费倾向将会下降。

大多数从财产所有权及公司股票份额中获取利息的资本家的收入较高。即使消费了许多奢侈品后，他们仍能够储蓄，消费倾向较低。通过劳动力而赚取工资的工人的平均收入则低得多。一般来说，工人没有能力储蓄，因为他们为满足基本需求必须消费掉所有或者绝大部分的收入。

阶级收入假说强调因利息收入引起的边际消费倾向比因劳动收入引起的消费要低。这意味着当收入从工人向资本家转移时将会导致整个社会的平均消费倾向变得更低，而当收入从资本家向工人转移时将会提高消费倾向。从政策的目的来说，这意味着将收入由穷人和工人向富人资本家转移的政策（如里根政府在1981年的政策）将限制消费需求。

后凯恩斯主义（如索耶[1982]）认为，资本家之所以比工人的储蓄率更高而消费率更低有两个原因。其一，人们通常认为工人的低收入迫使他们将收入完全消费掉以保持社会可接受的最低生活标准（在今天通常是夫妻双方从事有酬工作）。另外，资本家的收入非常高，这样，如果他们想储蓄他们就可以储蓄。其二，资本家不但在社会必要最低标准上拥有更高的储蓄，而且他们所处的体制状况迫使他们进行投资。很显然，由于小企业必须避免被其竞争者吞并，因此小商人必须持续投资不断增加资本以保持同竞争者齐头并进；即使他的收入很低，他都处于为企业生存而投资的重压之下（参见索耶，1982，105；费希特鲍姆，1985，237）。另外，在大企业中，由公司做出进一步投资的决定，而只在很小程度上由资本家个人做出。公司只将利润的一部分以红利形式支付给投资者，剩余部分由公司保留并当作投资所需的储蓄使用。为了能一直生存下去，公司具有投资和尽可能快地扩张的动力——这经常同许多个人股东只是为了得到直接红利的期望是相左的。重要的争论点是公司制度上的需求，而非如新古典经济学家所设想的个体的需求或偏好的那样。因此，索耶（1985）指出"储蓄的大部分是由公司为追求他们的目标（生存、利润、增长等）而形成的，而和公司名义下所有者的个人效用关系不大"（p.170）。马格林（1984，432）强调了在我们考虑现实问题时，必须看到公司决策对消费和储蓄的重要影响。因此，他发现在1952年到1979年的周期中，私人储蓄约为税后所得的9%。但在这9%中，只有2.5%是家庭储蓄，而3.8%是公司储蓄，2.7%是养老基金储蓄。

由于公司储蓄——按净利润的形式——是现代资本主义的制度现实，所以在考虑储蓄和投资时将其忽略是错误的。然而大多数新古典主义在研究消费和储蓄倾向时只关注资本家和工人的个人收入（或者个人税后收入）——他们将公司及其他机构的储蓄排除在外。这种由基本方法上的偏好而形成的新古典主义方法赞成从个人偏好开始进行所有分析。相反，一个更现实、更全面的理论必须包括"国民收入"的所有类型，它包括（除雇员收入之外）所有的公司净利润、红利、利息和资本家租金收入。在这一合适的框架内，我们将很清楚地看到，与工人的消费与收入之比相比，资本家的消费与收入之比更低。

工人和资本家的消费倾向

记录文件非常清楚地显示，大多数资本主义国家在消费上的支出量同支付给工人的薪酬总量在数目上是非常接近的。一项针对许多国家多年的调查发现，消费与总薪酬之比值在美国为1.03，加拿大为1.04，西德为1.00，英国为1.00，瑞士为1.04，荷兰为0.995，丹麦为0.98，芬兰为1.04（赫斯克尔、平卡姆和鲁宾逊 Heskel, Pinkham and Robinson, 1982, 66—77）。这些数据表明大多数的消费来自工人的收入。一方面，在收入分配更平均的国家里，工人的收入占总收入的比重越大，因此消费和工人的收入之比相对越小。例如，在瑞典，和大多数资本主义国家相比更平均，其消费只是工人收入的0.85。另一方面，消费与工人收入之比较高意味着由于只占少数的非工人消费了大部分的总消费，因此收入分配非常不均。所以，不均程度较高的国家其总消费与总薪酬之比也较高——例如，墨西哥为1.88，整个拉丁美洲为1.7，亚洲资本主义国家为1.6，非洲为1.5（尽管在这些区域的许多数据不是很可信）。

从消费和工人工资在量上几乎一致这一点继续推进，许多人在试图估计资本家的消费倾向的同时也尝试估计工人的消费倾向。这些研究涵盖不同的国家、不同的时间周期，也使用不同的计量经济技术，因此，结果也非常不同。有些研究关注 APC（平均消费倾向，或者消费与收入之比），而其他的则关注 MPC（边际消费倾向，或者新增消费与新增收入之比）。有些将工人的工资仅包括薪酬，而其他的则将其定义为所有的就业补偿，包括工资、奖金和额外福利。有些将资本家收入仅定义为个人收益，而其他的则将其定义为所有的财产性收入，包括利息、租金及公司净利润。

将这些注意点考虑在内，就可以思考这些研究的结果了。克莱因和戈德伯格（1955）对 1929 年到 1952 年的美国的研究发现，由劳动收入造成的 MPC 为 0.62，而由财产性收入造成的 MPC 仅为 0.46。米尔顿·弗里德曼（1957）对从 1948 年到 1950 年的美国的研究发现，由劳动收入造成的 APC 为 0.98，而由财产性收入造成的 APC 仅为 0.77。劳伦斯·克莱因（1962）对从 1947 年到 1954 年的荷兰的研究发现，由劳动收入造成的 MPC 为 0.85，而由财产性收入造成的 MPC 仅为 0.40。默芬（1980）对从 1960 年到 1975 年的英国的研究发现，由劳动收入造成的 MPC 为 0.84，而由财产性收入造成的 MPC 仅为 0.23。舍曼和埃文斯（1984）对从 1949 年到 1980 年的美国的研究发现，由劳动收入造成的 MPC 为 0.99，而由财产性收入造成的 MPC 仅为 0.13。需要强调的是，由财产性收入造成的较低 MPC 估计值来自涵盖所有的财产性收入的研究，除所有者收入和红利外，还包括公司留存盈余、净利息收入和租金收入。这些研究发现，当仅仅考虑个人可支配收入时，来自财产性收入的 MPC 值会更高。也有许多其他的研究都发现由劳动者引起的消费倾向比财产所有者的更高，这些研究包括伯迈斯特和陶布曼（1969），霍尔布鲁克和斯塔福德（1971），莫迪利亚尼和斯坦德尔（1977），斯坦德尔（1977），艾列斯蒂斯和德赖弗（1980），马格林（1984）及费希特鲍姆（1985）。

所有这些研究的共同点是发现由劳动收入引起的工人支出（不管它是怎么定义的）比由财产性收入引起的资本家支出（不管它是怎么定义的）显示出更高的消费倾向。这么多研究者从不同时间、不同地点发现相同的一般性结果的事实为其增加了不少的可信度。

来自费希特鲍姆（1985）的一个有意思而又稍有不同的方法发现：消费是劳动和非劳动收入之比的非线性函数（也是总收入的函数）。他的结果表明，边际消费倾向是劳动和非劳动收入之比的函数（注意劳动和非劳动收入之比和总收入中劳动份额的变化方向相同）。"除此以外，结果也证实了由劳动收入引起的 MPC 比由财产性收入引起的 MPC 更大的假说。"（费希特鲍姆，1985，242）费希特鲍姆成功地解决了一些早期统计估计中的问题，所以他的发现支持了工人和资本家之间的收入分配的确会影响消费需求的常识性观点。

消费与收入

在证实工人和资本家的相对消费倾向后，我们现在开始考虑总消费倾向的周期性行为，然后考虑周期内它和阶级收入分配的关系。

平均消费倾向，1921—1938

米切尔（1951，154—55）发现 1921 年到 1938 年的 4 个周期内，国民收入在扩张期平均提高了 23%（其扩张幅度），而总消费只增长了 15%。在这段时间内的平均收缩期中，国民收入下降了 18%（其收缩幅度），而消费只下降了 10%（米切尔，1951）。因此，国民收入在扩张

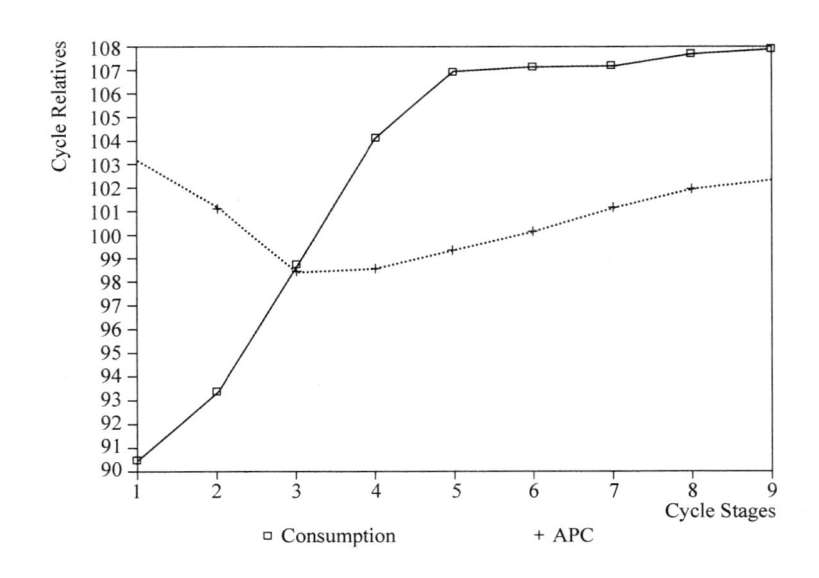

图 5.4 消费和平均消费倾向：4 个周期时段内的平均幅度，1949—1970
（来自系列 231 和 231/220，附录 D）

期比消费增长更快，而在收缩期比消费下降也更快。用凯恩斯主义的话来说，平均消费倾向在扩张期下降而在收缩期上升。

平均消费倾向，1949—1970

图 5.4 显示了 1949 年到 1970 年的 4 个温和周期内的平均消费和 APC。在扩张和收缩阶段实际总消费都有所增长，尽管同收缩期相比，扩张期的消费增长更快。由于收入大部分时候都增长得更快而下降得也更快，图 5.4 也说明平均消费倾向在扩张期的前半期是持续下降的而在收缩期则是持续上升的。

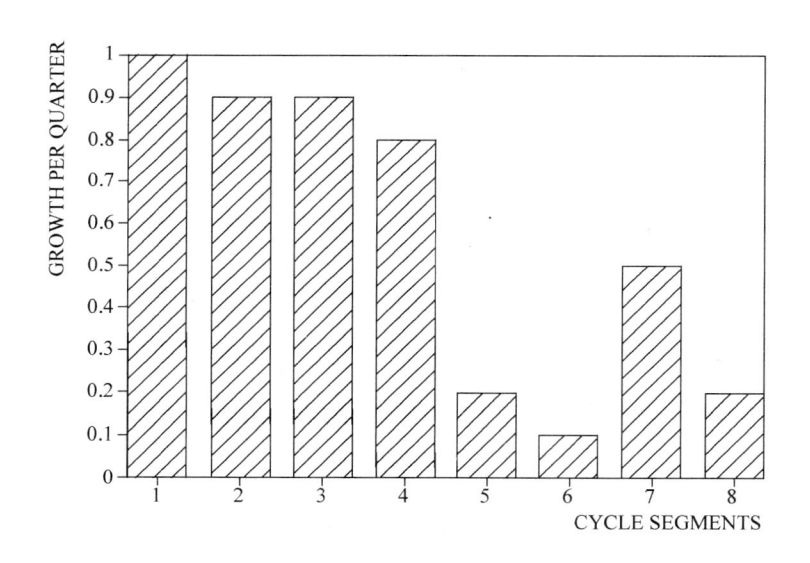

图 5.5　消费：4 个周期内各阶段的平均增长率，1949—1970

（来自系列 231，附录 G）

图 5.5 从周期的每个阶段的增长速度方面更详细地反映了消费行为。在扩张期消费增加，但靠近峰值时速度越来越慢。在整个收缩期，尽管没有明显地从一个阶段到另一个阶段的增长形式，但增长速度要慢得多。

如图 5.6 所示，在恢复期，实际国民收入比消费增长得更快一点。但如通常一样，在繁荣期它以迅速降低的增长速度增长，因此在繁荣期它的增长和消费差不多。整个收缩期，包括危机和萧条期，实际国民收入下降而实际消费以较低的速度持续增加。

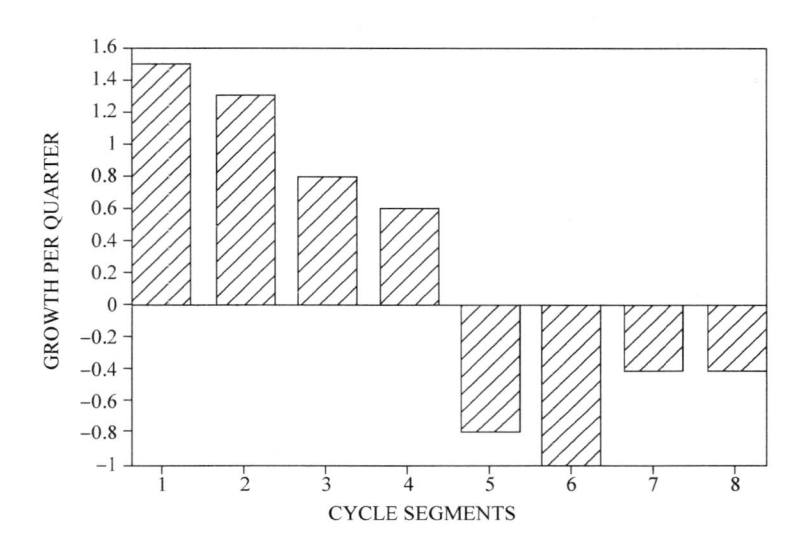

图 5.6 国民收入:4 个周期内各阶段的平均增长率,1949—1970

(来自系列 220,附录 G)

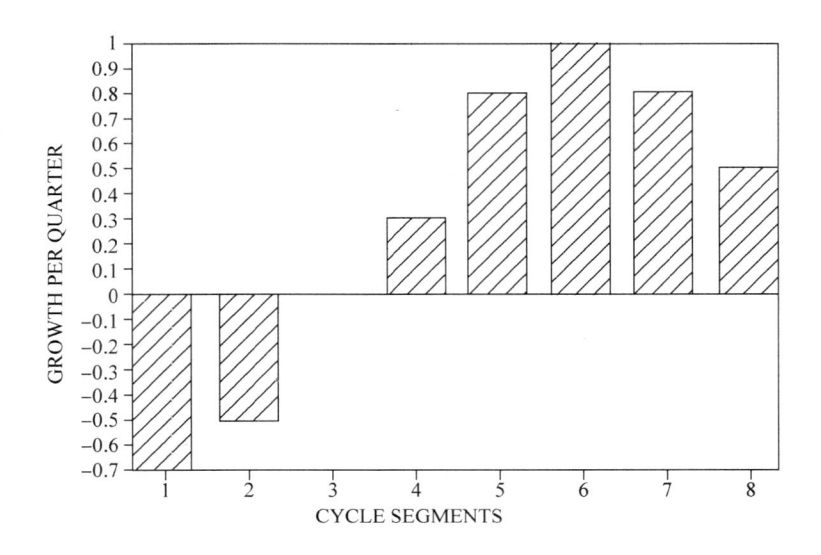

图 5.7 平均消费倾向:4 个周期内各阶段的平均增长率,1949—1970

(来自系列 231/220,附录 G)

因此，如图 5.7 所示，在 1949 年到 1970 年的这段时间，消费与收入之比（平均消费倾向或 APC）在恢复期显著下降，但在扩张期的繁荣阶段增加得非常少。在周期的整个收缩期平均消费倾向都在增加。

平均消费倾向，1970—1982

在 20 世纪七八十年代的三个更严重的衰退和萧条期，实际总消费的周期变化形式如图 5.8 所示。处于 20 世纪二三十年代时期的示图和 20 世纪五六十年代时期的示图之间。消费在扩张期增长，但在接下来的收缩期中下降，尽管下降非常少。平均消费倾向的形式非常清楚，其在扩张期下降而在收缩期上升。

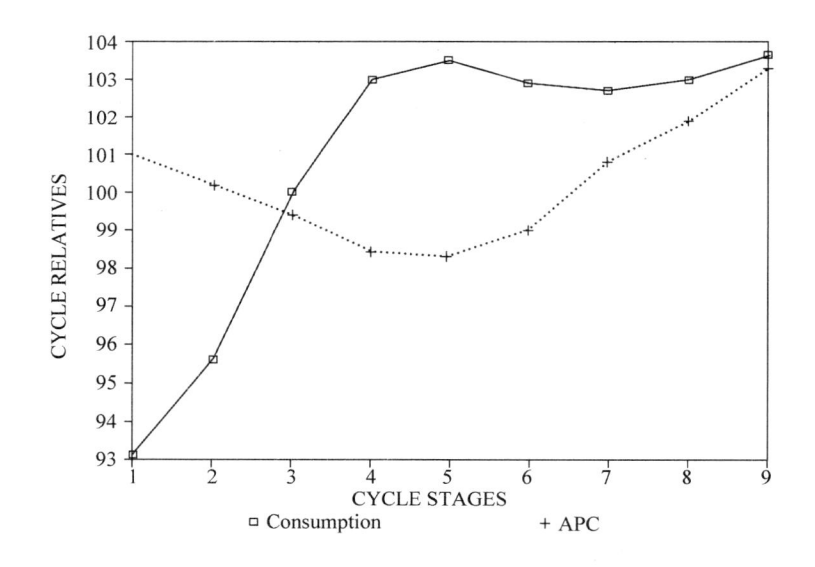

图 5.8　消费和平均消费倾向：3 个周期时段内的平均幅度，1970—1982
（来自系列 231 和 231/220，附录 E）

图 5.9 中更详细地显示出了整个周期内的消费增长速度。在整个扩张期消费都在增长。它在最初的恢复期内增长最快，然后越来越慢，实际上在抵达峰值前的"繁荣"阶段它增长得非常缓慢。在周期性收缩开始阶段的危机期，消费迅速下降——因此它的减少是很显著的，这同 20 世纪五六十年代的温和衰退期的形式不一样，因为那段时间内实际

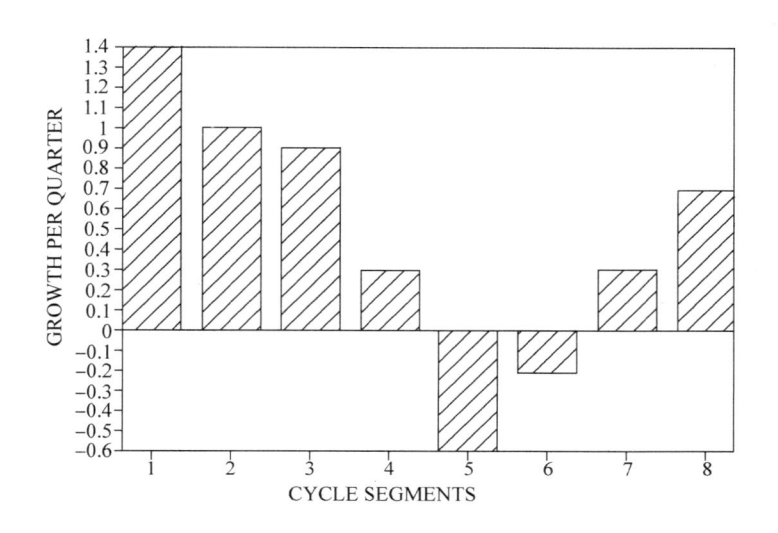

图 5.9　消费：3 个周期内各阶段的平均增长率，1970—1982

（来自系列 231，附录 H）

消费几乎从不下降。然而不同于 20 世纪二三十年代的变化，接下来在收缩期的萧条阶段消费恢复了，并且增长了少许，所以消费的收缩严重性比其在两次世界大战间要小得多。

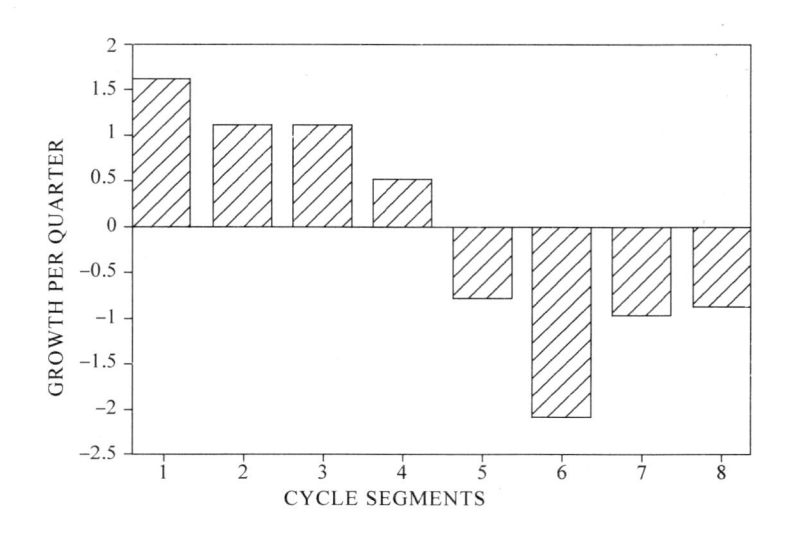

图 5.10　国民收入：3 个周期内各阶段的平均增长率，1970—1982

（来自系列 220，附录 H）

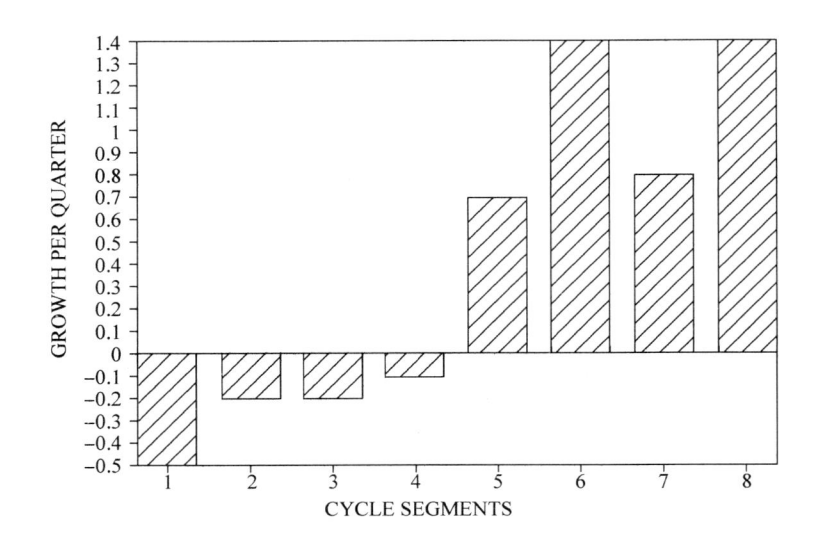

图 5.11　平均消费倾向：3 个周期内各阶段的平均增长率，1970—1982
（来自系列 230/220，附录 H）

图 5.10 中我们发现，实际国民收入和往常一样变化，增长和下降速度都比消费快，也比 20 世纪五六十年代要快（读者应该注意，为显示更高的速度，纵轴比例比显示消费时压缩得更紧）。和往常一样，繁荣期的国民收入比开始的恢复期增长得更慢。实际国民收入在危机期和消费一样是下降的，但它在收缩期的萧条阶段也是下降的，因此它在那一阶段同消费的变化方向相反。当然，原因是消费者在面对国民收入下降时试图通过用光他们的储蓄及举债或者通过政府帮助的方式以使他们的消费保持基本稳定。

图 5.11 给出了这 3 个周期内平均消费倾向的增长速度，这反映了国民收入波动更大而消费波动更小之间的差异大小。因此，在这一时段的平均扩张期内，平均消费倾向是下降的，这表明收入比消费增长更快。在收缩期内，平均消费倾向是增加的，这表明在危机期，收入比消费下降得更多——在萧条期消费增长而收入仍然下降。

平均消费倾向和劳动份额

平均消费倾向和劳动份额，1921—1938

1921 年到 1938 年的 4 个周期中，国民收入在平均扩张期增长了 23%，而职工报酬只增长了 20%（米切尔，1951，155）。这段时间的平均收缩期里，国民收入下降了 18%，而职工报酬只下降了 13%。如果我们将职工报酬和国民收入之比称作劳动份额，那么可以说在经济扩张期劳动份额是下降的而在经济收缩期劳动份额是上升的。如前文所示，平均消费倾向按相同的周期形式变化。

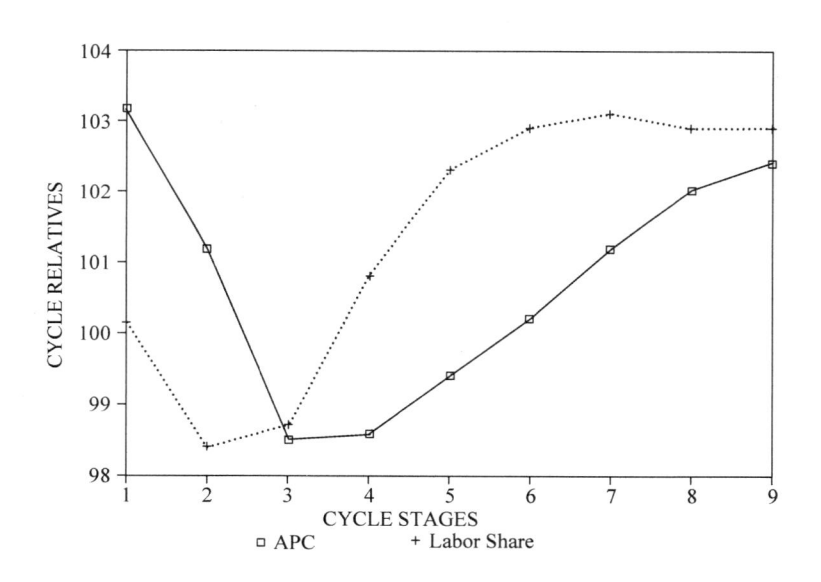

图 5.12 平均消费倾向和劳动份额：4 个周期时段内的平均幅度，1949—1970（来自系列 231/220 和 64，附录 D；这里劳动份额的意思是所有劳动收入和国民收入之比）

平均消费倾向和劳动份额，1949—1970

最近时期的经济周期（从 1949 年到 1970 年）实际国民收入和实际总消费之间的测定关系如图 5.12 所示。需要强调的是，在这一时期内劳动份额的变化与下面将要讨论的之后时期的情况（1970 年到 1982

年）非常不同（同样可见谢尔曼，1986）。

在 1949 年到 1970 年间的 4 个平均温和周期中，平均消费倾向（消费和收入之比）在扩张的前半期下降，在扩张的后半期少许上升，在收缩期则一直上升。劳动份额的变化在某种程度上是大致一样的，但它在周期的大部分时段内都领先于平均消费倾向的整整一个阶段。在 1949 年到 1970 年的周期里，两个变量在恢复阶段或扩张期的后半期都向下变化，在收缩期的危机阶段都向上变化。在收缩期的后半期或者说萧条阶段，消费倾向持续增加，但劳动份额几乎不变。

劳动份额和 APC 一样，在恢复期的第一个阶段显示出较快的下降速度。在整个繁荣期，劳动份额已经在上升了，但 APC 只在繁荣期的最后阶段才开始上升。在危机阶段 APC 和劳动份额都会上升。我们可以看到劳动份额在萧条阶段几乎保持不变，而 APC 则持续上升。

在这 4 个周期里，APC 和劳动份额之间的相关性并不很密切。一方面，APC 领先于周期峰值整整一个阶段，而劳动份额领先周期峰值整整两个阶段。正是这个时间段，使得强调工资的增长或生产率的下降是峰值前利润下降的主要原因的成本学派及供给学派理论重新焕发生机。在峰值到达之前，劳动份额变化趋势就已经转向，因此，消费不足理论就已经被部分地驳倒了。另一方面，劳动份额在 APC 之前就改变方向，这给劳动份额是 APC 的决定性因素的说法增加了一些可信度。如果恢复期劳动份额的下降的确导致了这一阶段平均消费倾向的下降，那么，消费不足理论的一部分就被证明是合理的了。我们或者也可以注意到在这些周期内，利润率很早就已经开始下降，因此，也应该在商业周期同样早的时候对导致利润下降的原因进行研究。然而，很明显在这 4 个周期里，增长的劳动份额在繁荣期的后半期是一个非常重要的因素。

平均消费倾向和劳动份额，1970—1982

这两个变量的周期形式在 1970 年到 1982 年的 3 个严重周期期间的均值，和前一时期相比都非常不同。如图 5.13 所示，这一时期中 APC 的变化和劳动份额的变化是密切相关的。消费倾向和劳动份额在经济扩张期的每个阶段都在下降，消费倾向和劳动份额在经济收缩期的每个阶段都在上升。

劳动份额和平均消费倾向在扩张期的恢复阶段下降得都是最快的，

在收缩期的危机阶段也都上升得最快。这一非常相似的变化支持了由于劳动份额的下降，消费倾向在扩张期的大部分时候也都下降的假说。扩张期的下降为低消费率（由低劳动份额引起的）在周期的关键时期限制了消费需求的观点提供了支持，所以，APC 和劳动份额变化这一事实对消费不足主义的观点——强调基于收入分配不均的需求不足——比前两个时期更具有非常的鼓舞性。

对 1949 年到 1988 年整个时期的计量经济验证，表明平均消费倾向和劳动份额之间存在很强的相关性。更详细的结果请见附录 5.1，其用离散时滞展示了回归关系。

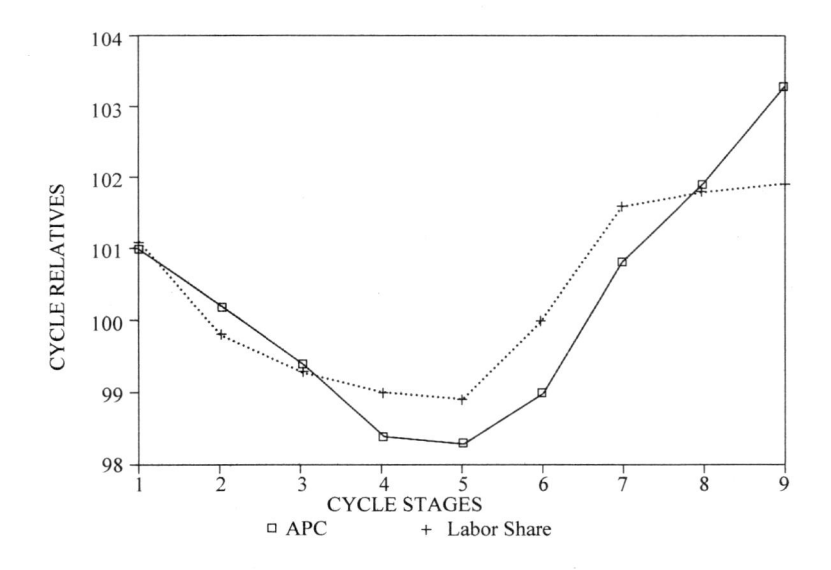

图 5.13　平均消费倾向和劳动份额：3 个周期时段内的平均幅度，1970—1982（来自系列 231/220 和 64，附录 E）

消费信贷

除了总收入和收入分配外，消费需求的一个至关重要的影响因素是可用的消费信贷量。这一因素在第 14 章将深入研究，在那一章将仔细考察资金和所有的信贷类型。

政　府

政府在收缩期经常增加收入（降低税收）以刺激消费需求，而在扩张期则减少支持力度。我们将在第十七章仔细研究政府行为的细节。

国际贸易

随着在扩张期消费者收入的增加，一些消费需求流向海外以购买这个国家的进口消费。随着在收缩期消费者收入的降低，流向海外的资金减少，进口下降。当然，对一个国家的出口支付的款项会增加消费者的收入。这些交易将在第十六章详细讨论。

结　论

这一章所讨论的问题发现所有主要的消费理论都不能被事实反驳，但是，它们中的任何一个也都不能被事实证明是完全正确的。尽管也没有证实过这一章所阐述的阶级收入理论比其他理论更好，之前的计量经济研究发现的事实，还有在这一章提及过的事实与它都是相符合的。阶级收入理论认为消费需求会被工人劳动收入和资本家的财产性收入之间的阶级收入分配影响——尽管它当然没有否认其他影响因素的存在，例如总收入。

实证证据同阶级收入理论相符合的地方包括以下发现：①由劳动收入造成的消费倾向比由财产性收入造成的消费倾向更高；②平均消费倾向在扩张期下降而在收缩期上升；③平均消费倾向同国民收入的劳动份额显著相关。20世纪五六十年代，APC和劳动份额在周期的恢复阶段都下降，但峰值之前很久就开始上升。20世纪七八十年代，APC和劳动份额在大多数的扩张期下降而在大多数的收缩期上升。

20世纪五六十年代的证据使人们对需求学派或需求不足主义的周期理论产生怀疑，因为在峰值之前，劳动份额和APC是上升的。证据大致表明，在20世纪五六十年代，增长的成本所造成的问题比其他大多数时候还要大，即使是这样，它也并未证明需求不是问题。利润率——正如我们将要看到的——在这些周期的扩张期也下降得非常早。因此，由于需求受限制而造成的早期负面影响也可能成为一个问题。20世纪七八十年代的证据——APC 和劳动份额在扩张期的大部分时候都同时向下变化——为需求学派的周期理论提供了支持。我们将在讨论这些理论的时候提及这些证据。

附录　时滞

需要强调的是，消费并不是所有事物的即时函数，它的运作是存在时滞的。"凯恩斯主义"教科书的消费方程通常以没有时滞的线性方程给出：

$$C = a + bY \qquad (5.1)$$

这里，C 为实际总消费，a 为常数，b 是表示边际消费倾向的常数，Y 为收入，通常为实际个人可支配的总收入。为更接近现实，我们必须带一个时滞：

$$C_t = a + bY_{t-1} \qquad (5.2)$$

在这里 t 是一个时间段。然而，现实中时滞分布在好几个过去的时间区间里，每个区间都对消费存在一定的影响。随着时间的加长，影响逐渐变小 [参见谢尔曼和埃文斯（Sherman and Evans）1984，154]。

说明阶级收入假说的最简单方程是：

$$C_t = W_{t-1} + a + bR_{t-1} \qquad (5.3)$$

这里 W 是薪酬及其他所有类别的劳动收入，而 R 是利润及其他所有类别的财产性收入。注意：为简单起见，W 的系数为 1，尽管这并不是使这一理论为真的必然条件（W 的系数只需要大于 R 的系数即可）。为恰当地估计这一方程，我们仍将分散在好几个过去时间区间的时滞包括在内。但这个方程不能实现无偏估计，因为 W 和 R 并非相互独立的，它们包括所有的收入。

阶级收入假说的另一个方程表示认为消费是收入（Y）和劳动份额（W/Y）两者的函数：

$$C_t = a + bY_{t-1} + c(W/Y)_{t-1} \qquad (5.4)$$

这里 b 是所有收入的消费支出效应，而 c 是更大的劳动份额的正效应。同样，如果我们要估计这一方程，我们仍需要加入一些时间段的时滞。这一方程也将给出一个有偏估计，因为 W 和 W/Y 不是相互独立的（如将要在第八章中看到的内容）。

最后，描述阶级收入假说的第 3 种方法是将平均消费倾向表示为劳动份额的函数。并且存在对其从 1949 年第 1 季度到 1988 年第 1 季度的数据进行的计量经济学检验（使用 ARMA 方法以矫正自相关）。数据源及定义在附录 A 中已给出。这个检验将平均消费倾向（C/Y，消费/国民收入，附录 A 的系列#231/220）同劳动份额（W/Y，劳动收入/国民收入，附录 A 的系列#280/220 或附录 A 的系列#64）相关联。国民收入都被用作分母以说明财产性收入的完全影响和公司储蓄的完全影响。结果是：

$$C/Y_t = 5.54 + 0.70 W/Y_t + 0.37 W/Y_{t-1} + 20 W/Y_{t-2}$$
$$(2.01) \quad (6.74) \quad (3.13) \quad (1.71)$$
$$CR^2 = 0.96 \quad DW = 1.99 \quad (5.5)$$

CR 是相关系数，DW 是 Durbin-Watson 检验（在这里说明没有显著自相关）。括号里的 t 值表示没有时滞的消费需求和劳动份额之间的关系具有很强的统计显著性，而来自之前时期的影响具有较弱的显著性。这一证据同阶级收入假说是一致的（注意：这本书中所说的一个变量具有统计显著性，意味着其在 0.01 或者更高的水平下）。

第六章

投资：利润假说

投资或者说资产积累，是资本主义经济体系的核心。此外，投资也是商业周期的重要变量。如下面将要展示的，投资比消费的波动更为剧烈，因此它在很大程度上引起了扩张期中 GNP 的增加，但它也极大程度地引起了收缩期中 GNP 的减少。凯恩斯认为，投资是非常重要的，因为通过对消费的重复支出，花费在投资上的每 1 美元都将对经济产生乘数效应。马格林和巴杜里（Marglin 和 Bhaduri）（1990）写道，在凯恩斯主义者看来，"投资需求是核心不仅仅因为它可能是总需求中最大的变量和最难以把握的部分，还因为它在资本积累中的直接作用"。

投资意味着长期的更大生产能力，也意味着短期的更高就业率。强调投资这两个方面的作用是很重要的。更多的投资也意味着对厂房、设备和存货方面商品的更多需求。资本货物的产生意味着更多就业，也意味着更多收入。同时，对新工厂和设备的投资意味着最终将提供一个巨大的新消费品市场。

消费与投资

尽管消费支出远比投资支出大，但是由于投资支出远远超过消费支出的升降幅度，因此它是解释商业周期更重要的变量。

如表 6.1 所示，在过去 60 年的主要周期内的所有平均扩张阶段，实际投资增长速度都比实际消费增长速度快得多（根据可获得数据确定，之前也一样）。此外，在所有周期的平均收缩阶段，实际投资下降速度远远超过实际消费速度。根据米切尔的数据，如表 6.1

第 1 行所示，在 20 世纪 20 年代和 30 年代大萧条主宰的平均收缩期，投资额急剧下降（50%）。即便在这期间，总消费量仅仅下降了 16%——而这已是一个巨大的下降，但也不过是投资额下降百分比的 1/3。

表 6.1　　　　　消费与投资（Consumption and Investment）

Time Period	Expansion Amplitude Consumption	Expansion Amplitude Investment	Contraction Amplitude Consumption	Contraction Amplitude Investment
1921—1938	21.2	55.4	-16.4	-49.3
1949—1982	13.9	26.2	+0.7	-17.4
1949—1970	16.6	23.5	+1.0	-9.5
1970—1982	10.4	29.8	+0.2	-28.0

资料来源：来自韦斯利·米切尔 1921 年至 1938 年间的数据，《商业周期中会发生什么》（纽约：国民经济研究所，1951）。来自美国商务部经济分析局 1949 年到 1982 年间的数据，《周期指标手册：经济条件摘要附录》（华盛顿特区：美国政府出版局，1984）。

注：定义：消费指实际总消费。投资指实际国内私人总投资。

与大萧条时期相比，投资额在 20 世纪五六十年代的温和衰退期下降了不到 10%，而消费在该时期的平均收缩中事实上还增长了 1%，如表 6.1 所示。因此，20 世纪五六十年代的收缩期，仅仅意味着投资的收缩，而不是消费。

在 20 世纪 70 年代和 80 年代早期更严重的收缩期中，投资平均下降了近 30%。相比之下，在 20 世纪 70 年代和 80 年代早期，消费几乎停滞不前——尽管在这些时期的部分衰退期它的确略有下降——因此这一时期国内私营部门的下降仅仅由投资的下降引起。消费和投资变化可见表 6.1 中的数据，也可见图 6.1。许多投资理论，如下面将要讨论的乘数加速器理论，在某种程度上反映了投资的更大波动而非消费。投资对经济周期的重要性使得拥有一个合理而准确的投资理论成为必要，然而这是一个非常棘手的问题，因为有很多因素会影响投资。因此，我们将发现途径是多种多样的。

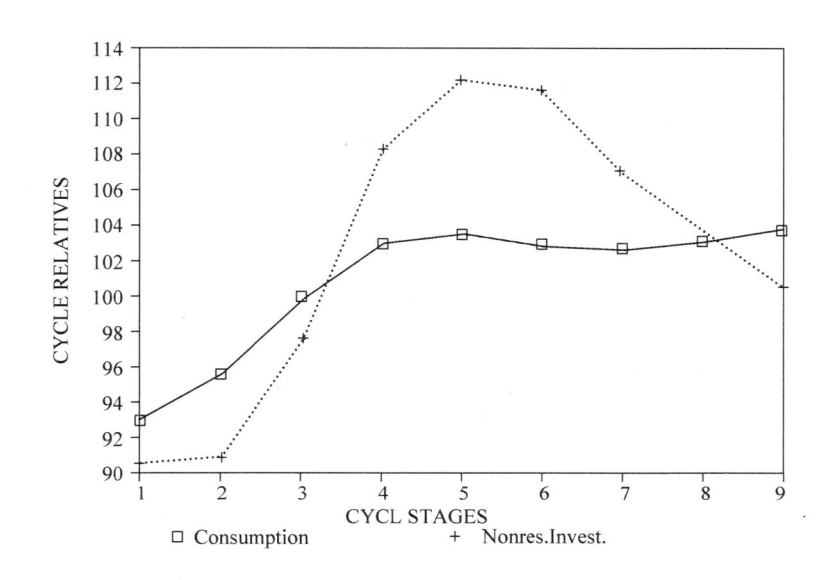

图 6.1　消费和投资：3 个周期时段内的平均消费及非住房投资幅度，1970—1982
（来自系列 231 和 88，附录 E）

利润假说

资本主义最重要的制度特点之一是为赚取利润而生产。预期随当前及过去的状况而改变，包括过去的利润率及任何可能影响利润率的因素。影响利润的因素包括对商品和服务的需求，如销售所证实的；当前及预期劳动力、工厂与设备及原材料成本；信贷的成本，即利率。在可用资金受到限制的条件下，投资由预期利率决定的假说仅仅在后凯恩斯主义、制度主义及马克思主义的框架内没有争议。如果我们按照这些方法来否定萨伊定律，那么计划投资可能不会等于储蓄。接下来就有必要明确说明在资本主义制度下投资者是如何决策的了。在那种情况下，投资决策是基于预期利润的，也就是说，未来的收入流减去未来的成本流。

然而，如果一个人以在新古典主义视角下接受萨伊定律开始，那么唯一的问题就是对储蓄的决策了。根据假设，投资将调节以适应储蓄。新古典主义视角下的关键决策不是基于预期利润的投资，而应该是储蓄及消费。假设是利率决定这一决策的，而且它是基于当前消费效用与未来可能增加的来自储蓄和投资的效用相比较的看法。

放弃萨伊定律，我们需要确定投资是商业周期的关键。从这个角度来说，利润的重要性不仅因为它影响预期，而且因为实际投资是由资金的可用性决定的。可用资金包括公司和个人利润、折旧提成和各种金融中介机构的信贷。为了得到信贷，对债权人借款的安全性而言，过去的利润率是一个重要的指标。

很显然，而且需要强调的是，利润扮演了两方面的角色。一方面，利润率指标通过影响预期利润激发投资者的积极性。另一方面，利润是投资可用资金的来源之一："一方面，今天的利润是企业资本积累的主要来源。另一方面，明天的利润是吸引企业的诱饵。"（马格林和巴杜里［1990］）对投资而言，较好的预期和可用资金两者是不可或缺的。

然而，利润和利润预期决定投资只是任务的开始。由于绝大多数事物都会影响利润，经济学家们花了大量的时间和精力试图非常精确地确定影响利润以及最终影响投资的最重要的因素。在这一章，我们以分析竞争的作用、预期及不确定性的问题、需求因素和成本因素作为开始。由于需求是影响利润的一个因素，而且由于投资是总需求的一个组成部分，因此，利润和投资之间的关系是相互关联的，各自都会对彼此有影响。其他影响利润和投资的因素非常重要且复杂，需要单独章节的讨论。这些包括信贷的可用性及其成本、垄断力量的存在、政府、国际关系等。

竞　争

垄断力量对利润及投资的重大影响将在第十五章进行讨论（也可见来自索耶［1982，第3章］的出色分析）。然而，这里最重要的是，在所有资本主义经济中，投资不仅仅是为了获得利润，而且也为了对竞争者的实际或者意识到的行动做出反应。当 IBM 决定销售一款新电脑时，所有其他电脑生产者必须考虑他们是否需要对此做出反应。根据在某一产业中存在实际竞争的程度，它们不仅仅得到了动力，而且还被迫做出反应。这种竞争性的投资压力同谋利动机是分不开的，它是为了获取利润作为生存下来的基础。由于关心短期利润而忽视了创新和投资以获得长期利润的公司，会发现它们正面临走下坡路的问题。在 20 世纪五六十年代不寻常的温和而又简单的环境中，许多美国公司的确忽视了创新的长期需要，结果他们后来就被日本和欧洲的竞争者（许多美国公司到今天依旧故我）击败了。

预期与不确定性

在解释经济绩效及影响资本主义市场经济的周期性危机时，凯恩斯非常强调预期的作用。他用"动物精神"来描述预期的形成，这一做法或许是不幸的，因为这个词在使用时常会受到不应有的嘲弄。在使用这一术语时，凯恩斯的意思只是想表达对经济未来的猜测不但是理性的结果，而且是直觉、情感、群体压力及其他不确定的合力的结果。正是这个原因，对投资决策的未来回报的期望可能是不准确的——一般都是不准确的。各种各样的世界政治经济事件可能有时会产生无理由的悲观或乐观现象。

以20世纪20年代的情况为例，存在足够多的证据表明社会公众情绪到1929年都还是非常乐观的——也许有点非理性的乐观（参见加尔布雷思，1972）。投资者认为他们的所有投资项目都会产生非常可观的回报。这种预期造成了过度乐观的投资计划。同样地，许多消费者感觉非常安全，相信他们能保住自己的工作甚至也许能有力地提高自己的生活水平。所以，通过信贷来维持他们的自身消费已经到了人为的高水平。

接着在1929年秋天，股市崩盘，这一戏剧性的事件引起了经济灾难的连锁反应。这一令人震惊的事件捅破了乐观的泡沫，取而代之的是混乱、害怕及彻底的悲观。这一预期的剧烈改变可能也的确严重地影响了资金的供给、利润预期及投资。

凯恩斯和后凯恩斯主义者也强调了不确定性这一相关因素。凯恩斯将风险和不确定性区分开来（参见戴维森［Davidson］，1978；也可参见温特劳布［Weintraub］，1978）。在考虑风险时，一些经济学家希望将某一已知的概率分布归因于未来的事件，而且他们的确会谈到"预期值"及对未来某变量的离差的测定。人们通常认为未来事件的概率分布的可靠估计（如下一年的投资）可以通过使用可接受的基于时间序列数据的统计推理技术得到。事实上，使用这种技术的人可能是在用过去的统计数据来预测未来的情况。输掉轮盘赌局的风险可以通过统计技术来计算。然而，根据凯恩斯的观点，不确定性是不能通过传统的统计技术估计出来的。因为人类是非常复杂、难以理解且情绪化的，他们未来的行为是很难甚至是不可能预测的。为了追求未来的不确定性回报，现在所涉成本（如投资）的决策是在这一不确定而又易受影响的环境中做出的。结果就是，投资的决策是非常不稳定的，而且很容易受哪怕非常小的环境改变的影响。

从对不确定性世界中的预期的讨论中得出的结论是任何上行或者下行的经济客观变化对投资决策的影响比预测的影响更大。这并不是说个人无法理解事件的起因。通过事后的检查可以发现导致主要的预期改变的客观变化是有迹可循的。因此，需要强调的是，1929年的股市崩盘——以及预期中由此发生的变化——并非凭空而来的，而是真正的、客观可测的因素变化的结果。例如，利润率在1929年大崩溃前的几个月是下降的。因此，通过这一事实，我们可以看到未来预期是建立在过去发生事件的基础之上的，但是反应远非统计资料本应该预期的那样，因此结果本来就不能被用来预测每个细节。在每个周期的转折点，如果我们能够解释利润的实际变化，那么预期的急剧变化也就能够解释了。现在让我们把注意力转向利润及投资实际变化的原因上。

需求和销售

如果一个产品的未来需求预期为零，那么可以预期这个投资必将以亏损告终。因此，即使资本可以很容易得到，在这种情况下也不会有投资。这一凯恩斯主义的观点同萨伊定律是相冲突的，而且它同更多的储蓄总会有利于资本主义经济的观念是相左的。

保罗·萨缪尔森（1939）在他关于商业周期的文章中认为投资水平是消费需求变化的函数（在下一章将会阐述这一所谓的加速器理论）。这一理论的后续版本强调，不仅仅消费需求变化，所有的消费类型变化都会影响投资（早期的凯恩斯主义投资模型，参见梅耶和库Meyer 和 Kuh，1957）。

最初关于投资和产出需求变化关系的简单模型在很久以前就被更复杂的模型取代了（见乔根森 Jorgenson［1971］的研究）。最简单的模型已经被新模型（称为弹性加速器模型）所取代，在这一新模型中，最优资本存量被视为新近变化的函数。人们非常关注这个灵活的投资函数的最合适时滞的设置。正如考虑消费时的情形一样，人们大致同意需要一种有许多时间段的离散的时滞结构种类。对最合适时滞结构形式的不同观点包括从几何级递减的权重到许多更复杂的形式（参见索洛，1960；德利武，1962；埃文斯，1969）。

在同一篇文章中，萨缪尔森（1939）使用了乘数的概念。乘数概念是说当经济中有一个新投资时，它会将国民收入提高到新投资量的某个倍数上。这种情况的确会发生，因为来自新投资的资金将会变成人们，例如秘书或者建筑工人的收入，他们将其重新花费出去以购买商品和服务。那些得到这笔新的用于新消费的人，他们自己也会重新花费它，以此类推。所以，随着时间的流逝，投资所花费的初始资金将对收入产生乘数效应。乘数理论将在下一章详细讨论，在这里被提及是因为它强调了投资对经济的重要影响。萨缪尔森的非凡之处是将两个概念——乘数和加速器——结合成一个对周期的单一而又简单的解释，这将在下一章讨论。

投资成本理论

除了商品和服务的需求外，资本家的利润还会受产出成本的影响。许多对投资的现代计量经济方法尝试将复杂的乘数（需求）理论同资本成本理论结合起来。早期的加速器理论强调生产需求及资本存量水平，它们被认为会影响预期利润。然而，其他理论强调的是那些影响边际资金成本的变量，包括表征利率及公司现金流量的变量。

"资本的使用者成本"同生产需求变化效应一起被乔根森和霍尔（Jorgenson 和 Hall）（1963）和格里利切斯和华莱士（Grilliches 和 Wallace）（1965）强调。这些理论非常强调利润率及公司资金的可用性，这些变量在大家都关注有效需求的凯恩斯革命的早期时候是被轻视的。然而，自20世纪60年代开始，几乎成熟的投资理论都在强调需求的同时强调成本。

需要强调的是，在需求、成本和投资的预期利润之间并不存在必然的冲突。乔根森的投资模型讨论了生产需求变化的重要性，但也强调了成本因素，乔根森将收益和成本因素结合起来形成了公司利润最大化的概念。由于利润等于收益减去成本，利润变量包括需求和成本因素两个方面。在乔根森的模型中，利润的收益不仅仅用产出需求的变化表示，还用产出价格来表示。利润的成本在乔根森的模型中则用资本成本表示，它包括所有相关成本，例如运行及其所用的电力成本。

许多理论不仅强调资本的直接成本，还强调公司资金和信贷的可获得性。因此，对再投资的总利润、利润率、现金流量、公司的债务、资产比率及其他公司流动性的测度的重要性的研究都广为存在（如伍德 Wood，1975 和埃文斯 Evans，1969）。这些因素在第十四章将深入研究，在那一章将仔细考察所有资金和信贷类型。

另一种投资在成本方面的理论则关注原材料的成本。基于从 20 世纪 70 年代开始的石油短缺，许多这样的理论又变得重要起来。这些理论在第十章将详细讨论。

最后，利润和投资的成本理论包括那些关注薪酬成本的理论。产业资本家在购买原材料、车间设备、借贷资本的同时还购买劳动力。第八章有对这些变量的实证研究。关注高薪酬成本的理论在第十一章讨论。

利润研究

由于需求和成本两者都是利润的要素，因此许多经济学家直接考虑与投资相关的利润而不是考虑利润的组成部分时就不足为奇了。罗伯特·艾斯纳（Robert Eisner）（1978）对需求（以销售表示）和总利润进行了一场大规模的实证研究。他发现投资"明显地……同当前及过去的销售和利润关系密切相关"（p. 171）。许多其他研究也发现，在时间序列数据中投资和利润之间存在密切的相关性。

一些广泛研究发现当前及前期的总利润的确会影响投资（参见艾斯纳，1978；伍德，1975）。这个影响投资的"利润"可能被定义为包括公司利润、非公司利润、租金收入和金融资本家的利息收入——换句话说，所有的财产性收入。除了对利润的研究，有些人发现利润率对投资的影响显著（参见谢尔曼和斯坦巴克 Sherman 和 Stanback，1962）。另一个研究发现总利润和利润率两者都对投资有统计上的显著影响（谢尔曼和埃文斯，1984，173）。使用从 1949 年到 1980 年季度数据的研究发现，投资不仅和带 3 个季度时滞的资本利润率具有统计上的显著正相关关系，而且和带 2 个季度时滞的总利润也存在统计上的显著正相关关系。

投资类型

投资不是单一的类型，而是一组在周期内表现各异的不同类型。这包括（1）设备支出，（2）非住房建筑支出，如工厂，（3）住房建筑支出以及（4）存货增量支出。存货投资和其他 3 种（这 3 种都是固定投资）投资非常不同，因此留待下一部分阐述。表 6.2 按真实值表示了前 3 种类型的周期变化，并给出了它们的扩张期及收缩期的幅度。

这一基于米切尔数据的表显示了这些投资组成在美国资本主义的 3 个非常不同的周期内的变化。1921 年到 1938 年之间的 4 个周期内，设备投资在扩张期和收缩期的变化幅度最大。这是因为资本家能够通过订购更多或更少的设备来对预期利润的变化做出非常迅速的反应。

米切尔的数据表明，称为非住房建筑的工厂建造的周期幅度比设备的要稍微小一点——尽管对那段时期来说仍然非常大。工厂建设的支出比设备的支出波动更小是因为建造一个工厂需要更多的计划和准备，因此和购买设备相比，其决策需要更长的时间。一旦新工厂开始建设，半途而废是不可取的。所以，工厂建设支出同设备上的支出相比，周期性波动会更小。

由于大萧条时期的严重性，甚至房屋（住房建筑）在 1921 年到 1938 年的平均收缩期都显著下降，尽管和厂房和设备相比要小得多。在下面我们将看到，和其他投资类型相比，住房同经济周期的相关性通常要低很多。

表 6.2　　　　　投资类型（Types of Investmenl）

	Expansion	*Contraction*
PART A.　　Average Amplitudes, 4 Cycles, 1921—1938		
Equipment (88)	46.0	-39.4
Nonresidential structures (87)	30.6	-32.9
Residential structures (89)	33.9	-22.0

续表

	Expansion	*Contraction*
PART B. Average Amplitudes, 4 Cycles, 1940—1970		
Equipment (88)	29.8	-12.0
Nonresidential structures (87)	18.4	-0.4
Residential structures (89)	6.9	+3.0
PART C. Average Amplitudes, 3 Cycles, 1970—1982		
Equipment (88)	24.0	-12.8
Nonresidential structures (87)	17.7	-9.9
Residential structures (89)	16.8	-18.4

资料来源：和表 6.1 一样。

注意：定义：所有变量都按实际值表示。括号中的系列号：#88 是生产者耐用设备非住房私人固定总投资；#87 是非住房建筑私人固定总投资；#89 是住房建筑私人固定总投资。

如表 6.2 所示，1949 年到 1970 年的温和周期内，所有 3 种类型的周期幅度都比前一时段要小。事实上，厂房建设只是稍有下降，而住房在平均收缩期内还有所上升。在 1970 年到 1982 年间的 3 个更严重的周期中，所有 3 种类型的投资又都和商业周期保持一致，在扩张期显著增加而在收缩期显著下降，但是和 20 世纪二三十年代相比波动更小。

事实上，住房建筑应该归为另一类；它们并非生产性投资而更像耐用消费品。有迹象表明，建筑业具有不同的而且更长的（15 年）周期。对住房建筑周期的研究由西蒙·库兹涅茨（[1932]1967）领衔，另外还有其他出色的研究，如朗（Long）(1939)，古滕塔格（Guttentag）(1961)，戈特利布（Gottlieb）(1963) 及阿西拉和梅茨勒（Arcela and Metzler）(1973)。无论如何，和其他投资类型相比，住房建筑与官方（NBER-商务部）的商业周期数据差异很大。尽管如表 6.2 所示，住房建筑支出在 1921 年到 1938 年及 1970 年到 1982 年间更严重的衰退期和萧条期同商业周期是保持一致的，但在更温和的 1949 年到 1970 年期间的收缩期，住房建筑（像消费）实际上从波峰到波谷还增长了些许——而它在峰值前也开始下降。基于这些因素，在这一章的下面部分对投资的实证考察仅限于非住房投资。

投资、利润和利润率:1949—1970

公司利润以强烈而又领先于周期的形式波动。米切尔（1951，324）发现在 1921 年到 1938 年的 4 个平均周期内，在扩张期公司利润平均提高了 169%，而在收缩期则下降了 175%。当然，赢利情况不但影响投资，而且影响生存。在 1879 年到 1938 年的 16 个经济周期中，在扩张期，企业倒闭数下降了 62%，而在收缩期上升了 58%（米切尔，1951，321）。

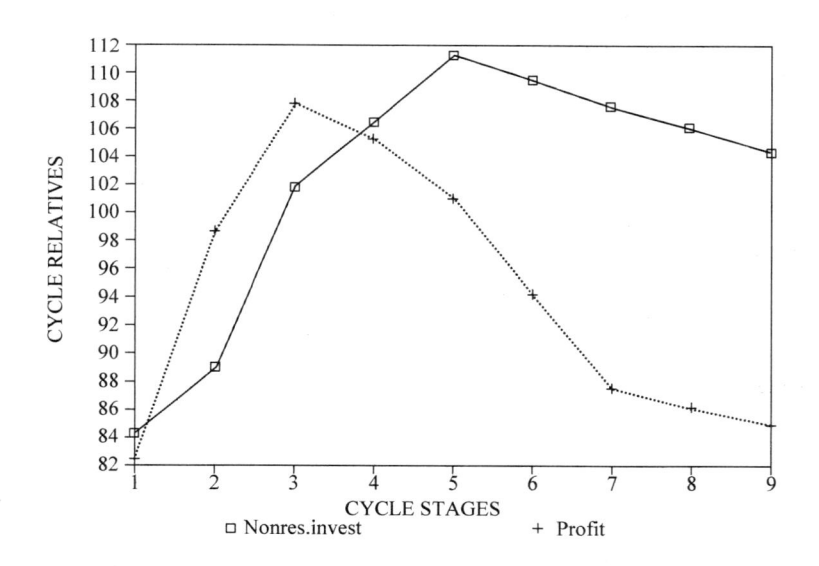

图 6.2 公司税前利润和非住房投资：4 个周期时段内的平均幅度，1949—1970
（来自系列 286 和 88，附录 D）

图 6.2 比较了投资（所有实际非住房固定投资，包括厂房和设备）和税后公司实际总利润。除了将住房建筑排除在投资之外，由于存货投资将在这一章的后续小节里充分讨论，这张图只包括了固定投资。选用税前公司利润是为了表示在政府征税之前的公司业绩，税收的影响将在这一章关于政府行为部分进行讨论。

图 6.2 表明在这一阶段投资和利润变化几乎相同，但具有一个时

滞。投资总和周期保持高度一致，在扩张期增长而在收缩期下降。利润则领先于周期，在第 3 阶段达到峰值，然后下降。这些变化同大多数理论是一致的，因为大多数理论都预测利润对投资的影响将会有一个时滞。

图 6.3、图 6.4 和图 6.5 更详细地画出了投资、利润和利润率的变化，显示了它们在不同阶段的增长率。这里只给出了制造业的利润率，因为只在这一部门能获得可靠的季度数据。数据将税前利润率规定为股东的股本权益。

图 6.3 表明在 1949 年到 1970 年期间，投资紧跟经济周期，遵循周期像一个完全一致的指数。图 6.4 表示在平均扩张期内的公司利润水平在繁荣阶段（扩张期的后半段）开始下降从而领先于周期，在紧靠峰值后的危机阶段下降得最快，然后在萧条期下降再次变慢。

图 6.5 揭示了利润率的相同变化，尤其是在达到峰值前的繁荣阶段的下降。利润率的下降降低了预期，因此限制了投资。尽管繁荣阶段投资仍在增加，但投资增长速度在下降。总的来说，从 1949 年到 1970 年的时段中，很少有收入或金融存活力的指标在通过恢复阶段进入"繁荣"阶段的过程中有扩大的。繁荣阶段（或者说扩张期的后半段）只有直接生产活动才出现扩张现象。被利润率支配的活动，例如新增投资，持续到峰值的缓慢增长，没有被惊人的金融崩溃留下任何印记，紧随其后的是相对温和的下降。

投资、利润和利润率：1970—1982

图 6.6 揭示了 1970 年到 1982 年期间稍有不同的变化图。公司总利润持续上升到繁荣阶段的中期，仅仅在扩张期的最后阶段略有下降。尽管投资是通过一个异常脆弱的恢复而开始扩张期的，但持续增长的利润引起投资在扩张期的其余阶段也以较快的速度增长。利润和投资在整个收缩期下降得比 1949 年到 1970 年间更快，这表明 1970 年到 1982 年间的经济周期情形更为严峻。

图 6.7、图 6.8 和图 6.9 让我们能对 1970 年到 1983 年间的投资、利润和利润率进行更详细的比较。在恢复期的第一个阶段投资只稍许有

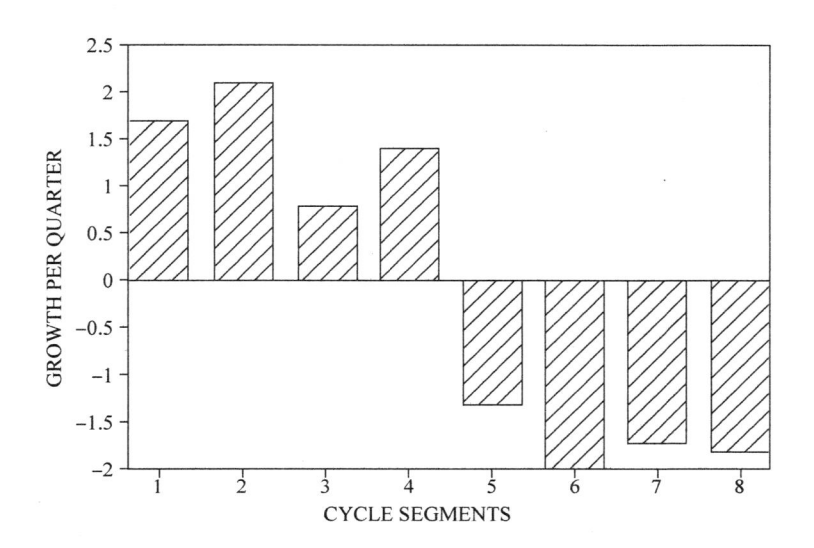

图 6.3 非住房投资：4 个周期内各阶段的平均增长率，1949—1970（来自系列 88，附录 G）

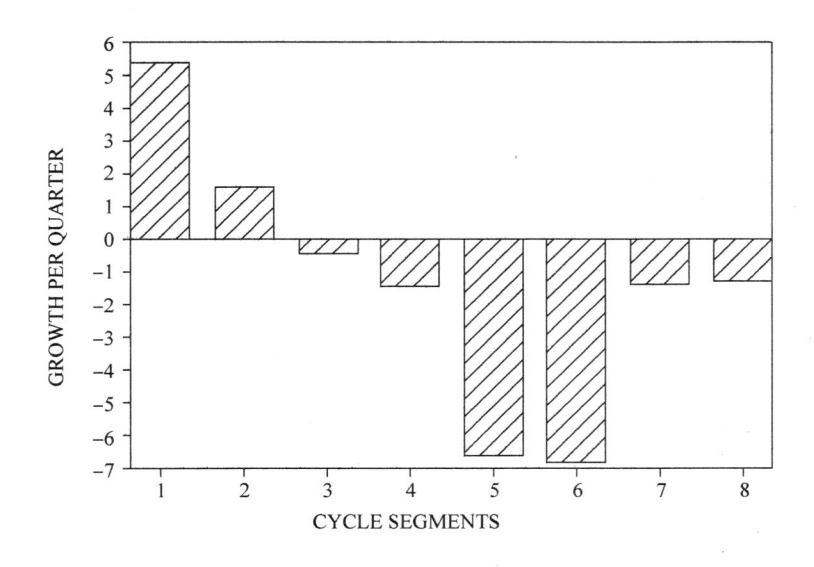

图 6.4 税前公司利润：4 个周期内各阶段的平均增长率，1949—1970（来自系列 286，附录 G）

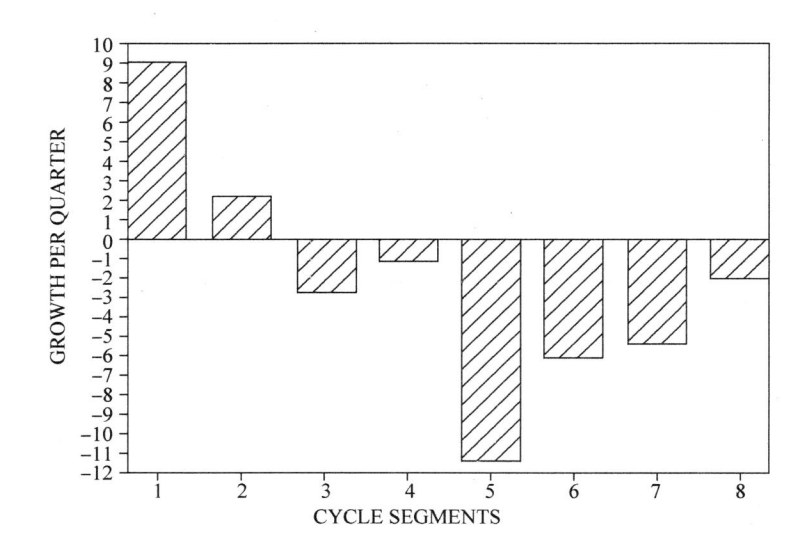

图 6.5　作为资本份额的税前公司利润：4 个周期内各阶段的平均增长率，
1949—1970

（来自系列 A，附录 G）

所上升，但接下来在扩张期的其余时期投资以显著的速度上升。在危机期的第一个阶段投资只稍许有所下降，但接下来在扩张期的其余部分投资以显著的速度下降。一般来说，在所有已知的商业周期中，投资在扩张期的每个阶段都上升而在每个收缩期都下降。因此，作为一个已经标准化的事实，最好把投资简单地视为同商业周期保持一致，通常恰好在峰值前增长率更慢（当然，对车间和设备的新订单，通常会领先于实际投资支出一个相当长的时间，因此新订单通常领先于周期发展趋势，参加附录 D 和 E 详细数据）。

图 6.8 非常清楚地显示了利润的领先。它在恢复的第一阶段增长速度最高，像通常一样，接下来在恢复期的其余部分及繁荣期早期，增长速度下降。在繁荣期最后阶段的周期峰值前存在一个轻微的绝对下降，而这是这一领先指标的正常变化。在收缩期的不同阶段，利润下降速度不同。

最后，图 6.9 描绘了利润率变化的形式，它同总利润的变化非常相似，除了其领先表现得更明显外。利润率在恢复期和繁荣期早期上升，而在繁荣期的最后阶段显著下降。而后其在收缩阶段持续下降。

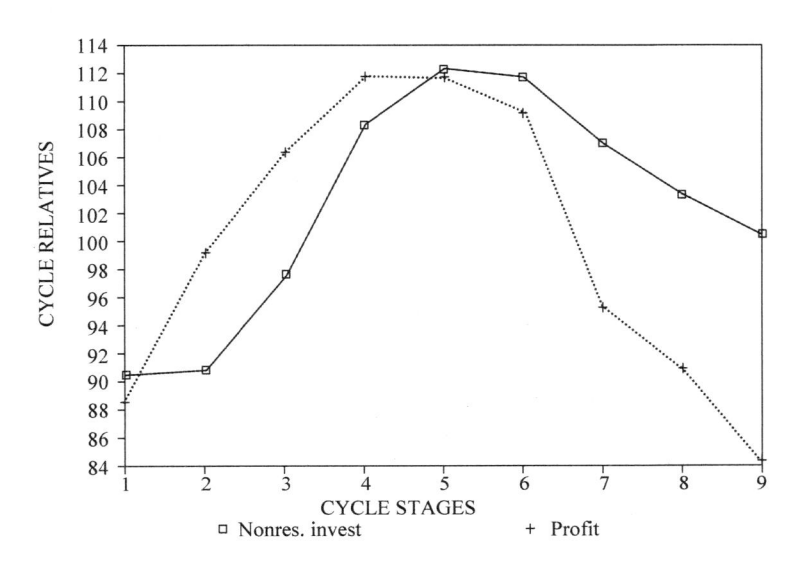

图 6.6　公司税前利润和非住房投资：3 个周期时段内的平均幅度
1970—1982
（来自系列 286 和 88，附录 E）

在两个时段的所有数据中，尽管幅度和发生时间显著不同，但总体形式保持一致。首先，利润率增长迅速，而后在扩张后期下降，这是收缩期即将来临的最早指标。此后不久，总利润下降，尽管下降速度并不是非常强烈。利润率的下降消除了对未来的动力。总利润的下降意味着投资的主要内部资金来源的削减。在一定信息传播及新决策制订的时滞后，当这两个效应结合起来时，实际投资将在周期峰值时下降，同时收缩期正式开始。

投资过程中的时滞

在 7 个周期中，对每个周期内投资和利润的周期幅度乃至它们的时滞或领先进行比较是非常有用的。表 6.3 突出了最重要的统计数据。这一表格清楚地表明投资在周期的波峰及波谷方向发生改变，但利润通常会领先投资。一般来说，利润在阶段 3 达到峰值，而在阶段 8 达到波谷。然而，由于每个周期都存在很大不同，使得领先的时间难以预测，所以任何通过来自利润转折点的信息对投资进行量化的预测都将是非常粗糙而不可信的。

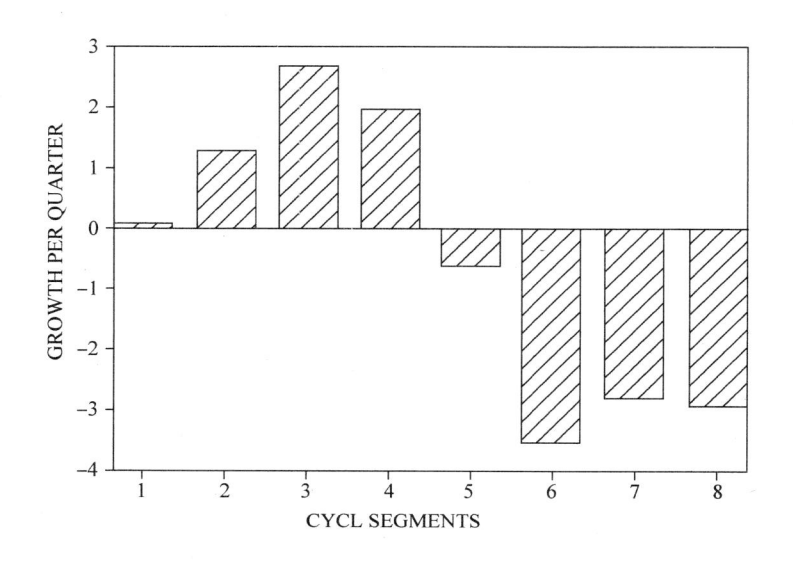

图 6.7 非住房投资：3 个周期内各阶段的平均增长率，1970—1982（来自系列 88，附录 H）

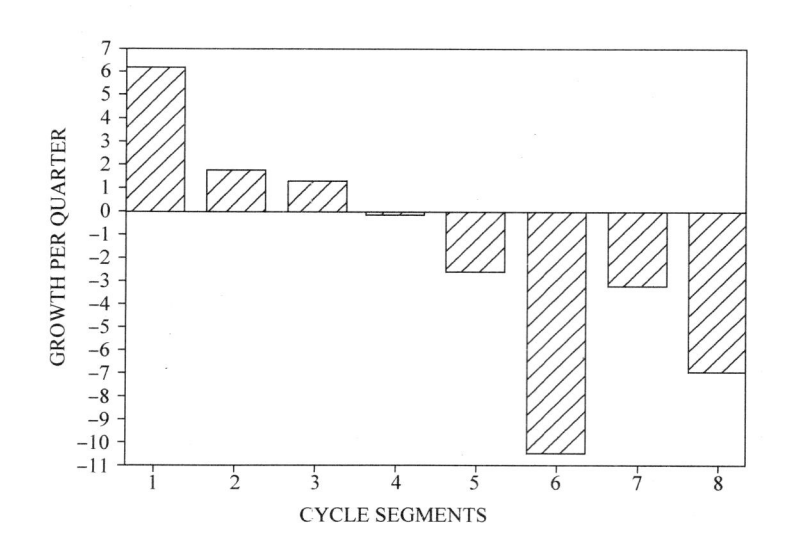

图 6.8 税前公司利润：3 个周期内的按平均阶段分的增长值，1970—1982（来自系列 286，附录 H）

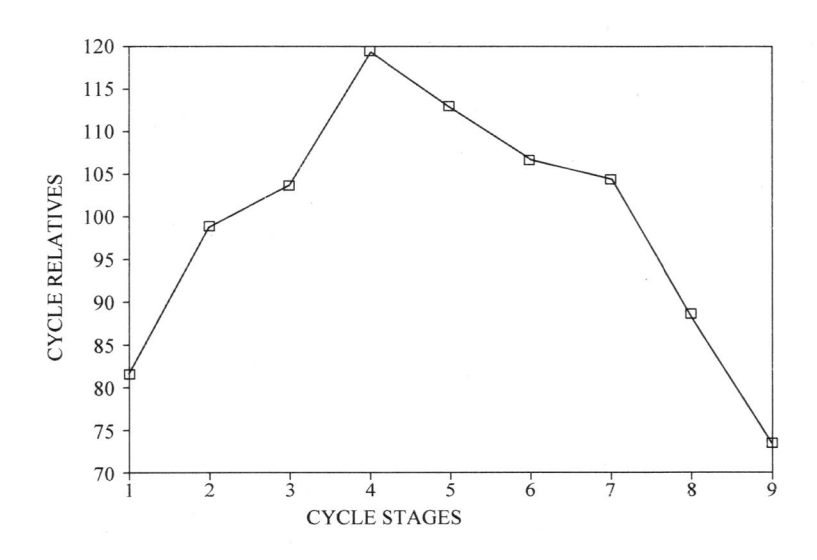

图6.9　作为资本份额的公司利润率：3 个周期时段内的平均幅度，1970—1982
（来自系列 A，附录 E）

图6.9 显示利润和投资的周期变化幅度经常在相同的范围内。投资比 GNP 的任何其他支出组成都要波动得厉害。导致投资剧烈波动的一个原因是公司利润和利润率比投资的波动更剧烈。在平均扩张期，投资幅度（25%）和利润幅度（29%）几乎一样大。但在收缩期，投资幅度（-9%）比利润幅度（-30%）要小得多。

不同产业的时间节奏

总投资、总利润和总利润率之间存在统计上的显著相关性（参见谢尔曼和埃文斯，1984，173；也可参见克罗蒂和戈尔茨坦（Crotty and Goldstein）［1988］出色的计量经济学著作）。但是没有简单的总量方程能既充分又准确地解释投资。其中一个原因是每个产业的时间节奏都不同。不是所有的产业在相同的时间点利润（或者利润率）都增加，也不是所有的产业在整个扩张期投资都上升而在整个收缩期投资都下降。不同产业的大多数经济行为的扩张或者下降都具有不同的时间节奏。米切尔（1951）在他对经济周期中的 794 种不同经济活动指标进行的研究中发现："在扩张的 4 个阶段中，74%、77%、78% 和 69% 的指标是

显著上升的,在收缩的 4 个阶段中,68%、77%、76%和 63%的指标是显著下降的。"(p.76)

表 6.3　　　　　　　　投资和利润:时间接受及幅度

Cycle	Timing				Amplitude			
	Peak Stage		Trough Stage		Expansion		Contraction	
	Invest.	Profit	Invest.	Profit	Invest.	Profit	Invest.	Profit
1949—1954	5	2	9	7	25.5	20.2	-3.5	-30.0
1954—1958	5	3	9	8	17.6	25.2	-13.6	-33.0
1958—1961	5	3	9	9	12.1	29.2	-4.0	-19.2
1961—1970	5	4	9	9	52.4	40.4	-5.5	-27.1
1970—1975	5	5	9	9	22.9	37.0	-13.8	-26.3
1975—1980	5	4	9	7	33.4	46.4	-8.1	-26.5
1980—1982	5	3	9	9	8.6	0.9	-13.3	-49.8
Average	5	3.5	9	8.3	24.6	28.5	-8.8	-30.1

数据来源:和表 6.1 一样。

注:定义:投资指实际非住房固定投资。利润指税前公司利润。"扩张幅度"是具体的周期幅度,也就是说,参数的某一初始波谷时期值比上一波峰时期值。"收缩幅度"是参数的某一波峰时期值比上一波谷时期值。

根据美国商务部在《商情摘要》的扩散指数,销售、利润、利润率和投资所显示的现象是相同的。扩散指数是指在简单地计算了在某一指标如利润下,处于上升中的产业的百分比。例如,利润扩散指数的值为 69 的意思是 69%的产业具有上升的利润。对这些扩散指数的考察表明销售额上升或者利润额上升产业的百分比在扩张的早中期是上升的,但是接下来即使总销售或利润仍然在上升,销售上升或利润上升产业的百分比会下降(参见希克曼 Hickman,1959,535),因此,经济并非毫无预兆地同时崩溃(如单马马车的故事一样)。尽管它们对简单的预测都不是很有规则,但事前信号对能读懂的人而言的确是存在的。

虽然时间节奏非常不同,但在大多数产业中,每个扩张期的事情进展顺序都大致一样。恢复期的总销售快速上升,接下来在繁荣期上升缓慢,而销售扩散指数则开始下降。在繁荣后期,销售毛利和资本利润率都开始下降,这是衰退或萧条期的先期预警信号。此后不久,大多数产业总利润开始下降。再晚一点，作为新投资决策最初标志的企业扩张期新资本拨款开始下降。最后，在商业周期的波峰时，总销售额和净投资额开始完全下降。在收缩期，事件进展顺序反转重复（这一段的事实来自谢尔曼和斯坦巴克（Sherman 和 Stanback）［1962］）。

总投资函数不合要求的另一个原因是时滞较长且其在不同的周期是变化的。一般而言，总利润领先投资 1—2 个季度，而利润率则领先投资 2—3 个季度。但是在 1949 年到 1970 年间和 1970 年到 1982 年间，这两段时期的情况可能观测到一些重要的差异。在快速增长的 20 世纪五六十年代，投资的恢复非常强劲，而收缩期则显得非常温和。20 世纪七八十年代，投资的恢复在扩张早期很弱，投资和利润的下降在收缩期则急剧得多。

然而，尽管存在这些复杂情况，所有的数据表明利润的确会影响净投资。这证实了卡莱茨基（［1935］1968）的开创性成果，其对利润及利润率作用的强调已经被大多数的后凯恩斯主义及马克思主义者接受。接下来的利润也会被需求因素影响，如生产需求的变化。但它也受成本因素的影响，如原材料价格和信贷利率，接下来我们将讨论这些内容。

存货投资

到目前为止的讨论都建立在投资行为的基础之上，似乎所有的投资都仅仅是建立在设备和工厂建设上的。非住房总投资事实上是由工厂建设增量、设备增量和存货增量组成的。存货包括原材料存量、生产过程中的半成品及待售的成品。

存货投资的变化在大多数商业周期里都扮演了重要的角色。例如，在 1919 年到 1938 年的 5 个商业周期中，存货投资的平均变化在扩张期引起国民生产总值平均上升了 23%，而在收缩期则引起了国民生产总值下降了 48%。在相同的时期，建筑及生产者耐用设备的变化合计平均引起上升 21% 和下降 37%（参见阿布罗莫威茨（Abromowitz）［1950，5］的开创性研究）。在战后时期，存货变化在国民生产总值的周期性变化上再次占了很大的百分比（参见斯坦巴克（Stanback）［1963］及布林德和霍尔茨－埃金（Blinder and Holtz-Eakin）［1986］的出色研究）。在 20 世纪五六十年代的温和周期中，由于扩张期和收缩期大部分都是由存货投资变化引起的,这一时段的周期理论倾向于完全关注存货而不管厂房和设备。

如果研究的是更长、更严重或者说"主要的"萧条期及扩张期,那么下降和上升的大部分投资看上去存在于厂房和设备投资中。然而,如果研究的是更短而更不严重或者说"次要的"衰退及扩张期,上升和下降的绝大部分投资存在于存货投资中。从1919年到1938年的5个周期中,阿布罗莫威茨发现,如果将整个扩张期或整个收缩期视作一个周期相位,在持续8个月到1年的周期相位中,存货投资的变化引起了96%的国民生产总值的变化。同样的周期中,在周期相位为1.5—2.5年时,存货投资变化引起了47%的国民生产总值的变化。而在周期相位为3.75—4.17年的情况下,存货投资变化只引起了19%的国民生产总值的变化(参见阿布罗莫威茨,1950,481—82)。

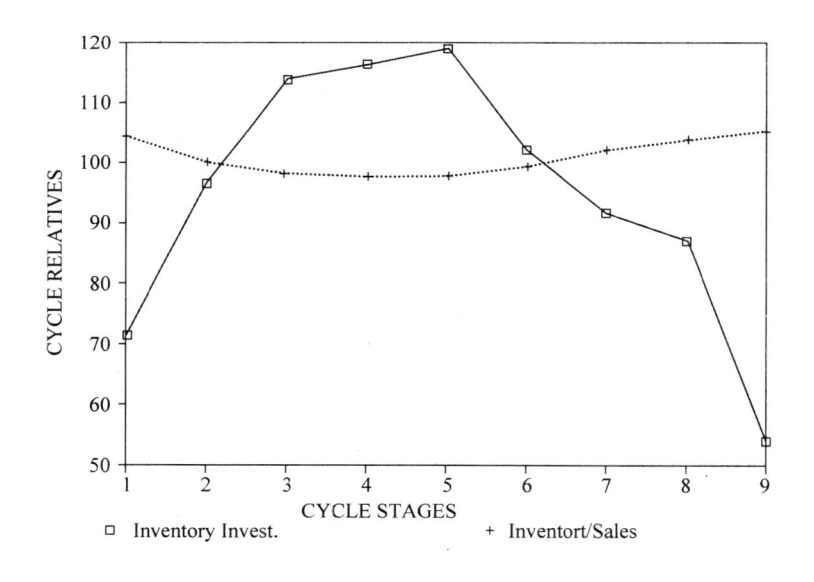

图6.10 存货投资和存货/销售比:3个周期时段内的平均幅度,1970—1982
(来自系列30和77,附录E)

在第二次世界大战以来的时段里,观测到的是相同的现象。更短的周期相位显示存货投资更为重要,而更长周期相位的变化则显示厂房及存货投资更为重要(参见斯坦巴克,1963,6)。看上去存货对生产周期变化的调整比厂房和设备的调整要快得多，尽管如果相位持续足够长后者必须进行非常大的调整。

那么存货是怎样影响周期性变化的呢？大多数理论预测在扩张阶段，存货投资将会增加以满足需求。图 6.10 表明，存货投资的确领先于周期，在扩张期上升而在收缩期下降。那么，为什么存货投资在扩张期会增加呢？主要的原因是在扩张阶段，需求超过供给，销售比存货增长得更快。恢复期存货与销售之比下降的事实表明需求上升得更快。如图 6.10 所示，存货与销售之比是逆周期性的，在扩张期下降而在收缩期上升。比供给更快的需求的增长将存货消耗殆尽，引起手头存货与销售之比下降。同时，更大的需求也刺激了更高水平的存货投资（如上所述），结果是存货与销售之比重新恢复。

当然，存货投资并不是由完全机械式的销售变化关系决定的。通常真正的问题是预期利润。首先，在周期的扩张阶段，价格是上升的，因此，持有存货提供了通过提高价格销售商品以获得更高利润的可能。所以一些存货只是由完全的投机动机引起的。在销售变化和存货形成之间也存在一个时滞。最后，存货投资近似持续上升到周期峰值。

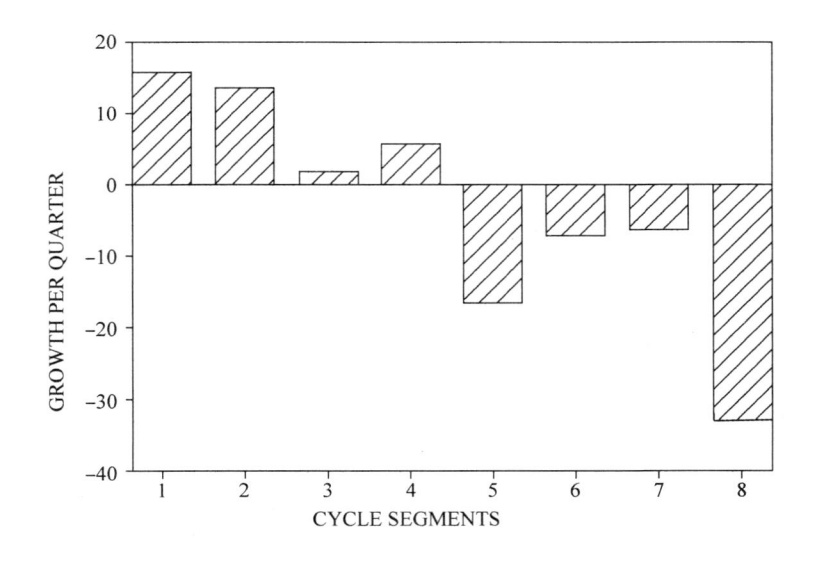

图 6.11　存货投资：3 个周期内各阶段的平均增长率，1970—1982（来自系列 30，附录 H）

图 6.11 更详细地显示了净存货投资、经济存货变化在扩张期的恢复阶段上升非常迅速。资本主义企业在这一阶段都非常乐观，因此它们迅速增加它们手头上的商品存货——包括为生产更多产品而准备的原材料和为更多销售而准备的制成品。在扩张后期的繁荣阶段，由于需求增长的持续下降，资本家在购买存货时更为谨慎。所以，在扩张期的繁荣阶段，存货投资有时候上升，有时候也会下降。另外，在整个收缩阶段，正如图 6.11 所示，存货投资下降得非常迅速，因为资本家对未来的销售很悲观。

这些存货投资的变化在存货与销售之比上得到了反映，如图 6.12 所记录的一样。从扩张早期衰退恢复的阶段，销售急速发展，因此存货落在后面，所以，存货与销售之比在扩张早期下降。随着扩张的继续进行，销售增长逐渐变慢，而存货继续增加。最后，存货与销售之比上升到它的期望水平（或者略微超出期望水平）。在收缩期，存货与销售之比上升非常快，然后超过期望水平。原因就是，尽管存货投资下降非常快，但是销售下降得更快。所以，在衰退期不断上升的存货与销售之比无疑是一个经济病综合征。

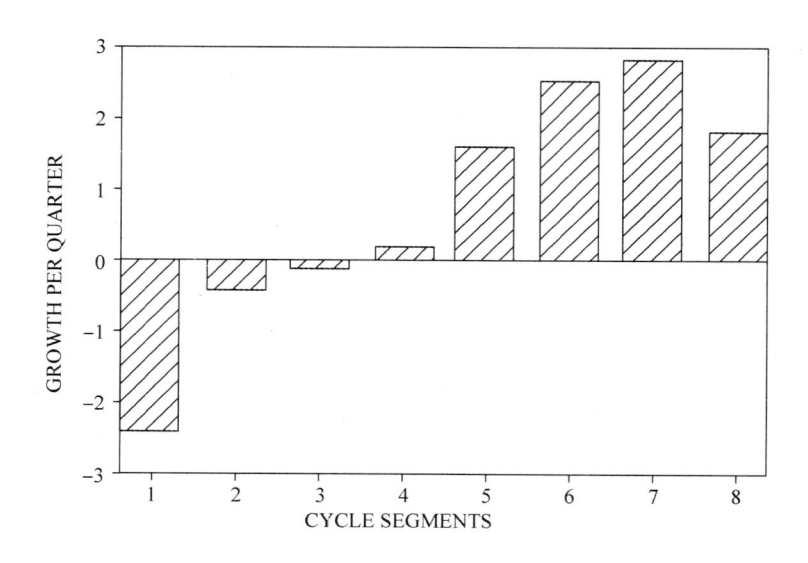

图 6.12　存货/销售比：3 个周期内各阶段的平均增长率，
1970—1982

（来自系列 77，附录 H）

在收缩期的第一个部分，由于销售下降，存货投资量下降非常迅速，但是存货投资仍然为正。在这个时间点上，不存在计划存货投资。但是，非计划存货投资是存在的，因为已经生产的商品不能被销售出去或者堆积起来。季度数据显示1945年到1961年间，在每个周期峰值后，存货还会持续上升1—8个月（参见斯坦巴克，1963，17）。在收缩期的后半段，存货投资持续下降而变为负，因此，手头上的存货量下降非常大。然而，正如之前所示，销售下降更快，所以存货与销售之比仍然继续上升。

需要注意的是，不管利率是否会影响厂房和设备投资，利率看上去对存货投资没有影响。1981年的一个研究说："我们没有发现实际利率对存货投资有强烈而系统的影响……传统文献……一直未能发现利率对存货的影响。"（麦克西尼和罗森纳）（Maccini and Rossana）（1981，21）

有人认为存货在扩张期后的库存过剩是造成下降部分的独立因素，而事实上，简而言之，或者说"较小的"周期可能是引起下降的唯一因素（参见梅茨勒 Metzler，1941，1947）。由于存货及厂房和设备的投资在大约相同的时间显示出明显下降，所以我们怀疑可能有许多相同的因素导致了这两种类型投资的下降。某种程度上说，存货投资像其他投资一样在繁荣期的最后阶段可能受到不断下降的利润和利润率的影响。

利润较低意味着用于购买存货的资金更少，而且对存货效用的乐观预期也越低。在某种程度上，销售增量的下降最后也将影响存货投资。然而，在增加生产允许存货调整以达到期望的存货与销售比值前存在一个非常明显的时滞。另外，峰值后开始的价格下降（或者通货膨胀下降到一个更低的水平）将会引起持有存货投机动机的显著下降。最后，当销售的确开始完全下降时，计划中的存货投资会被一直压低直到其为负值。

马克思和凯恩斯都认为将存货减少到它们的理想水平的必要时间长度是决定萧条期持续时间的一个重要因素（参见马克思，1909，576—77；凯恩斯，1936，317）。然而这并不意味着恢复期的存货投资和其他投资的增长原因不同。最好将存货投资看作同厂房和设备投资一样，对大部分的同样因素都会做出反应，只是在更短的周期中存货的实际作用更大，而在更长的周期中，厂房和设备的作用更大。当然，如果存量投资不存在收缩的情况——尤其是在更短的周期内，那么所有的收缩期所产生的负面影响将更小。

折旧与重置

到目前为止，我们假设分配给折旧的收入总会与重置投资的支出平衡。然而除了为了开始阶段的阐述简单化外，我们没有提出任何理由接受这一假设。这一假设的重要性来自折旧占总投资非常大的比重的事实。例如，在1919年到1928年间，折旧占建筑和生产者耐用品总支出的63%（见戈登）（Gordon）（1952，293）。因此在这一节，我们将考虑折旧和重置投资的变化差异。

事实上，在任何非平衡的经济体中，折旧和重置间必然存在持续不断的小的随机差异。超出重置支出的折旧意味着有更多净投资资金可使用。当然，这一存储起来的更大数目的资金可能用作也可能不用作投资。如果超过的资金量没有用作投资，那么需求就会下降。相反地，如果重置支出比折旧更大，这将增加总需求。

我们必须认识到，在现实中，区分重置和净投资是非常困难的。许多投资以用已被创新改进过的新资本来重置旧资本的形式出现。如果投资包括创新，那么它能不能恰当地仅仅被认为是重置呢？

在每个商业周期的扩张期，许多重置在旧资本完全折旧之前就开始进行。所以，在扩张期，由于乐观预期，不管物理折旧情况如何，重置投资都将会快速增长。在每个衰退或萧条期则相反。没有人想保持高产出水平，因此许多"必要的"重置就被推迟了。所以，在收缩期，即使折旧保持不变，重置投资仍然是下降的。因此，总投资的强烈周期变化部分地由新厂房、设备及存货的净投资的周期波动引起，但是它也部分地由重置投资的周期性波动引起。不幸的是，不存在可利用的将净投资和重置分开的总体数据，除非借助重置等于折旧这一错误的假设。

另外，折旧的发展非常平静，在商业周期的扩张期和收缩期都变化非常小（除了由法律引起的变化外）。在扩张期，储蓄的来源落后于重置投资。在衰退期或者萧条期，储蓄的来源可能比这一期间的重置投资多得多。事实上，由于折旧和之前数年的总资本积累相关，若不是处在非常长的萧条期里，它只会稍有下降。例如，在1921年到1938年的4个周期的收缩期里，所有商业资本的折旧平均只下降了0.5%，甚至这一下降很大程度上是由大萧条期的重要影响造成的（米切尔，1951，142）。

在1949年到1980年间，在衰退期按不变美元计算的折旧几乎与扩张期一样迅速上升（参见谢尔曼和埃文斯，1984，174）。折旧几乎没有周期变化形式，只会非常平滑地增加。如果在扩张期重置投资快速增加而在收缩期被推迟，那么在扩张期实际重置支出将比折旧大，而在收缩期则会比折旧小得多。

大多数新投资是在扩张期开始的，所以资本购买的平均时间将会在扩张期的某个时间。在那个日期的某一固定时间后，一般的机器会被用坏。如果扩张期持续5年而收缩期则持续另一个5年。如果一般的机器在扩张期的第3年购买而能够使用10年，那么对它的重置支出要到下一个扩张期才会进行。在这些假设下，重置的处理加剧了经济周期，因为重置支出在每个扩张期都超过了折旧储蓄，而在每个收缩期折旧储蓄都超过了重置支出。

马克思（1907，211）和凯恩斯（1936，317）两人都发现萧条期的持续时间在某种程度上可能取决于机器的寿命，因为当机器开始损坏时，公司的一些资金可能开始被用作重置投资。根据这个观点，戈登（1952，291）发现新建筑上支出的下降与新生产者耐用品支出有关这一事实会影响周期长度。从19世纪的超过300%变为1946年到1950年间的大约80%。由于生产者耐用品的寿命比建筑物要短，这让我们相信更短而频繁的周期将会发生。

然而，也存在许多重置"需求"根本不是此前投资的机械式函数的原因。除了所有技术因素外，公司在进行重置时受它们的预期影响和进行净投资时一样强。在报废标准被经济预期影响时，甚至像机器寿命这些似乎是技术性的因素也变得非常灵活起来。因此，萧条开始后，公司会停止重置，但当繁荣期看上去已经开始时，它们可能立马开始重置。

如果商业周期仅仅由周期性的重置引起，那么资本品的有效经济生命必然是一个固定的时间而且必须"外置于"其他的经济条件之上。如果事实并非如此，那么大多数重置投资必然只是在任一方向加强周期变化的次要因素。J. S. 邦（J. S. Bain）（1939, 79—88）表明，机器的经济寿命不仅仅是它的物理损耗的函数，而且是更新速度和可用重置、残余价值、运行及维持成本和利率的函数。除此以外，这些因素每个的当前值及预期值都很重要，它们都会受到周期中的经济预期变化的影响。所以，重置经常被推迟是因为不"需要"，直到在恢复期人们很快发现机器的经济生命结束了。

结论是在漫长的萧条期末开始的物理重置需求可能对收缩期的持续时间有影响，但这不是一个简单的关系。折旧以几乎不变的速度增长。相反的是，重置投资似乎作为商业周期的一个影响因素而变化，其在扩张期加速，而在收缩期变慢或者下降。所以，重置投资的周期波动的确加强了周期的振幅。换句话说，大多数影响净投资的因素会影响重置投资，使其发生扩大或减小的变化，但这种变化可能会稍微温和些。

对投资部分的试探性结论

尽管存在很多困难和限制，我们可以得出的结论是利润假说和已知的事实是一致的。换句话说，投资和预期利润率及再投资可获取总利润是相关联的。在计量经济学检验中，预期利润率及可利用资金可以用具有长时滞的前期利润率及前期总利润表示。当然，可获得的事实和需求因素的正影响及成本因素的负影响（包括信贷成本及可得性）也是一致的，这两者都在利润中有表示。每个影响利润的因素乃至投资将分别在后续章节里讨论。

附录　投资方程

最简单的以需求为导向的投资方程是：

$$I_t = v(C_{t-1} - C_{t-2}) \tag{6.1}$$

这里 I 是实际投资，C 是实际消费，v 是将投资同消费生产需求变化相联系的加速器系数。一个稍微复杂的方程用总需求（Y）代替消费：

$$I_t = v(Y_{t-1} - Y_{t-2}) \tag{6.2}$$

更复杂的以需求为导向的方程将把投资看作是几个之前时期的产出

变化的结果：

$$I_t = f(Y_{t-1}, Y_{t-2}, Y_{t-3} \cdots Y_{t-n}) \quad (6.3)$$

许多这种离散滞后的方程被用计量经济学方法估计出来（如乔根森，1971）。

利润假说可以阐述为投资与之前时期内的数个利润及利润率的关系：

$$I_t = f(R_{t-1}, R_{t-2} \cdots R_{t-n}, R/K_{t-1}, R/K_{t-2} \cdots R/K_{t-n}) \quad (6.4)$$

这里 R 为总利润，K 为总资本，R/K 为资本的利润率。

投资、利润率的关系被笔者用计量经济学的方法检验过，检验时间区间为 1949 年初到 1988 年初，数据使用正式的官方数据和系列如附录 A 列出和定义。

首先，实际非住房投资（I，系列#86）在实际公司税前总利润（R，系列#286）的回归中得到，结果是（使用 ARMA 方法）：

$$I_t = 404.6 + 0.23R_t + 0.12R_{t-1} + 0.14R_{t-2}$$
$$(4.96) \quad (5.49) \quad (2.90) \quad (3.41)$$
$$CR^2 = 0.98 \quad DW = 2.00 \quad (6.5)$$

这里 CR 是相关系数，DW 是 Durbin-Watson 检验。当投资用带一个离散时滞的利润回归时显示出高度相关性（没有显著的自相关）。根据 t 值（在括号中），不带时滞的有强相关关系，带 1 到 2 个季度时滞的具有显著关系。

其次，实际非住房（I，系列#86）在税前利润与股东股本权益（R/K，系列#A）之比上回归得到。结果为（使用 ARMA 方法）：

$$I_t = 708.8 + 1.19R/K + 1.01R/K_{t-1} + 0.67R/K_{t-2} + 0.67R/K_{t-3}$$
$$(5.54) \quad (5.86) \quad (5.16) \quad (3.50) \quad (3.45)$$
$$CR^2 = 0.99 \quad DW = 1.93 \quad (6.6)$$

投资看上去同利润率是相关的（不存在显著自相关关系）。投资和几个此前期间的利润率之间存在显著关系，且随着时间往后推其强度下降（根据 t 值，在 0.01 或更高的可信度水平）。

最后，投资可以在一个多重回归中同利润和利润率两者都关联起来，但是需要注意，由于利润和利润率不是相互独立的，结果是有偏颇的。注意到这一点后，实际非住房投资（I，系列#86）在实际公司税前总利润（R，系列#286）及税前利润和股东股本权益之比（R/K，系列

#A）上回归得到，结果是（使用 ARMA 方法）：

$$I_t = 365.5 + 0.26R_t + .57R/K_{t-1} + 0.68R/K_{t-2}$$
$$(6.01) \quad (6.13) \quad (2.91) \quad (3.60)$$
$$CR^2 = 0.99 \qquad DW = 2.00 \qquad (6.7)$$

投资与总利润及利润率两者都存在统计上的显著相关关系（位于 0.01 或更高的可信度水平）。投资和利润率的关系在存在 2 个季度的时滞时最强。

第七章

乘数—加速数模型

乘数与加速数关系式都深刻地剖析了周期性变化，而萨缪尔森（1939）将两个关系式综合成一个理论，取得了卓越的成就。因为这两个关系式构成了介绍正规的周期理论的最佳途径，本章对其中的每一个关系式以及它们的意义与局限性进行检验。它们的局限性在某种程度上是所有周期模型的局限性。最初对它们的陈述简明有力，但省略了经济现实的许多复杂方面。每个局限性都在更复杂和更现实的模型得以克服，但最后的结果既不清晰也不是非常有力。力求简洁还是现实是所有此类模型都需要权衡的一个问题。

加速数关系式

最流行的投资理论被称为加速关系式，它认为投资需求源于产出需求的变化。加速关系式在经济学上的历史由来已久。在艾伯特·阿夫塔里昂（Albert Aftalion）、门特·比克迪克（Mentor Bickerdike）、卡弗（T. N. Carver）、A. C. 庇古、克拉克（J. M. Clarke）、罗伊·哈罗德（Roy Harrod）、阿尔文·汉森、保罗·萨缪尔森和约翰·希克斯等人的周期理论中加速关系式都起着主要作用（加速理论的早期历史见哈伯勒［1960，第3章］）。

加速关系式理论的基础即这一真理：在长期，如果技术保持不变，那么增长的需求只能靠增加资本投资来满足。事实上，如果技术不变，则需要增加的资本（厂房和设备）在产出中的比重一定为常数。这一常数被称为加速数，因此加速数可定义为新增的投资占产出变化的比重。

将投资与产出变化联系起来的系统的推理过程是怎样的呢？在给定的技术条件下，工厂需要一定量的资本设备来生产给定的产出。假设某个工厂所有者的产品需求增加了，那么所有者希望将产出扩大到现有的生产能力之外。如果技术保持不变，资本设备必须按产出需求增长的一定比例增加。因此，该工厂所有者对新增资本（净投资）的需求与产出增长之间存在精确的比例关系。

这一推理过程可以扩展到整个经济的净投资决策中。在给定的技术水平下，总产出的增加只能与一定量的总资本增加成比例。因此，增加资本的需求（净投资）与决定要增加的产出成某一固定比例关系。这个比例关系根据定义即为加速数。所以，总体来看，我们可以说

$$资本变化 = 加速数 \times 产出变化 \tag{7.1}$$

资本被定义为生产设施的价值。但增加生产设施的支出被定义为净投资。因此，我们可以写出

$$净投资 = 加速数 \times 产出变化 \tag{7.2}$$

同样地，我们可以说加速数等于净投资除以产出变化。需要记住的是，这个理论声称加速数是一个精确的近似不变的数。

在美国，年度产出大约是所有资本价值的1/3。因此可以假设，粗略地计算，增加1单位的国内总产出需要3单位的新增资本，那么加速数可以近似地计为3。

作为例证，我们知道鞋子的产出与对制鞋的新机器的净投资相关。根据加速数理论，对鞋子的需求增加最终意味着对制鞋的新机器的需求的增加。而如果对鞋子的需求保持不变，对制鞋的机器的投资就不会增加。如果对鞋子的需求实际上下降了，那么加速理论预计净投资将呈负增长。负的净投资（投资缩减）在旧的制鞋机器报废而不加以更新时发生。

该陈述中仍然模糊的一点是产出需求究竟仅包括消费需求还是指对所有商品包括生产商品的需求。在萨缪尔森（1939）的著名的论文中，他将产出需求定义为仅包括消费者对产出的需求。在上面的例子中，鞋子是消费商品，而对鞋子的需求产生了对制鞋机，即对投资或生产商品的需求。

消费需求是总需求中极为重要的部分，但它并非是产生新投资的唯一需求。假设资本家生产制鞋的机器，如果资本家预期对制鞋机的需求

将上升，那么他一定会增加对生产制鞋机的机器的投资。因此，更为一般的公式是加速数衡量新投资在总需求变化中的比重，而不仅是在消费需求中的比重。当然，由于对消费商品的需求是对生产商品的需求的好几倍，因此消费需求所占的权重更大。

表 7.1　　　　　　　　　鞋子生产的加速数的例子

Time Period	Output of Shoes	Shoe Machinery	Intercal	Change in Output	Change in Shoe Machinery (Net Investment)
1	$100	$300			
			1 to 2	$10	$30
2	110	330			
			2 to 3	20	60
3	130	390			
			3 to 4	5	15
4	135	405			
			4 to 5	0	0
5	135	405			
			5 to 6	−5	−15
6	130	390			
			6 to 7	−20	−60
7	110	330			
			7 to 8	−10	−30
8	100	300			

注：假设加速数为 3；即每年生产 $1 的新产出需要 $3 的新增资本。制鞋机的产出数据是任意选取的。

如果加速数的值已知，那么就可以准确预测出任一期望的产出将导致多少新增的投资。表 7.1 假设了鞋子产出的一些任意变化，以观察在某一固定的加速数条件下对制鞋机的净投资的相应变化（假设加速数固定为 3）。

尽管鞋子产出的变化是任意选取的，表格的其余部分遵从假设和定义。因此，第 1 个时期到第 2 个时期，假设鞋子产出增加了 $10，而由于每生产 $1 的新产出需要 $3 的新增资本，资本必须增加 $30，即预计净投资为 $30。在下一阶段，鞋子产出增加扩大到 $20 导致了 $60

的净投资水平。另外,从第3个时期到第4个时期,鞋子产出增加缩小为$5,导致净投资的下降,仅为$15。在下一阶段,鞋子产出没有变化,因此净投资也不变。最后,在第5个时期到第6个时期之间,鞋子产出下降$5,因此对制鞋机的净投资负增长$15,或投资缩减了$15。自始至终,我们发现净投资(资本变化)水平与产出的变化相关。

加速数理论预测净投资是产出需求变化的函数的事实,吸引了许多周期理论者的注意。假设需求迅速上升,它导致投资提高到某一较高水平。如果需求增长速度减缓,那么投资水平必然降低。而投资的实际下降将导致衰退或者萧条(因为投资的减少意味着就业减少,进而导致需求降低,等等)。因此,假设加速数原理是正确的,仅仅通过说明为什么总需求会减缓它的增长,而不必证明总需求在投资下降之前就会下降,这一理论就可以解释经济周期的衰退。

加速数理论的局限与条件

投资过程十分复杂,因此加速数理论有许多限制条件。

第一,加速并不是即刻发生的,而是具有滞后期的。假设从一个时期到下一个时期需求上升了。由于几个原因在接着发生的投资增加之前会有滞后期:获知和记录信息需要时间,制订增加投资的具体方案需要时间,借贷新的金融资本需要时间,实际花钱去建造新工厂也需要时间。由于所有的这些原因,多数严密的理论假设了滞后期。

在正式的表述中,假设 v 是加速系数,I 是投资,Y 是总产出需求量。为了表示滞后期,让 t 表示当期,t-1 表示前一期,以此类推。t-1 期与 t-2 期的产出需求变化影响当期的投资。则

投资 = 加速数(产出变化,滞后期)

表示为

$$I_t = v(Y_{t-1} - Y_{t-2}) \tag{7.3}$$

这一等式显示了从产出需求变化到投资变化有一个时期的滞后。而现实中,投资对产出需求变化的反应的滞后期在周期中是变化的,因此,任何一个固定的滞后期都是不准确的。

第二,在周期中因为对利润的经济预期不断变化,加速系数本身也不断变化。经济周期的短期时间范围内需求与投资之间并不存在简单的

特定关系，而是基于预期的变化呈变动的关系。

第三，在扩张的开始阶段，资本家在增加产能之前首先会利用那些未使用的产能，例如，如果一半的工厂闲置，任何资本家都不会因为需求稍有上升就匆匆建新的工厂。因此，加速数在周期的恢复时期相比周期的顶峰时期较低。

第四，在利润达到顶峰时，资本家希望快速扩张（不仅基于当前的需求，还基于推测的预期），但投资的扩张受到整体经济在生产更多厂房与设备时的产能的客观限制。因此，加速数理论对投资的预期存在上限（见希克斯［1950］的详细讨论）。

第五，在严重的萧条时期，所有资本家都希望卖掉他们过剩的资产。一个资本家可以将其过剩资产卖给其他人。然而，整体经济中减少资产的唯一方式是将它折旧且不予更新。因此，这一时期的损耗和贬值量就限制了资本的减少量。换句话说，在给定的某年里，折旧的程度给定了本年投资缩减的最大限度。因此，加速数理论对投资缩减的预期存在下限（见希克斯［1950］的详细讨论）。

第六，加速数投资函数只考察需求而省略了成本变量。特别地，它省掉了劳动成本、原材料成本和借贷成本的上升。如果把所有这些变量都严格考虑进来，那么我们必须回到基于总体利润与利润率的函数上。其他决定净投资但此处省略的变量是垄断程度、政府支出量和净出口的数量，它们将在后面的章节进行探讨。

新古典经济学家采用了越来越精密和复杂的函数来克服一些批评意见，例如，见乔根森（Jorgenson），（1971）。但其他一些新古典的研究质疑加速数理论的有效性，并强调考虑其他变量的必要性，诸如货币变量，例如，见戈登和维奇（Gordon 和 Veitch），（1986）或者利润（见艾斯纳 Eisner, 1978）。我们可以总结出如下结论，即加速数理论是一个作用很大的工具，但如果希望得到完整的投资函数，需要许多条件以及考虑其他的一些变量。

投资乘数理论

一些经济学家认为凯恩斯对宏观经济学最重要的理论贡献是消费函数，而得出凯恩斯主义消费分析的最重要的分析工具就是乘数。乘数表达了总需求的构成要素之一的最初增加（或减少）与由它引起的国内总收入的增加（或减少）之间的关系。最初的支出变动可以来源于总需求的任何一个构成要素。例如，投资乘数是增加的收入占新增投资的比重，而政府支出乘数是增加的收入占新增的政府支出的比重。

显然，知道支出的任何变化，无论是直接的政府部门支出还是由政府部门支出刺激的私人部门的投资将怎样影响国内总收入，对于政府的政策制订者来说是至关重要的。政府支出将怎样影响国内总收入的问题在20世纪30年代美国拥护新政的政治家对战胜萧条的方法的辩论中首次受到较大的关注。同一时期在英国，剑桥的一群经济学家讨论了该问题，其中包括凯恩斯。乘数的概念首先由卡恩严格地提出，他当时是凯恩斯的学生。

在精确的表述中，投资乘数被定义为国内总收入的变化与投资变化的比率。这不仅是一个定义，经济学家还声称投资变化与收入变化之间存在因果关系。投资变化通常导致总收入发生更大的变化，因为投资支出额仅仅是直接的效应。通常间接的效应更加重要，即新的收入将被其获得者作为增加的消费再次支出——这便是乘数理论的主要观点。

表 7.2　　　　　　　　　乘数原理如何起作用

Number of Rounds of Spending	Increase in Incestment	Increase in Consumption	Increase in National Income	Increase in Saving
0	$ 1000	—	$ 1000	—
1	0	$ 800	800	$ 200
2	0	640	640	160
3	0	512	512	128
4	0	410	410	102
5	0	328	328	82
6	0	262	—	66
—	—	—	—	—
—	—	—	—	—
—	—	—	—	—
—	—	—	—	—

续表

Number of Rounds of Spending	Increase in Incestment	Increase in Consumption	Increase in National Inconie	Increase in Saving
Infinite number of rounds of spending	$ 1000 total increase in investment	$ 4000 total increase in consumption	$ 5000 total increase in national income	$ 1000 total increase in saving

注：假设：1. 假设投资增加 $ 1000。2. 假设边际消费倾向为 4/5，或者 80%。

假设存在失业的某一时期，一个公司决定建造一个大型的新工厂。投资支出的这一突然增加将增加与之签订合同供应所需的机器和原材料的公司的收入，且将为之前的失业者提供工作和工资。现在假设最初的投资支出和收入上升 1000 美元，这些收入的获得者马上又花掉其中的大部分来购买消费品，它进而导致消费品行业的商人和工人的收入增加，这些收入获得者又依旧将其收入中的大部分用来购买更多的消费品。具体在每一轮中发生了多少额外支出取决于收入获得者的边际消费倾向。但根据这一理论，已经可以清楚地看到，任意额外的消费支出一定意味着比最初的 1000 美元投资支出更多的总收入。

观察乘数原理如何起作用的最简单的方式就是研究一个数据的例子。在表 7.2 的例子中，只需要假设初始的投资变化和某个边际消费倾向，1000 美元的投资在支出后变为 1000 美元的收入。假设收入的 80% 或者 800 美元作为消费再次支出，或者说边际消费倾向是 0.80，结果国内总收入的又一个 800 美元流向个体，然后他们又将花掉收入的 80% 或者说 640 美元，如此一直进行下去。在第 1 轮中，20% 或者说 200 美元流向储蓄，在第 2 轮保留的收入中的 20% 或者说 160 美元流向储蓄。只有当增加的收入的最后 1 美元都被储蓄时这一过程才会停止。到那时，所有的 1000 美元的投资被储存起来，但其间已经有许多轮的消费支出。在这个例子中，所有轮的消费支出（或再支出）的总额最终达到 4000 美元，国内总收入达到的水平比原来高 5000 美元。

新增的投资可以描述为一次性的支出，或者定义为投资水平的永久性增长。如果将这 1000 美元的投资增长视为一次性注入的新增支出，那么表 7.2 底部的总额只表示暂时的消费、储蓄和国内总收入的增加。而在这些一次性增长实现之后，总的支出最终将回到起始的水平。但如果 1000 美元的投资支出是新增的加速的增长，而且可以持续几个周期，那么这些总额就代表支出从原来较低的水平上升到新的较高的水平，而且将在未来的各个时期持续下去。

从对乘数是如何起作用的描述中可以明确的是如果对每次增加的收入的储蓄减少，则每次的消费支出的增加就会更多。换句话说，如果边际消费倾向上升，接下来的消费与收入就更多。

乘数公式只是找到表 7.2 的过程的最终结果而不用多次计算的一种简单方法。仅需要一个重要的假设就可以得出这一公式。根据定义，投资乘数为：

乘数 = 收入变化/投资变化　　　　　　　　　　　　　　　　(7.4)

乘数理论的最重要的假设是存在从一个均衡到另一个均衡的运动。因此，这一过程的最后，该理论假设储蓄变化必然等于投资变化。用储蓄替换投资，结果是：

乘数 = 收入变化/储蓄变化　　　　　　　　　　　　　　　　(7.5)

通过数学变换得出：

乘数 = 1/（储蓄变化/收入变化）　　　　　　　　　　　　　(7.6)

而储蓄变化对收入变化的比率正是边际储蓄倾向（MPS）。因此，需要记住的公式即为：

乘数 = 1/MPS　　　　　　　　　　　　　　　　　　　　　　(7.7)

注意边际储蓄倾向（MPS）与边际消费倾向（MPC）相加总是正好得到 1.0，因此我们也可以得出

乘数 = 1/（1 − MPC）　　　　　　　　　　　　　　　　　　(7.8)

该理论表明收入的总增加额等于投资的增加乘以乘数。在表 7.2 的例子中，投资上升 1000 美元，边际消费倾向是 4/5，因此 MPS 是 1/5。乘数一定是等于 1 除以 1/5，即 5。因此可计算如下：

总的收入增长 = 1000 美元 × 5 = 5000 美元　　　　　　　　(7.9)

它说明了怎样使用乘数找到投资支出的最终结果。

当然，如果乘数下降，则投资支出的效应减小。在一种极端的情况下，如果乘数是 1，收入的变化就等于投资的变化。在另一极端情况下，如果乘数趋近于无穷，则任何一个小的变化将导致收入的无穷变化。

乘数的值受制于边际消费倾向（MPC）。如果 MPC 下降，则乘数也

下降（因为每次增加的收入的再支出减少）。如果 MPC 仅为 1/2，则乘数仅为 2。如果 MPC 是 0，则所有的收入都被储蓄下来，最初的收入完全没有再支出，因此乘数为 1，即最后的结果正好等于初次的收入。但如果所有的消费都被迅速地消费出去，即 MPC 为 1，则这一过程是即时的，乘数为无穷大。

乘数理论的条件与局限

在使用乘数理论的时候，必须记住它有一些明显的条件。

第一，假设经济处于均衡状态，且储蓄总是等于投资。这在商业周期中当然不是真实的，因为在扩张时计划的投资通常大于计划的储蓄，而在紧缩中计划的投资通常小于计划的储蓄。

第二，必须考虑滞后期，因为在获得的收入被用于再次消费之前需要一段时间，而在第2、第3轮以致后面的各轮再支出发生之前需要的时间更长。如果滞后期长于一期，则需要更复杂的乘数来得出一年中收入变化的真实值。如果滞后期是变量，则答案将难以获得。

第三，假设 MPC 在整个过程中为常数。而现实中 MPC 却在变化，且受到心理和制度因素的影响。例如，二战中积累的财富在战争刚刚结束时极大地提高了消费倾向。而且，储蓄并非收入流的唯一流出。税收的上升或下降也会改变国内总收入的 MPC。另外，如果进口商品（如大众汽车）的购买上升，国内消费支出的一部分流出国外。因此，国内的 MPC 可能变化得太频繁而不可能准确预测未来几个月以外的乘数值。目前这一国际性的流出变得非常重要，我们将在第16章加以详细讨论。

第四，乘数公式假设当消费与国内总收入迅速扩张时投资保持不变。显然，如果考虑到投资更长期的变化就不能使用简单的乘数理论了。而且，加速数理论使我们确信当总收入上升时，将带来投资的进一步上升。

由于所有的这些原因，结果是虽然乘数理论是一个有用的解释工具，但简单的乘数公式在准确的预测中并不可靠。各种更现实的乘数模型可以获得更有效的预测，但它们也更加复杂和难以理解。

乘数—加速数模型

萨缪尔森（1939）的最简单的凯恩斯模型被称为乘数—加速数模型，因为它综合了这两个原理。在这个简单的需求模型中仅有 3 个关系。

第一，如果处于均衡水平，那么总的收入或产出（Y）正好等于总需求。现在不考虑政府需求与净出口需求，总需求定义为消费需求（C）加上投资需求（I）。因此，在每一均衡点上

产出供应 = 消费 + 投资

表示为

$$Y_t = C_t + I_t. \tag{7.10}$$

此处 t 表示时期，例如一个季度。这一等式显示了每一均衡点发生了什么，但两点之间当供给调整以满足需求时存在着非均衡状态。记住凯恩斯否定"需求根据供给调整"的萨伊定律。因此，这一等式意味着相反的主张，即供给根据需求调整。因此，如果需求低于充分就业水平，产出也将低于充分就业水平。这一等式显示了供给在根据需求调整时每一均衡点的需求的轨迹，但它可能低于充分就业，而这在萨缪尔森模型中经常发生。在现实的商业周期中，扩张中的需求倾向于高于供给，而紧缩中的需求则倾向于低于供给。

第二，萨缪尔森采用了凯恩斯的消费函数，凯恩斯在被称为心理消费倾向的基础上描述消费行为。他假设消费确实随收入的上升和下降而上升与下降，但心理因素对行为的影响导致消费的上升与下降慢于收入。描述凯恩斯这一假说的最简单的办法是假设总消费等于某个最低消费水平加上总收入的一个固定比例。由于其具有滞后期，因此假设消费是前一期的总收入的函数：

消费 = 常数 + 滞后期的收入的百分比

表示为

$$C_t = a + bY_{t-1}. \tag{7.11}$$

此处 a 和 b 为常数（正如本章所有的等式中的小写字母均为常数），t − 1 表示前一期。

在这一等式中，边际消费倾向表示为 b。尽管假设 MPC 为常数（实

际上它被过于简化了），注意不管收入为多少，公式中假设了一个最低消费水平 a。因此，当扩张中收入增加时消费按收入的比例增加，但总是要加上不变的最低消费常数，因此平均的消费倾向（所有消费与所有收入的比重）必然下降。同样，如果收入在周期性的衰退中下降，最低消费水平在总消费中的份额变得更大，因此平均的消费倾向上升。显然这一描述严格遵从凯恩斯的心理准则假设。

因为这个消费函数是基于不变的 MPC，在这个模型中要计算乘数较容易。它等于 1/（1 - MPC）。因此萨缪尔森的第二个等式将投资乘数纳入体系中。乘数在消费函数中通过控制收入的再支出率起作用。

表 7.3　　　　　　　　乘数—加速数模型的例子

Time Period	Consumption	National Income	Net Investment
1		$996	
2		1000	
3	$996	1000	$4
4	966	996	0
5	992	988	-4
6	985	977	-8
7	975	965	-11
8	964	952	-12
9	953	940	-13
10	942	930	-12
11	933	923	-10
12	927	920	-7
13	928	925	-3
14	928	933	5
15	936	944	8
16	945	956	11
17	957	969	12
18	959	982	13
19	978	991	13
20	987	996	9

续表

Time Period	Consumption	National Income	Net Investment
21	992	1000	8

注：假设：假设第 1 时期的收入为 $996，而第 2 时期的收入为 1000 美元。它还假设常数 a 或者最低消费水平为 96 美元。边际消费倾向 b 为 0.90。加速数 v 为 1。所有的数据以 10 亿计。由于四舍五入数据并不准确。箭头指向表示一个变量对另一变量的影响。

第三，萨缪尔森将加速数原理引入他的模型中。他假设新增的投资是滞后期的消费需求变化的函数。这一关系在后面将继续讨论，但此处我们可利用较为一般的叙述，即新增的投资是总产出需求（Y）变化的函数，而不仅是消费需求的变化函数。记住从产出需求上升到影响新增的投资之前存在滞后期，因此这一关系为：

投资 = 加速数 × （滞后期的产出变化）

表示为

$$I_t = v(Y_{t-1} - Y_{t-2}) \tag{7.12}$$

v 为称作加速数的不变系数。如前面所述，这一关系意味着如果产出增长减缓，则投资将下降。在这个模型中，产出需求的增长由于该消费函数而减缓，正如我们下面将要看到的一样。

也许观察该模型如何起作用的最好方法是检验一个数据的例子。表 7.3 描述了一段时间的乘数—加速数模型，显示了我们可以怎样从一些简单的假设开始，然后分析经济变化的轨迹。表格任意地假设了国内总收入从第 1 个时期的 9960 亿美元扩张到第 2 个时期的 10000 亿美元。由这一扩张开始，接下来将会发生什么呢？表格假设消费函数（如等式 7.11）中消费总是等于 960 亿美元加上当期收入的 90%。960 亿美元在本例中是任意选择的不变的最低消费水平。最后，假设净投资总是等于前期的产出需求变化。因此，形式上正如等式 7.12 中的一样，但我们假设加速数正好等于 1。

在这些简单的假设的基础上，当收入为 10000 亿美元时，下一期的消费将为 960 亿美元加上 10000 亿美元的 90%，等于 9960 亿美元。在投资方面，当产出从 9960 亿美元上升到 10000 亿美元时，根据加速数为 1 可知新增的投资（正的 40 亿美元）等于收入变化（正的 40 亿美元）。由于消费为 9960 亿美元，投资为 40 亿美元，第 3 个时期产生的均衡产出必然为 10000 亿美元，在每个时期重复这一计算得到表格中的所有的值。注意国内总收入在第 2 个时期到第 3 个时期不变，因此净投资在第 4 时期为零。这导致国内总收入下降并开始进入衰退阶段。衰退持续了 10 个时期，然后新的扩张开始，因为净投资再次变为正值。

乘数—加速数模型如何起作用

我们通过等式和数据的例子已经说明了该模型，现在必须用文字加以解释以回答商业周期模型的 4 个常见问题：①是什么导致扩张的累积过程？②是什么导致扩张的结束和衰退的开始？③是什么导致紧缩的累积过程？④是什么导致衰退的结束和复苏的开始？（这一讨论假设了这样的限制条件，即商业周期大致是规则的，但在附录 7.1 中，我们将会考虑周期逐渐走向爆发或者消失的情况）。

扩张的累积过程

当扩张开始后（如表 7.3 中的第 14 个时期），是什么使之继续呢？答案当然是乘数和加速数共同起作用。少量的投资增长通过使消费支出增长的乘数效应导致国内总收入的更大的增长。国内总收入的增长通过加速数产生一定量的新增投资。新增的投资又导致更多的消费支出，进而产生更多的国内总收入，然后产生更多的投资，以此类推。这一模型精彩地描述了扩张的累积过程。

衰退的产生

为什么累积的扩张会产生衰退？当扩张继续时，消费函数使得消费增长越来越少。由于消费是目前为止国内总收入或产出最大的组成部分，它意味着产出增长的下降。通过加速数的作用，结果是净投资迟早会下降。净投资的下降产生了衰退（表 7.3 用数据说明了这一过程）。

衰退的累积过程

为什么净投资的下降导致衰退在一段时间内的持续？净投资的下降通过使消费支出减少的乘数效应导致国内总收入的降低。降低的国内总收入通过加速数原理导致净投资的减少。较低的投资又使得收入降低，进而消费减少，产出下降，最后投资减少，等等。

复苏的产生

一旦开始了衰退的累积过程，经济又怎样才能复苏呢？消费者消费的减少低于他们收入的减少，当消费需求下降越来越慢，国内总产出的下降也越来越慢，直到加速效应最终使净投资停止下降并略有上升。这个微小的投资上升意味着更多的就业和收入，并通过消费支出的乘数效应产生一个更大的国内总收入的上升，于是复苏便开始了（表7.3用数据说明了这一过程）。

结　论

假如我们记住它的限制与条件，乘数理论是一个有用的分析工具，而且其中一些限制与条件在更复杂的模型中可以去掉。同样地，只要我们记住它的限制与条件，加速数理论也是一个强有力的理解工具。当我们将乘数与加速数结合起来，正如萨缪尔森1939年所做的那样，结果便产生了一个简单的商业周期模型，它提供了一些十分重要的深入理解的方法。即使在更真实模型的所有条件下，这些方法仍然有效。该模型在理解扩张或紧缩开始时的经济累积过程中尤为有用。但是由于其抽象性，使得它在说明周期性转变的原因时的说服力减弱。然而，萨缪尔森的开拓性成果仍然对经济知识做出了杰出贡献。

当然，之后的一些理论批评了乘数—加速数机制的不足，并用更加成熟的函数进行替换以克服每项不足。然而，之后的模型大都建立在或者得益于乘数—加速数模型的理论。这些模型将在第2部分的余下章节中加以检验。

附录　乘数—加速数模型的标准化

这个附录展示了正式的或者说数学上的乘数—加速数模型。要了解它为什么有用，以及他的局限是什么，有必要考虑数学在经济学中的使用和滥用情况。

数学的使用与滥用

数学仅仅是一个工具，但它可以十分有力（关于经济学中数学的使用与滥用的两篇精彩的讨论是米罗夫基（Mirowski）［1986］和巴乔（Buccio）［1988］）。在商业周期研究中，广泛使用数学模型之前，一些理论家使用过于复杂的理论，即所使用的变量多于所给出的解释性关系式，因此，一些关键的变量未加以解释。另外，一些非数学模型的理论对同一个变量的反应给出2到3条解释，因此他们过度解释并导致了内在的矛盾。数学模型的一个优点在于，读者一眼就可以看出变量数目是否等于反应式的数目。因此，数学模型通常是一致和符合逻辑的，尽管并不一定正确。

简单的数学模型的另一个优点是它可以清楚地说明或反映理论。如果我们理解数学语言，一个模型就可以说明复杂的关系。

尽管数学模型可以是一个有用的工具，许多经济学家仍然担心它被误用。马歇尔和凯恩斯都是数学专家，但都没有在自己的理论中使用太多数学观点，且都对它在经济学中的应用保持着合理的怀疑态度（见特纳（Turner），1989）。制度经济学家，如罗伯特·赫尔布鲁纳（Robert Heilbroner）和加尔布雷思（John K. Galbrath）表达了对经济学上滥用数学的诧异（如见赫尔布鲁纳1989，加尔布雷斯1989）。由于在数量经济学中的贡献而获得诺贝尔奖的瓦西里·里昂惕夫（1985），写道"对数学方程不加怀疑的热衷常常容易将瞬间出现的论据实质掩盖在令人敬畏的代数符号下面"。

所谓的经济学上对数学模型的滥用具体有哪些？第一，有时在符号使用中没有详细解释其概念或者未列出其证据。第二，为了数学中的可操作性，过度简化和极不现实的假设被使用。第三，为了找到便于确定数量的问题，他们倾向于选择一些不重要的问题，却与当今世界面临的困难和复杂的问题无关。第四，数学模型必须假设变量之间的关系给定，以计算参数值。然而，现实中不仅数值发生变化，变量之间的关系也会发生变化。经济中一切都不是不变的，每个关系都是对于某个特定的历史时期而言的。最后，因为这些问题，最复杂和精致的数学模型往往与现实世界的经济问题无关。

乘数—加速数模型

记住这些局限的同时,让我们来探讨乘数—加速数模型的3个等式,它们分别是产出、消费和投资。产出供应表示为消费加上投资,或者

$$Y_t = C_t + I_t \tag{7.13}$$

消费表示为一个常数加上滞后期的国内总收入的百分比,或者

$$C_t = a + bY_{t-1} \tag{7.14}$$

投资表示为滞后期的加速数乘以产出变化,或者

$$I_t = v(Y_{t-1} - Y_{t-2}) \tag{7.15}$$

如果我们用7.14和7.15来替换7.13,加以整理,得到

$$Y_t = a + (b+v)Y_{t-1} - vY_{t-2} \tag{7.16}$$

公式7.16被称为简化式,因为它用单一的变量Y来表示。这个等式是二阶差分式,因为它有两个滞后期值或者说差分。解差分式意味着可以用初始值,即所谓的初始条件,阐明变量(国内总收入)的时间轨迹。如果存在两个滞后期,正如二阶差分式中一样,那么必须给出国内总收入的两个初始值,由此得出余下的各期值。由于这个原因,表7.3的数据的例子中假设已知国内总收入的两个初始值。

解等式时省略常数(a)以得到同类等式的最简化形式。为了得到标准形式,令 A = b + v,B = v。则

$$Y_t - AY_{t-1} + BY_{t-2} = 0 \tag{7.17}$$

接下来考虑常数Q,例如

$$Q^2 - QA + B = 0 \tag{7.18}$$

这是一个简单的二次式。根据高中所学的代数,可知二次式可写为:

$$Q = A \pm \sqrt{(A^2 - 4B)/2} \tag{7.19}$$

当平方根符号下面的($A^2 - 4B$)为负时,解在周期中波动(它是一个三角函数,其随着角度在圆周中的变化而波动)。换句话说,根据这个等式的数学上的解,如果参数在一定范围内,即若A^2小于4B,国内总收入在时间轨迹上呈周期性波动。而若A^2大于4B,波动就不存在,而是恒定地增长(在数学上也可能恒定地下降)。

在存在波动的范围内,若B = 1,则振幅是以不变的幅度产生规则

的周期。若 B 小于 1，则周期逐渐减弱，即振幅越来越小直至收敛于某个常数值上。若 B 大于 1，则周期是爆发式的，即波动越来越大。在附录的简单模型中，加速数等于 B，因此波动是规则、减弱或是爆发取决于加速数的值。由于这个原因，表 7.3 的数据的例子中假设 v = 1 以得到规则的波动。

注意只有参数 A 和 B 的值影响周期性波动。如果把常数 a 包含到等式中，则它只会影响波动围绕哪一点波动。

减弱与爆发的周期

如同前面所提到的一样，如果要求周期的振幅不变，系数 B（在这一模型中，它等于加速数 v）必须正好等于 1。如果 B 小于 1，则周期的振幅越来越大直到经济爆发。由于商业周期并未消失，经济也并未爆发，因此周期和经济的存在似乎仅仅是因为这一系数正好等于 1，由于某种宇宙的奇迹，假设或推理过程一定出了问题。

这里有几种可能的解释。一种解释是商业周期等式有一个减弱的解，但外在的冲击使它得以持续。有大量关于这些冲击是否可以是纯粹的随机性的，以及它的性质等的文献。但这一观点接近新古典学派的错误观点，即周期是由于纯粹的随机事件引起的。

另一个解释是假设内生的系统是爆发式的，但所谓的上限与下限的存在在每个转折点将它控制在一定界限内（见希克斯，1950）。希克斯引用实证研究说明，如果我们使用最常见的估计值，乘数—加速数模型将产生爆发式的周期。其上限通常被认为是在产能充分利用的水平上的自然生产的极限，它在很长时间内十分缓慢地增长。其下限通常被认为是投资缩减最多只能降至的折旧量。换句话说，一年中总资产能够减少的最大的程度就是资本损耗的量。

上限—下限解释的一个问题是资本主义商业周期的顶峰很少达到了产能的充分利用。另一个问题是即使投资缩减曾经达到过折旧的极限水平，这种情况也很少发生。换句话说，在实际的商业周期历史中，经济几乎没有达到过上限和下限。

另一种可能性是此处所提到的函数的滞后期比预想的要长，即它们受到许多过去的时期的影响。结果可能是带有许多滞后期的差分等式，即更高阶的等式。这样的等式得出更复杂的结果，周期或增长通过大量的参数得出。

最后，我们假设了所有的关系都是线性的，但这并不是事实。非线性关系，如 Y^2 和 Y^3 也存在。非线性的等式也可以通过大量的参数得出周期或增长。

总的来说，最简单的乘数—加速数模型的数学形式建立在不现实的假设的基础上。然而更为复杂的数学形式会大大降低它作为理解工具的作用。在后面的章节中，我们将讨论一些假设条件更现实的模型，但仍然保留这一简单的数学形式，而读者也应当保持对这一简单形式的怀疑态度。

第八章

收入分配：利用率—失业假说

收入分配在许多商业周期理论中都极其重要。"收入分配"此处并不是指个人范畴，而是指在各个经济阶层之间的功能性分配。此处的主要不同在于将收入分为工人的工资薪酬等劳动收入与分配给资本家、金融家和地主的财产性收入。

在强调有效需求不足的理论中，例如消费不足理论，一个关键的观点是收入分配在每个商业周期的扩张时期都从工人工资向资本家利润转移。相反地，在强调劳动供给成本的理论中，例如后备军理论，一个关键的观点是收入分配在每个商业周期的扩张时期都从资本家利润向工人阶级的工资转移。为了帮助评价和解决这些相互冲突的观点，本章的重点在于描述和解释商业周期中的功能性收入分配行为。这一章开始探讨一些主要理论，然后转向经验事实来检验这些理论与现实的符合程度。

框架与概念

本章采用了美国官方的国内总收入分类，但要记住他们的缺陷（见第3章）。所有的变量都是实际变量，即以不变的价格衡量。将劳动收入（W）定义为包含所有的雇用补偿，即工资收入、薪酬收入、附加福利、奖金和佣金。将财产性收入（R）定义为所有剩余的其他国内总收入，即企业利润、非企业利润、租金和利息。那么，国内总收入（Y）等于劳动收入与财产性收入之和：

$$Y = W + R. \tag{8.1}$$

劳动收入的份额，有时也称作工资份额，因其最重要的成分是工资，所以被定义为劳动收入与所有国内收入的比率（W/Y）。财产性收入份额，有时也称作利润份额，因其最重要的成分是利润，所以被定义为财产性收入与所有国内收入的比率（R/Y）。它也符合劳动份额（W/Y）加上财产性份额（R/Y）等于1：

$$W/Y + R/Y = 1 \tag{8.2}$$

因此，如果工资份额或利润份额任何一个已知，则可以得到另一个的值。注意整章使用的是国内总收入而非其他产出或收入衡量方法，这是因为国内总收入包括企业利润，而企业利润当然是财产性份额的一部分。

第3种各阶级间收入分配的衡量方法是马克思所谓的剥削率，它用国内总收入表示的最接近的方程是财产性收入除以劳动收入，或者R与W的比率。在这一定义下，剥削率也等于财产性份额除以劳动份额：

$$R/W = (R/Y)/(W/Y) \tag{8.3}$$

从式8.2和式8.3看出，如果劳动份额或财产性份额已知，则剥削率也可以得出。因此，各阶级的收入分配在此处也可用这3个比率中的任何一个表示。大多数时候使用的是劳动份额，因为它是最便于讨论小时工资和生产率的背景，同时剥削率和财产性份额的变化也清楚地暗含其中。任何一种关于劳动份额（W/Y）的表述都可以换用财产性份额（R/Y）或剥削率（R/W）来表达。

如果劳动份额的分子——实际工资（W），除以整个经济（N）所耗费的劳动的小时数，结果是W/N，它等于实际的小时工资。如果劳动份额的分母——实际的国内总收入或总产出（Y），除以整个经济（N）所耗费的劳动的小时数，结果是Y/N，它等于生产率，或者说每小时劳动的产出。那么，如果用劳动的小时数除以分母和分子，结果是（W/N）/（Y/N），它等于劳动份额。换言之，劳动份额等于平均的实际小时工资除以平均的每小时劳动的生产。用符号表示为

$$W/Y = (W/N)/(Y/N) \tag{8.4}$$

让我们考虑这样的事实，工人的收入份额等于平均的实际小时工资除以平均的劳动生产率。显然，在其他条件不变的前提下，如果小时工资上升则劳动份额上升，而小时工资下降则劳动份额下降。在其他条件不变的前提下，如果生产率上升则劳动份额下降，而生产率下降则劳动份额上升。在这个劳动份额的讨论中，不仅将会尝试解释其动态，也将尝试解释它的两个要素的动态：实际的小时工资和每小时劳动的产出。

本章使用的术语"生产率"或"劳动生产率"只是总产出（实际的国内总收入）除以劳动的小时数。它是一个平均的产出/劳动的比率。它的变化不仅反映劳动量的变化，也反映出劳动质量、资本、技术或自然资源的可获得性的变化。简言之，所有影响产出或就业的因素的变化。为避免混淆，记住它与常用的"边际劳动生产率"概念差异很大。"边际劳动生产率"衡量在所有其他因素不变的条件下，增加1单位劳动带来的产出。当其他因素发生变化时，平均产出/劳动的比率式越简单，它对当前的分析越有用。

劳动份额的决定因素

劳动份额直接依赖于实际小时工资和生产率。是什么要素决定这些劳动份额呢？在资本主义生产关系的框架下，实际小时工资（W/N）在一定经济条件下由资本家与工人之间的产业斗争所决定。要给出一系列合理的需求和供给条件并不难，但究竟应当强调哪种条件则极具争议。工资谈判的条件包括：①劳动需求，在一定的技术水平，它是产品需求的函数；②劳动供给，它是人口和劳动参与率的函数；③劳动的过剩供给，反映为失业率；④工人一旦被辞退的保障，它取决于诸如失业补偿和福利供应水平之类的情况；⑤工会的势力，反映为特别是在关键企业和行业的工会化比重；⑥商业垄断势力在价格和工资上的垄断程度；⑦资本主义政府的势力和策略，包括对工会的认可和某一给定时期对确定的劳动合同的执行情况；⑧国际事件，如战争和国际经济势力的转移。

劳动生产率受产业斗争——资本家支持加速，而工人支持减缓的斗争的影响。影响这一斗争结果的条件包括影响实际小时工资的同样的8个条件。然而，除此之外，劳动生产率还受到至少其他3个因素的影响。在长期，生产率受技术变化的影响很大。在短期，机器和劳动的生产率在不同的产能利用水平下均不同。最后，生产率部分地由每小时的劳动量（劳动强度）组成，每小时的劳动量是资本家与工人之间阶级斗争的结果［见鲍尔斯和金迪斯（Bowles and Gintis），1981；亦可见韦斯科普夫，鲍尔斯，戈登（Weisskopf, Bowles and Gordon），1983］。

大多数经济学家同意所有这些因素都起到某些作用。极具争议的问题在于其中的哪一个应当被着重强调？我们将检验强调不同因素的 4 种假说：①工资滞后假说；②间接劳动费用假说；③后备军假说；④利用率—失业假说。

工资滞后假说

劳动份额在周期性扩张中上升或下降吗？劳动份额在周期性紧缩中上升或下降吗？经济周期中劳动生产率和实际小时工资发生了什么变化？为什么劳动份额、生产率、实际工资发生这些变化？

通常被工会成员和消费不足主义者支持的一个理论，即所谓的工资滞后理论［如见斯威齐（Sweezy），1942；巴伦和斯威齐（Baran and Sweezy），1966；福斯特（Foster），1987］。它认为由于工资滞后于国内总收入，各个扩张时期劳动份额下降，而由于工资在经济下滑时的滞后性，劳动份额在各个紧缩时期上升。工资滞后假说的基本论据在于制度和资本主义关系。对工人阶级来说，在生产率上升的基础上实际工资的增加要赶上上升的产出的速度，比产出下降时保持实际工资更难。

工资滞后理论认为，收入分配的周期性变化是由资本家雇主拥有最终产品这样一个简单的制度现实决定的。就如同扩张中常常是如下现实的情况一样：如果生产率上升，则雇主自动拥有了增加的产品。为了在增加的收入中继续保持与产出增加前同样的份额，工人们必须斗争、谈判和追赶。因此，在经济扩张中工资份额往往下降就不足为奇了。另外，资本家拥有的产出在紧缩中减少。如果工人能够维持原来的工资水平，他们在产出下降时就能获得更高的收入份额。

资本主义制度还以更多具体的方式共同阻碍扩张中实际工资的增长，而在紧缩中使得更加难以降低工资。第一，工人有组织的工资谈判在一段时间里是不变的。当价格与生产率同时快速上升时，有组织的工人必须在 2 年期或 3 年期合同快要结束时进行斗争以维持他们的份额。同样的这份 2 年期或 3 年期合同防止紧缩中任何的名义工资的下降。第二，媒体通常抨击工资上升，尤其是当它超出了工人在价格和生产率增长中的份额的时候。而媒体抨击工人阻止缩减工资的意愿则要弱得多。第三，公众意见也倾向于支持工人反对缩减工资或使生产率增速，而不支持要求实际工资快于利润的增长和减缓生产率增长的斗争。这一公众意见当然也受到了媒体的影响。第四，资本主义政府通常介入斗争中，反对工人试图使实际工资增长快于生产增长的努力，更强烈反对其降低生产率的努力。然而，显然地，工人只是反对工资缩减或生产率加速时，即使是资本主义政府也发现，要公开抨击他们很困难。

依据这一假说，生产率在扩张中迅速上升，而在紧缩中迅速下降。工资滞后理论似乎主张以下两点来解释生产行为。其一，在扩张阶段，由于新的研究和发明，技术得到改进。相反，在紧缩中，研究和创新都很少或几乎没有。这一理由至少部分是正确的，但它并没有解释早期扩张中（此时创新只不过刚刚开始）的上升速度为何如此之快，也没有解释紧缩中生产率的实际下降。其二，一些人认为，在扩张中对工厂的利用更接近它设计的最优产能，而在紧缩中的运营则远低于这一水平。例如，大规模的生产流水线只能在某个水平运作。因此，在扩张的多数时间里，当逐渐接近最优的成本最小化水平时，每单位的劳动成本可能会下降，但在紧缩中，当生产低于那个水平时，则可能上升。又一次地，这种解释有一定道理。然而许多实证研究发现劳动成本在短期很大一个范围内都不变，因此你可能会怀疑它解释生产率变化时在数量方面的重要性。

总之，工资滞后假说认为资本主义关系的作用在于在以需求上升为标志的扩张中，表现为产能利用率的上升，生产率快于小时工资增长，因此劳动份额下降。在以需求下降为标志的经济紧缩中，表现为下降的产能利用率，资本主义关系导致生产率快于工资下降，因此劳动份额上升。

间接劳动费用假说

间接劳动者包括记账人、维修人员、文员、律师、会计、工程师、安全人员。社会一直以来都需要这些人员，他们的聘用与辞退并不与产出量成直接的比例关系。间接劳动费用理论认为在扩张的早期，雇主并不需要雇用新的间接劳动人员，因为间接人员的增加不与产出的增长直接成比例。由于产出与产能利用率迅速上升，而雇用的人员增长相对较慢，可衡量的生产率迅速上升。

在扩张的后半期，资本家必须在雇用生产线工人的同时开始雇用更多的间接劳动者以满足极度扩张的生产的需要。然而，产出和产能的利用率增长速度逐渐下降，因此可衡量的生产率增长缓慢。

间接劳动费用理论主张在经济危机或紧缩的早期阶段，资本家将降低产出。他们辞退一定比例的生产线工人。但并不能辞退一定比例的间接劳动者，因为对这类工人的需求并不因产出的下降而直接减少。因为产出下降，而总的工人数量并没有同比例下降，可衡量的（或显见的）每个工人的产出也下降了。因此，把生产线工人与间接劳动者加在一起，每个工人产生的利润减少，所以劳动份额在紧缩时上升而在扩张时下降［见史戴德（Steindl）1952；韦斯科普夫（Weisskopf）1979］。当紧缩继续深化，雇主则开始大量辞退所有类型的工人，因此可衡量的生产率将转为不变或再次上升。

间接劳动费用假说认为，生产率随产能利用率的上升而上升，而随产能利用率的下降而下降。因此，保持其他因素不变，劳动份额随产能利用率的上升而下降；即劳动份额是产能利用率的反函数。由于工资滞后假说还坚持主张劳动份额是产能利用率的反函数，因此间接劳动费用倾向于支持工资滞后假说的收入分配行为的观点。

这些内容给新古典经济学提出了一个问题，因为新古典经济学在理论上假设所有其他因素不变的条件下，产出和就业的上升意味着边际劳动生产率的下降，表现为实际工资的下降。另外，在紧缩中，产出下降意味着边际劳动生产率的上升，因此实际工资上升。实际工资的变动是逆周期的，实际边际成本的变动也是逆周期变化的（即便是凯恩斯［1936］也遵循这一广泛流传的观点，但当1939年这一观点受到批评时，他也非常乐于放弃这个观点［见科斯雷特尔（Costrell）1981—1982，287］）。

不幸的是，对于任何一个简单的新古典理论的版本，许多实证研究发现实际工资并不是逆周期地变动的，而是顺着周期变动（文献评述，见吉尔里和凯南（Geary and Kennan）［1982］）。因为在每次的紧缩中实际工资事实上是下降的，一个有趣的关于商业周期中价格与边际劳动成本的实证研究得出这一证据与认为工资黏性是导致经济周期的一个重要原因的观点相矛盾（贝尔斯（Bils）1987，854）。不仅实际工资是顺周期变动的，而且生产率也具有很强的顺周期性（科斯雷特尔（Costrell）［1981—1982，277］中用于挑战整个短期边际生产率理论的一个结果)。工资与生产率的这种周期性行为使间接劳动费用理论成为对这一明显的异常现象的一种解释。

因为劳动生产率在紧缩中下降(而教科书上的新古典理论预期它会上升),许多新古典经济学家考虑了辞退工人的一些成本会阻止企业像预期那样调整其对劳动的需求的可能性[始于沃尔特·沃伊(Walter Oi, 1962)的开拓性研究]。因此,查尔斯·舒尔茨(Charles Schultze)(1964)观察到由于雇主需要花钱来培训熟练工人,所以他们在意识到将有短期的下降时并不想辞去他们。因此,劳动力被储备起来,因为雇主在紧缩中没有同比例地辞掉熟练工人。然后当经济扩张时雇主也不需要雇用同比例数量的熟练工。这种模式也许能解释为什么每个工人的生产率记录可能在紧缩中下降,而在扩张中上升。舒尔茨用这个假说来解释为什么劳动收入份额在产能利用率紧缩时上升,而在产能利用率扩张时下降。舒尔茨发现,产能利用率与劳动份额负相关,他认为这是以他的熟练劳动力储备假说为基础的。

在弗兰克·穆勒(Frank Munley)(1981)的一篇杰出的论文中对这一问题做了最全面的研究。他与其他一些研究者一样,发现产能的利用对劳动份额产生负面的影响。但他还把工人分为薪酬(间接)工人和工资(生产线)工人。他发现较低的产能利用导致一定比例的生产线工人被辞退,但被辞退的薪酬(间接)工人则很少。因此,生产率、劳动收入和劳动份额主要受间接工人与生产工人的比例的影响。产能利用的变化,作为有效需求的函数,决定间接工人与产出的比例的变化。因此,穆勒关于间接劳动理论的发现与更广义的工资滞后理论相一致。事实上,间接劳动理论可能被视为解释生产率顺周期行为的一种更好的方式,而后者正是工资滞后理论的关键所在。

后备军假说

后备军假说断言在扩张的后半期,劳动份额上升,而在紧缩的后半期劳动份额下降[见博迪和克罗蒂(Boddy and Crotty),1975;亦可见戈登,韦斯科普夫和鲍尔斯(Gordon, Weisskopf and Bowles),1987]。他们所给的理由是未就业的后备军的下降使劳动者处于更加有利的谈判地位。

这一理论的论据阐明如下：当产出增加，就业率就增加。在给定的劳动力和技术条件下，这意味着失业率必须下降。当失业率发生下降时，劳动者的斗争意愿增强。工人愿意冒更多风险，并用罢工来支持他们的需要，这使其谈判力增强。同时，雇主知道可用来代替罢工工人的未就业的后备军减少，因此拒绝工人要求的可能性降低。因此，劳动力谈判力和斗争意愿的增强使工资上升。

谈判的问题不仅涉及工资，也涉及生产率。资本家总是希望通过加速劳动过程来提高工作强度，而工人则希望降低工作强度，反对加速。如果新技术会导致机器取代工人，工人同样也会反对新技术。因此，根据这一理论，在扩张的顶峰附近，当工人的谈判力很强时，生产率的增长可能会停止。相反地，在经济紧缩时，失业导致工人的谈判力下降，所以预计生产率将上升。持后备军理论者的一项研究得出实证研究的主要发现是总体失业水平的上升提高了生产率的增长〔雷比策（Rebitzer），1987，627〕。

失业增加削弱了工人的谈判力，失业下降增强了工人的谈判力的证据在肖尔和鲍尔斯（Schor and Bowles）（1987）的一篇论文中也得到支持。他们认为失业的增加提高了工人失去工作的成本，结果他们的斗争意愿减弱，采取罢工的意愿也减弱。他们主张："当失去工作的成本很高，工人更加难以赢得罢工的胜利，因此他们采取罢工的可能性降低。"（见584页）

依据这一理论，当经济向充分就业扩张时，工资提高、生产率不变或下降的结果是劳动份额上升。因此，每次经济产出和就业朝充分就业扩张时劳动份额上升。当经济萧条失业充分上升，工资将下降、生产率上升，而劳动份额将下降。

一些人在初次读到后备军假说时可能会预期劳动份额在整个扩张时期上升，而在整个紧缩时期下降。这并非事实，因为根据所有的研究，劳动份额总是在扩张的恢复阶段下降，而在紧缩的危机阶段上升。后备军理论更加成熟的系统化表述（见博迪和克罗蒂，1975；亦可见戈登，韦斯科普夫和鲍尔斯，1987）只是强调劳动份额在繁荣阶段，即在顶峰前的扩张的后期上升。据推测，该理论需要劳动份额在萧条前的紧缩的后半期再次下降，以保持对称的和内部的一致性。成熟的后备军理论者也非常愿意承认劳动份额在扩张的前期下降，而在紧缩前期上升。他们假设了一个滞后效应。后备军理论者假设由于劳动力斗争意愿在时间上具有滞后性,在失业变化与工资份额变化之间有很长一个时间的滞后。

如果失业下降带来斗争意愿和劳动份额的上升,为什么劳动份额在扩张的前半期下降呢?如果失业上升带来斗争意愿和劳动份额的下降,为什么劳动份额在紧缩的前半期上升呢?后备军理论者的回答是经济达到顶峰之后工人斗争意愿下降之前有一个主观上的时间滞后,同样在经济的最低谷之后工人斗争意愿再次上升之前也有一个主观上的时间滞后。换句话说,工人在扩张的前半期仍保持着高失业水平的记忆,因此行动谨慎。在紧缩的前半期,工人仍然行动激进直到失业降低工人的反抗。后备军理论支持者也接受工资滞后理论者的证据中关于存在滞后期的一些客观的原因,尤其是固定的工资合同。因此,后备军假说用带有长期滞后性的失业解释劳动份额问题(基于后备军假说的完整的周期理论,见第11章)。

利用率—失业假说

后备军假说称劳动份额是用失业解释的,而工资滞后假说和间接劳动费用假说则是用产能利用率(或产出)的变化从根本上解释劳动份额的。利用率—失业假说则在两方面各采纳了一部分。它假设产能利用率通过间接劳动、阶级斗争和资本主义制度影响劳动份额,但没有滞后期。它还假设失业从另一个方向影响劳动份额,且带有滞后期。从它的观点来看,离开任何一方面的争论都是不充分或不完整的。

在复苏阶段,产能利用率的上升导致生产率快速上升,但工资上升的速度要慢得多。失业的下降不会立即产生作用,因此,劳动份额下降。

在繁荣阶段,产能利用率的上升要慢得多,因此它对生产率的影响较小。同时,由于劳动需求上升,工资缓慢上升。失业进一步下降,而且开始导致工资上升和生产率增长下降的压力。结果劳动份额处于相对停滞状态,通常会稍有下降,有时也会稍有上升。

在危机阶段,产能利用率下降,由于工资缓慢下降和生产率迅速下降,劳动份额上升的压力增加。失业的上升到目前为止没有受到任何影响。

在萧条阶段,产能利用率下降非常缓慢,并随着生产率下降和工资进一步下降的压力倾向于导致劳动份额上升更多。但此时的失业向劳动份额的下降施加压力,且这一过程在时间上具有滞后性。结果劳动份额完全停滞,通常略有上升,但有时略有下降。

当前美国收入与财富分配

在转入收入分配的周期性变化之前,让我们来检查一下以 1/5（Quintiles）的美国家庭的形式来表示的个人收入分配［Quintile 是指每个 20%,或 1/5 的家庭;数据来源于人口调查局,分析见阿莫特（Amott）（1989）的一篇杰出的论文］。在 1986 年,根据美国官方对收入的常规测算:收入最低的 1/5 的家庭仅拥有美国 4% 的收入,次低的 1/5 家庭拥有 10%,中间的 1/5 拥有 16%,第 4 个 1/5 的家庭拥有 24%,而收入最高的 1/5 家庭拥有 46%。换句话说,美国收入最高的 20% 的家庭拥有与收入较低的 80% 的家庭几乎一样的收入——一个对严重不平等的清晰衡量。

然而,这种常规测算低估了不平等的程度,因为它将通常分配给富人的资本所得排除在外。它还包括了并非私有制经济体系的组成部分的政府转移支付。人口调查局曾经出台了一种新的测算方法,称作私有经济收入测算法,它将资本所得包括进来,但将政府转移支付排除在外。1986 年,私有经济收入是如下分配的:仅 1% 分配给最穷的 1/5 家庭,8% 分配给次穷的 1/5,15% 分配给中间的 1/5,24% 分配给第 4 个 1/5 的家庭,52% 分配给最富的 1/5 家庭。换句话说,在私有经济收入测算下的收入分配比常规测算指标所显示的更不平等,美国收入最高的 20% 的家庭拥有比收入较低的 80% 的家庭更多的收入。

时间上的证据还表明美国中等收入的家庭在过去的约 10 年间变得更穷。对所有的家庭来说,在 1960 年到 1973 年的 13 年中,家庭收入的中值上升了 43%（以 1985 年的不变价格计）。但在 1973 年家庭收入的中值达到了最高点。在 1973 年到 1985 年的 12 年中实际家庭收入的中值下降了 5%（美国人口调查局 1986 年）。同时,富人在后一时期变得更富有,尽管没有前一时期那么快。例如,在前 5% 的家庭中（即收入高于其他 95% 的家庭）收入在 1960 年到 1973 年期间增长了 48%,

而在 1973 年到 1985 年期间继续增长,尽管仅增长了 7%〔见温尼克（Winnick,1989）关于收入与财富的一本杰出且易理解的书;亦可见克罗比（Kloby,1987）的精彩论文〕。

如果每年的收入被不平等分配,那么美国所积累起来的总财富就更是如此。1983 年,美国最富有的 10% 的家庭拥有 72% 的美国财富。超级富有的,即最富有的 0.5% 的家庭本身就拥有所有财富的 35%（温尼克,1989）。唯一分配给大多数家庭的财产是自有住房。事实上,如果我们将自有住房的价值排除在外,超级富有者拥有美国 45% 的财富,而最富有的 10% 的家庭拥有 83% 的财富。按财富的类型,超级富有者拥有 36% 的不动产（私人住宅除外）、47% 的公司股票、44% 的所有类型的债券和 58% 的所有商业资产（包括公司、自雇或非股份有限的企业、农场和专业的事务所）。同时,最富有的 10% 的家庭拥有 78% 的不动产、89% 的公司股票、90% 的债券和 94% 的商业资产。

劳动收入份额和财产收入份额又是怎样的呢？由于上面的 10% 的家庭拥有了 94% 的所有商业资产与大多数其他财产,因此大部分商业或财产收入被分配给了这前面的 10% 的家庭。相反地,按收入大小排在后面的 90% 的人们几乎占有了全部的劳动收入。平均来看,在 1949 年到 1982 年期间,那些挣取劳动收入（即所有雇用报酬）的人获得了国内劳动收入的 70%。而持有非劳动所得和财产性收入的最富有的 10% 的人们,获得国内劳动收入的 30%（依据美国商务部经济局 1984 年分析的 64 卷）。

利润、工资和生产率的测量问题

国内总产出的官方定义中的偏误,我们在第 3 章已经讨论过〔亦可见富兰克林（Frumkin）,1987〕将产出或收入划分为所有的劳动收入和所有的财产收入时,这种偏见则更加严重。首先,国税局一直发现,相对于非法的未申报的工资来说,非法的未申报的利润更多。比非法的未申报的工资更多的非法未申报利润,例如,据估计所有租金和利息收入的 58% 未申报〔见科洛比（Kloby）1987,3〕,这并非一定意味着工人比资本家更诚实。美国的税收系统使得瞒报（没有从源头扣留的）财产收入比瞒报（甚至在支付以前就已经扣留了部分作为税收的）劳动收入更容易。

其次，可用的合法劳动收入税收漏洞很少。无论是个人还是企业，法律上的财产收入漏洞随处可见。由于这个原因，公司税收在整个税收中的比重稳步下降。列举所有的合法漏洞需要详细论述（见佩罗（Perlo），1976）。这些漏洞在（显著地降低了税率增长的）1986年的税收改革法案中减少了许多，但大的漏洞依然存在。

另外，劳动收入或者被官方称作的"雇用报酬"被极大地夸大了，它包含了管理者报酬。许多管理者的报酬事实上含有大量伪装为劳动薪酬的利润。作为薪酬，它们就可以被视作公司成本。而且雇用报酬还包含"附加福利"，它也将许多利润伪装成行政费用。这些行政费用的大部分事实上是利润，因此不应视为劳动收入。

在仅仅消除了少许偏见之后，一项细心的研究发现在过去的30年间劳动份额从没有改变过。劳动份额在1948年为0.68，而在1977年为0.69，这与官方数据显示的上升趋势大相径庭［见鲍尔与金迪斯（Bowles and Gintis），1982，71］。

由于越来越多的小型企业家与小型农场主破产变为工人，因此挣取工资与薪酬的人的比重继续上升。因为工人数量的比重越来越大，在加总劳动份额的时候也应当对这一变化加以修正。工资和薪酬挣取者（管理者除外）的比重从1780年的20%上升到1970年的高于80%，这就是长期以来的主要变化。

在精心修正官方的国内总收入账户时有许多尝试，试图生成一系列在亲劳工者看来没有偏见的分类（如见佩罗，1976），但多数经济学家认为这些研究是有争议的。此处采用官方的国内总收入分类仅仅是因为其现成可用，为多数经济学家所熟悉，对亲劳工者的结论有偏见。因此，若用这些数据仍能得出亲劳工者的政策结论，那么这些结论就更具说服力。

这些偏见在某一给定时期的绝对比较中最为强烈。例如，如果我们修正前面所提及的所有偏见，前面所说的财产收入占国内总收入的比重要比官方统计的高得多。而在长期趋势的数据中，偏见的数目要比前面所讲的少得多。因为在比较两者的增长时，只有当偏见随时间变化而增长时才会在趋势中存在偏见。不幸的是，在这个问题上存在一些此类证据。例如，管理者的数量在增长，他们的工资飞速上升，现在大量的管理者的工资每年超过 100 万美元。由于这个原因，在呈现趋势数据时尤其要谨慎。

最后，只有在周期的某一点存在偏见的系统性增长时，劳动份额的纯粹周期性波动的数据才会有偏见。通过检验多种不同定义，在周期性的结果中仅发现少量的变化。因此，本书中最常使用的数据存在的偏见似乎最少。

另一种非常不可靠且存在偏见的数据分类是关于生产率的数据，即产出与劳动小时数的比率。许多作者指出，制造业产出的生产率有一个粗略的定义，但在其他行业则模棱两可。例如，律师的"生产率"是如何定义的？由于通常给予服务业的生产率的增长率定义要比制造业低，在转向服务业时将意味着生产率表面上的增长降低。这种转变正在发生，因此它也许能解释近年来生产率增长的明显降低。另外，从制造业向服务业的转变已经发生了一段时间了，因此纯周期模式的生产率并不应受到多大影响，尽管生产率增长的绝对水平可能会受到它的影响。

这些关于数据的偏见的提醒将不再重复，但读者无论是在长期还是周期性的背景下都应对数据保持一种正常的怀疑态度。

收入分配的周期性变化：1921—1938

米切尔（1951）能获得的数据比今天要少得多，但他确实给出了 1921 年到 1938 年间的 4 个经济周期中关于平均收入分配的一些有启发性的数据（这些数据主要是由大萧条的周期主导的）。平均来说，这 4 个周期的扩张中，国内总收入在它的周期平均的基础上增长了 22.5%，然而总的雇用报酬仅增加了 19.8%。因此，在 20 世纪 20 年代与 30 年代的一般扩张中，劳动份额（W/Y）下降了。在同样 4 个周期的一般扩张阶段，所有美国企业的净利润上升了 199.2%，这一事实也更加显著地反映出劳动份额的下降。

在这 4 个周期的一般紧缩阶段，国内总收入下降了其周期平均水平的 17.6%，然而总工资仅下降了 13%。因此，在 20 世纪 20 年代与 30 年代的一般紧缩中，劳动份额（W/Y）上升了。同样，所有美国企业的净利润下降了 174.6% 的事实强调了工资份额在一般紧缩中的上升。

劳动份额在 20 世纪 20 年代与 30 年代是逆周期的这一事实，使许多经济学家，尤其是那些同情劳工运动的经济学家，赞同工资滞后理论。正如我们将要看到的一样，工资滞后理论是消费不足理论的一个重要组成部分，因此大量的经济学家也赞同消费不足理论的观点。

从1949—1970到1970—1982的长期变化

大萧条之后，二战期间失业消失、工会增加、需求扩张，它显著地改变了经济状况。在检验1949—1970年期间的周期性模式之前，总结一下发生在1949—1970年期间到1970—1982年期间的美国经济结构的相关变化是有用的。首先，垄断势力继续增长，尤其是伴随着20世纪60年代开始的联合大企业的合并浪潮。其次，直至20世纪50年代中期贸易联盟正在发展壮大，但从那以后遭遇了稳步下降。再次，1949—1970年期间的金融管制与良好的流动性意味着货币与信用体系非常安全，但监管与新的金融创新导致1970—1982年期间严重周期阶段的高负债率与破产增多。又次，政府的军队支出在二战后的1949—1970年期间仍然很高。在1970—1982年期间甚至更高，但在GNP中的比重下降了。最后，美国经济在20世纪50年代主导着国际贸易与投资，但在1970—1982年期间却面临严峻的竞争与贸易赤字。

这些结构变化降低了对美国商品与美国劳动力的需求，因此导致一些变化：①在1970—1982年期间生产率的增长速度在扩张中下降，而生产率本身在紧缩中下降。生产率增长的下降主要是由于更严重的衰退导致投资减少，进而投资带来的技术更新减少（不同的观点见韦斯科普夫，鲍尔斯和戈登，[1983]）。②1970—1982年期间的失业率要高得多。③1970—1982年期间的紧缩中经历了低得多的产能利用率。④实际的周工资在1949—1970年间稳定上升，但在1970—1982年间则呈下降趋势。⑤总体来说，在1970—1982年间有更多的严重紧缩。⑥在1949—1970年期间有效需求并不是一个严重问题，但在1970—1982年期间则变成了主要问题。

最后一项事实，即1970—1982年期间，有效需求不足的加重在谢尔曼（1986）的一篇论文中有更详细的证明，而在亨利（Henley）

(1987b) 的一篇重要论文中有独立的证明。他们发现消费需求与资本主义的实现问题在 1949—1970 年间的早期温和的危机阶段远不如 1970—1982 年间的后期严重危机阶段重要。亨利注意到前人的研究发现需求和实现问题在从 1949 年到 20 世纪 70 年代早期并不十分重要，但他总结道：在 1975 年到 1982 年的两次危机中我们发现……所有的利润率的长期下降可通过实现条件的恶化加以解释，它显示了当时美国经济总体状况的衰退（亨利，1987b，328）。

亨利还把收入中的劳动份额（所有的雇用报酬）分成 3 部分：工资工人（生产线）收入份额、薪酬工人（他定义为间接工人，尽管这两类差异很大）收入份额、附加的劳动成本份额（或附加福利）。他的重要成果显示了工资份额长期下降，而薪酬份额与附加福利长期上升（1987b，318）。他的周期性数据显示劳动份额整体的周期性模式由工资份额主导并随之变化，而薪酬份额与附加福利份额则受它们上升趋势的主导发生不同的变化（1987b，324）。亨利的数据是年度的，因此尽管我们也许可以相信其关于趋势的结论，但季度性数据的缺乏使得关于周期的结论相对不太可靠。由于缺少薪酬份额与附加福利的季度数据（这对于一个可信的周期性分析是必须的），所以此处的分析仅限于整体的劳动份额，即所有的雇用报酬占国内总收入的比重。

劳动收入与劳动份额的周期性模式：1949—1970

劳动收入与财产收入的分配模式在商业周期中发生系统性的变化，但是这种模式在 1949—1970 年间温和的商业周期中与 1970—1982 年间严重的商业周期中差异很大。图 8.1 显示了早期的模式。注意本章所有的变量均是实际变量，即以不变的美元价格计量。

实际劳动收入是顺周期的，尽管并不是十分强烈。它可以视为平均雇用报酬乘以雇用者人数。正如我们将要看到的，不管是平均的雇用报酬（按每小时、周、月或年）还是就业数量都在扩张中上升在紧缩中下降。而且值得一提的是，国内总收入与劳动收入在扩张中都趋于以越来越缓慢的增长率上升。

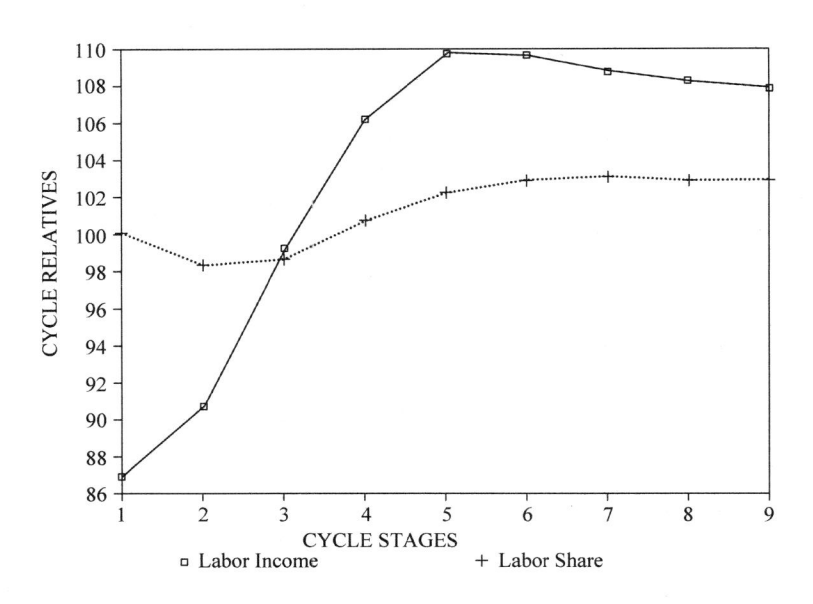

图 8.1 劳动收入与劳动份额：在 1949—1970 年期间的经济周期的每个平分阶段的波幅

（来源于附录 D 的 series280 和 series64）

在 1949—1970 年期间，劳动份额（与国内总收入的比重）仅在扩张的第 1 阶段显著下降。在此期间，根据官方数据（如前所述，它急需加以调整），劳动份额存在上升的长期趋势。因此，在大多数的扩张中，劳动收入比国内总收入上升更快。而在大多数紧缩中，劳动收入比国内总收入下降得更慢。如果这一趋势是真实的，而非只是数据的扭曲，该趋势本身一部分可能是由非常温和的周期性衰退和低失业引起的，它们使劳动者的谈判地位更有利。

劳动份额仅在 1949—1970 年间的扩张初期下降而在整个扩张的后半期上升的事实导致关于劳动份额变化的后备军假说的复兴。对其主要假说的这一证据导致大量论文赞成后备军周期理论。它同时也导致了对工资滞后假说和消费不足周期理论的批评。

工资和生产率：1949—1970

最终产出的劳动份额意味着资本的成本，它使财产收入的份额减少。该成本（W/Y）从定义上来讲由小时工资（W/N）除以生产率（Y/N）决定。较高的小时工资显然意味着每单位较高的成本，但较低的生产率同样意味着较高的成本。如果小时工资下降或生产率上升则资本的成本就会减少。图 8.2 讨论了 1949—1970 年间的生产率与小时工资的周期性变化。

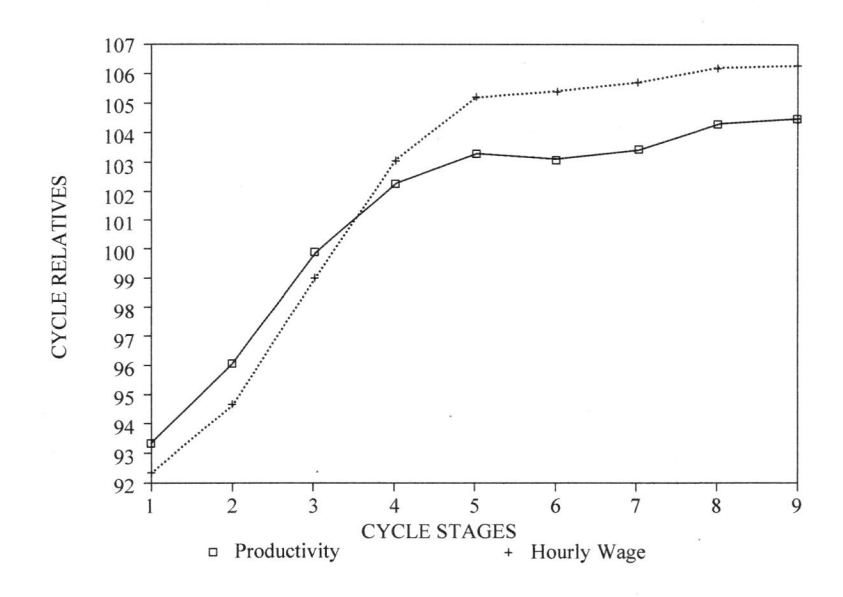

图 8.2　小时工资与生产率：1949—1970 年的 4 个周期平分的阶段的波幅
（来源于附录 D 的 series346 和 series358，附录中的生产率即每劳动小时的产出）

生产率，即所有非农场企业的每小时实际产出，在整个一般扩张过程中上升。它在萧条阶段的复苏时迅速上升，然后越来越慢。因为衰退非常温和，生产率仅在紧缩的开始阶段下降，然后再次缓慢上升。

实际小时工资更加强调了这些紧缩的温和性。实际小时工资在复苏的初始阶段上升非常迅速，然后在整个周期中越来越慢，但从未下降。

同样可能需要说明的是劳动者的工作时数在整个扩张中上升，在整个紧缩中下降。工作时数通常是经济周期的先导，因为减少工作时数比辞退工人要容易得多，正如增加工作时数要比雇用更多工人容易得多。更多关于工作时数与就业的先导与滞后性的资料，见摩尔（Moore）（1983，70）和伯南克与鲍威尔（Bernanke and Powell）（1986，586）。

在 1949—1970 年的复苏开始阶段，生产率与小时工资都迅速上升，但生产率上升较快。这一部分是由于存在大量储备劳动力，而另一部分是由于间接劳动力的更有效利用提高了每个人的产出。因此，劳动份额下降。

在扩张的其他阶段，工资与生产率都上升较慢，但工资上升稍快一些，因此劳动份额缓慢上升。在紧缩的开始阶段，生产率下降，而小时工资仍然稍有上升，因此劳动份额显著增长。在紧缩的其他阶段，两者变动非常小且大多互相抵消，因此劳动份额几乎没有变化。

劳动收入与劳动份额：1970—1982

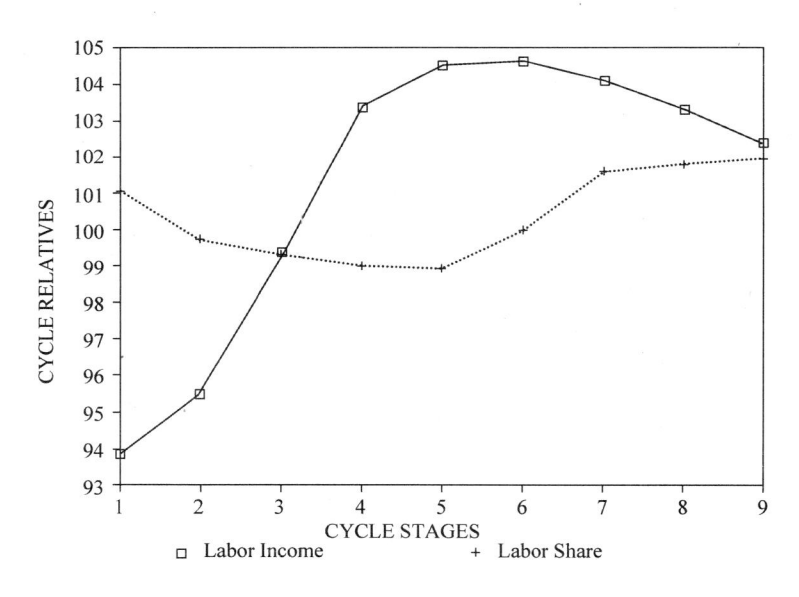

图 8.3　劳动收入与劳动份额：1970—1982 年 3 个周期的平分阶段的波幅
（来源于附录 E 的 series 280 和 series 64）

在 1970—1982 年期间，更严重的衰退中情况则有很大不同。劳动收入与劳动份额在这一时期的周期性模式如图 8.3 所示。实际劳动收入是顺周期的，在扩张中上升，而在这一时期的整个严重的紧缩中则下降。另外，劳动份额总体来说是逆周期变化的，在大多数经济扩张中下降，而在大多数经济紧缩中上升。这些事实强有力地支持了工资滞后假说，因为在大多数周期中工资滞后于利润。这些事实给消费不足理论带来了新

| 第八章 | 收入分配：利用率—失业假说　169

的证据，因为扩张中的劳动份额下降倾向于意味更少的消费需求。

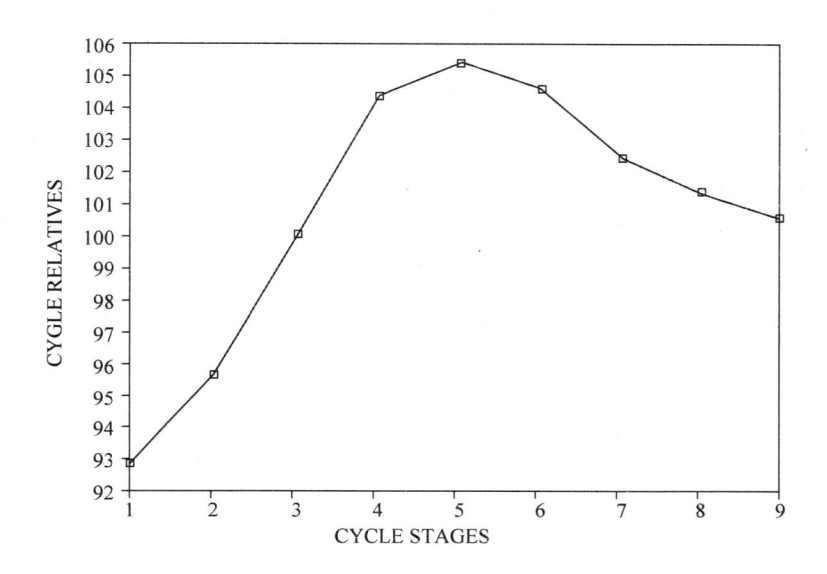

图 8.4　国内总收入：1970—1982 年的 3 个周期的平分阶段的波幅
（来源于附录 E 的 series 220）

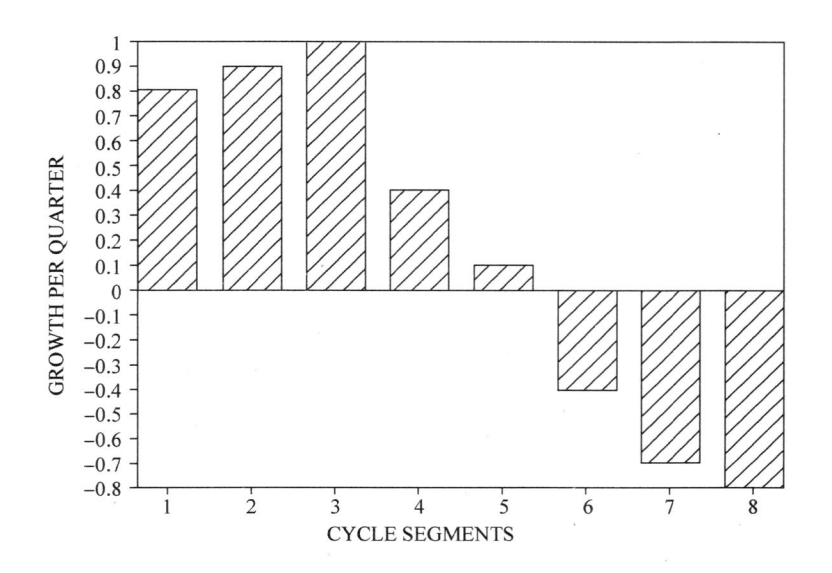

图 8.5　劳动收入：1970—1982 年的 3 个周期的平均分割期的增长
（来源于附录 H 的 series 280）

现在让我们更加详细地检查一些基本的数据序列。图 8.4 反映出国内总收入完全按照人们的预测变化；它在整个扩张中上升，尽管越来越慢，然后在整个紧缩中下降。图 8.5 显示劳动收入在整个扩张中上升，但它明显要比国内总收入慢，如图 8.4 所示。在这一特定时期，劳动收入有一些滞后，因此它在紧缩的初期阶段仍稍有上升。此后，在整个紧缩阶段劳动收入下降。图 8.6 描述了财产性收入。在扩张中财产性收入的上升比劳动收入迅速得多，但在整个紧缩中其下降也要比劳动收入快得多（注意两张图中的周期范围不同）。

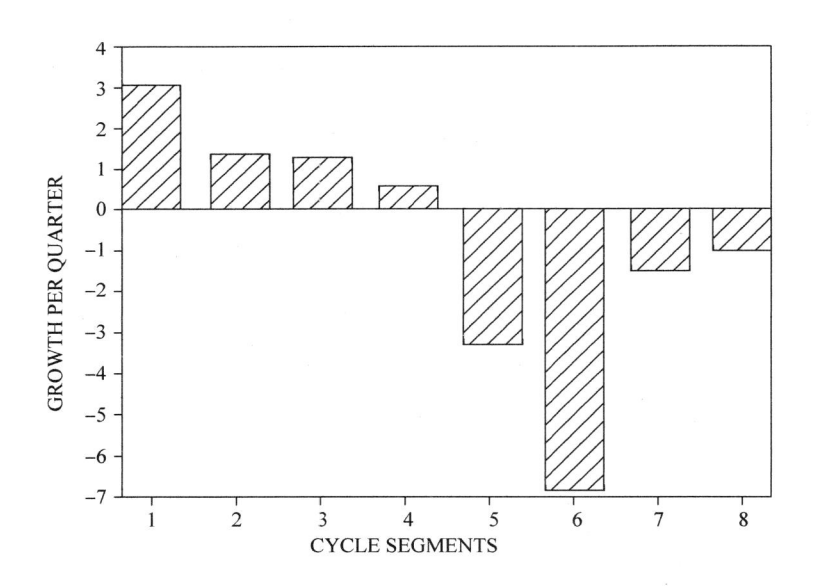

图 8.6 财产性收入：1970—1982 年的 3 个周期的平均分割期的增长
（来源于附录 H 的 series 220—280）

由于劳动收入在扩张中比国内总收入慢，劳动份额在一般的扩张中下降，如图 8.7 所示。另外，由于劳动收入比国内总收入下降得慢，劳动份额必然在一般的紧缩中上升。然而，注意到劳动份额上升最快的时期是在紧缩的危机阶段，而劳动份额下降最快的时期发生在复苏的开始阶段。在繁荣时期，劳动份额继续下降，但非常缓慢。在萧条时期，劳动份额继续上升，但亦非常缓慢。

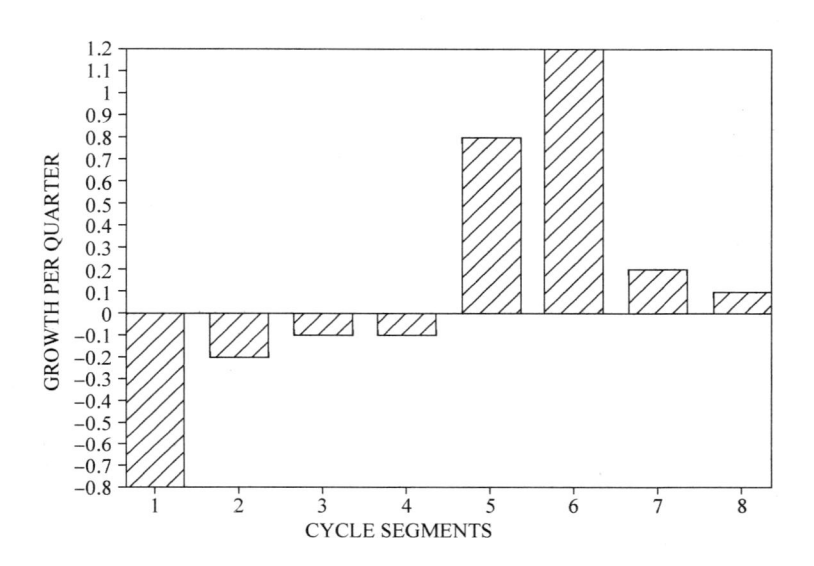

图 8.7　劳动份额：1970—1982 年的 3 个周期的平均分割期的增长
（来源于附录 H 的 series 64）

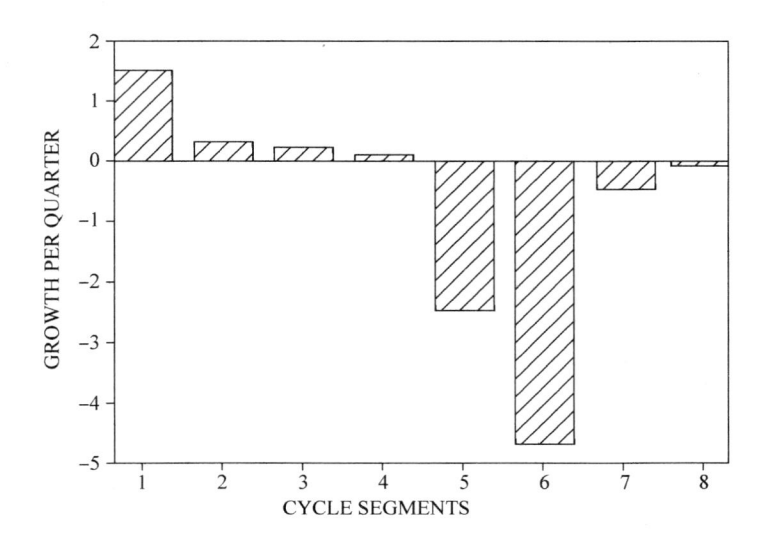

图 8.8　财产份额：1970—1982 年的 3 个周期的平均分割期的增长
（来源于附录 H 的 series［220—280］）

自然地，如图8.8所示，财产份额的变化应与劳动份额正好相反。财产份额（和剥削率）在复苏中迅速上升，然后在繁荣时期上升较慢。在危机阶段，财产份额（和剥削率）迅速下降，但我们应当记住这是发生在顶峰之后，因此它是危机的结果而非其激发的原因。然后，财产份额在萧条中继续稍有下降。财产份额在扩张中的上升与紧缩中的下降倾向于肯定工资滞后理论。

工资和生产率：1970—1982

回忆一下劳动份额受到工资上升的正向影响。劳动份额受到生产率上升的反向影响，因为劳动产出提高的成果自动转化到资本主义的利润获得者。如图8.9所示，在多数扩张阶段，实际小时工资的上升比每小时的产出慢。在该阶段，两个数据序列都使周期达到顶峰，但小时工资在繁荣后期比生产率下降得更快，因此劳动份额在这一阶段继续下降。另外，在大多数紧缩中生产率比小时工资下降的快，因此劳动份额在这一阶段上升。

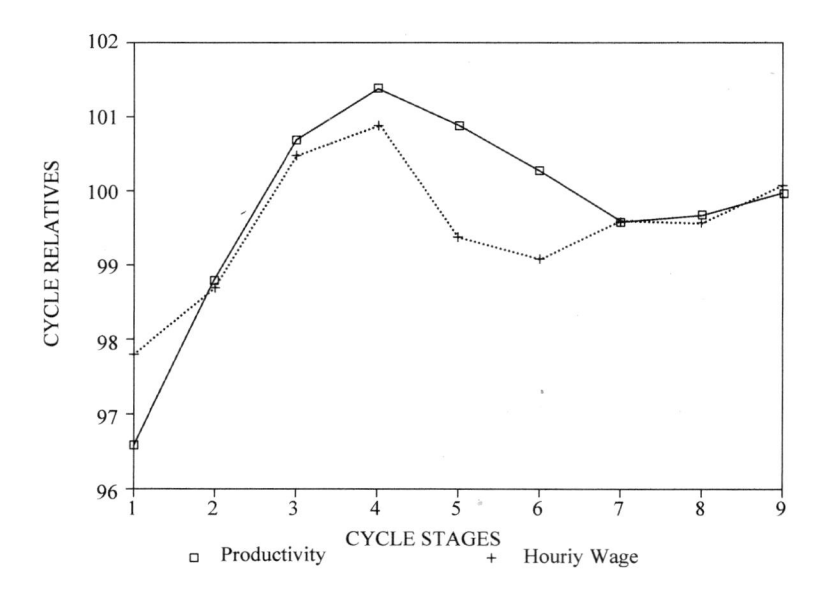

图8.9 小时工资与生产率：1970—1982年的3个周期的平分阶段的波幅
（来源于附录E的series 346 和 series 358）

图 8.10 更详细地描述了周期中的实际小时工资。在 1970—1982 年间，实际小时工资在扩张中上升，但越来越慢，即正常模式。而实际小时工资在周期达到顶峰之前就下降则不常见，它在这一时期发生是因为名义工资赶不上通货膨胀。小时工资在危机的开始阶段继续下降。实际小时工资在周期的两个时期呈现出清晰显著的下降速度反映了衰退的严重性，而且显示了这一周期与 20 世纪 50—60 年代温和的周期大不相同。实际小时工资在周期的萧条阶段则回到正增长状态，因此这些衰退并没有 20 世纪 30 年代的大萧条严重，那时的实际小时工资下降了许多年。

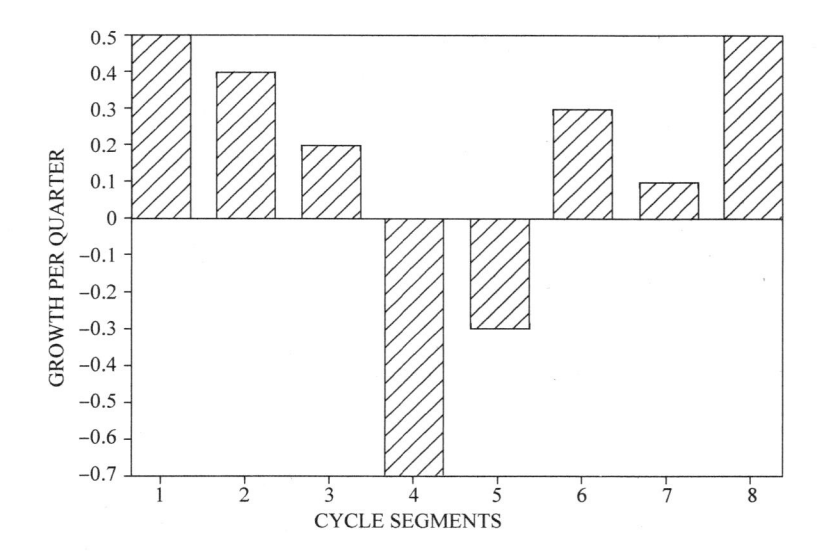

图 8.10　小时工资：1970—1982 年的 3 个周期的平均分割期的增长
（来源于附录 E 的 series 346）

如图 8.11 所示，如同多数记录的周期中常见的情况一样，生产率在该周期的复苏阶段上升非常快。在繁荣阶段，生产率持续了一个阶段的疲软增长，然后稍有下降，反映了这一时期的生产率增长的长期不足。在危机阶段，生产率非常显著地下降，又一次反映了这些周期性衰退与前面时期相比更加严重。在萧条阶段，生产率略有恢复。我们再次看到小时工资与生产率的变化怎样解释了劳动份额的变化。

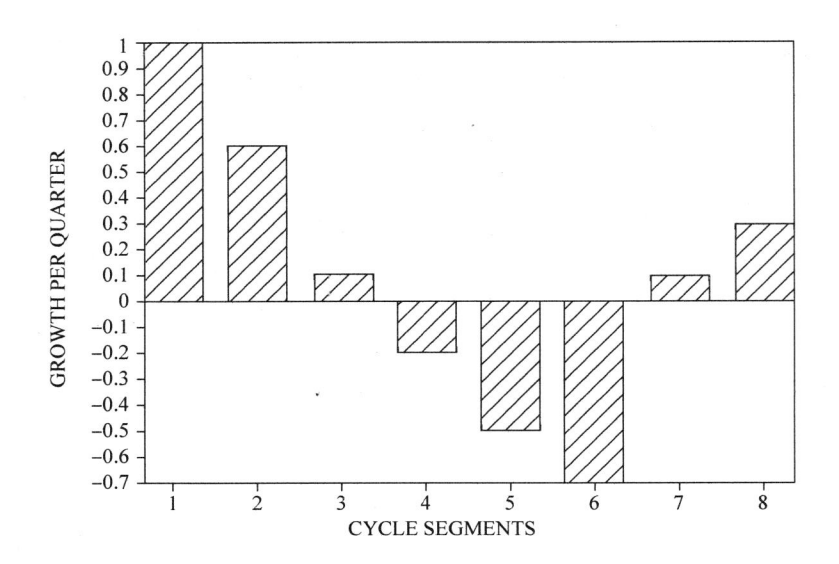

174 | 第二部分　基本模型——需求与商业周期中的供给 |

图 8.11　生产率：1970—1982 年的 3 个周期的平均分割期的增长
（来源于附录 H 的 series 358）

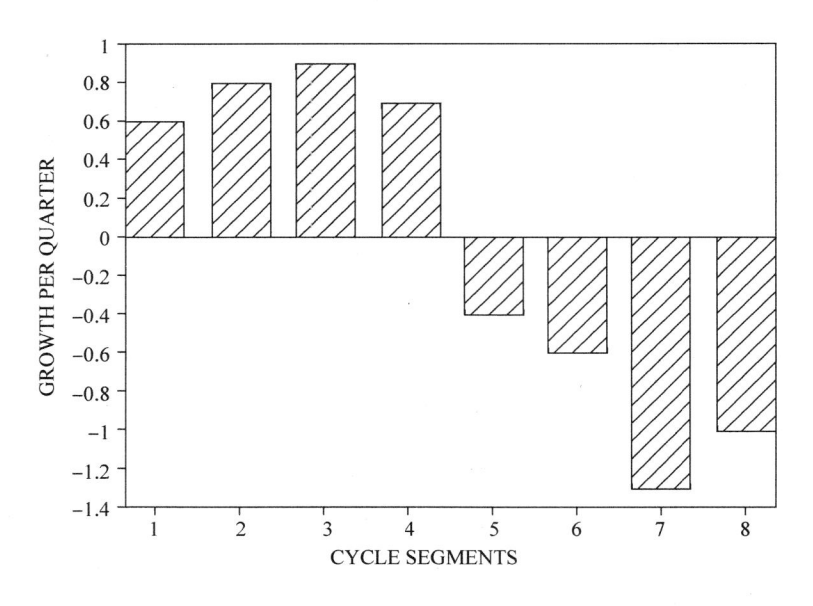

图 8.12　工作小时：1970—1982 年的 3 个周期的平均分割期的增长
（来源于附录 H 的 series 48）

在考虑了工人每周工作的小时数以后，图 8.12 描述了最为清晰与一致的周期性变化。该变量在整个扩张中上升，而在整个紧缩中下降。实际小时工资就是总工资（或劳动收入）除以工作的小时数。生产率就是实际产出除以工作的小时数。在扩张中，工作时间上升而总工资或总产出通常上升更快。在紧缩中，工作时间下降而工资与产出通常下降更快。

失业与产能利用率

是什么决定了劳动份额（及它的组成部分，小时工资与生产率）的周期性变化？后备军假说着重强调了就业上升或下降对劳动者谈判地位的影响。另外，工资滞后假说认为制度因素阻碍了在产能利用率上升或下降的时候工资与生产率同时发生变化。最后，我们看到间接劳动费用假说预期可测量的生产率快于工资上升或下降，因为雇主在紧缩中辞退间接工人时的犹豫与在扩张中增加间接工人的需求不足。后备军假说认为劳动份额与失业负相关，而工资滞后与间接劳动费用假说认为劳动份额与产能利用率之间呈负相关关系。

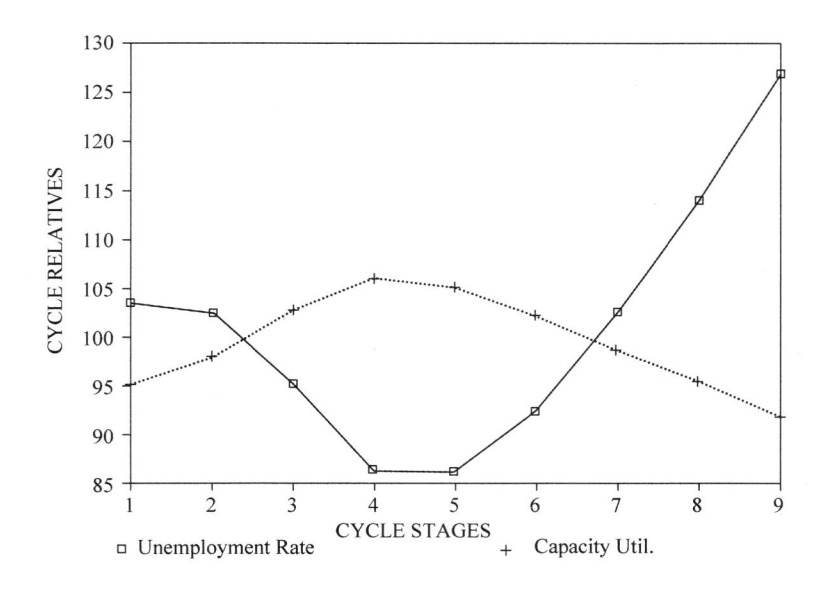

图8.13 失业率与产能利用率：1970—1982年的3个周期的平分阶段的波幅
（来源于附录 E series 43 和 series 82）

长期趋势

作为背景，让我们来检验一下失业与产能利用率的长期趋势。存在着趋于更高失业水平和更低产能利用率的长期趋势。在1949年到1970年的4个周期中平均失业率为4.8%，而在1970年到1982年的3个周期中上升到7.0%（见附录B）。产能利用率从前4个周期的平均数83%下降到后3个周期的79%（见附录B）。详细地看看更近的几个周期，平均失业率呈如下的增长趋势：4.7%（1961—1970年的周期）；5.7%（1970—1975年的周期）；7.0%（1975—1980年的周期）；8.4%（1980—1982年的周期）。同时，产能利用率呈如下下降趋势：85%（1961—1970年的周期）；82%（1970—1975年的周期）；80%（1975—1980年的周期）；75%（1980—1982年的周期）。当然，这些比率在1983—1989年间的扩张中发生了变化，但我们在整个周期结束之前无法对其作出长期趋势的结论。

周期性变化

从长期趋势转到商业周期，图8.13显示了1970—1982年间的失业与产能利用率的周期性反映。我们看到，失业与平常一样在整个扩张中下降，而在整个紧缩中上升。而产能利用率则向相反的方向变化。产能利用率在多数扩张中上升，仅仅在达到顶峰前稍有下降，而在整个紧缩中下降。除了在顶峰时稍有前导性以外，这便是产能利用率在所有周期中的正常反应。

图8.14详细地反映了在1970—1982年期间的一般扩张中，失业率在整个扩张阶段下降，但下降非常缓慢。在紧缩阶段，失业率以令人吃惊的速度上升。当然，失业在扩张中下降如此缓慢而在紧缩中如此快速上升的事实不过是反映了这一时期失业上升的长期趋势。

最后，图8.15描述了产能利用率，它在扩张的前3个阶段上升，但速度越来越慢，因此反映出需求因素的减弱。在扩张的最后阶段，产能利用率实际上有一点下降，反映了需求反常的进一步剧烈下降与利润率的下降。在整个紧缩阶段，产能利用率迅速下降，反映了需求的绝对下降。产能利用率在扩张中上升非常缓慢，而在紧缩中迅速上升的事实再次显著地反映了这一时期产能利用率降低的长期趋势。

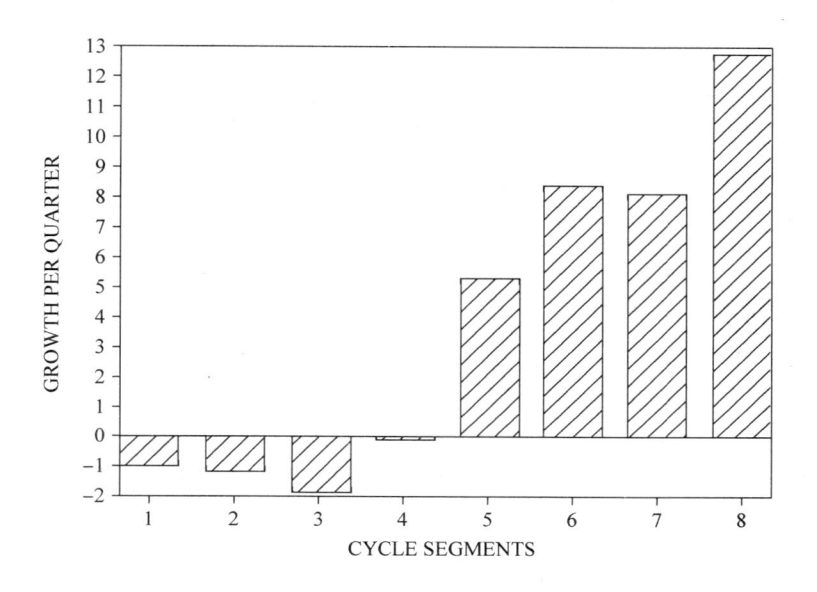

图 8.14 失业率：1970—1982 年的 3 个周期的平分阶段的增长
（来源于附录 H 的 series 43）

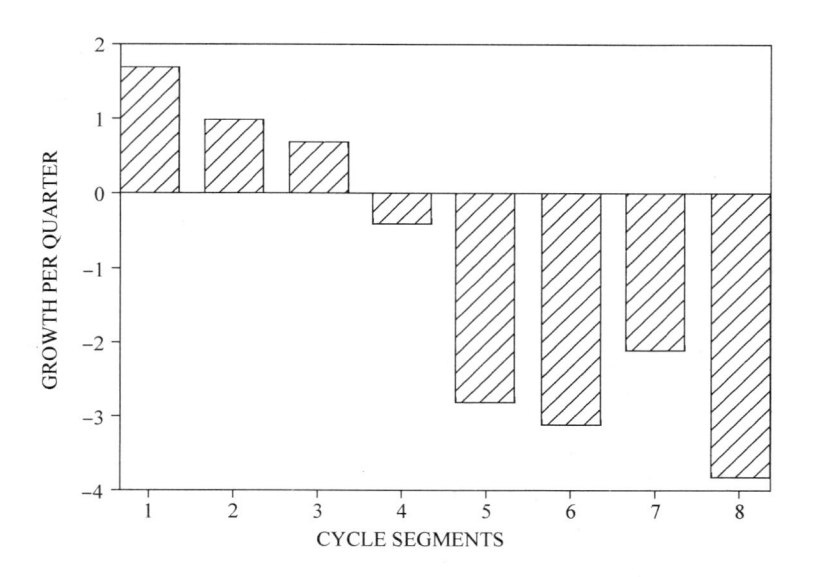

图 8.15 产能利用率：1970—1982 年的 3 个周期中的平均分割期的增长
（来源于附录 H 的 series 82）

平均来说，在1970—1982年的3个周期里，劳动份额在扩张中下降，而在紧缩中上升；生产率在扩张中比工资率上升快，而在紧缩中比工资率下降快；产能利用率在扩张中上升，而在紧缩中下降；失业在扩张中下降，而在紧缩中上升。这些基本事实似乎支持工资滞后与间接劳动假说，但似乎否定后备军假说。然而在得出结论之前，我们应当寻找一些计量经济学的证据。

计量经济学证据

整个时期的详细的计量经济学证据见附录8.1，但此处也可以加以总结。如果我们分开来看劳动份额与产能利用率的关系，则两者确实似乎呈显著的负相关关系，正如工资滞后假说与间接劳动假说所述一样。如果我们分开来看劳动份额与失业的关系，两者是没有时间滞后的正相关关系的，它在滞后期不显著，因此这似乎与后备军假说相矛盾。但分开地看这两个因素是不正确的，因为它们同时起作用。如果我们同时检查劳动份额与产能利用率和失业两个因素的关系，那么我们发现劳动份额与产能利用率显著地呈负相关关系且没有时滞，而劳动份额与失业也显著地呈负相关关系但有一个长时间的滞后期——正如利用率—失业假说所预测的。

换句话说，最有可能的是影响劳动份额的周期性变化的主要因素不止一个而是两个：产能利用率与失业两者兼而有之。它们从不同方向推动劳动份额发生变化，因此问题是在每个时间点哪一个更强和哪一个滞后期起作用。产能利用率的作用更强，而失业的长时滞后起作用。在周期的每个时间点阐明变量的关系是有用的（见下一部分）。

最后，值得一提的是，产能利用率与国内总收入正相关性较强，而失业与国内总收入负相关性较强。这两个事实广为人知且无可争议，但有助于增加我们在这一领域的知识。

用周期的各阶段对劳动份额周期性变化的解释

给定这一理论方法与上述事实，我们现在可以对周期中的劳动份额、实际小时工资与生产率在失业与产能利用率影响下的变化加以解释。

复苏阶段（扩张早期）

在复苏阶段，当产出与产能利用率迅速上升时，生产率也迅速上升——一部分是由于技术改进，另一部分由于增加更多工人使产能得到更好的利用，最主要的是由于间接劳动得到更充分的利用。生产率的上升比实际小时工资更快，因此劳动份额下降。

为什么即使对劳动的需求上升，实际小时工资仍比生产率上升慢？第一，实际工资增长缓慢的部分答案在于，失业率仍然很高，且对前面的衰退期的记忆仍然很深刻。第二，尽管工人获得的产出份额下降了，但他们关注更多的是工资上升的"美好"事实。第三，在资本主义制度下，工资合同将它固定在以前的水平，下一次谈判的到来需要一段时间。在谈判带来改变之前，所有增加的产出自动分配给资本主义的雇主，因为在资本主义制度下雇主拥有产出。第四，价格在上升，因此实际工资的上升尤为困难。第五，政府、媒体与"公众意见"都反对工资（和价格）上升时进一步增加工资。

繁荣阶段（扩张晚期）

在一般性扩张的后半期，生产率几乎没有增长，而实际工资也是停滞的。结果使劳动份额实际上停滞不前。它在20世纪50年代和60年代的周期中稍有上升，而在20世纪70年代和80年代早期的周期中略有下降。

实际工资在扩张的末期停滞部分是因为对产品的需求进而对劳动的需求减缓了它们的增长速度。消费需求的增长有限，投资需求的增长也有限。然而失业下降，因此工人的谈判地位得到改善，因而实际工资通常在这一阶段继续上升（而甚至在顶峰之前，严重的通胀就倾向于降低了实际小时工资）。

由于如下几个原因，生产率的上升也减缓了（有时还开始下降）。首先，失业率的下降意味着劳动者的谈判地位更加有利，他们斗争性更强，罢工次数也更多，因此加速受阻且生产率的上升受到限制。其次，间接劳动者现在被充分利用，因此不再能从这一资源中轻易地获得好处。最后，正如米切尔在他的所有书中提到的一样，数以万计的小型的、缺乏经验的新公司在这一时期涌入市场。他们的进入毋庸置疑地降低了平均生产率。

危机阶段（紧缩早期）

在衰退的早期阶段，就业率仍然非常高。雇主储备了一些熟练劳动者和所有的间接劳动者。因此，可测量的生产率十分迅速地下降（尽管技术并没有倒退）。同时，固定的劳动合同阻止了小时工资的任何快速下降，而且，政府、媒体和"公众意见"更同情劳动者抗议缩减工资而不是要求提高工资。

总而言之，产出和产能利用率下降，工资率非常缓慢地下降，生产率迅速下降。这些事实解释了紧缩中的危机阶段劳动份额在国内总收入中的上升。

萧条阶段（紧缩晚期）

到紧缩晚期，雇主辞去所有可能的非必要工人，甚至是一些间接工人。因此，每工时的可测量产出在周期的低谷可能最终再次上升。

同时，快速上升的失业恶化了工人的谈判地位，降低了他们的斗争性和罢工次数。因此，实际小时工资在这一阶段通常下降。

上升或稳定的生产率与下降的实际工资的结果是劳动份额在紧缩末期停止上升甚至下降。

摘　要

在类似20世纪五六十年代温和的经济周期中，劳动份额在扩张早期下降，而在扩张的晚期略有上升，然后在紧缩中进一步上升；在扩张早期生产率比工资率上升更快，而在扩张的晚期比工资率上升稍慢，在整个紧缩中比工资率上升更慢；产能利用率是顺周期的，而失业是逆周期的。在类似20世纪二三十年代与70年代和80年代早期的更严重的经济周期中，劳动份额在大部分的扩张中下降，而在大部分紧缩中上升；在扩张中工资率比生产率上升慢，但在紧缩中比生产率下降得也更慢；产能利用率具有强烈的顺周期性，而失业具有强烈的逆周期性。

在整个时期，劳动份额与产能利用率负相关且没有时间滞后，而与失业负相关但具有时间滞后；产能利用率与实际的国内总收入相关；失业率与实际的国内总收入负相关。

结 论

由于在某一给定时期,劳动份额与失业通常朝同一方向变化,直接的比较(不带滞后期)并没有给予后备军假说多少支持,但它与有滞后期的后备军假说并不矛盾。计量经济学的发现确实显示失业对劳动份额的反向影响有滞后期。

由于劳动份额与产能利用率通常朝相反的方向变化(而生产率通常随产能利用率变化),因此存在支持工资滞后假说与间接劳动假说的明显的证据,但在20世纪五六十年代的一些时候,工资似乎并不滞后于利润。

证据与利用率—失业假说一致,它认为劳动份额受到产能利用率和失业的反向影响,而后者的影响具有长滞后期。

进一步思考

在对这些经济周期理论发现的含义做出最终的结论之前,有必要进行一些更深的讨论。第9章更加详细地考虑了劳动份额对诸如消费不足这样的需求侧理论的作用;而第11章检验了劳动份额在诸如后备军理论这样的供给侧理论中的作用。第10章检验了非劳动成本以了解它们的相对重要性。第12章更加详细地考虑了利润率的变化,以观察劳动份额的先导和滞后与利润率的先导和滞后之间的关系。理解衰退的原因时,重要的并不是产出或投资即将达到顶峰时发生了什么,而是在利润率即将达到顶峰时发生了什么。一旦对利润的预期开始下降,周期性的衰退就不可避免,因为产出和投资将在其滞后期下降。

附录 劳动份额模型

本章所述假说的一个简化的公式如下。工资滞后假说和间接劳动假说强调劳动份额(W/Y)是产能利用率(Z/Y,Z是最优的产能利用率条件下的可能产出)的函数 f^I:

$$W/Y_t = f^I(Z/Y_t) \tag{8.5}$$

后备军假说强调劳动份额是滞后期（g）的失业（U）的函数（f^2）：

$$W/Y_t = f^2(U_{t-g}) \qquad (8.6)$$

然而利用率—失业假说声称劳动份额受到产能利用率与失业两者反向的拉力作用。因此，根据这一观点，将两个因素纳入一个等式更加合理。这一等式表明劳动份额是产能利用率（没有可计量的滞后期）与失业（有长滞后期）两者的函数：

$$W/Y_t = f^1(Z/Y_t) + f^2(U_{t-g}) \qquad (8.7)$$

计量经济学检验的数据采用附录 A 显示的数据资源，数据从 1949 年第 1 季度到 1988 年的第 1 季度（基于科克伦和奥克特（Cochrane and Orcutt）[1949] 的修正方法，所有回归中的自相关用 ARMA 方法加以修正）。所有比重用百分比表示，劳动份额（W/Y, series #64）对产能利用率（Z/Y, series #82）的简单回归结果如下：

$$W/Y_t = 81.0 - 0.10(Z/Y_t) \qquad (8.8)$$
$$(46.6) \quad (-5.6)$$
$$CR^2 = 0.97 \quad DW = 1.99$$

此处圆括号中的数字 t 是统计量，它反映了回归系数在统计上的显著程度较高。CR^2 是相关系数的平方，DW 是杜宾—沃森系数，显示了本例中几乎没有自相关。劳动份额与产能利用率确实高度负相关，但这一结果可能是误导性的，除非我们在多元回归中加入失业因素。

多元回归试图解释劳动份额与产能利用率和失业率（series #43）两个因素之间的关系：

$$W/Y_t = 82.7 - 0.11 Z/Y_t - 0.28 U_{t-3} \qquad (8.9)$$
$$(43.1) \quad (-6.54) \quad (-3.38)$$
$$CR^2 = 0.97 \quad DW = 1.99$$

T 统计量显示回归系数在统计上是显著的。他们高度相关且无明显的自相关。因此，劳动份额与产能利用率负相关，而与滞后期的失业也负相关。

当然，这并没有证明因果关系。而且，大体上的高度相关仅仅反映了这一事实，即大多数经济变量遵从经济周期，因此他们一致地顺周期变化（或者相反地变化，如果某一变量是逆周期的）。我们还必须记住数据中使其可疑的偏见，以及这种时间序列中的各种统计问题（例如，产能利用率与失业并非真正的相互独立的事实）。无论如何，证据至少与此处的假说一致（尽管它也可能与其他的假说一致）。

对失业与实际国内总收入（Y，series #220）密切相关的假设的争议要少得多：

$$U_t = 62.5 - 0.01 Y_t \qquad (8.10)$$
$$(8.7)\ (-11.5)$$
$$CR^2 = 0.97 \quad DW = 1.99$$

失业与实际国内总收入显著地负相关。

同样地，产能利用率显然与实际国内总收入高度相关：

$$Z/Y_t = -179.1 + 0.05 Y_t \qquad (8.11)$$
$$(-5.7)\ (12.2)$$
$$CR^2 = 0.93 \quad DW = 2.00$$

产能利用率与实际国内总收入显著地正相关。

第九章

需求侧理论：消费不足假说

许多理论家都认为，导致资本主义低迷的主要原因是消费者需求不足。主张这一观点的理论中最著名的是消费不足理论。这种理论为主流经济学家和社会主义（马克思主义）经济学家所支持。但是这两个经济流派推论出这种理论的途径是不同的，所以有必要说一下推导中的差异。此外，大部分消费不足理论并不属于经济周期理论，而是属于长期停滞理论——这种停滞理论必须与经济周期理论区分开来。

非社会主义的消费不足长期停滞理论

所有的消费不足长期停滞理论——不论是社会主义的或是非社会主义的——从定义和惯例上来讲，都有两个主要的组成部分。第一，对这种理论最重要的共识就是消费者对商品和服务的需求不足是导致经济萧条和失业的主要原因。第二，人们普遍认为，在任何一个经济时期，消费需求不足都是个难以解决的问题，因此经济的惯常状态就是停滞。在这些理论中，某些外部的或是外生的事件，例如战争或是新发明，会在一段时间里将经济需求拉升起来，但是最终经济都将恢复到停滞状态。除了这两个共识以外，即消费需求不足和经济最终恢复停滞状态，各种消费不足长期停滞理论差异很大（布利尼［1976］全面分析了消费不足长期停滞理论，但其观点具有敌对性和历史局限性）。

非社会主义的消费不足理论有很多种，包括19世纪早期劳德戴尔爵士（Lord Lauderdale）以及马尔萨斯所创立的早期理论，到福斯特（W. T Foster）和卡钦斯（W. Catchings）在19世纪30年代发展的后期理论［对于这些理论的详尽而批判的讨论请参见哈伯勒（1960年，第5

章)]。这些理论中有相当一部分都强调一方面工业生产出了越来越多的商品,而另一方面,部分人则储蓄了他们的部分收入。所带来的结果,就是消费者需求并不能赶上商品增长的速度,未售出的商品产生了积压,而生产规模也开始缩减。缩减了的生产导致了失业,从而进一步导致更少的收入以及更少的消费者需求。

在主流经济学家中,马尔萨斯的消费不足理论可谓是独一无二的。从保守的观点出发,他认为社会存在一个"寄生阶级",这个阶级的人群只消费而并不生产。他指出地主阶级就是这类人,因为他们十分擅长消费而完全不生产任何产品。

由于这部分经济学家支持消费不足理论,即认为缺乏需求而同时储蓄过剩,他们的观点通常都与主流经济观点相悖,因为主流观点通常都认为更多的储蓄对经济总是有利的。当大多数主流经济学家都支持通过更多的储蓄来促进经济增长时,部分认为消费不足的经济学家更支持每个人都应当迅速花光其收入以支持经济增长。

另一种消费不足理论在持有自由主义观点的改革学者中非常受欢迎。这类改革学者的代表有约翰·霍布森(1922),在其文章中对帝国自由主义的论述事实上成为列宁大部分该专题的著作的依据。霍布森强调,引起消费需求不足的原因并不是过度储蓄的总体趋势,而是穷苦阶级的需求不足。他论证了社会存在收入分配不均,导致了小部分的富人拥有大量收入,而大量的贫苦人民则收入极低。他认为,大部分靠拿工资生活的工人,所得到的报酬都很低,所以他们的收入和消费都十分有限。另外,富人的收入远远超过了他们的消费需求,因此他们收入的大部分都被储蓄了下来。社会存在消费需求不足是由于拥有大量收入的人并不需要更多的消费,而收入低的人群有消费需求却没有足够多的收入。

霍布森所提倡的解决方法是更公平地分配收入。贸易协会普遍赞成霍布森的观点。至少,他们倾向于认为解决经济衰退和萧条的方法在于高工资和更多的失业补贴,以便于工人能有更多的钱用于消费。

20 世纪 30 年代,当时美国经济正经历着最萧条的 10 年,消费不足和经济停滞理论自然而然大受欢迎。时任美国经济协会主席的阿尔文·汉森支持消费不足长期停滞理论(参见汉森 1964 年著作)。他认为,由于某些特殊的历史因素,美国经济的停滞在大萧条之前被拖延了一段时间，这些因素包括美国边境的拓展、人口的迅速增长以及科技的高速创新，例如铁路、汽车和电力（戈登在1961年的著作中讨论了汉森及与其相似的理论观点）。

社会主义的消费不足长期停滞理论

早期的社会主义著者，例如西斯蒙第（Sismondi）[（1985）1946]或是罗德博塔斯（Rodbertus）（1898）认为对工人的剥削导致了消费者购买力的缺乏。他们指出，工人所获得的只是维持生活所需的工资，而不是他劳动付出理应获得的"全部报酬"。因此，随着生产的扩大，工人的收入在国家收入中所占的份额肯定是下降的。结果，消费者需求相对于生产而言也就不可避免地降低了。随之而来的是生产过剩危机，从而导致了经济停滞（关于早期社会主义学家论消费不足的详细内容请参见斯威齐的文章[1942]）。

后期的马克思主义经济学家对基于消费不足假说的经济停滞理论进行了扩充，例如著名的罗莎·卢森堡（Rosa Luxemburg）[在斯威齐（1942）的文章中有详细的讨论分析]。卢森堡认为，对工人的剥削和由此导致的消费者需求不足必定导致经济的长期停滞。消费不足还没有导致完全的经济停滞状态，唯一的原因在于资本主义的全球化扩展。在卢森堡的理论中，资本家通过殖民或非殖民帝国扩张来扩大其市场。当全世界经济都被资本主义占据时，经济停滞状态也就不可避免地到来了。

巴兰与斯威齐（1966）著有一系列具有说服力的马克思主义作品，其中消费不足理论是整个长期停滞理论的主题之一。最近，西姆曼基（Szymanski）（1974）和福斯特（J. B. Foster）（1985，1987）又以一种清晰有力的方式重新陈述了马克思主义停滞理论和消费不足理论。在马克思主义长期停滞理论和消费不足理论的分析框架下，斯威齐和巴兰在经济学方面的贡献令人印象深刻，在今天看来仍然十分值得阅读与学习。他们认为"垄断资本主义经济的常态便是经济停滞"（1966，108）。由于缺乏需求，经济趋于停滞，但由于浪费性支出，经济系统有时候也并不处于停滞中。这种浪费性支出有时是私人部门浪费，例如，广告和自然衰退——自然衰退的例子之一是设计出了一辆汽车，而若干年后该汽车报废了。另一些支出则是公共部门浪费，例如，以政府赤字为代价的军事支出。有时候经济也会因为一两个原因而复苏一段时间。第一，由于科技创新，企业家会寻求经济扩张从而带动经济发展一段时期（斯威齐是熊彼特的学生之一，而这种思想是熊彼特的主张之一）。第二，经济会受到大型战争的刺激，如二战、朝鲜战争或是越南战争。

对消费不足长期停滞理论的批判

关于消费不足停滞理论，经济学左派、右派以及中间派都对其有许多批判观点。哈伯勒（1960）评论道："与其说消费不足理论是一种周期理论，倒不如说是危机和萧条理论。"（第119页）换句话说，长期消费不足理论解释了在经济停滞中为什么资本主义会出现衰落，但是关于资本主义的复苏该理论并未给出任何外生的解释因素。

如果马克思主义者只是简单地预测了长期以来资本主义的衰落，或是讨论了一种时常存在的"总危机"，那么这种衰落并没有使他们懂得资本主义的实质，也没有给予他们公信力。在美国经济中，经常出现繁荣时期，以及经济高速扩张时期。尽管经济危机和大量失业也是时常发生的，而且，尽管有一部分公众是无法切身参与到"外表光鲜"的繁荣经济中去的。一直断言美国经济处于持续性危机或是衰落状态并不能帮助马克思主义者真正了解资本主义经济。马克思自己也强调，资本主义中并没有长期持续性衰退或是永久性的危机，危机只是一段暂时性的时期，"资本过量，过度生产和危机是一种不同的东西。并不存在永久的危机"［马克思（1905）1952，373］。有些马克思主义著者似乎担心如果不能证明资本主义正日复一日地不可避免地陷入衰退之中，那么社会主义就难有出头之日。而且革命导师列宁也批判了资本主义处于永久性的危机中的这种观点（类似于天空正在塌落的假说）。他说："没有比从资本主义的矛盾中推出它的不可存在性、不可前进性等属性更加愚蠢的事情了，就像是从一种令人不快但是确凿的现实中飞到一个充满浪漫幻想的虚无之地。"（斯威齐1942年，第185页引用）当然，对于一种对经济体系的批判来说，指出该体系周期性地经历劳动力大量失业和资本大量闲置的时期，已经足够了。

另一种对于消费不足长期停滞理论的批判是认为消费者需求不足本

身并不足以成为经济衰退的充分条件。哈伯勒（1960）认为，正如许多批评家指出的那样，即使消费者需求降低了，"仍然存在充分就业的均衡状态的可能性"。（第125页）他提及了一种事实现象，即投资对商品的需求总会填补总产出和消费者需求之间的差额。马克思也在其著作《资本论》第二章的再生产公式中论证了资本主义也可能在充分就业的状态下进行经济扩展，但他并未指出这种情况发生所必须的苛刻条件。为了达到均衡，消费者对商品的需求及投资对商品的需求总和必须等于总产出，且两种需求应该形成某种比例。

对于早期未成熟的消费不足理论的基本批判，在于该理论缺乏投资方面的考虑。凯恩斯理论中也有需求不足情况下的消费不足问题，但该理论的卓越之处在于着重强调了投资。他注意到，如果非消费性收入，即储蓄，等于计划性投资的话，经济就会出现均衡状态。一种理论只有能论证在当前价格下——消费和投资总需求不足以购买市场总供给——该理论才能从需求方面出发论证经济衰退。从这一角度出发，萨缪尔森（1939）创立了一套完整的理论，与单纯论述消费者需求不足的不完全理论相对。

马克思的消费不足理论一直强调，私人部门中的资本（即排除了军事支出）不足以制造更多的生产要素以扩大生产并以此类推。换句话说，该理论强调私人投资的增长，并不足以填补消费不足造成的余量。但为什么会造成这一现象？事实上，在每次的经济扩张中，都会有一段时期中投资增长快于消费。加速器原理认为发生了这一现象是由于消费增长率上升。首先，投资的加速增长本身并不是问题，问题是促进经济繁荣的动因。因为储蓄被用于投资以生产产品及促进就业，即使消费者需求出现了停滞，从技术上来说，有可能将商品都变为投资品的形式（如工厂厂房和设备），这些产品被用于生产更多的厂房和设备。

消费不足理论中关于投资的部分必须解释为什么这种投资没有经济意义，从根本上来说，如果资本家预期不久的将来当新的商品生产出来时，经济将出现需求不足，则他们将不再继续投资。斯威齐（1942）研究加速器的作用时，开始着手解决这一消费不足领域的难题。加速器原理确实解释了当总需求减低时投资必然会下降。这一原理或许也强调了消费者需求是总需求中最大的一个部分。福斯特（1987）对消费不足理论主要从这一方面进行了有力的阐述："任何持续性的利润再投资或许都意味着生产方式……将会比消费的商品发展快得多……关于这一点，事实上是每一次积累性繁荣时期的基本模式。但这种模式实际是一个自我毁灭的过程。迟早地……生产方式会扩张到一个如此巨大的程度以至于出现了生产容量与相应需求量间的社会性失衡。过度积累危机的根源在于对生产的过度挖掘。"（第61页）

福斯特的失衡理论可以被解释为加速器原理的行为表现，这一理论在有限需求的前提条件下限制了投资。当然，有许多对于加速器原理的批判在第7章中已经提到了，所以现在需要的是对投资的合理解释，而这一解释也应包括加速器原理作为其中的一部分。无论如何，早期的消费不足理论之所以受到批判，正是因为理论的片面性。这些理论既没有解释投资路径，也没有解释消费路径。

对消费不足长期停滞理论的最后一点批判在于预期利润并不仅仅受限于需求，同时也受到成本的约束这一事实。在对于早期消费不足理论的批判中，马克思指出，资本家创造利润过程中出现的问题分为两个阶段。第一阶段，资本家必须让工人生产出本身包含着利润的产品，同时保持成本足够的低，包括劳动力成本、原材料成本及厂房设备的成本（设备折旧）。第二阶段，当这样一种有利可图的产品被生产出来以后，该产品必须被卖出去以实现其利润，而消费不足理论却试图忽视这个问题中的成本方面。

当一些主张消费不足理论的学者声称高工资能够化解危机或者阻止经济的萧条时，这一难题则变得更加显而易见。问题在于更高的工资不仅引起了更高水平的需求（凯恩斯和马克思都强调了这一点），同时也意味着更高的单位成本。因此，用马克思的话说，高工资在第2阶段实现了更多利润，但在第1阶段却降低了利润的生产。每个资本家真正希望得到的是他的工厂中更低的成本，同时生产出更高的购买力，这一高购买力则是需要经济中的其他部门的高工资来达到的。

马克思与消费不足理论

关于马克思对于早期过分简单化的消费不足理论进行批判这一事实，有些马克思主义学者解释认为，马克思所反对的是单纯针对消费者需求不足或是经济整体有效需求不足的理论。近些年来，许多马克思主义学者对所有的需求或是消费不足理论进行了激烈的抨击。有些马克思主义学者认为，马克思的思想体系中并没有强调有效需求不足的理论。持这一观点的马克思主义学者，例如谢科（Shaikh）（1978），似乎很担心对这个问题的忽视将会导致对他认为更有基础性意义的其他问题的忽视（参见第11章）。彻里（Robert Cherry）（1980）甚至做出了这样的论断："马克思相信，需求的缺乏并不会导致资本主义社会的基础性经济问题。"（第331页）

但是马克思在许多场合都清楚表达了他对有效需求重要性的看法。他曾写道："所有经济危机的最终根源，都来自于大多数人的贫困和有限的消费。"（1909年，第3卷：第568页）马克思认为，正是社会阶级结构导致的有限的消费能力，令资本主义经济扩张走上了末路："那些资本主义生产能耗尽其所能的时期常常都是过度生产的时期，因为生产能力的开发不可能超越这样一个极限，在这一极限下剩余价值不仅被创造出来，而且得以实现；但是商品的销售，剩余价值的……实现，不仅受限于社会一般群体的消费诉求，同时也受限于社会中大多数贫苦人群并将长期贫困的人群的消费需求。"（1930年，第2卷：第363页）

马克思而不是凯恩斯，首次通过指出有效需求的缺乏将导致资本主义社会的大量失业这一事实来系统性剖析萨伊定律。马克思而不是凯恩斯，首次在其著名的再生产理论中论述了资本主义中的动态均衡是可能实现的，当且仅当有效需求以某一比率持续增长时。马克思而不是凯恩斯，首次指出资本家需要面对的是两个难题而非一个：利润创造的困难和利润实现的困难。

这样看来，马克思并不像他的某些拥护者所解释的那样偏颇，相反，他对于某些过于简单化的消费不足公式的批判，有着相当平衡的观点，同时也强调了需求不足的基础性影响。当然，对于马克思来说，资本主义经济出现衰退至少有部分原因是需求不足导致利润无法实现（参见马克思《资本论》[1909]第2卷的简单和扩展的再生产模型）。尽管马克思也从许多其他方面考虑了这一问题，这些方面将在第11章中讨论到。

凯恩斯与消费不足理论

凯恩斯仅仅只是在经济学科背景介绍中顺便提及过消费不足理论，但是他对于有效需求缺乏导致的影响研究是比其他任何人都更为出色的。凯恩斯通过比马克思更严谨的方法打破了萨伊定律。他分析了经济扩张中导致消费者需求和国民收入之间失衡的原因。

对于有效需求不足引起的问题，凯恩斯的分析框架和早期消费不足理论的不同之处在于该分析框架将消费者需求和投资放在总需求中同样重要的地位。在凯恩斯的分析框架中，不可能出现单纯的消费者需求不足（而对投资没有任何说明）是导致经济衰退唯一原因的论述（当然，凯恩斯也同样考虑了政府需求和净出口需求，但是在本章中出于简化考虑而略去了这两点）。

凯恩斯在有效需求、消费的作用及收入分配的影响这些方面的贡献，都被后凯恩斯主义学者们加以扩展和规范化。这些后凯恩斯主义者们在经济周期研究中的这3个重要方面都紧紧追随着凯恩斯（可参见《后凯恩斯主义经济学杂志》的文章）。许多后凯恩斯主义学者也结合了卡莱茨基的观点，他的观点综合了凯恩斯和马克思理论方法的某些方面，尽管在凯恩斯阐述这些观点之前他就首先独立做出了相关方面的论述。

一个由消费不足（或利润实现，或需求侧）导致的商业周期理论

根据定义，消费不足理论通常都被假设为静态理论。通常来说，从消费不足的角度来阐述商业周期理论是十分可能的，这个解释角度也能在逻辑上完整地概括商业周期。如果不想命名这一理论为消费不足，那么后凯恩斯主义学者将会称之为有效需求理论，而马克思主义学者将会称之为利润实现理论。

商业周期中的需求理论，或者利润实现理论，或者消费不足理论均可以用马克思主义再生产机制的分析框架或凯恩斯总供需关系理论来解释，美国国民收入正是基于凯恩斯这种分析框架来核算的，而马克思的

分析框架也可以通过下述方法转化为以凯恩斯分析框架为基础的美国国民收入核算机制。

首先，马克思定义生产的两部门，消费品和生产资料，并定义若要得到一个均衡结果，必须两部门的需求等于生产的总产品。而凯恩斯将其阐述为均衡条件是总供给产出（即实际国民收入）等于消费者总支出加上投资总支出。用凯恩斯的国民收入核算方法即表示为：

$$国民收入（Y）= 消费支出（C）+ 投资支出（I） \quad (9.1)$$

其次，马克思将国民收入分为剩余价值（利润、租金和利息）和可变资本价值（工资、薪水和收益）。凯恩斯则将国民收入分为劳动收入（工资、薪水和收益）和财产收入（利润、租金和利息）。用凯恩斯的国民收入核算方法即表示为：

$$国民收入（Y）= 财产收入（R）+ 劳动收入（W） \quad (9.2)$$

应该注意到，在国民收入核算方法中，劳动收入被称为职工报酬，而不属于职工报酬的收入部分则统称为财产收入。

这一分析框架既描绘了两部门中的供给和需求，也描绘了两部门中总财产所得和总劳动所得的分配状况。凯恩斯理论通常只讨论总收入，而不会分别讨论劳动和财产收入，尽管他十分重视收入分配的重要性。劳动收入和财产收入的区别在大多数消费不足模型中都十分重要，因而被整合到大多数后凯恩斯主义理论中（参见艾彻纳和克里格（Eichner and Kregal）[1975年]）。

消费函数

显然，一个消费不足理论必须具有一个清晰定义的消费函数。这一消费函数的要点在于消费者需求不仅受到总国民收入的影响，而且也会受到国民收入在劳动所有者和财产所有者之间如何分配的影响。

用另一种方法来阐述这一问题即是消费倾向是劳动收入份额的正函数。当劳动收入份额上升时，即工人所得在国民收入中的占比上升，则国民收入中的消费部分比例也随之上升。当劳动收入份额下降时，即财产所得在国民收入中的占比上升，则国民收入中的消费部分比例也随之下降。在凯恩斯理论中，平均消费倾向和边际消费倾向都与劳动收入份额正相关。在第5章中，我们已经看到支持这一理论的证据与该假设是一致的。

这一问题的第 3 种解释方法——同时或许是最简单的解释方法——是明确消费者需求包括所有劳动收入加上部分财产收入。换句话说，拿工资的工人用他们所有收入来购买消费品，而资本家只需拿出他们收入的一部分来购买消费品（记住财产所得包括公司留存收益，这部分是完全不会用于消费的）。同时必须记住，取得收入和进行消费之间有一定的时滞。因此，我们可以说：

消费（C）= 滞后的部分财产所得（R）+ 滞后的全部劳动所得（W）。 (9.3)

必须注意到上述公式中所有工资都被用于消费是一种过度简化，因为工资中用于消费的部分用通常的会计方法核算有时候是低于 100% 的（参见第 5 章的解释）。消费的这种功能在卡莱茨基的先驱性著作中被用到（参见卡莱斯基 1968，第 53 页；也可参见索耶［1985b，第 4 章］）。

事实上，消费不足理论并不要求所有工资必须全部被用于消费，所需要达到的只是劳动收入的边际消费倾向必须显著高于财产收入的边际消费倾向。这一事实已经在第 5 章中被几乎所有的实证研究所证实。在第 5 章中也已指出，与假设相一致的证据已表明，平均消费倾向是劳动所得的正函数。在这种情况下，当给定国民收入时，若收入从财产所得转移到劳动所得，那么消费需求将增加；而当收入从劳动所得向财产所得转移时，消费需求将会下降。根据这一理论，我们必须弄清劳动所得和财产所得之间转移时收入分配是如何发生作用的。

收入分配函数

在马克思的观点中，生产过程中资本与劳动力关于收入分配的争夺反映了生产中资本关系下的劳动剥削。这一点是一切马克思主义理论的根源。然而这里十分重要的是资本和劳动收入份额的周期性运动现象。关于这一问题在第 8 章中已进行了详细的论述。从消费不足理论的角度出发所得到的重要结论是利润率（及剥削率）通常在经济扩张时会上升，而在经济收缩时下降。当然，这也意味着劳动收入份额通常会在经济扩张时下降，而在经济收缩时上升。这一发现与马克思主义、后凯恩斯主义及制度主义的经济理论观点是一致的［关于制度主义宏观经济学，参见达格尔（Dugger）（1989 年）］

消费不足理论通常会以时滞工资假设为依据，用一切原因来阐述资本主义经济扩张中，相关的经济制度会阻止工资与利润同步高速增长。这些原因在第 8 章中都有详细的阐述因而也不需要在此赘述。实际工资在经济扩张时上升，在经济收缩时下降，而相应的国民收入和利润则更快速地上升和下降。所以，最终的结论是劳动收入份额在经济扩张中下降，而在经济收缩中上升。

在第 8 章中已经论述过，劳动收入份额是资本利用率的减函数，这一结论与事实的一致性是显而易见的。资本的利用是顺商业周期的，而劳动收入份额则是逆商业周期的。但是从宏观的角度来看，资本的利用也是随着实际国民收入的增长而逐步增长。当收入和产出都增加时，更多的资本被加以使用。因此，我们也可以说，劳动收入份额是实际国民收入的减函数。一个逐步增加的国民收入通常伴随着劳动收入份额的下降，而一个逐步减少的国民收入则通常伴随着劳动收入份额的上升。

对这一变化关系最简单可行的表述是劳动收入份额等于一个恒定最小值（长期留存工资）加上一定比例的实际国民收入：

$$劳动收入（W）＝常数＋国民收入（Y）的百分比 \quad (9.4)$$

当国民收入增加时，劳动收入也增加，但后者上升得更为缓慢。当国民收入在经济收缩中下降时，劳动收入也随之下降，但后者下降得也更为缓慢。在这些假定条件下，劳动收入份额（W/Y）是逆周期的——因为劳动收入与国民收入比例在经济扩张中下降，而在经济收缩中上升。因此，财产收入份额必然会与劳动收入份额反方向变动（因为二者总和是不变的），即财产收入份额（R/Y）必定是顺周期的。一个相似的分配理论首先被卡莱茨基在其 1935 年的著作中使用（参见卡莱斯基 1968，第 40 页；也可参见索耶的讨论 [1985b，第 2 章]）。

劳动收入份额的逆周期行为对消费不足理论而言十分重要，因为它影响消费需求的数量。在经济扩张中，一个下降的劳动收入份额会对消费者需求产生负面的影响，而在经济收缩中，一个上升的劳动收入份额将会对消费者需求产生正面的影响。

投资函数

一个消费不足的商业周期理论或许会用到最简单的加速器原理。在该理论中，净投资是总需求前期变化的函数，特别地，

投资（I）＝加速参数（v）×国民收入（Y）的变化　　　（9.5）

如在第 7 章中所述，给定这一关系，当国民收入以更慢的速率上升时，净投资将会下降。因此净投资是这一消费不足商业周期模型中商业周期性衰退（或周期性扩张）的催化剂。与长期停滞理论模型不同的是，这个商业周期模型以投资作为其重要的基础要素之一。

当然，国民产出中最大的部分是消费品及服务。因此，国民产出和收入增长的减缓，是由于消费需求增长的减缓所导致的。但是消费需求的下降对经济周期的影响主要是通过加速原理中对投资的影响来实现的。

最早期的消费不足理论所参照的加速器原理并不像大多数现代理论模型那样基于总需求中的变化，而是基于消费者需求中的变化，正如萨缪尔森的原始模型（1939）中用到的。使用这一公式可以知道，消费者需求增长的减缓将会导致净投资的绝对下降，从而导致经济衰退或萧条。当这一公式适用于消费不足理论模型时，则并不被人们所支持，因为它忽视了投资品工业自身对于投资的重要作用。换句话说，对机器设备的需求，并不单是源于消费品的生产，同时也源于对投资品的生产中，甚至可能是这些设备需要其他的机器设备来制造。如果投资是基于总需求的，那么消费不足理论模型将很好地解释现实经济现象，因为消费需求是迄今为止经济总需求中最大的一个部分。

最后一种考察投资过程的方式是通过考察利润率的变化来进行的，详细讨论可参见第 6 章。在一个消费不足模型中，完全有可能假设净投资是利润率变化或总利润变化或两者共同的函数。卡莱茨基首次在 1935 年通过正式模型创立了以利润及利润率为变量的投资函数，为经济理论做出了重大贡献（参见卡莱茨基 1968 第 9 章；同时可参见索耶第 1985b，第 3 章）。

这一理论必须解释利润率是如何确定的。在一个消费不足模型中，重点应是通过对产品的需求而实现利润的过程（此处忽略生产成本）。因此，假设利润率自身是总需求的函数是有必要的。这一公式或许能以更好的方式来阐述这一模型，因为它强调了利润的作用，以及它是如何依靠充足的需求来得以实现的。使用通常的加速器原理的较简单的消费不足模型并不能明确地考虑利润问题，除非能在利润中考虑其对消费者需求产生的作用，但是较简单的消费不足模型和更简练的模型在运用上几乎是相同的。

消费不足周期模型的运用

在该理论中，我们必须提出一些普遍存在的问题，例如运用这一理论（使用等式9.1—9.5）来解释经济扩张、衰退、收缩和复苏的原因。

引起累积性扩张的原因是什么？

当经济开始复苏时，国民收入增长，包括财产所得和劳动所得都有所增加。上升的国民收入引起更多的消费支出，导致更多的产出需求。当产出需求增加时，这导致了——通过加速器原理可知——更多的净投资。新的投资意味着更多的就业和收入（包括工资和利润），这些导致了消费性支出的增加以及——根据乘数原理——国民收入的进一步增加。因此，该模型利用了乘数—加速数相互作用的原理作为经济积累性扩张的原因。它与萨缪尔森模型的基本不同点在于增加的收入被分为了财产收入和劳动收入，这两者将会对经济产生不同的影响。

什么导致了经济衰退？

当经济持续扩张，产出不断增加的同时伴随着劳动收入份额的下降。引起该现象的原因包括早期经济扩张中持续存在的失业，工资合约会在一定时间段内保持固定不变，从而资本家自动拥有一切由于生产率提高所增加的产出，以及生产率在经济扩张中确实提高的这些事实。在这幅经济图景中，分配原理说明了在经济扩张中，收入的确从劳动所得转移到了财产所得。

消费不足模型中的消费原理说明了消费不仅取决于整体国民收入，同时也取决于该收入将如何在劳动所得和财产所得之间分配。换句话说，增加的真实工资导致了更高水平的消费。但是在经济扩张中平均来看，真实工资比真实利润的上升要慢得多，所以相对而言，边际消费倾向有所下降。劳动收入比财产收入能导致更高程度的消费。如果边际消费倾向下降而国民收入保持不变，那么消费水平将会下降。事实上，在经济扩张中，国民收入是上升的，所以劳动收入和财产收入都是增长的，尽管财产收入增长得更快。因此，分配和消费原理共同导致的结果就是消费需求提高了，但是由于收入分配的转移而提高得越来越慢。

消费者需求增速的减缓反映在总需求增速的减缓中。加速器原理告诉我们，当所需的总产出增速减缓时，净投资一定会下降；而净投资的下降将会导致收入减少和失业的增加，从而导致经济收缩。

什么导致了累积性经济衰退？

通过消费者支出的乘数负效应过程，净投资的减少导致国民收入更大程度上的下降（财产收入和劳动收入同时降低）。而通过加速器原理，国民收入的降低会导致净投资的进一步减少。随着这一过程的循环往复，一个累积性经济衰退出现了。

什么导致了经济复苏？

随着经济衰退的继续，劳动收入下降得比财产收入更慢（原理与其在经济扩张中比财产收入上升更慢时相同，但是是一个相反的过程）。劳动收入份额持续性地增加导致了边际消费倾向上升，而更高的边际消费倾向有助于阻止总消费和总产出需求的下降。随着总产出需求下降的减缓，净投资出现了小额度的增加。这一过程导致了经济复苏从而导致新一轮的经济扩张。

对消费不足商业周期理论的评论

消费不足商业周期理论创造了一个在其自身范围内完整且一致的模型。而且，该模型中的任何一点假设都是与第5章、第6章和第8章中的现实论据相一致的。这是该理论的重要贡献。

这一模型也克服了长期消费不足经济停滞理论的一些缺点。第一，与那些停滞模型不同，该模型全面解释了经济的复苏、扩张过程，同时也解释了经济衰退和收缩的过程。第二，与一些早期的停滞模型不同，该模型具有一个清晰地和连贯的投资函数。该模型不仅解释了消费者需求减少导致经济衰退，而且也解释了总需求的缺乏，以及与此相关的消费和投资行为。

然而，这一消费不足模型存在的缺点在于该模型忽视了一切商业周期中成本循环运作的相关现象。对于劳动成本、原材料成本和利息成本，该模型没有给出任何解释，这样对该模型造成了很大的限制。该理论称消费者需求受到限制是由于国民收入从劳动向财产进行了转移。这种转移意味着需求减少，同时也意味着单位成本的降低。尽管意识到了需求减少将给利润的实现带来困难，但该理论并未考虑相应的投资需求将由于单位成本的降低而提高。

最后，该模型从逻辑上来说是完整的，因为这个模型从内容论述上是完整而连贯的。但是由于其忽略了经济现实中的几个重要方面，又可以说这个模型是十分不完整的。这些重要的变量将在本书随后的部分进行理论上的论述。货币和信贷将在第 14 章中被讨论到；第 15 章将讨论垄断力量对经济的影响；第 16 章将研究国际关系；随后的第 17 章将分析政府行为。对于其中的每一个变量，都有一群经济学家认为宏观经济分析应集中于该变量。的确，如果一个模型完全没有考虑这些变量，那么这个模型一定是不完整的。但是一个能一次性完美解释万物的理论也是不存在的，所以更好的方法是以简化而抽象的模型开始，逐渐增加接近现实的变量，从而更好地解释我们复杂的现实经济现象。这样的抽象是必须的而且合理的。只要记住一点：一个模型，只有全面考虑所有的重要变量（例如，金融体系和国际经济等），它才是完整的。

附录　消费不足经济周期模型推导

首先给出的是一个简单而基本的消费不足模型，接着将给出该模型更加复杂和简练的版本。在两种模型中，都只会考虑私人的国内经济行为，因此政府行为和净出口将被剔除。所有变量均用实际价值衡量。

一个简单的消费不足模型

这一模型包括 5 个等式，开始的两个是定义式。第一，作为均衡条件，我们必须规定供给的产出（等于实际国民收入）要等于消费者需求加上投资需求：

国民收入 = 消费 + 投资

用等式表达即为：

$$Y_t = C_t + I_t \tag{9.6}$$

等式中 C 是实际消费，Y 是实际国民收入，I 是实际投资，t 下标代表时间。

第二，运用后凯恩斯主义或者马克思主义分析方法，国民收入必须分为工资和利润，或者更精确地分为劳动收入和财产收入：

$$国民收入 = 财产收入 + 劳动收入$$

用等式表达即为：

$$Y_t = R_t + W_t \tag{9.7}$$

等式中 R 代表财产收入（大部分是利润），W 代表劳动收入（大部分是工资）。

第三，开始行为假设，首先设定劳动收入将会比国民收入上升或下降得更慢：

$$劳动收入 = 常数 + 部分国民收入$$

用等式表达即为：

$$W_t = w + gY_t \tag{9.8}$$

等式中 c 和 g 均为常数，且 g 介于 0 和 1 之间。

第四，另一个行为假设，设定消费由财产收入中的支出部分和劳动收入决定，且前者比后者具有更低的边际消费倾向。为了简化起见，假设所有劳动收入都被用于消费。

因此可得：

$$消费 = 常数 + 滞后的部分利润 + 滞后的所有工资$$

用等式表达即为：

$$C_t = a + bR_{t-1} + W_{t-1} \tag{9.9}$$

等式中 a 和 b 均为常数，且 b 介于 0 和 1 之间。

第五，也就是最后一点，投资行为依据加速数原理假设：

$$投资 = 加速数 - 国民收入变化量$$

用等式表达即为：

$$I_t = v(Y_{t-1} - Y_{t-2}) \tag{9.10}$$

等式中 v 是加速系数。

通过连续替代，这 5 个等式及 5 种变量可以被推导为一个变量表示出的一个等式。这一推导形式的等式为：

$$Y_t = H + AY_{t-1} - BY_{t-2} \tag{9.11}$$

等式中，$H = a + w - bw$，$A = b - bg + g + v$，且 $B = v$。当 $A^2 < 4B$ 时，该等式将会出现循环。当 $B = 1$ 时，循环幅度恒定，当 $B < 1$ 时，循

环幅度减小，当 B > 1 时，循环幅度扩大。

一个更符合现实的消费不足模型

模型的初始均衡条件与前面相同，即：

$$国民收入 = 消费 + 投资$$

用等式表达即为：

$$Y_t = C_t + I_t \tag{9.6}$$

第二，表达式中消费的部分可以进行改写，因为具体来说消费受到两个方面的影响：一是国民收入水平，二是收入分配水平。分别被反映在劳动收入份额中：

$$C_t = a + bY_{t-1} + c(W/Y)_{t-1} \tag{9.12}$$

等式中 a，b 和 c 都是常数。当国民收入增加，且劳动收入份额也上升时，消费会增加。

第三，劳动收入份额被规定为国民收入的减函数：

$$W/Y_t = w - gY_t \tag{9.13}$$

等式中 g 和 w 都是常数。当国民收入增加时，劳动收入份额下降，而国民收入减少时，劳动收入份额会上升。

第四，投资是利润率变化的函数：

$$I_t = v(R/K_{t-1} - R/K_{t-2}) \tag{9.14}$$

等式中 v 是常数。投资取决于利润率变化的大小。

第五，利润率被设定为总产出需求的函数：

$$R/K_t = rY_t \tag{9.15}$$

等式中 r 是常数。

该模型中也有 5 个变量和 5 个等式。通过连续替代，这 5 个等式及 5 种变量可以被推导为一个变量表示出的一个等式。用国民收入来表示，则推导出的等式为：

$$Y_t = H + AY_{t-1} - BY_{t-2} \tag{9.16}$$

等式中 $H = a + cw$，$A = b - cg + rv$ 且 $B = -rv$。当 $A^2 < 4B$ 时，该等式将会出现循环。当 B = 1 时，循环幅度恒定；当 B < 1 时，循环幅度减小；当 B > 1 时，循环幅度扩大。

第十章

厂房、设备及原材料成本

许多理论家从完全不同的角度指出,引起商业周期的重要原因之一是资本家利润在经济扩张时期由于资本品价格不成比例的上升受到了损害。资本品包括厂房、设备及原材料。二是在经济收缩时期,资本品价格不成比例的下降则有助于利润的提高。本章简单给出了这个问题的理论解释(将会在下一章详细讨论),随后将讨论关于该问题在实证中的发现。

商业周期中关于资本品成本的理论观点

第一个提出讨论资本品成本周期性循环行为的是马克思。他指出,在经济扩张而未达到顶点的阶段,高速增加的投资导致了资本品成本的迅速上升,降低了边际利润(参见马克思［1905 年］1952 年,371 页;本书中第 11 章也有详细论述)。许多被称为非货币过度投资理论家的新古典经济学家对于商业周期中的这个问题也给予了相同的关注。这类经济理论学家中最有代表性的有哈耶克(参见哈伯勒 1960 年,第 3 章;本书中第 11 章也有详细论述)。除了该观点,即认为投资的兴起会抬高资本品的价格外,这些理论家也同样关注了加速器原理的重要影响。由这一原理可以推出,对厂房和设备的需求要比消费者对商品的需求增加得快得多,而对原材料的需求是这些当中增长得最快的。

关于早期差异性价格变化的实证研究

米切尔的所有著作(例如 1913 年和 1915 年的著作)都论述了各种

不同的价格变化率是导致商业周期的原因之一。米切尔指出，在经济的复苏阶段，原材料价格在一开始是保持得足够低的，原因是在经济萧条中留存了大量的原材料存货。然而在经济扩张繁荣的阶段，这些存货被消耗掉，因而原材料价格开始飞涨。米切尔认为，这些飞涨的原材料成本降低了边际利润，因为这些成本价格的上升远比产出价格的上升快得多。

但是，这一负面作用将会多少被抵消一些，因为劳动生产的工人工资和日常开销成本的降低将会减少部分产出成本，因而工人被继续作为增加利润的来源："这是因为，当用于再生产的原材料和器具的价格，以及银行贷款的利息通常会比销售商品的价格上升更快；劳动工资将会降低，而补足品（日常开销）成本会由于先前对薪水、租金、利息的合约规定而保持一段时间不变。"（米切尔1941年，152—153页）

换句话说，在经济扩张中期，上升的原材料价格和利率会成为经济利润上升的阻力，而工资和日常开销成本上升的滞后则有助于经济利润的上升。对于产出价格没有原材料成本上升得快，米切尔给出了几点原因：①对某些产品价格的公共管制；②零售商在购买商品时签订了长期合同；③经济扩张中新的产品供给超过了消费者需求的可能性（但是米切尔认为他对最后一点并没有充分的证据证明）。

美国经济研究所中有较多学者支持米切尔的观点，他们就该问题进行了实证研究（大部分这类案例研究被列入摩尔（1983，175）的著作；也可参见索尔·赫尔特格伦（Thor Hultgren）的进一步研究[1965]）。在国民经济研究局的实证研究中，布思·麦克（Buth Mack）（1965）研究发现皮鞋的价格波动比皮革的价格波动要小，而皮革的价格波动又比兽皮的价格波动要小。摩尔也在国民经济研究局长期从事研究，对已有的成本和边际利润的实证研究进行了总结："当然，正如谚语中一个硬币的两面一样，产品价格和成本同时会影响利润，但是成本已经成为影响利润中变动最大的因素。"（1963，11）我们清楚地看到，成本在经济周期中扮演了重要角色，但是需求和成本哪个对商业周期的影响程度更大仍是一个具有争议的问题——这部分取决于我们讨论的是商业周期中的哪个阶段。

关于这方面最好的实证研究是国民经济研究局中弗雷德里克·米尔斯（Frederick Mills）给出的报告（1946）。他研究了到1938年为止的多个商业周期（3 到 20 个）中不同物品的平均价格循环变化模式。他给出了 22 种消费商品的价格，48 种资本品（不含原材料）以及 32 种原材料价格。他发现在商业周期的扩张阶段中，消费商品价格平均上升了 12%（相对于整个周期的变化百分比），厂房和设备的价格上升了 21%，而原材料价格上升了 23%；但在商业周期的收缩阶段中，消费商品价格下降了 18%，厂房和设备的价格下降了 25%，而原材料价格下降了 26%。因此，消费品价格的循环波动是幅度最小的，其次是厂房设备的波动价格，原材料的价格波动幅度最大。

大多数学者认为导致这种价格行为的主要原因是需求加速增长而供给变动不足。在加速器理论中，对商品和对服务需求的加速增长会导致对原材料和其他生产资料需求更大幅度的增长——这是一种基于原需求变化的派生增长，而不是对产出的消费品本身的需求水平。相似地，当消费品及服务需求在经济收缩中下降时，对于原材料和其他生产资料需求的减少将会更快（由加速器原理可推导出）。

在经济扩张中，增加原材料供给要比增加制成品供给困难得多。增加皮鞋的生产要比增加牛皮的生产快得多，因为牛的成长需要好几年。因此，在每次经济扩张中，原材料数量上升比制成品数量慢得多，于是原材料价格上涨要比制成品价格上涨快得多（对于给定数量的产出品，所需的原材料数量是固定的，而原材料生产的更慢就意味着对原材料存货的消耗以及由于某些经济高速扩张阶段原材料的高价甚至是短缺而造成的"配给"效应）。相似地，在经济衰退阶段，制成品的生产能够迅速减少，而原材料，例如已经耕种的工业用粮不可能被撤回，因而其生产的减少远没有制成品那么快。因此，在经济萧条时期，原材料供给的下降通常比制成品下降得更慢，因而原材料价格的下降会比制成品价格下降快得多。

米切尔（1951 年，312—321 页）的数据也得出了相同的结论。平均说来，在 1921 年到 1938 年间的 4 次经济扩张时期来看，制成品价格只上升了 8.6%，而原材料价格上升了 16%。从同时期的 4 次经济收缩来看，制成品价格下降了 13.0%，而原材料价格则下降了 21.9%。

1949—1970 年间的价格波动情况

二战后差异性价格波动的情形因为当时的通货膨胀而变得不太一样。在大多数情况下，我们会看到在经济收缩时期价格仍持续增长，正如价格在扩张阶段的表现一样。由于各种各样的原因，二战后消费品和厂房设备之间价格变动形式并没有太大不同。然而消费品和原材料价格之间仍然存在十分显著的差别，所以这一点将成为我们接下来研究的对象（记住我们所讨论的消费品价格变动情况与厂房设备价格变动情况是相似的）。因此，所有制成品价格由于同样的通货膨胀的影响而共同运动，而原材料产品的价格变化却并不相同。

在 1949—1970 年期间，即 20 世纪 50 年代到 60 年代间，消费价格指数几乎是持续上升的。在经济扩张时期该指数平均上升了 10.8%，而在经济收缩时期也持续上升了 2.4%。与之相反，原材料价格指数在整个时期看来几乎没有什么变化——或者，该指数多次的升降并不随商业周期各个时段的变化而变化，而且也不存在长期变动的趋势。因此，从平均经济扩张时期来看，原材料价格指数仅仅变动了 0.2%，而从平均经济收缩时期来看，该指数仅变动了 0.1%（这部分及以下部分的所有数据均来自美国商务部 1984 年数据中序列 320 号和 331 号）。

那么为什么原材料价格在一个如此长的时期内几乎保持不变呢？这是一个重要的问题，发展经济学方面的著作对这个问题有许多详细的讨论，其中部分经济学家断言是帝国主义力量阻止了原材料价格在普遍的通货膨胀压力下的上升。人们也考虑了关于供需方面的许多条件（已超出了本书的讨论范围）。当然，从长期来看，贸易条款并不利于作为原材料商品提供者的第三世界国家，而有利于生产制成品的发达资本主义国家。

对于美国的经济而言，这种价格循环模式意味着什么呢？在经济扩张中，由于大多数原材料是进口的，因此上升的制成品价格连同几乎不变的原材料价格意味着美国公司利润增加。而在经济收缩过程中，上升的制成品价格连同几乎不变的原材料价格同样意味着美国公司利润的增加。因此，与过去的循环模式不同，原材料和制成品价格不同的变化模式为美国经济在商业周期中创造利润提供了有利条件。

1970—1982 年间的价格波动情况

1970—1982 年间情况非常不同，这期间理论和较早期的经济现象又一次关联起来，马克思和哈耶克又一次为经济预测提供了良好的经济模型。这与 20 世纪 20 年代到 30 年代商业周期唯一的不同之处在于这期间的通货膨胀要比 20 世纪 50 年代到 60 年代期间的通货膨胀更为严重。但是，除了通货膨胀外价格的不同变动情况都与理论相符合。

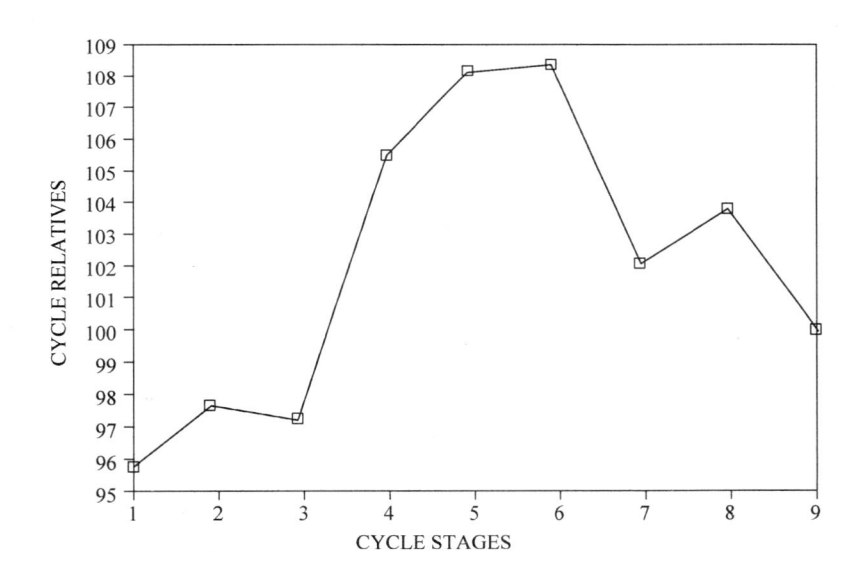

图 10.1　原油价格与消费品价格的比率：1970—1982 年的 3 个周期的平分阶段的波幅（来源于附录 E，序列 331 和 320）

在 1970 年到 1982 年的整个时期，消费价格指数在经济扩张时期平均上升了 21.8%，而原材料价格指数在此时期则上升了 37.8%。因此，综合这期间的经济扩张阶段来看，美国经济的总利润由于原材料相对于制成品价格的更大幅度上升而减少，而原材料价格的上升则是由进口国造成的。

从这一时期的经济收缩阶段来看，消费价格指数仍然上升了 9.2%，而原材料价格指数仅仅只上升了 1.0%。因此，综合分析经济收缩阶段，美国经济总利润由于进口国几乎不变的原材料价格而得到大幅增加。

不同的价格变动情形由图 10.1 可见。这幅图清楚显示了在经济扩张过程中原材料与消费品价格的比率快速上升，而在经济收缩过程中，该比率则迅速下降。更精确地说，在经济扩张过程中，原材料与消费品价格的比率上升了 0.72%，而在经济收缩过程中该比率下降了 1.51%。

这一比率在商业周期不同阶段中的变动情况也可以通过一个简单的计量经济学推导过程来证明（在附录 10.1 中给出）。产能利用率与经济周期变动是比较一致的，且该比率也可被设定为反映商业周期需求的变量。20 世纪 50 年代到 60 年代期间，原材料与消费品价格的比率和产能利用率之间并没有显著的相关关系。而在 20 世纪 70 年代到 80 年代，截然不同的是这两个比率之间呈现出显著的正相关关系。

结 论

除了 20 世纪 50 年代到 60 年代期间，在经济扩张过程中，原材料价格比消费品价格要上升得快得多。而在经济收缩过程中，原材料价格则要比消费品价格下降得快得多（或者上升慢得多）。这意味着，除了 20 世纪 50 年代到 60 年代期间，美国经济的利润会由于价格的不同变动情况而在经济扩张中受到损害，在经济收缩中得到益处。这一供给方面的理论意义将在下一章中进行详细论述。

附录 原材料与消费品价格的比率的规范计量分析

原材料价格（M）与所有制成品价格（P）的比率在商业周期的大多数阶段是顺周期的。因而这一比例或许可以用来解释产能利用率——或实际产出（Y）与资源充分利用时的潜在产出（Z）的比率——该比率在资本主义经济发展史上是显著顺周期的。用等式表示即为：

$$M/P_t = f(Y_t/Z_t) \qquad (10.1)$$

等式中原材料与消费品价格的比率是产能利用率的正函数。

此处使用的数据与附录 A 中的定义一致，即所有数据均为季度数据且用比率形式表达。用产能利用率（Y/Z，序列 82 号）对上文中两个不同的经济时期的原材料价格（M）与消费品价格指数（P，序列 320 号）的比率分别进行回归，得到 1953 年至 1970 年间的结果如下：

$$M/P_t = 89.2 + 0.06 Y/Z_t \qquad (10.2)$$
$$(9.4) \qquad (0.7)$$
$$CR^2 = 0.97 \quad DW = 1.60$$

尽管结果高度相关，但该等式在使用 ARMA 方法对自相关进行了修正后仍具有显著的自相关，所以这一结果并不足以说明结论。进一步地，t 统计量也说明了产能利用率的回归参数并不显著。

如果我们使用相同的数据，同样是季度数据和用比率表示，得到的 1970 年至 1988 年间回归结果为：

$$M/P_t = 37.1 + 0.78 Y/Z_t \qquad (10.3)$$
$$(1.4) \qquad (3.0)$$
$$CR_2 = 0.92 \quad DW = 1.99$$

这一时期的回归结果也是高度相关的，但与先前结果不同的是这次并没有出现显著的自相关。进一步地，产能利用率的 t 统计量现在在 0.01 的置信区间上是显著的。

上述推论的经济结论是 20 世纪 50 年代到 60 年代期间，原材料与消费品价格的比率和产能利用率之间并不存在显著的相关关系，但在 20 世纪 70 年代到 80 年代期间，二者之间存在显著的相关关系（二者均是顺周期的）。

第十一章

商业周期中的过度投资与后备军理论：供给侧视角

许多研究商业周期的理论都强调供给方面的问题，如生产过程、生产成本或是过度消费及过度投资，而不研究有效需求方面的问题，如第 9 章中强调的消费不足以及过度储蓄问题。

第一，最受欢迎的供给侧理论认为过高的税率会令储蓄枯竭，同时降低人们工作的意愿。这些观点在近些年来被称为供给侧理论，但是它们只是需求侧理论观点中的一种（且它们也并不属于重要的周期理论）。在第 3 章中它们和一些外生经济理论一起被加以论述，而到第 18 章在论述政府政策时与这些理论相似的观点也将被加以讨论，但本章并不涉及这些理论，因为在这里我们仅仅只讨论私人经济，而并不涉及政府行为。

第二，与经济中供给侧有关的大部分是货币性过度投资理论、货币理论或者货币主义学说，但是这些理论均与货币、利率、信贷和金融体系有关，因此我们会在涉及该专题的第 14 章中详细讨论这些理论。

第三，经济理论中存在一种马克思主义长期停滞观点被称为资本有机组成理论。由于该理论并不是一种商业周期理论，因而不在本书的讨论范围之内。很多经济著作都对这一理论进行了研究，例如可参考谢科（Shaikh）（1978），叶福（Yaffe）（1973），法恩和哈里斯（Fine and Harris）（1976），贝尔（Bell）（1977）及韦斯科普夫（Weisskopf）（1978）的著作。

第四，有一系列被称为非货币过度投资理论的重要理论，它们中的大部分都讨论了厂房、设备及原材料的高成本问题，而另一些则讨论了经济繁荣时期下降的产出/资本比例［近几年最引人关注的是迪瓦恩

（Devine）（1987年）的理论]。本章将研究这些理论。[本章中所有提及的理论若未注明出处，则均引自哈伯勒（1960年，第3章）过度投资理论]。

第五，从米切尔开始，经济学家们关注了企业规模和集中度，并注意到一个较小的无经验的公司在经济繁荣时期进入市场将会降低资本生产率，而与该问题相关的垄断竞争周期性影响将在第15章中详细讨论。

第六，后备军理论涉及的问题是当经济接近充分就业时劳动成本将增加。本章中我们将讨论后备军理论中的长期和短期变量。

马克思关于短期资本成本周期性变动的观点

马克思论述了经济扩张中正常现象之一的资本品价格升高："这一现象（形成经济危机的准则之一）是可能发生的，如果剩余价值（利润）的生产以高速率进行，而且又被转化为生产性资本品，这将提高后者在真实生产中无法实现的要素需求，结果当所有商品被转化为资本品时，它们的价格都提高了。"[马克思（1905年）1952年，第371页]

马克思不仅提出了经济扩张时资本品价格将上升，而且他也指出资本品价格的下降也是资本主义在经济萧条时自我调整过程中的一个重要组成部分。马克思以非常生动的方式描述了这一过程："经济破坏的可怕力量将通过毁灭资本价值的方式体现出来……市场上的部分商品要完成流通和再生产过程，只能通过大幅降低其价格来实现……而通常使用的资本品要素（厂房、设备和原材料）的贬值本身将会成为抬高平均利润率的因素之一……而商业周期也将以这种方式循环往复下去。"（马克思，1909年，第297—299页）

经济萧条时期资本品成本的下降降低了资本经济中的整体单位成本，从而提高了消费品的利润率，有助于经济实现复苏。

卡莱茨基（1968，第1章；也可阅读索耶1985b，第2章）在其著作中提及另一与此相似的理论，他专注于研究商业周期中最终产出和资本品，尤其是原材料的价格关系，并试图证明对大多数资本家而言，大幅度的资本品价格波动造成了利润的下降。

非货币过度投资理论

许多经济学家（大部分是保守型或是反对马克思主义）研究了（和马克思一样）资本品成本是如何在商业周期中升降的。这类理论学者包括斯皮尔托夫（Spiethoff），拉塞尔（Lassel），杜冈-巴拉诺夫斯基（Tugan-Baranowski），以及在某些方面，包括哈耶克和熊彼特（参见哈伯勒1960年，第3章）。这些经济学家都将商业周期现象视为资本品投资行为的主要结果之一。他们中的许多人都认为投资的增减要比消费变化快得多，部分学者认为是加速器原理的作用。他们强调对于投资资金的需求超过了储蓄供给，因而出现了"资本短缺"。他们担心消费过度而储蓄不足，与凯恩斯和消费不足理论学者的观点正好相反，但是这一观点非常类似于古典经济学家们的观点。引起经济衰退的原因是资本品价格的上涨和/或利率的提高和/或资本生产率的下降，导致了工业利润的下降。

这些理论中，有许多都认为经济复苏取决于科技创新。研究科技对经济的周期性影响最重要的经济学家是熊彼特（1939）。接下来是马克思，他详细探讨了科技创新的革新性质。同时他也强调了企业家在引进这些创新中所起的作用，以及经济由于重要的科技创新开始复苏时，许多其他企业家为了利用这一获得利润的机会，蜂拥进入该领域并扩大生产。这一影响毫无疑问是十分重要的。为什么这种创新会以周期性的方式出现呢？关于这个问题熊彼特并没有给出自己的意见。他很好地描述了这些科技创新是如何推广的，但是这一过程是在经济复苏以后，而不是引起复苏的原因。由于缺乏市场，在经济衰退或萧条时关于是否引进新科技企业家会犹豫不决。因此，许多之后的经济学家会认同熊彼特对科技创新的重要作用，不仅体现在长期经济中，正如人们所熟知的，同时也体现在商业周期中——但科技创新并不是它本身周期性出现的原因。

哈耶克关于资本成本理论的论述

所有支持非货币过度投资理论观点的经济学家都认为在商业周期的

| 第十一章 | 商业周期中的过度投资与后备军理论：供给侧视角 211

扩张阶段，"过量"投资意味着对厂房、设备和原材料的需求将超过供给（如需研究可参见哈伯勒［1960，第3章］）。过量的需求将会提高这些产品的购买成本，假设这种投资所生产的产品价格恒定或是以非常低的速率上升。过度投资理论学家都认为消费品价格要比其成本上升慢得多。在这种情况下，单位产品的边际利润必定会下降，从而导致经济萧条。其他非货币过度投资理论学家则担心对生产极限的过度接近将会导致生产供给混乱无序，出现一些供给短缺问题并最终造成实际的资本生产率下降（参见迪瓦恩［1987，第275页］）。

哈耶克（1939年）是最重要的过度投资理论学家。他认为生产是由一系列阶段组成的，每个阶段为下一阶段提供产品，同时也是下一阶段的成本组成部分。原材料的生产被视为生产过程中的第1阶段或是最早阶段。接下来原材料在第2阶段以某一单位成本被用于建设厂房和生产设备。厂房和设备加上更多的原材料——一起被称为生产者产品或是资本品——被用于生产的第3阶段来制造消费品。

根据哈耶克的观点，在每次经济扩张中，对消费品需求的增加导致了对厂房和设备更大程度的需求。对这些资本品的需求，即投资，比相应的消费品需求比例更大，这一点可以通过加速器原理解释（第7章有详细论述）。生产的第2阶段中对厂房和设备更大数量的需求导致了原材料需求的进一步增长（第2次加速）。

这一理论预测了正是经济扩张中的这些需求压力，导致了消费品价格上升最慢，其次是厂房和设备的价格，而上升最快的是原材料价格。哈耶克认为，生产的早期阶段较高的成本最终降低了后期阶段的边际利润，从而导致了经济收缩。

在每次的经济收缩中，加速器原理都会以反方向运作，使消费品产出微量减少，最终导致厂房和设备投资大量减少。因此，厂房和设备将会比消费品的价格下降更多。由于进一步加速，对原材料的需求会比对厂房及设备的需求下降得更快。同时，从农业操作到降低原材料供给是需要一定时间的（因为预期的生产计划会提早得以实施）。由于需求急速下降，而供给下降得相对更慢，导致了原材料必定会比消费品价格下降快得多。哈耶克认为这样导致的成本迅速下降会有利于经济收缩过程中边际利润的稳定——而这也为经济复苏打下了一定的基础。

哈耶克的理论是前凯恩斯主义的延伸，因此很难完全用凯恩斯的总供需理论将其表达出来；这一理论的模型需要某种个体经济的表达方法。国民收入并没有核算原材料，而只包括了制成品价值，这些价值被认为已经包含了原材料的价值。因此，一个哈耶克理论模型必须将经济分解为一个消费者部门、一个资本品部门和一个原材料部门。

另外，一个更重要的问题是凯恩斯理论中的国民收入核算包括了总利润。假设原材料价格上升了，而其他商品保持不变，那么通过销售消费品的资本家所获得的利润以及厂房和设备的生产能力都会下降。而与此同时，生产销售原材料的资本家利润必定会有同等数量的增加。在这种情况下，总利润看上去将会保持不变。

那些强调原材料价格重要性的经济学家或许可以用两种方法之一来回答这一争论。哈耶克认为，对于原材料的需求是对制成品的需求派生而来的。如果更低的利润率导致了制成品生产的预期减少，那么对于原材料的需求和原材料的预期利润也会随之下降。这一过程的后果是不论现在的原材料利润有多少，对于原材料的生产都将减少。由此，制成品引起的经济衰退将会迅速蔓延到原材料领域。这一观点具有十分重要的现实意义，但要验证这一理论十分困难，因为它使用了一种个体经济的模型分析，即将模型经济分为消费品及服务、厂房和设备以及原材料这3个部门。因此，这一推论或许是十分正确的，但是迄今为止无法得到证明。

第2个观点要简单得多。假设某国的经济中所有的原材料都依靠进口，那么世界上其他地区的原材料价格上涨将对该地区的经济利润产生明显的负效应。举个例子来说，美国所使用的原材料中有很大一部分是从别国资源中进口而来的。如果原材料要比制成品价格上涨更快，那么美国依靠进口原材料的资本利润率必将会降低。因此可以看到，任何关于原材料价格（例如原油价格）的失衡性上升或者下降都会对美国经济总利润造成影响。这些关于国际贸易方面的问题将会在第16章中进一步加以讨论。

一个商业周期的过度投资模型

我们可以用多种非货币过度投资理论中的主要观点来建立一个关于商业周期的简单模型——在该模型中我们将尽量保持原著的精神，但是根据通常使用的国民收入核算来表达。

不考虑国外和政府需求,均衡条件是供给的产出等于消费者需求加上投资需求:

$$国民收入(Y) = 消费(C) + 投资(I) \quad (11.1)$$

等式中供给数量随每个时期的需求进行调整,但是需求不一定等于充分就业水平下的供给。

消费函数

现在我们必须解释整个商业周期中消费和投资的变化路径。过度投资理论假设消费者需求不会出现不足,因此可以简化假设消费为收入的某一固定比例:

$$消费(C) = 常数 \times 国民收入(Y) \quad (11.2)$$

由于消费没有什么明显变化,我们要将投资视为重要变量。

投资函数

所有赞成过度投资的理论学家都认为投资与利润成本差有关。因此可以假设新增净投资的数量是利润率的函数:

$$投资(I) = 利润率变化的函数 \quad (11.3)$$

利润率的上升将会让人们对未来市场充满信心,从而增加净投资。而利润率的下降则会令企业家对经济前景充满顾虑进而减少新的净投资。

利润率的定义

资本的利润率可以被视为财产或是利润的产出占比乘以资本产出率:

$$利润率(R/K) = 财产份额(R/Y) \times 产出/资本(Y/K) \quad (11.4)$$

根据定义这是一个恒等式。但是,对于这一理论而言这是一个非常有用的定义,因为它避免了在劳动所有者和财产所有者之间进行收入分配,而将这两种收入视为一个整体。另外,它将资本产出率分出来作为一个独立部分。资本产出率取决于实际的资本生产(通过劳动)和资本品成本,包括厂房、设备及原材料(应当注意这种定义方法并没有考虑反映需求的产能利用率,因为这里的理论并没有强调需求的重要性)。

分配函数

过度投资理论并没有直接涉及劳动和财产之间的收入分配;至少,这一点并不是该理论专注的重点。因此,我们可以简单假设在整体产出中劳动收入份额和财产收入份额都保持一个恒定的比例:

$$财产收入份额(R/Y) = 常数(k) \tag{11.5}$$

这一假设说明在该模型中,收入分配的作用并不重要。

成本函数

最后我们来讨论这个模型中起着至关重要作用的部分。资本产出率反映了实际产出数量和相对价格,因此产出可以被分为产出数量(Q^y)和制成品价格(P^y)。相似地,资本也可以被分为资本品数量(Q^k)和资本品价格(P^k)。产出和资本的数量之比从长期来看会由于技术的改变而有所变化。但是本理论涉及一个短期模型,所以我们可以或多或少地设定技术保持不变。如果生产超过了产能利用率的最佳水平,那么产出与资本的数量之比将会下降,正如一些过度投资理论学家所假设的那样,但是对此并没有充分的证据。而另一些经济学家则推测产出与资本的数量之比会在经济扩张达到顶点之前有所降低,因为大量的小而无经验的企业会竞相进入该生产领域。

然而,哈耶克模型的重要突破点在于制成品价格与资本品(包括厂房、设备和原材料)价格之比必定会随着经济扩张的持续而降低。在第10章,我们可以看出这一假设是正确的。在前期讨论的多次经济周期中,消费品价格要比所有资本品价格波动小得多。现在,厂房和设备的价格与消费品价格波动程度差不多,但是原材料价格仍然比消费品价格波动大得多,所以可以确定的是所有的资本品价格会比所有消费品价格波动大得多。由此可以推出,产出价格与资本品价格之比会在经济扩张中随着产出增加而下降——而在经济收缩中会随着产出减少而上升。这一比例,即价格/成本的上升在这类理论的论述中极为重要。

部分过度投资理论认为,产出与资本的数量之比会在经济扩张中下降,而另一些理论则认为产出与资本的价格之比会在经济扩张中下降。这两种过度投资理论的观点都使我们有理由相信产出的美元价值(即收益）与资本品的美元价值（即所有生产资料的总成本）之比会随着产出增加而降低，也会随着产出减少而上升。

$$产出/资本（Y/K）=产出水平的减函数 \quad (11.6)$$

由于这一比例在经济扩张中下降，所以增加的单位成本将降低利润率，从而减少投资，进而引起经济衰退或经济萧条。

过度投资理论的运用

让我们通过以下几个常规问题来了解这个理论是如何解释商业周期的。

如何解释经济衰退？

在这个模型中，利润率的上升导致投资增加，新的投资又导致了更多的产出。但是当产出水平上升时，产出与资本品价格之比将会下降——同时，可能由于越来越接近完全产出水平，产出与资本品的数量之比也会出现下降。而且，在任何水平下，收益产出之比都会比资本成本与新投资之比上升得慢。因此，保持其他因素不变，利润率将会上升得更慢甚至会出现下降。这一利润率的停滞或是下降将会导致投资减少，减少的投资又会导致产出和收入减少，随之则会发生经济衰退或经济萧条。

如何解释经济复苏？

利润率的下降导致投资减少，投资的减少又会导致产出减少。然而在经济收缩过程中，资本品成本（至少是原材料成本）将比制成品价格下降更快。而当经济远离其完全产出水平时，产出与资本品的数量之比则会上升，这一过程将持续到最无效率的公司在经济萧条中破产为止。因此，产出收益会比资本成本下降更慢。于是，利润率下降开始减缓甚至转而出现上升。对于利润的良好预期导致了投资重新增长，进而提高产出和就业。

对过度投资理论的评价

通过对价格/成本比率的考虑，非货币过度投资理论加深了我们对经济周期的理解。该比率，即价格/成本，涉及一种微观经济观点，这种观点在凯恩斯主义经济鼎盛时期并没有被过多关注，但这一比率确实在解释经济周期中起了重要作用。

另外，类似于哈耶克的理论并没有考虑其他成本，例如劳动成本。最重要的是这些理论并没有考虑需求问题，而不考虑需求问题是不可能全面理解经济周期的。因此，这些理论作为一个组成部分在解释商业周期中是十分有益的，但它们本身又是不完整的。

马克思关于劳动力后备军理论的论述

马克思不仅意识到了资本品的高成本可能会降低利润率，同时也意识到高的工资成本同样会降低利润率。马克思认为，通常来说，失业人员（他称其为劳动后备军）保有一定工资因为资本家在经济扩张过程中随时可能会雇用这些劳动力。但是，他也指出，历史上也出现过一些较为反常的时期，在这些时期中由于资本经济扩张过快，以至于这些劳动后备军全部被雇用于工作甚至出现劳动力短缺，这些都直接导致了高工资。马克思写道："如果无工资的劳动力由工人阶级（利润创造阶级）供给，同时由资本家阶级（投资阶级）积累，这类劳动力的数量增长得如此之快以至于要他们转化为资本还需要额外雇用劳动力，于是这就造成了工资成本上升，而其他条件保持不变，无工资的劳动力占比降低。"（1903年，第1卷：第620页）

马克思认为，在经济的异常时期，例如在19世纪后期，美国兴起铁路建设的浪潮，工人工资的增长可能会降低利润率从而引起经济停滞现象。马克思是在经济的异常时期出现了一些长期经济变动的环境下写出这一论述的，但是马克思主义的一些学者却用这一论述来支撑短期经济理论中对每一次经济扩张过程中工资过高的论断。然而马克思强调，在大多数时期，工资通常都比总产品价格或是利润上升得更慢："剥削率……的趋于提高总是伴随着利润率趋于下降。出于这个理由，没有比用工资率的提高来解释利润率下降更为荒谬的事情了，尽管这一趋势理论在运用时可能会有一些例外的情况。"（1909 年，第 3 卷：第 281 页）因此，马克思认为，在大多数时期工资远远赶不上利润的增长，但是在一些反常时期确实也出现过劳动后备军被完全雇用的情况，在这些少数时期中工资或许会比产出增长更快一点。马克思强调的是这一现象的长期趋势，而不是周期性的波动行为。在下述部分我们将会尽可能严谨地阐述这一特点。

长期停滞中的后备军理论

在 20 世纪 50 年代到 60 年代的英国经济中，就业率相对较高，且工会力量强大。在这一环境下，格林和萨特克利夫（Glyn and Sutcliffe）（1972）指出，在这一时期由于工会在经济和劳动力管理方面都极具影响力，几乎不存在劳动后备军。于是，他们认为劳动力很强大并且在日益增长。这一力量已经强大到能打破资本家的限制并让工资比生产率上升得更快。由此，国家产出中的劳动收入份额持续上升，这一份额的上升意味着利润份额的下降并且在长期经济中降低了利润率。

无论他们对这一经济时期的分析是否正确，从撒切尔夫人当选英国首相以后的很长一段时间，英国的劳动力阶级都处于劣势中，在这一时期再也不能用上述那种借口为英国经济的问题进行开脱了。进一步地，上述理论是一种英国经济的长期停滞理论，而不是商业周期理论，所以它并不能解释本书中所涉及的经济现象（尽管这一理论如果正确的话对介绍经济周期现象的背景十分重要）。

这一由高工资来解释的经济停滞理论在英国并不新鲜。早在 1732 年，英国国会下议院就主张："现在国内人们普遍都在抱怨高工资是损害我国贸易和制造业利益的主要原因；因此我们现在要做的是想尽一切我们所能想到的办法以确保工人工资比现在低"（引自米洛斯基 1986，15）。

后备军经济周期理论

博迪和克罗蒂（Boddy and Crotty）（1975）指出后备军理论，该理论既不能像马克思主义那样应用于经济的反常时期，也不能像格林和萨特克利夫那样用于解释长期经济停滞现象，而应该用于解释商业周期现象（同时可参见戈登、韦斯科普夫和鲍尔斯关于长期经济和经济周期问题的探讨［1987年］）。他们指出，在每一次的经济扩张中，产出的增加都导致了就业增加，从而缓慢减少了劳动后备军当中的失业人数。随着经济越来越接近充分就业状态，对于劳动力的需求将会超过劳动力供给，这会增强劳动阶级的谈判力量并改善自身阶级的状况。进一步地，当工人逐渐意识到他们的力量变得强大时，他们将会变得更加激进。

正如在第8章中所展示的那样，这一激进力量反映在现实生活中就是在经济扩张时期罢工人数的上升和在经济收缩时期罢工人数的下降。由于工人力量的逐渐强大，工人们能够保持自己的高工资水平。他们也拒绝加班赶工，而这将降低生产率增长。

由于某些原因，劳动收入份额将会在经济扩张末期上升。关于后备军假说对劳动收入份额变动的详细解释，请参见第8章。但第8章仅仅讨论了这一中心假说而并没有将其放入商业周期的整体理论中。在本章，我们将给出经济周期理论的完整解释，而后备军假说正是这套理论中的主要假设之一。

劳动收入份额的上升也意味着利润份额的下降。当保持其他要素不变（例如保持需求不变）时，产品利润份额下降导致了利润率的下降。最后，利润率的下降降低了人们对未来利润的预期。这将导致投资的减少，从而引起经济衰退或是经济萧条。

在经济危机或是经济收缩早期，由于工人力量的强大和激进而使得工资保持在较高水平，同时生产率会降低。因此，利润占比进一步下降，利润率也会进一步降低，导致原本衰退的经济进一步恶化。

但是，最终可以看到，不断上升的失业率将导致工人的强大力量瓦解。在经济衰退和经济萧条的后半阶段，被削弱的劳动力量再也不能阻止工资的下降和生产率的提高了。于是这也意味着利润份额又一次开始上升，同时利润率也跟着上升。这种对利润增加的预期为经济注入了新投资，于是经济开始复苏。

必须要强调的是在经济复苏的开始阶段，失业水平仍然很高，于是工人仍处于劣势中。因而利润份额能够在经济复苏中因为生产率的提高而继续上升，而此时的工人工资水平是停滞不前的。直到经济复苏已经持续了相当长一段时间，当失业水平降到足够低的程度时，工人阶级在经过一段时滞后重新又开始恢复力量。因此只有在经济扩张的后半阶段劳动收入份额才会开始又一次上升，接着再次重复相同的周期变动。

后备军理论模型

这一理论中的主要关系和假设是什么？作为其框架的一部分，我们做出惯常的假设，即在经济均衡状态时，真实国民收入等于真实消费加上真实投资（参见等式11.1）。这个理论也区分了劳动收入和财产收入，于是我们强调这两部分国民收入占比之和等于国民收入。

$$劳动收入份额（W/Y）+ 财产收入份额（R/Y）= 1 \quad (11.7)$$

由等式可知，如果我们已知劳动收入份额，便可以计算财产收入份额——等于1减去劳动收入份额。

消费函数

现在我们要解释商业周期中消费的变动情况。然而，正如在前面的模型中见到的一样，后备军理论假设经济并不缺乏消费者需求，所以可以将消费简单假设为收入的一个恒定比例。当收入上升时，我们假设需求也以同样比例上升，因此重复前面模型的假设关系。

$$消费（C）= 常数 \times 国民收入（Y） \quad (11.2)$$

由于消费明显没有什么变化，我们要将投资视为重要变量。

投资函数

也同前面的模型一样，我们假设投资是利润率变动的函数：

$$投资（I）= 利润率变动的函数 \quad (11.3)$$

利润率提高有利于增加人们对未来经济的信心从而增加净投资。

利润率的定义

仍同前面的模型一样，资本利润率可以被视为财产份额乘以利润—产出比率：

$$利润率（R/K）= 财产收入份额（R/Y）\times 产出-资本比（Y/K）$$

$$(11.4)$$

后备军理论中的这一定义十分重要，因为它避免了在劳动所有者和财产所有者之间进行收入分配，而将这两种收入视为一个整体；另外，它将资本产出率分出来作为一个独立部分。与前面的模型不同，产出/资本之比率在后备军理论中并不重要，对后备军理论而言，收入在劳动和财产之间的分配才是至关重要的。

资本成本函数

资本产出率在这个模型中意义不大，因此可以被假设为常数：

$$\text{产出/资本}（Y/K）= \text{常数}（k） \tag{11.8}$$

在给出了本模型的基本设定之后，我们开始研究这个模型最重要的部分。

分配函数

后备军假说指出，在经济扩张的最后阶段劳动收入份额会上升，而在经济收缩的相同阶段劳动收入份额会下降。劳动收入份额之所以会这样变动是因为它受到失业水平的影响，该影响有一定时滞。

$$\text{劳动收入份额}（W/Y）= \text{失业水平}（U）\text{的减函数} \tag{11.9}$$

之所以是减函数是由于更高的失业水平会削弱工人力量，从而减少劳动收入份额——而低失业水平有助于加强工人力量从而争取到更高的劳动收入份额。同时也应当注意到，财产收入份额恒等于1减去劳动收入份额。因此，当劳动收入份额上升时，财产收入份额必定下降，反之亦然。

失业函数

在本理论中，劳动收入份额是失业水平的函数，所以我们必须弄清失业水平取决于什么因素。最简单的回答是在保持其他变量不变时，失业和就业水平都取决于产出水平。

$$\text{失业量}（U）= \text{国民收入的减函数} \tag{11.10}$$

就业水平是真实国民收入或产出的增函数，于是失业水平就是产出的减函数。这也意味着更高水平的产出将会减少失业。

后备军模型的运用

这些关系式将会被如何运用？我们又是如何通过这个模型来解释经济周期的呢？

如何解释经济衰退？

经济扩张的开始阶段，失业水平较高，所以劳动收入份额较低并且继续下降。对投资者而言，这就意味着更高的利润，从而引致更多投资。增加的投资创造了更多的工作岗位，因而国民收入增加，消费增加并且失业水平下降。

随着经济进一步扩张，失业水平持续下降。工人和工会意识到此时更容易找到就业机会，而且更容易增加收入。最后，下降的失业率给工人足够的谈判能力，工人力量更加强大，并且劳动收入份额继续提高。持续提高的劳动收入份额在经济扩张的后半阶段意味着利润份额降低，导致利润率下降。利润率的下降降低了人们对未来的预期。当投资者对利润的未来预期降低时，他们将减少投资，进而出现经济衰退或萧条。

如何解释经济复苏？

经济收缩阶段，下降的产出导致失业水平的上升，而失业水平的上升将会逐渐瓦解工人的谈判力量。工人对真实工资的下降开始无能为力，进而不得不更努力地工作，于是生产率开始上升。最终，在经济收缩的后半阶段，劳动收入在国民收入中的占比开始下降。而劳动收入份额的下降意味着利润和其他财产收益的上升。上升的利润率将增强人们对未来的预期，从而增加投资，进而引致经济复苏。

对后备军周期理论的评价

后备军理论强调了一些重要的事实。在所有的商业周期中失业率都会在经济扩张阶段下降。工资成本在各种成本中占比最大，所以工资的提高将会显著增加单位成本。进一步地说，正如在第 8 章中所讨论到的，计量经济学的证据说明长时滞的低失业水平会导致工资提高进而降低生产增长率，这一点反过来又会引起劳动收入份额上升。由于时滞很长，所以大多数经济周期阶段中的名义失业水平都与劳动收入份额同方向，而不是像对本理论的某些简化阐述那样被认为是反方向变动的。持反对意见的观点或许会指出只要时滞足够长，任何事件都会与经济周期产生关系，但是失业水平与有时滞的劳动收入份额之间的反向变动关系在统计上是显著的。

关于后备军理论的一个更有意义的评论认为，劳动收入份额只是在经济扩张时期利润率开始下降后才会逐渐上升（即使在20世纪50年代和60年代也是如此）。因此，上升的劳动收入份额应被视为利润率下降的后果而不是其原因，更不用说是其发生的唯一原因了。换句话说，工资成本确实在利润率达到最大值之前就开始上升了，但是该成本比利润上升得更慢，因此劳动收入份额在利润达到最大值之前是下降的。只有当利润水平开始下降时，劳动收入才会慢慢上升。

后备军理论忽略了一个事实，即总利润（以及利润率）会受除了工资成本之外的因素的影响。举例来说，如果工资成本不变而原材料成本增加，那么使用这些原材料的公司利润率就会下降。而且还有一个基本事实，即成本并不是利润的唯一决定因素，利润等于收益减去成本。因此如果总成本保持不变，而收益减少，那么利润也会下降。公司收益的大小取决于其产品的需求大小。因此如果总需求下降，那么——即使成本保持不变——总利润也会由于货物无法售出及/或部分产能未被利用而下降。

对于所有供给侧或是成本导向型商业周期理论的基本批判在于要决定利润大小不能只考虑需求，也不能只考虑成本。下一章将会在同时兼顾需求和成本的前提下考察利润及利润率的周期性变动行为。第13章将会建立一个同时兼顾需求和成本因素的模型。

附录　过度投资和后备军理论模型的建立

本附录将运用本章所论述的分析方法来建立一个过度投资模型及一个后备军理论模型。

过度投资商业周期模型

非货币主义过度投资模型（不考虑政府行为和对外贸易）的设定如下：

国民收入 = 消费 + 投资

可表示为：

$$Y_t = C_t + I_t \tag{11.11}$$

消费的作用在本理论中并不重要，于是假定消费为收入的固定比例：

$$C_t = bY_{t-1} \tag{11.12}$$

投资是利润率（R/K）变动的函数：

$$I_t = r + p(R/K_{t-1} - R/K_{t-2}) \tag{11.13}$$

其中的利润率可以被定义为利润与收入之比（R/Y）乘以资本产出率（Y/K）：

$$R/K = (R/Y)(Y/K) \tag{11.14}$$

由于收入在劳动和财产之前的分配在这个模型中并不重要，因此可以假定财产收入份额固定不变：

$$R/Y = k \tag{11.15}$$

最后，也是最重要的一点，这个模型假设——主要由于相对价格的变动——资本产出率将随着经济持续扩张而下降，同时随着经济收缩而上升：

$$Y/K_t = a - cY_t \tag{11.16}$$

这6个等式和变量通过推导能化为一个单变量表示的等式，即用国民收入表示。通过连续替代得到下式：

$$Y_t = H + AY_{t-1} + BY_{t-2} \tag{11.17}$$

式中 H = r，A = b-pkc 且 B = pkc。如果 A^2 大于 4B，那么该等式将出现循环。如果 B = 1，那么循环幅度恒定；如果 B < 1，那么循环幅度逐渐减小；如果 B > 1，那么循环幅度将扩大。

后备军理论经济周期模型

后备军理论模型设定如下（不考虑政府行为和对外贸易）：

国民收入 = 消费 + 投资

可表示为：
$$Y_t = C_t + I_t \tag{11.11}$$
同时，

国民收入 = 财产收入 + 劳动收入

可表示为：
$$Y_t = R_t + W_t \tag{11.18}$$

由该式可推得 R/Y = 1 − W/Y。因此，如果劳动收入份额确定，那么财产收入份额也是确定的。

消费的作用在本理论中并不重要，于是假定消费为收入的固定比例：
$$C_t = bY_{t-1} \tag{11.12}$$

投资是利润率（R/K）变动的函数。当利润率上升得更快时投资增加：
$$I_t = r + p(R/K_{t-1} - R/K_{t-2}) \tag{11.13}$$

利润率可以被定义为利润与收入之比（R/Y）乘以资本产出率（Y/K）：
$$R/K = (R/Y)(Y/K) \tag{11.14}$$

资本产出率在这个模型中作用不大，可假设该比率为常数：
$$(Y/K)_t = k \tag{11.19}$$

这个理论中的重要函数关系在于劳动收入份额是滞后一期失业水平的函数：
$$(W/Y)_t = a - gU_{t-1} \tag{11.20}$$

最后，设定失业水平在真实国民收入下降时上升，反之亦然：
$$U_t = n - hY_t \tag{11.21}$$

可以看出，失业水平是产出的减函数，当产出上升时失业水平降低，在产出下降时失业增加。

从上述可以看出，这个模型有 8 个变量及独立等式。通过连续替代，我们可以得到如下用国民收入表示的推导式：
$$Y_t = H + AY_{t-1} + BY_{t-2} \tag{11.17}$$

等式中 H = r，A = b-pkgh 且 B = pkgh。当 $A^2 < 4B$ 时，该等式将会出现循环。这说明在逻辑上的确存在一种供给侧的后备军理论来解释商业周期行为，但是该理论并未给出上述假设的实现条件。

第十二章

利润和利润率

本章将探讨商业周期中利润和利润率的行为，同时为下一章将以利润为中心的周期理论建立实证基础。利润对于周期理论非常重要，因为两者在投资方面的紧密联系是衰退或复苏的直接原因。

本章主要的假设与一些流行的误解相反，我们假设利润率是顺周期的。与一些理论相反，其中一个附属假设是没有明显的利润率长期趋势。另一个附属假设是利润率领先于商业周期的转折点。与韦斯科普夫1979年的数据（下面会讨论）相反，这个领先并不总是很长，有时也很短。与那些只集中讨论一个因素的理论相反，本章还认为，这些利润的变化最好由需求和供给两方面的因素来解释。

每一个这些经验的问题都会影响我们对商业周期的理解和各种周期理论的可信性。例如，没有明显的利润率长期趋势这个事实对于那些坚持长期中技术的变化导致利润率必然下降的理论是一次严重的打击，这有助于导致周期性的衰退。

如果利润率确实是逆周期的，那将是对需求理论的一次严重打击，因为其论点的一个核心部分就是假定在扩张时利润率会上升。它还将促进过分简单化的供给学派理论的发展。供给学派认为扩张时期成本的上升将导致利润率迅速下降。然而，这些数据清楚地表明，利润率明显是顺周期的，这支持了需求理论并否定了过于简单化的供给学派理论的观点。另外，利润率的确在周期中处于领先位置，这意味着人们必须解释为什么利润下降先于产量的下降。相反，为什么利润的增加先于产量的增加——因此，这意味着人们必须考虑成本和需求因素。

为什么利润对于资本主义的商业周期这么重要？所有的内生性经济周期理论都始于一个因素，就是投资的大幅度波动构成了经济扩张和收缩的直接原因，但是利润预期决定了资本家的投资。换句话说，投资是理解商业周期的重要变量，但是利润和利润率又是理解投资的关键。

正如凯恩斯所强调的，当投资为市场制造产品时是以未来的预期利润为基础的。但是，这仅仅提出了是什么导致我们预期变化的问题。如果预期是基于纯粹随机的一时兴起而发生变化的，那么我们并不能构建起一个有用的理论。幸运的是，预期的系统性形成有大量的科学证据。

克莱因和摩尔于1985年对实际利润和利润预期的现存调查数据进行了深入的研究，他们也对过去的利润进行了真实的定量测度。他们发现了"在实际利润调查和定量数据公开之后，预期利润的调查数据出入不大"。（p. 254）事实上，他们发现了实际利润转变与预期利润转变之间存在3到4个月的滞后时间。因此，我们可以得出结论，上升或下降的资本家的利润预期是建立在近期的实际利润的增加或减少一个滞后期的基础上的。

重要的是要区分在两种情况下实际利润影响投资的不同方式。首先，利润预期作为投资动机主要是以过去的利润为基础的。这里似乎不只是利润总额，投资（或销售）收益率是影响资本家的主要因素，因为投资者考虑的是与投资（或销售）相对的利润。长期决策受投资回报的影响，但是短期投资决策（例如，存货投资或新设备的迅速增加）受最近的销售回报情况的影响更多一些。其次，除非资金充裕，否则投资动机很小。投资资金依赖于先前的总利润和信用——不过信用也是部分地以公司内部收益为基础的。因此，总利润和利润率一样重要。

事实上，在现实生活中，总资本改变非常慢，然而利润却在迅速变化。因此利润率的变化多半反映了总利润的变化，而且除了有时利润率先于总利润下降（因为资本正在缓慢增加）之外，两者几乎总是同向变化的。

利润数据的定义及偏见

大部分利润数据来自美国国税局，这使他们受到会计惯例和不断变化的税法的影响，而且这两者都不是基于任何经济理论的。因为税法，自然有资本家试图隐瞒尽可能多的利润并尽可能多地利用税收漏洞。所以这些导致了利润低估,并且税法的变化在一定程度上纵容了这种现象,即利润份额趋势和利润率的低估(见普罗(Perlo)1976)。

对于长期分析,利润率的分母应是资本,但在经验计算上却是非常困难的(因为没有季度数据)。而且就理论意义来说,这也是相当成问题的。从短期来看,销售额比资本更能用来作分母,因为该比率可能影响更多的周期性决策。在纳入或排除上更难做决定,比如税前利润还是税后利润。这些定义上的决定依赖于调查研究中的问题。幸运的是,利润和利润率的周期行为(相对于长期趋势)对于各种各样的定义都是相似的(见下面部分,也可见谢尔曼1968,第1章)。

最后,人们当然可以认为调查非金融部门或整体经济的利润率的趋势是有用的。这里的调查仅局限于制造业、矿业和贸易部门,因为这些部门非常重要;制造业、矿业和贸易部门有利润和资本的季度数据,却没有整个非金融部门或整体经济的季度数据。周期分析必须有季度数据,所以最好要保持一致。

长期利润率趋势

表12.1和图12.1是关于美国所有的制造业、矿业和贸易部门从1933年到1982年的股东权益资本的利润率的官方数据。经济学刚毕业的学生有时会在计算假定的长期趋势(从一个周期的高峰到另一个周期的低谷)时犯错。比如,他们可能从1965年或1966年的最顶点的利润率开始,然后到1975年或1982年的低谷。这样的计算会显示出虚假的下降趋势。为了改正这个错误,只要在每个完整的周期中取平均值就可以了(以1949年到1982年的季度数据为基础)。

这些统计资料表明,过去10年的周期中并不存在利润率的长期趋势(英国有相似的数据,见金(King)1975)。当然,人们通过选取一个合适的时期可以发现"趋势"。从大萧条的深渊(1933—1938)到朝鲜战争,这一阶段有明显的上升趋势。从朝鲜战争直到20世纪60年代初期(1958—1961),这一阶段明显呈下降趋势。然而,这些趋势证明,除了利润率在战争时期趋向于上升(朝鲜战争时尤其高)之外,其他阶段几乎没有变化。

表 12.1　　利润率变化趋势，1933—1982（周期平均数）

周期	产权资本的税前利润	产权资本的税后利润
1933—1938	3.80%	—
1938—1945	16.2	—
1945—1949	17.8	—
1949—1954	24.3	11.60%
1954—1958	21	10.9
1958—1961	17.3	9.3
1961—1970	19.3	11.2
1970—1975	19.4	11.5
1975—1980	22.9	14.2
1980—1982	18.3	11.9

资料来源：1933年至1949年的数据来自美国国税局、收入统计局、企业所得税纳税申报表（华盛顿特区：美国政府出版局，1935—1955）。1949年至1982年的数据来自美国商务部人口统计局，制造业、矿业以及贸易公司的季度财务报告（华盛顿特区：美国政府出版局，1949年至1983年）。

注：定义：股东权益的利润率在美国所有的制造业、矿业以及贸易业均为百分比。

也有大量文献使用的是其他定义以及调整后的官方数据以纠正利润率的测量偏差。当然，定义上的极端变化足以制造出一个利润率趋势，但这超出本书范围。下面的内容将会使我们看到利润率的周期模式是不受定义变化影响的（即使不同的定义确实改变了绝对水平和长期趋势）。

韦斯科普夫关于利润率的分析

托马斯·韦斯科普夫1979年用一个创新的框架来分析利润率。在这个框架中，他进行了利润率的组成部分的实证分析。用 R 代表利润，Y 代表国民收入，K 代表资本。根据定义，利润率就可能被写为利润除以收入（R/Y）再乘以产出和资本的比率（Y/K）。

$$R/K = (R/Y)(Y/K) \qquad (12.1)$$

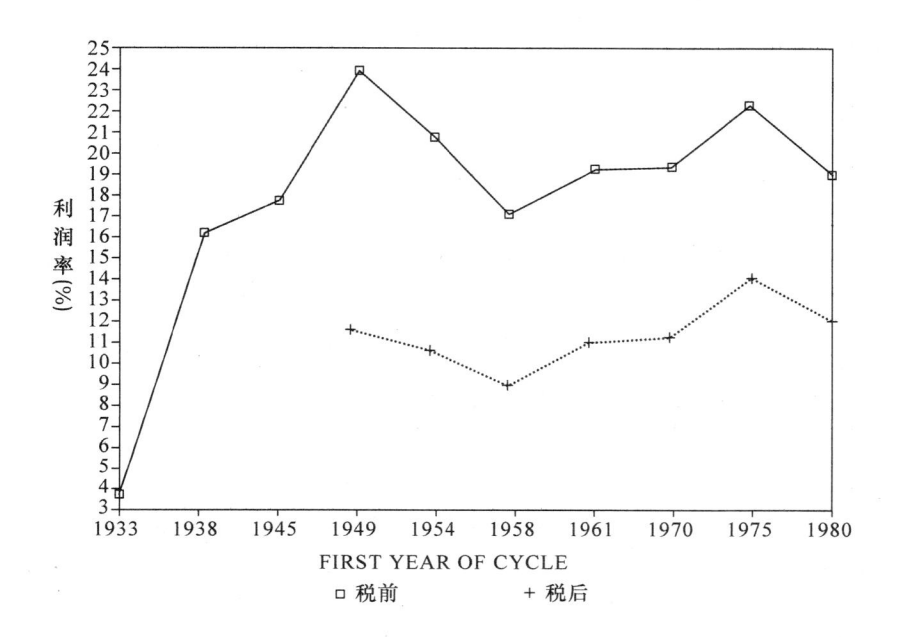

图 12.1 资本份额的企业利润率分别在税前和税后于 1933—1980 年间的变化趋势

（源于表 12.1）

这一框架强调，更高的利润收入份额（和更低的劳动收入份额）将会提高利润率，这一构思对于强调劳动力成本的理论非常重要，它同时也强调每单位资本生产更多的产品会增加利润率，这对于那些担心长期技术对于利润率的影响的人来说是一个重要的考虑因素。

对商业周期的观察，韦斯科普夫意识到实际产出 Y 几乎从未与潜在产出 Z 相等过，而潜在产出是生产能力充分利用时的产出。实际产出与潜在的能力充分利用的产出的比率被定义为产能利用率，或 Y/Z。根据定义，利润率可以被写为利润份额（R/Y）再乘以产能利用率（Y/Z）再乘以潜在产出与资本的比率（Z/K）。

$$R/K = (R/Y)(Y/Z)(Z/K) \tag{12.2}$$

这个定义非常有用，因为它区分出了 3 种不同的因素，每一种因素在不同的理论中都很重要。根据韦斯科普夫的叙述，利润份额在许多供给学派理论（尤其是后备军理论）中发挥着重要的作用，产能利用率反映了需求，因此它代表了需求理论。潜在产出与资本的比率在长期理论中发挥重要作用，但它的重要作用也体现在一些周期性的过度投资理论中。任何宏观经济的改变，诸如工资总额的增加，都可以追溯到以上3个因素的影响上。

韦斯科普夫在这一框架内考察的多为20世纪50年代和60年代的经验数据，他最重要的成果如下。第一，在早期扩张阶段，对利润率上升最重要的影响就是产能利用率迅速上升。第二，在后期的扩张中，对利润率最重要的影响是失业率下降，这提高了工资份额，降低了利润份额。第三，在早期紧缩期，对利润率最重要的影响是产能利用率下降。第四，在后期紧缩期，对利润率的最重要的影响是失业率上升，从而降低了工资份额，提高利润的份额。因此，韦斯科普夫发现需求因素在扩张和收缩末期更重要。他明确指出供给因素是经济下滑和上升的主要原因。

韦斯科普夫这篇有趣的文章引起了其他学者从不同的角度对其进行批判的浪潮。（见芒利（Munley）1981；哈内尔和谢尔曼（Hahnel and Sherman）1982a，1982b；莫斯利（Moseley）1985 和亨利（Henley）1987b）芒利的文章详细地批评了实证方法。亨利把数据延伸到1982年（同时注意供给影响），他发现需求的支配性影响力贯穿整个20世纪70年代和80年代初的周期的始终。

本书（包括本章和之前的章节）认同韦斯科普夫的20世纪50年代和60年代的经验数据，但不赞同他的推理结论（原因下面解释）。但是，本书也同意亨利关于20世纪70年代和80年代的经验数据。在检验数据后我们会做进一步比较。

财产总收入和企业利润的周期性行为：1949—1970

图12.2 显示了1949年至1970年期间财产收入和利润总额的温和周期。请注意，在这一章中的所有变量都按实值计算，并由政府的数据或由作者转换为不变美元。财产总收入和利润总额也表现出正常的顺周期模式，不寻常的是极端的领先方式。财产总收入在扩张的前3个阶段上升的越来越慢（在第3阶段几乎不变），然后在周期的余下阶段下降。但是，企业收益只在扩张的前半段（两个阶段）上升，然后在周期的其余阶段以不同比例下降。这个长期线与前面章节提到的在1949年至1970年期间的其他长期线相互关联，如财产份额和劳动份额的长期线。

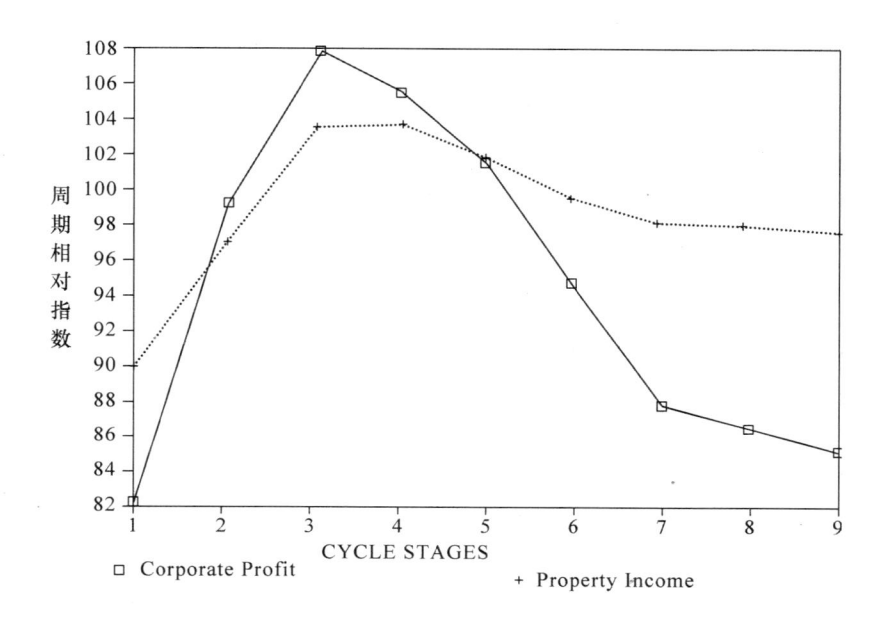

图 12.2　税前的财产收入和企业利润：1949—1970 年间的 4 个周期的平均阶段幅度

（附录 D，220—280 和 286 系列）

财产收入总额持续增加的时间比企业利润长久一点，在经济紧缩时下降得也不快。原因是在这个时期的整个周期里，财产性收入的其他组成部分在大多数情况下继续增加。这些组成部分就是租金收入、利息收入以及个体工商户的收入，所有这些在这个时期都有着长期的增长趋势（详情见附录 G）。撇开这些不断增长的因素，企业利润的周期性波动仍然为企业利润带来顺周期的性质。然而，最主要的是在长期领先于周期峰值时的企业利润。其中的含义在下文讨论。

企业利润与财产总收入的周期性行为：1970—1982

在 1970—1982 年期间这段更动荡的周期，财产收入的各个组成部分表现为更接近于顺周期的模式，而且企业利润的领先时间更短。图 12.3 展示了企业利润和总资产收益的模式。

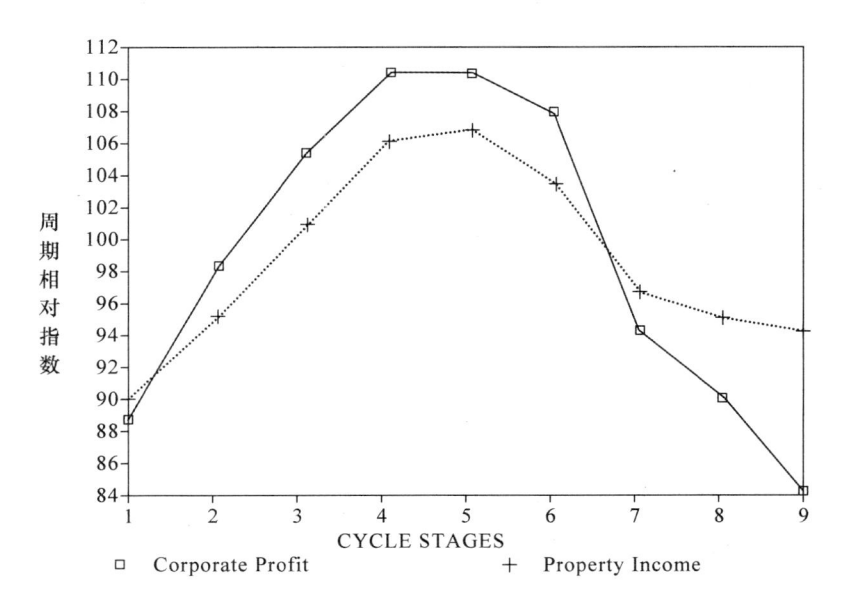

| 第二部分　基本模型——需求与商业周期中的供给 |

图 12.3　税前的财产收入和企业利润：1970—1982 年间的 3 个周期平均跨越幅度

（附录 E，220—280 和 286 系列）

在此期间，总资产收入是顺周期的并与周期相一致。企业利润也是顺周期的而且提前达到峰值，但仅仅是一个阶段——一个比之前阶段更短的领先时间。正如下面将要讨论到的一样，利润下滑的解释必须在周期的较早阶段寻找，而不是在较后的阶段寻找。下文将说明，这对于我们评价不同的商业周期理论具有重要的影响。

财产收入的其他组成部分：1970—1982

除了企业利润，我们也注意到财产总收入包括租金收入、利息收入以及个体经营者的收入。图 12.4、图 12.5 和图 12.6 描绘了上述每一个部分在过去 3 个周期（即 1970—1982 年间）的周期性行为。虽然这本书所讨论的大多是相当具有周期性的，这 3 个组成部分都非常符合周期性，虽然他们在 1970 年至 1982 年时期的严峻周期更比在 1949 年至 1970 年时期的温和周期更具周期性（此时他们大多只显示增长）。

第十二章 利润和利润率 233

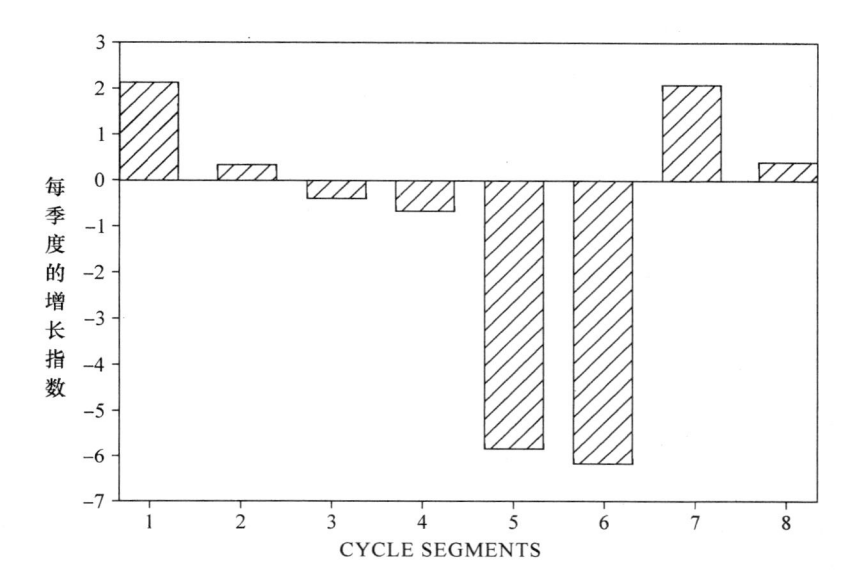

图 12.4 所有者收入：1970—1980 年间的 3 个周期的部分平均增长指数
（附录 H，282 系列）

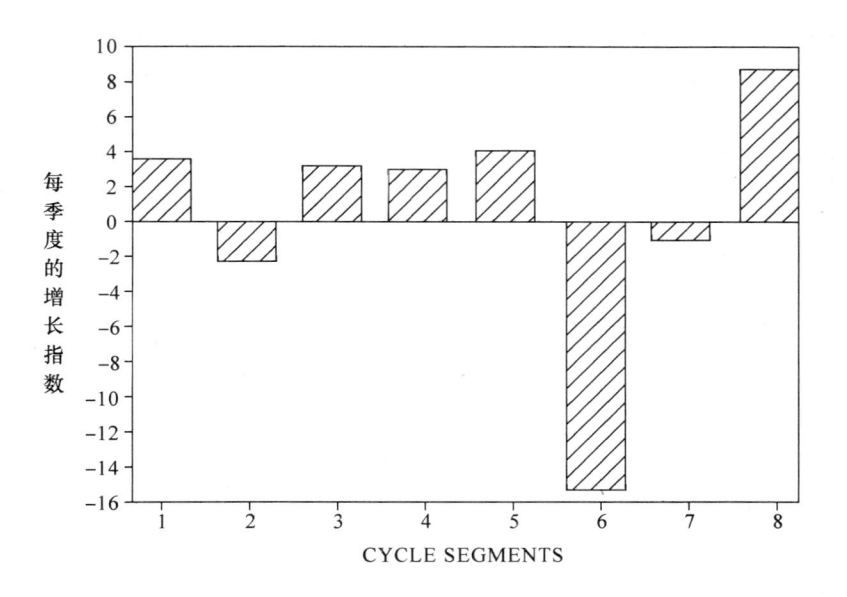

图 12.5 租金收入：1970—1982 年间的 3 个周期部分平均增长指数
（附录 H，284 系列）

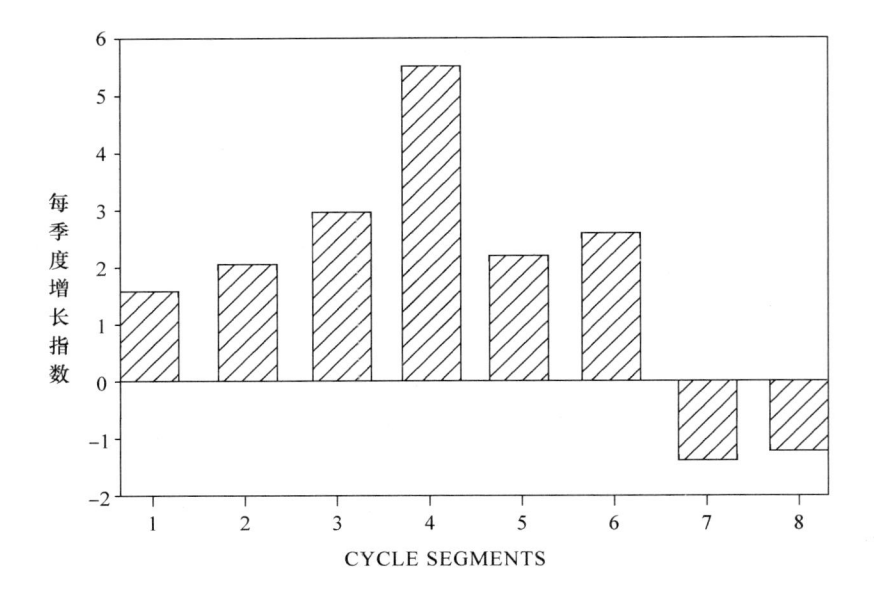

图 12.6　利息收入：1970—1982 年间的 3 个周期部分平均增长率
（附录 H，系列 288）

无论是在周期的高峰还是低谷，经营者收入都要领先两个阶段，但它在扩张和紧缩的上半周期都是顺周期的。租金收入比之前的时期更具周期性，因为它在扩张期的 3/4 阶段都是上升的而在紧缩期的两个阶段下降，但总体而言仍不太与周期相一致。利息收入在周期的大部分阶段都在上升，这反映了持续增长的趋势，但它确实在紧缩期的下半段也就是周期的萧条时期下降。

利润率的周期性行为：1949—1970

利润率也是领先周期的指标，它与利润同时转变。总利润通常会支配着利润率的变动，因为利润比资金或销售额变动的更快和更强烈。图 12.7 给出了 1949 年至 1970 年期间在销售额和资本的利润率周期性模式（两个变量均为税前）。此图反映了两个事实：利润率是顺周期；利润率在周期高峰之前。在此期间，利润率领先周期的高峰期整整两个阶段，是一个很长的领先时期。

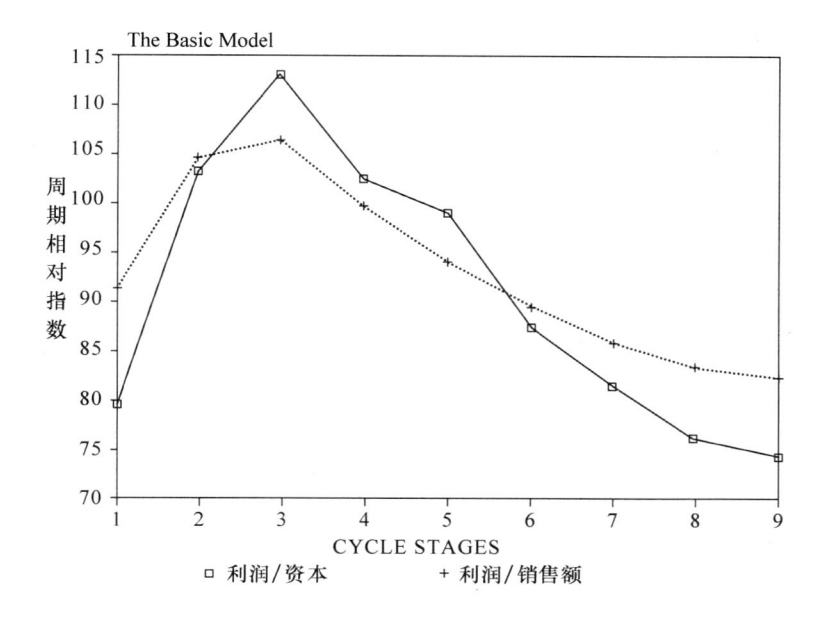

图 12.7　税前的资本和销售份额的企业利润率：从 1949—1970 年间的 4 个周期阶段平均幅度

(附录 D，系列 A 和 B)

利润率的周期性行为：1970—1982

图 12.8 给出了 1970 年至 1982 年期间在销售额和资本的利用率的周期性模式（两个变量均为税前）。此图反映了两个显而易见的事实：利润率在这个时代是非常顺周期的；利润率领先周期。在此期间，利润率领先周期仅一个阶段（在这些周期中的一个相当短暂的阶段），大大短于 1949 年至 1970 年期间的领先时间。

人们可能会争论探讨资本的利润率或销售的利润率是否更有用。大部分机器及设备的投资是由资本预期收益率决定的，所以这是非常重要的。另外，许多短期投资，特别是新的存货量，在很大程度上取决于目前的预期销售利润率。此外，人们可能争论是否应该研究税前或税后利润率。税前利润率反映出资本主义在没有政府税收时的实际行为。税后利润率揭示的是经济实际得到多少，又有多少用于进一步的投资。作为一个对销售或资本的比率，利润率没有正确或错误的定义，包括税前或税后。最适合的比率取决于它在考虑的是什么问题。

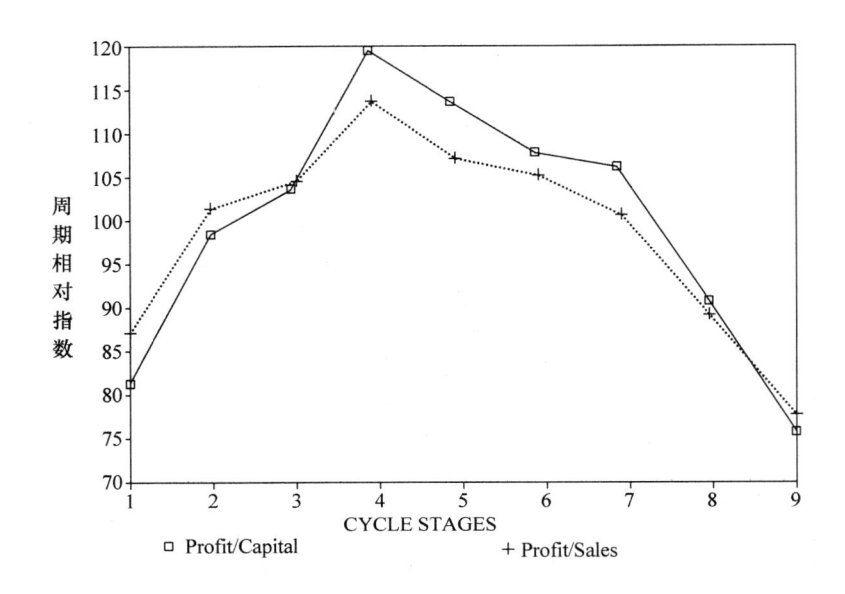

图 12.8　税前的资本和销售份额的企业利润率：1970—1982 年间的 3 个周期的阶段平均幅度

（附录 E，系列 A 和 B）

为了让读者来判断这些不同的定义的重要性，在图 12.9、图 12.10、图 12.11 和图 12.12 中，考虑了 4 个不同的定义。也许最引人注目的是这 4 个周期性的利润率是如此相似。在每个部分他们都朝着同一方向变动（虽然有个别周期的表现略有偏差）。这 4 种利润率都是在扩张期的前 3 阶段上升，而在紧缩期的所有阶段都下降。因此关于商业周期的问题，使用哪种定义并没有区别。

与韦斯科普夫的发现相比较

对于 20 世纪 50 年代和 60 年代，准确地说，在扩张期的前半段（繁荣阶段）利润率是上升的，但在随后的后半段，利润率下降了。在紧缩期的低谷之前，还有一个利润率领先，但不太明显。然而，在这个时代的每个连续周期，利润率的领先期往往会越来越少。

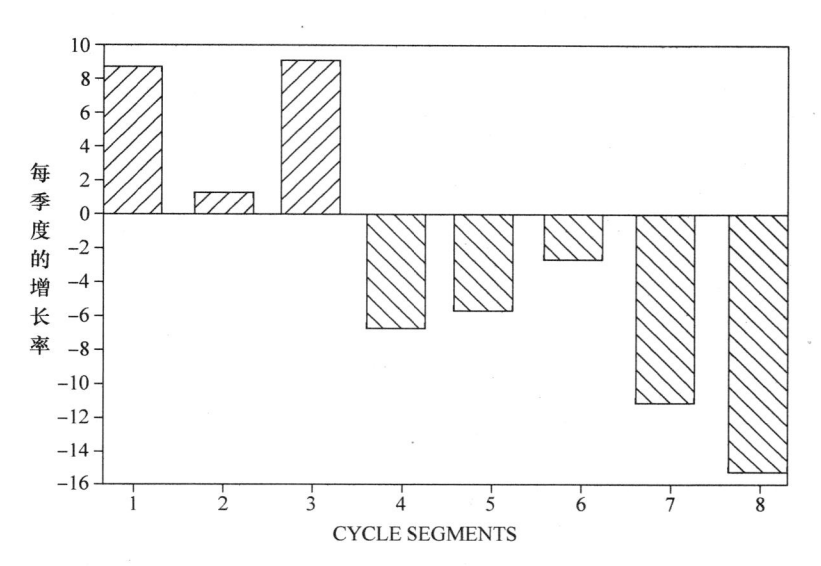

图 12.9　税前的资本份额的企业利润率：1970—1982 年间的 3 个周期的
部分平均增长率

（附录 H，系列 A 和 B）

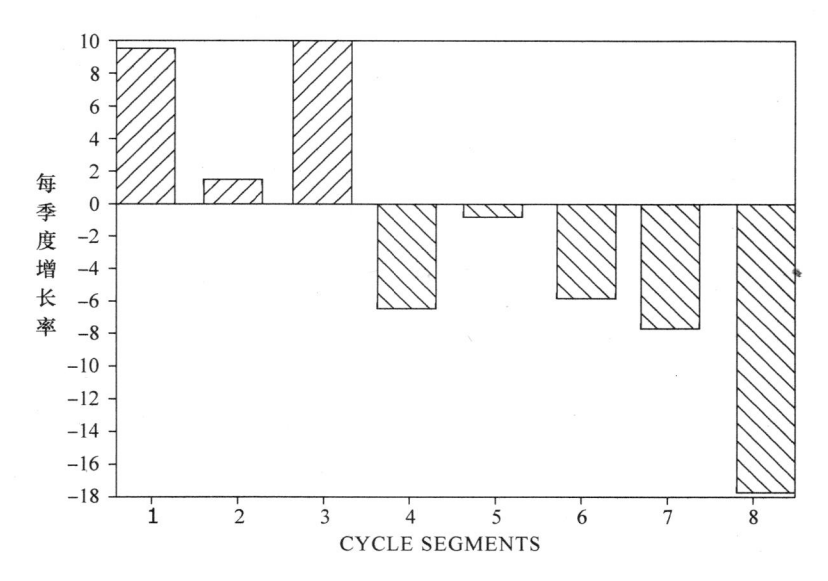

图 12.10　税后的资本份额的企业利润率：1970—1982 年间的 3 个周期的
部分平均增长率

（附录 H，系列 B）

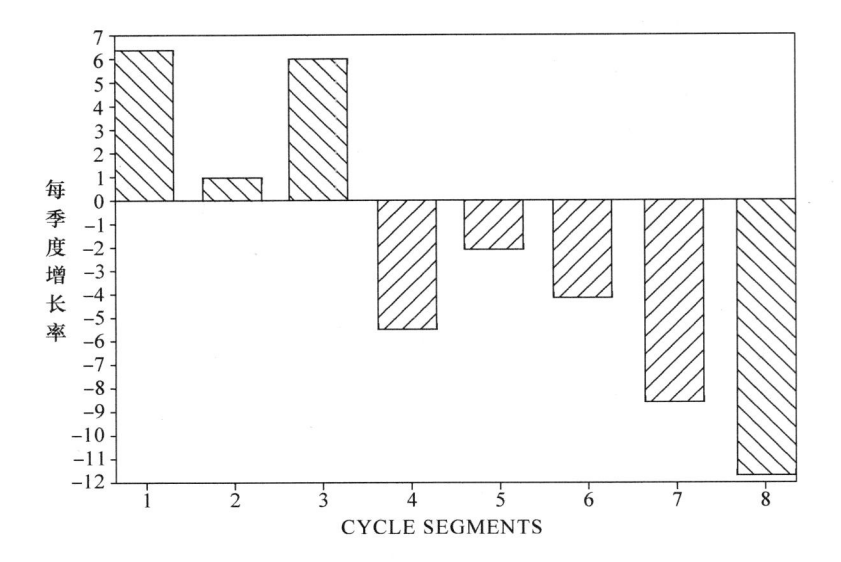

图 12.11　税前的销售份额的企业利润率：1970—1982 年间的 3 个周期的部分平均增长率

（附录 H，系列 C）

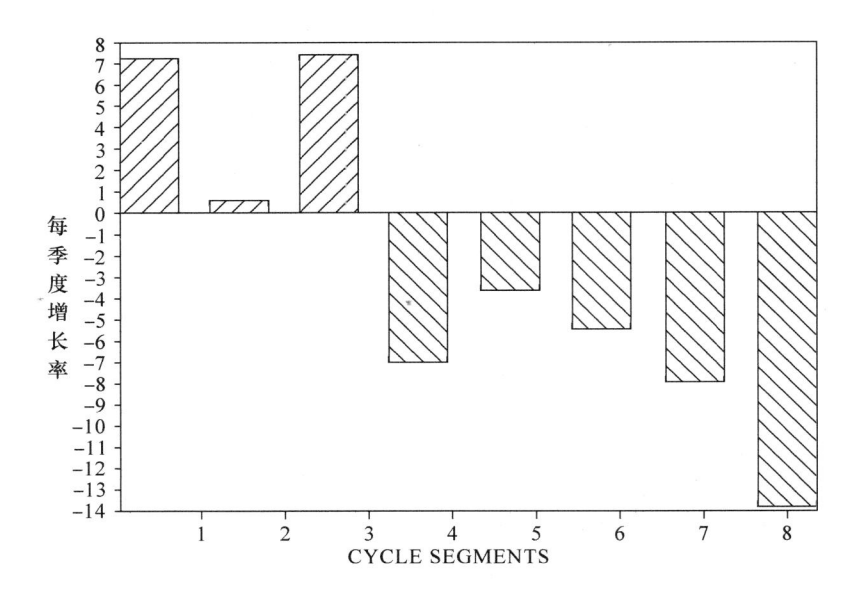

图 12.12　税后的资本份额的企业利润率：1970—1982 年间的 3 个周期的部分平均增长率

（附录 H，系列 D）

韦斯科普夫的发现是在20世纪70年代和80年代，利润率在扩张期的整个后半部分下降的结论不成立。在这个时期，利润率在大部分扩张期都在上升而在最后一阶段仅略有下降。

像所有的其他研究一样，韦斯科普夫认为，资本利润率与国民收入的利润份额变动相似，但与完全相同还有很远的距离，因为很多其他因素也影响了利润率。在大部分扩张期中，上升的利润份额支持了消费不足理论，因为上升的利润份额导致消费倾向下降。只有利润率开始下降后，利润份额才开始下降，所以只有这样，只有到那个时候才会出现如后备军理论所预测的更高的劳动成本。由于这只是1970年至1982年期间的周期中非常有限的时间段，因此，它对那个时代的后备军理论只提供了些许支持。

韦斯科普夫还发现，产能利用率（反映需求的）是导致利润率在扩张期的前半阶段上升的主要因素，而且也是利润率在紧缩期的前半阶段降低的主要因素。本章与第8章关于劳动收入份额的结论确认了韦斯科普夫关于产能利用率的重要性及其强烈顺周期行为的观点。不同的是，在1970至1982年间，需求因素（即用韦斯科普夫自己的方法决定的需求因素）在大多数周期中都是占支配地位的因素，因为利润率先于周期转折点的时间周期非常短。利润份额只有在顶点之前短暂地上升且在低谷之前短暂地下降。

与韦斯科普夫理论总结的分歧

韦斯科普夫假定供给和需求双方的影响因素（如劳动份额或资本利用率）没有时滞的利润率。至少，他仅看到了同步变动。然而，韦斯科普夫著作中的大部分内容是非常有用的，这个特别的假设之所以被误解是因为在商业周期中大部分因素都是有时滞的。

如果这些因素确实存在时滞，那么我们必须更加关注分析利润下降之前而不是之后的周期阶段所发生的事情。例如，在两个时代（1949—1970年和1970—1982年）的扩张时期，劳动份额要先于利润率开始下跌。由此得出，下降的劳动份额及其对消费者需求的消极效应是影响利润率下降的重要因素。因此，韦斯科普夫的数据以及我和亨利的数据，都可以部分用来支持需求理论的观点。

此外，韦斯科普夫对于利润率精致而富有创意的公式推动了商业周期理论的发展，但是，它又有点死板并且具有误导性，所以，其继续运用可能会制约周期理论的进一步发展。因此，本书将其取代并集中于更加一般的公式：利润等于收入减去成本。有完整的一章解释消费者支出作为收入的一个元素，而另一个单独的章节审查投资支出作为收入的一个元素（后面的章节将探讨政府支出、净出口以及关于收入的信贷刺激）。致力于劳动成本研究的完整的章节以及厂房、设备和原材料研究的章节里（利息成本分析还在后面的章节）会考察到成本问题。

结　论

本章的分析表明利润和利润率是严格顺周期的。它们的常规行为包含了在周期转折点的时间领先。此行为在任何时候都受收入和成本支配。虽然成本在转折点之前非常重要，但收益似乎是大部分周期中更强烈的变动因素。简言之，在复苏期，成本凝滞而收入迅猛增长，从而使利润率飙升。在繁荣后期，利润率下降，因为收入增长十分缓慢，而成本上升稍快，而且由于资金和销售仍在缓慢增加，利润率下降更快和更强烈。在经济危机时期，收入迅速下降而成本凝滞，所以利润率也迅速下降。在复苏晚期，收入降到最低点，而成本还在下跌，所以利润率开始回升。

接下来的章节提出了一个模型，解释了收入和成本的主要组成部分，然后用其解释利润和利润率的升降。之后，用利润和利润率行为来解释投资的增减。

第十三章

利润挤压（或胡桃夹子）周期理论：
生产－实现的一种假说

回顾一下第 7 章和第 9 章的需求侧理论以及第 11 章的供给侧理论，从对立的角度来看会更清晰。本章试图综合需求（影响收入）和供给（影响成本）这两方面的因素来阐释这一理论。

我之所以把这种理论称为胡桃夹子理论，是因为合上来自需求侧和供给侧利润的夹口会导致经济衰退。该假说是在利润的生产（通过生产过程中生产要素的购买和使用）和利润的实现（通过出售产品）这两个过程中，利润都会受到限制。

对于这一理论的一个更精确并且具有学术气息的名字是利润挤压理论。这个名字遇到的唯一一个问题就是它经常被各种供给理论的倡导者粗心地使用，尤其在后备军理论上，这些倡导者认为利润仅仅是由于成本提高而受到挤压。但需要强调的是，利润不可能只受到单方面的挤压，它必然要受到需求和供给两方面的同时挤压。例如，如果只知道每年成本上升 5%，我们就无法得知利润率是多少，只有把收入的变化与成本的变化情况进行比较才能得知利润率具体是多少。如果每年收入上升了 10%，利润率又会怎么样呢？

初级经济学告诉我们，利润等于收入减去成本。在经济扩张时，收入不断上升，因此只有成本比收入上升得更快，利润才会真正地被挤压。当供给理论者没有说明需求及其效应对收入的影响时，他们就不能得出一个逻辑上完整的关于利润被"挤压"的理论。同样，如果需求理论者没有说明供给及其效应对成本的影响，那么他们也不能得出一个逻辑完整的关于利润被"挤压"的理论。因此，在本文中，术语"利润挤压"是指利润同时受到这两方的作用而被挤压。为了避免误解，应该指出的是利润挤压有如下几种可能的情况：①收入不变，但成本上升；②收入上升，但成本上升得更快；③收入下降，但成本上升或保持不变或比收入下降得慢。这里的假定是利润挤压来自以上3种情况之一，通常是第2种情况，即在扩张时期成本的上升快于收入的上升。

马克思和利润挤压（或胡桃夹子）理论

马克思详述了在一个完整的理论中考虑成本和需求的必要性。他概述了利润创造过程的3个阶段。第一，资本家尽可能购买便宜的生产资料和劳动力。第二，为了创造剩余价值（即所有的财产收入，或利润、地租和利息），资本家在生产过程中使用这些投入，试图使劳动者尽可能地努力工作。第三，为了实现产品在生产中包含的剩余价值（或利润），资本家以尽可能高的价格销售产品。马克思写道："生产的直接目的就是为了创造剩余价值……但是……现在到了生产的第2步，所有商品……必须售出。如果商品没有全部售出，或只售出了一部分……那么劳动者依然被剥削，只是剥削程度未能达到资本家所预想的那样。"（1909年，第三卷，286）

利润率的下降，要么是因为在生产过程中产品包含的价值较低，要么是因为销售所实现的价值较低，进而导致新的投资减少。新的投资减少最终会导致经济的萧条。

凯恩斯和利润挤压（或胡桃夹子）理论

根据凯恩斯的理论，新投资取决于资本边际效率（MEC）。资本边际效率大致是投资的预期利润率。凯恩斯定义的资本边际效率的概念阐明了预期的收入流和成本流的不同之处。他强调了有效需求对收入的决定作用，广泛地讨论了扩张时期工资成本的影响以及不断上升的生产资料价格的影响（见凯恩斯1936年，248）。

凯恩斯说，经济周期的形式"主要取决于资本边际效率的波动形式"（1936年，313）。经济衰退的出现是由于人们对资本边际效率的悲观预期："人们之所以会醒悟，是因为人们突然对预期投资收益的可靠性产生怀疑，或许因为目前收益有下降的迹象，或许是新生产出的耐用品库存稳步上升……一旦怀疑产生，这种怀疑就会传播得非常快。"（凯恩斯1936年，317）尽管他在其他理论中强调了影响资本主义投资者热情的主观效应的不确定性，但在这个理论中，他主要强调的是当前利润的客观效应。伯克特和沃哈（Burkett and Wohar）［1987］指出，凯恩斯对经济周期的精辟分析，区分了资本边际效率的主观和客观影响。

米切尔和利润挤压（或胡桃夹子）理论

米切尔强调以利润为中心，这并不奇怪，因为他通过凡勃伦而受马克思理论的影响，反过来凯恩斯又受到米切尔的一些影响。利润中心是指："在货币经济时代，企业追求经济利润是贯穿所有人类活动的一个目标，整个经济活动都要以寻求利润最大化为中心。"（米切尔1941年，XI）他设想利润等于单位产出价格减去单位产出成本。正如在第10章所讨论的一样，米切尔为了解释利润最大化行为，精心考虑了每个经济周期各个阶段的各类价格和成本。伯恩斯（Burns）［1952］和克莱因［1983］认为许多学者对米切尔关于商业周期的著作讨论得非常激烈且详细。

米切尔把扩张的后半个阶段称之为"繁荣"阶段，但正是繁荣培育了导致自己灭亡的种子。他用图表说明了原材料价格上涨，利率上升，工资上涨，从而生产率增长平缓。他认为价格不会像成本那样上升得那么快，原因如下：①部分价格受公共管制；②产出受长期合同限制；③大量的新产品的供给超过了消费需求（可是米切尔表示他还没有足够的证据证明这一点）。

卡莱茨基论利润挤压

卡莱茨基（1968）构建了一个极好的包含内生变量的动态商业周期模型，这个模型所用的方法与新古典主义经济学家的均衡—冲击方法完全不同。"卡莱茨基方法通常关注一个经济系统在时间上的演变，如果不强加任何其他观点，这个系统会自动达到它的均衡位置，或者将以均衡的增长率实现增长。"（索耶（Sawyer）1985b，9）

卡莱茨基模型的核心是利润对投资的影响，卡莱茨基模型的投资函数包括利润的变化和资本的变化（它们都影响利润率）。区别于那些只强调单方面影响的学者的观点，卡莱茨基始终强调需求和供给共同对利润所产生的影响。他明确指出了劳动份额是怎样影响消费需求的，也指出了消费需求不足是如何困扰资本家的。他还着重指出投资需求对利润的重要性，同时也强调了原材料价格及其他成本对利润的重要性。

因为卡莱茨基认识到了需求和供给对利润的共同影响，以及利润和投资的相互影响，所以，他的模型远比许多后期学者的模型要复杂得多。尽管他的理论在1935年才首次发表，但它仍然是初学者认识正式的经济周期模型的最好的参考理论。卡莱茨基的这种传统理论被许多后凯恩斯主义者所继承，如索耶（1985）和艾赫纳（Eichner）（1987）。

韦斯科普夫、鲍尔斯和戈登论利润挤压

韦斯科普夫、鲍尔斯和戈登（Weisskopf, Bowles and Gordon）（1985）认为："资本主义经济危机出现的原因不是资产阶级'太强'就是资产阶级'太弱'。若资产阶级太强，他们会按照对他们有利的方式改变国民收入分配，降低工人阶级消费在国民收入中的比例，从而使得整个经济容易因消费不足而产生经济危机，或……总需求不足。若资产阶级太弱，工人阶级……剥削率会下降……投资水平也会降低。"（第259页）

他们将第1种类型的危机定义为需求型危机，或"实现危机"，而将第2种类型的危机定义为供给型危机或"生产危机"。他们正确地评论道："两种类型的危机……结果……最终是相同的——利润率下降。"（1985，260）因此，所谓"利润挤压"或同样适用或同样不适应于这两种类型的危机。他们认为，20世纪30年代的经济大萧条是一种需求型危机，但是从20世纪50年代到60年代的经济衰退和萧条主要是供给型问题，并认为供给型危机是由于工资成本的上升而导致的。

在我看来，资本家——工资份额上升导致利润减少——这个问题主要出现在几个特殊时期，如19世纪的铁路繁荣时期。资本家在一般的扩张时期都是"太强"，因为大多数扩张时期劳动份额在利润率开始下降之前一直是下降的，因此，在一般的扩张时期，资本家们都表现得

"太强"。即使在20世纪50年代和60年代，劳动份额在扩张时期的中途开始上升，但利润率早已在下降。由于劳动份额通常是在利润率下降后才下降的，它的上升应被视为是利润率下降所致，但这不是一个重要原因。此外，从1955年到1982年，工人加入工会的比例开始下降，因此说劳动力相对于资本来说逐渐失去了其经济和政治优势（周期性变化除外）似乎更为准确。

韦斯科普夫、鲍尔斯和戈登认为任何需求或供给问题都可能导致一场危机（韦斯科普夫、鲍尔斯和戈登［1987］尤其强调这一点）。这对于大多数经济学家来说是一个伟大的进步，因为大部分经济学家只关注单方面的问题，认为另一方绝不会导致经济危机的产生。

理论上，他们在本章中主张的方法与胡桃夹子或利润挤压理论仍然有理论上的差异，从逻辑上、语义上以及经济分析上来说利润挤压必须受到双方力量的影响。在20世纪30年代可能需求变量变化最大，而成本变量变化不明显。但即使是在20世纪30年代，利润仍然取决于收入与成本之差。假设在1929年需求下降10%，成本不变，人们认为需求方面的影响更积极，但利润一直是被挤压的，因为需求下降的同时成本没有相应下降。同样，在20世纪50年代和60年代的高峰期，成本可能比收入上升得更快，但经济学家必须解释为什么收入并没有进一步上升。

与韦斯科普夫、鲍尔斯和戈登不同，本章中的理论认为人们始终要观察挤压利润的两方面因素。如果只把一方或另一方看成是唯一的问题，那么就是错误的，除非是在非常随意的闲聊中。

更具体地说，米切尔认为在大多数商业周期扩张阶段，工资和薪金的变化慢于销售价格的变化（因此它们成为利润的源泉）——但资本品的价格尤其是原材料的价格比成品的销售价格上升得更快（因此它们损害利润），他的理论是正确的。事实上，由于需求的限制，销售价格和销售总额的增长速度不会很快。另外，在大多数商业周期收缩阶段，工资和薪金下降的程度比收入下降的程度小，但原材料价格下降的速度远远超过商品价格下降的速度。

即使有些经济学家反对这个有实证数据支持的假说，但也希望他们在某一特定周期或所有周期中不要将需求和供给因素作为导致利润挤压的唯一因素分开来考虑。为了理解利润下降的原因，人们必须在利润下降前就探索并解释供给和需求因素的路径，从而使得此假设能在理论上得到真正的认可。现在让我们详细地讨论胡桃夹子（或利润挤压）理论。

利润挤压（或胡桃夹子）理论的关系

以下内容中，"利润挤压"被定义为利润是由收入和成本决定的。这个理论从均衡入手，证明消费者对产出的需求必须等于投资者（除政府和净出口）对产出的供给（实际国民收入）。

$$Y_t = C_t + I_t \qquad (13.1)$$

在这种情况下，需要强调的是随着供给趋近需求，任何均衡都只是暂时的。而且，需求既不是固定不变的也不是稳步上升的，而是具有周期性。甚至可以认为，供给暂时性地趋近需求也不切实际。在经济扩张阶段，供给通常小于需求是因为货币需求能迅速增加，而物质生产相对滞后。在经济收缩阶段，货币需求能迅速减少，但物质生产下降却很缓慢。

当然，根据定义，我们仍然能得出国民收入（Y）等于劳动收入（W）加上财产性收入（R）。

消费函数

该模型所定义的消费函数是以消费不足为背景的。这里应该强调的是消费不仅是国民收入的函数，另外它还受收入分配的影响。具体地说，消费还受到劳动在国民收入中所占的份额的影响。由于劳动力的消费倾向高于资本所有者的消费倾向，所以如果劳动份额上升，平均消费倾向和边际消费倾向将上升。相反，劳动份额下降将导致消费倾向下降。因此，

消费（C）＝国民收入函数（Y）＋劳动份额函数（W/Y）

$$(13.2)$$

消费需求既积极对更高的国民收入做出反应，又积极地对国民收入中更高的劳动份额做出反应。第 5 章提供的证据证明了这一函数关系式是成立的。

投资函数

相对于只依赖产出需求来说，这一理论使用了更宽泛的投资函数。为了将需求和劳动力成本及资本品成本包括进去，这个理论假设新投资是利润率变化的函数。

$$投资（I）= 利润率变化的函数（R/K） \qquad (13.3)$$

因此，如果利润率迅速上升，投资需求就会更高，但当利润率停滞或下降时，投资需求将下降。第6章提供的证据证明了投资和利润及利润率之间存在正相关关系。虽然很难将他们之间的不同影响分辨出来，但投资很可能与利润变量的水平以及这些变量的增长或下降有关。

利润函数

这个理论最关键之处是利润率同时与需求变量和供给变量相关。所以，体现在生产能力利用率方面，利润率与总需求正相关（在消费不足理论中将会再次讨论这个问题）。但利润率与劳动份额成反比，将原材料的相对价格与最终的产出价格相比后，利润率也与原材料的相对价格呈反比（过度投资理论学家和后备军理论学家已经讨论过这一问题）。因此，在生产过程中，更高的工资或更高的工资份额意味着更高的成本，而更高的原材料价格相对于成品的价格也将意味着更高的成本收入比。

因此，利润率（R/K）=［生产能力利用率（Y/Z），劳动份额（W/Y），原材料价格/商品价格（M/P）］的函数 $\qquad (13.4)$

产品的需求对利润起着积极作用，而从成本角度看，劳动份额对利润却起反作用。这个事实告诉我们劳动力具有双重性。从等式（13.2）可知，如果劳动力得到更高的工资，就意味着更高的成本，当然也意味着更高的需求。需求促使收入增加，但更高的劳动成本和更高的原材料成本将增加生产总成本。

很显然，工资的变化会对总利润产生两个独立相反的影响。哪个影响更大？这个不能单纯从理论中获得答案，理论只能说明这两个关系都存在。以下两个因素能说明哪个影响力更大：每个关系式中各参数的实际值；每个关系中涉及的滞后时间。这需要一个相当复杂且又切合实际的模型来检测这两个效果。

然而，我们可以说，在大多数经济扩张阶段，实际工资上升时，利润反而增长得更快——也许高工资的需求效应比成本效应大。同样，在大多数经济收缩阶段，实际工资下降，利润下降得更快，因此，需求效应似乎占主导地位。这些结论与韦斯科普夫（1979）的实证结果相符。要弄清楚这些转折点的周围会发生什么变化就更复杂了，我们将在下文进行讨论。

分配函数

这个模型中的收入分配是由国民收入的劳动份额所代表的。假设劳动份额是生产能力利用率和失业的反函数。实际上，当生产能力利用率上升时劳动份额反而下降，这反映了消费能力不足者的工资变化滞后性的假设，即工资增长滞后于国民收入中财产部分的增长。但是根据后备军理论，也假设劳动份额对失业起反方向作用。这些假设与第 8 章提出的论据是一致的。

劳动份额（W/Y）＝［生产能力利用率（Y/Z），失业（U）］的反函数　　　　　　　　　　　　　　　　　　　　（13.5）

因此，结合了需求和供给两种元素的分配函数——例如利润函数——的理论被证明是正确的。

失业函数

由于劳动份额部分地取决于失业，因此我们需要知道失业是怎样确定的。在第 8 章我们已经知道失业是产出需求或国民收入的反函数：

失业（U）＝国民收入（Y）的反函数　　　（13.6）

随着国民收入和产出的增长，失业将下降。随着国民收入和产出的下降，失业将增加。

生产能力利用率函数

由于劳动份额部分地取决于生产能力利用率，因此我们需要知道生产能力利用率是怎样确定的。第 8 章表明生产能力利用率是产出需求或国民收入的正函数：

生产能力利用率（Y/Z）＝国民收入（Y）的正函数　　（13.7）

在经济扩张阶段，国民收入的增加导致失业的减少和生产能力利用率的上升，因此这两个相互矛盾的因素影响劳动份额。一种影响是由于时间的滞后，较低的失业将提高劳动份额。然而影响劳动份额的主要因素是不断提高的生产能力利用率对它产生的消极影响，生产能力利用率与国民收入的变化方向是一致的。因此，不存在任何逻辑矛盾，实际上只不过是这两种相反力量的不断较量。与不断下降的、具有时滞性和较弱影响力的失业率相比，劳动份额通常会随着国民收入的增加而降低，这也恰好反映了需求和生产能力利用率等因素的更大影响力。

资本成本函数

第10章提供的证据说明在第二次世界大战前的商业周期中，在经济扩张阶段，资本品的成本（厂房、设备和原材料）比商品价格上升得更快；而在经济紧缩阶段，资本品的成本比商品价格下降得更快。第二次世界大战后，经济发生了两个变化：①厂房和设备的价格变化与消费品的价格变化基本是持平的，但原材料价格的变动与它们不同；②在经济衰退期仍然出现了通货膨胀现象。然而，在20世纪七八十年代的商业周期时的变化表现依然如此——经济扩张阶段原材料价格与消费品价格的比率一直上升；经济紧缩阶段，这一比率就下降。因此，我们可以说：

原材料成本/商品价格（M/P）=国民收入（Y）的正函数　（13.8）

在经济扩张阶段，原材料价格与消费品价格的比率上升时，显然会对利润率产生消极影响（13.4的等式中说明了）。到这就完成了利润挤压理论中的一个重要关系的证明。现在我们必须检验它在实际经济中是怎样来解释经济周期的。

利润挤压模型的操作

要弄明白模型是如何运作的，就需要问一些常识性的问题，即为什么存在积累性扩张？为什么扩张会导致衰退？为什么存在累积性紧缩？并且为什么紧缩能导致经济复苏？

为什么复苏导致积累性扩张？

需求

在复苏时期，实际消费需求上升最为迅速。这一上升反映了国民收入的增加，国民收入在这个阶段也上升得最快。复苏时期的实际投资需求的上升速度会达到最大，原因是快速增长的利润预期反映了当前快速增长的利润。新投资——通过消费乘数过程得出的——导致国民收入大幅增加。增加的国民收入——通过加速器作用——导致更高的投资水平。

成本

总的实际劳动成本（工资、薪金等）在复苏时期比在以往任何时期都要上升得快。然而实际劳动收入并不像财产性收入那样上升得那么快，因此它的份额会逐渐下降。对劳动份额有积极影响的是小时工资的缓慢增长和就业的迅速增长——尽管通常在描述关于就业方面的增长时使用的是失业这个词，但这对工资没有影响。但它却对大幅提高生产力非常重要，因为生产力在复苏时期比在其他任何时期都提高得快。生产力大幅度提高的原因在第 8 章中已经详细探讨了。生产力提高时自然会使得资本家的利润增加；而在一定时滞之后，工人们才意识到与资本家重新谈判固定工资和薪资级别。

商品产量的迅速增长意味着厂商对原材料需求的更快的增长。由于需求超过供给，原材料价格开始上升。但是这个时期原材料价格上涨的速度不会很快，因为在大萧条阶段储备了大量未使用的原材料和资本。

利润

在复苏时期，总需求急剧上升。同时，供给的单位成本上升的速度相对比较缓慢，部分原因是原材料价格上升缓慢，但最主要的原因还是因为生产率快速提高。结果是总利润、收入的利润份额、销售的利润率和资本的利润率都急剧上升。利润率上升的影响是可用于投资的内部资金增加和对未来的利润预期上升。因此，投资也会急剧增加。当然，通过乘数作用，新投资将会导致更多的收入和更多的消费。更大的需求会使利润增加，从而导致更多的投资、就业和收入，等等。就这样，经济发展成了一个累积性的扩张，经济也进入所谓的繁荣阶段。

什么原因导致衰退或危机呢？

消费需求

在繁荣时期，实际消费需求上升得越来越慢。国民收入增长也减缓，但并不完全一样。因此，平均消费倾向不断下降。平均消费倾向不断下降主要反映了劳动份额的不断下降。资本家也被迫节省他们大部分的收入。无论如何，在周期的峰值附近，占总需求很大比例的消费需求的增长速度是非常有限的。

注意，即使劳动份额的增长速度平缓或略有增长，在峰值附近的消费需求的增量也是有限的。原因之一是消费需求对劳动份额的变化做出反应时存在一个时滞——尽管这个时滞时间不太长。实际上，劳动份额在扩张期之前就已经开始上升，例如，在20世纪50年代和60年代的那个商业周期中，当时的平均消费倾向在高峰出现之前也开始略有上升。然而，在这些周期中，通常是利率已经下降很长一段时间之后才会发生这样的情况，所以在这个时候再阻止利润下滑已经太迟了（劳动份额和消费倾向的最终上涨是影响利润下降的主要因素，而不是由利润下降所导致的）。

成本

每小时的实际工资上涨得非常慢。生产率的增长率同样也慢，但又稍微快于小时工资的增长速度（这在第8章已经做出解释）。结果，劳动所占的份额通常持续下降，但下降得不明显（在达到峰值之前通常是个常数）。当由于生产率的停滞而导致劳动份额也停止下降时，平均消费倾向也会停止下降（在停滞一段时间后）。但是利润和利润率在此之前早已经下降了，通货紧缩势在必行。

为什么生产率在经济复苏过程中会快速增长而到繁荣时期则较为缓慢的增长？我们在第8章已经做出了详尽的解释。在这个阶段，原有的工人现在已经得到充分的利用，因此生产力不会得到更大的提高。而且，当产能接近最高点时，公司可能已经达到甚至超过了它的最佳劳动力的使用量（尽管在长期看来大部分成本是不变的）。此外，还有很多的小公司进入这个市场，而这些小公司中的一部分是欠缺效率的。

对原材料的需求继续向峰值挺进，但各领域的供给量因受到现有矿山和农场（特别是农场里农作物的种植量或是成活量）的限制，增加供给得等待更长的时间（通常是好几年）。因此，这个时候的原材料价格会疯狂地上涨。

利润

这个阶段，累积需求的上涨速度会慢慢下降。一个重要的原因是消费者的消费需求受到了下降的消费倾向的限制。消费倾向的下降主要是由于劳动份额的下降，但经过一段时间之后，消费倾向仍然会下降，尽管劳动份额已经停止了下降。原材料价格的上涨引起生产成本的飞速上涨。因此，产能越接近峰值，利润率被压缩得越小。杰弗里·摩尔（Geoffreg Moore）（1983）曾经写道："在扩张初期，价格的上涨速度明显快于成本的上涨速度；而在后期，成本的上涨速度明显快于价格的上涨速度……推动利润的压缩。"（第282页）

这里需要一再强调的是读者不能混淆总利润与利润份额这两个专业名词。由于总收入分为利润份额和劳动份额，所以利润份额的变化恰好与劳动份额的变化方向相反（为了简化模型这里除去了租金和利息）。然而，总利润不但取决于劳动成本（即产出的利润份额），还取决于其他成本和税收，这些都是由需求决定的。

这个区别非常重要，因为在这种情形下，利润决定投资。但是，利润份额仅仅是决定总利润的一个因素（在韦斯科普夫的著作中得到明晰的讨论）。在典型的经济扩张时期，劳动份额下降，利润份额上升（失业率对工资的影响小于需求对工资的影响，而且失业率只有在长期的滞后期才会发挥明显的作用）。在这个阶段，因为需求上涨的速度快于成本，所以利润会提高。

总之，通常在达到峰值的前一阶段，成本（主要是原材料和利息成本）的上涨幅度稍微大于需求的上涨幅度（此时的需求正被下降的消费倾向所抑制）。因此，从这个意义上说，实际利润开始慢慢地下降——从而一场衰退不可避免（原因如下所述）。

实际工资也许会慢慢地下降（或者保持不变或者是下降得非常少），从而劳动份额停止下降或者也是保持不变（或者是上升一点点或者是下降一点点）。因为消费倾向受到滞后的劳动份额的影响，消费倾向通常会继续缓慢地下降到最低点。结果，需求缓慢地上升到最大值，而成本较快地上升到最大值。因此，利润下降时，而利润份额可能在峰值保持不变（或者往上或下浮动一点点）。

总利润的下降意味着资本的赢利能力的下降。理由是（按照一般的计算方法，所得到的数量在理论上和计算上都是不可信的）相比于快速的利润流动，资本的流动显得相当缓慢。上面所讨论的利润，可以用"利润率"这个专业名词来替代，因为他们在整个商业周期中的循环过程几乎是一样的。

投资

为什么一旦利润（或者利润率）开始下降，通货紧缩过程就无可避免呢？理由是利润的下降引起了投资的迟滞下降。实际上，利润的下降首先影响的是投资决策（表现为对新工厂和机器设备投资的减少），然后那些投资决策会导致实际的净投资的减少。因此，利润和利润率在达到最大值前就下降，将会导致实际投资达不到最大值。投资的下降会引起就业和收入的减少，从而引发通货紧缩。

为什么一场危机会转变为积累性衰退？

需求

实际消费者需求会随着实际收入的下降而下降。但是，这时平均消费倾向会开始上升，因此总消费的下降速度应该小于收入的下降速度。总消费的下降速度小于收入的下降速度的主要原因是收入中劳动份额的比率开始上升了。实际投资需求在经济危机中也会快速地下降，体现在利润预期的快速下降和缺乏可得的利润为再投资融资。

成本

在经济危机时期，实际总工资会由于每小时的实际工资的下降和失业率的上升而下降（尽管失业通常滞后于产出的下降）。然而，收入中劳动的份额开始上升。劳动份额上升是因为尽管每小时的实际工资在下降，但生产率比它下降得更快。生产率下降是因为失业率下降的速度慢于产出下降的速度。尽管通常情况下，那些技术熟练的工人会得到再就业的相关培训，但最主要的原因是大部分企业在职工人（如簿记员和保安等）在生产率下降时不能被解雇。

产量的下降减少了人们对原材料的需求。然而，原材料的供给下降得非常慢，因为它的减少意味着要关闭煤矿厂，减少对下一年的农作物的种植量。因此，原材料的价格在经济危机时会下降，有时甚至在一般的通货膨胀时期也会下降。

利润

总需求下降非常快是因为消费需求和投资需求都下降得很快。总成本下降比较缓慢是因为在开始阶段实际工资和原材料的价格都下降得非常缓慢。因此，在危机时期，总利润和利润率下降得非常快。总利润的下降会导致生产和投资更大程度的下降（通过加速数）。生产和投资的下降又会再一次促使失业、消费需求和收入的下降（通过乘数）。

什么原因导致经济好转或者经济恢复呢？

需求

在经济萧条阶段，实际的消费需求会继续下降，但速度非常缓慢（而且在轻度萧条时，有时会稍微上涨）。消费下降得非常慢一是因为在这个时期收入下降得也很慢，二是因为平均消费倾向在上升。平均消费倾向上升主要是因为劳动份额在上升（尽管在萧条后期劳动份额会由于失业率下降的影响而上升得非常缓慢）。

在萧条时期，只要利润和利润率在下降——因为这意味着更低的利润预期和更少的可得性内部资金——实际投资就会继续下降。在萧条后期，利润预期开始上升，从而导致投资在低谷阶段复苏。

成本

在萧条时期，实际总工资、实际小时工资以及生产率都会下降，但失业率会上升。然而，在萧条的开始阶段，劳动份额会继续缓慢上升。接近低谷时，生产率可能会停止下降甚至会开始上升。原因是资本家的企业这个时候几乎解雇了所有多余的员工，甚至是解雇了那些技术熟练的和有地位的员工。由于这个原因，劳动份额停止上升甚至在周期的峰谷保持不变。萧条时期，原材料的价格继续下降。因此，在萧条后期，总成本下降得非常快。

利润

在萧条的开始阶段，因为需求下降的速度快于供给下降的速度，利润和利润率开始下降。但是，需求下降得越来越慢，而成本却保持快速地下降。因此，在某些点上（通常在峰谷出现的前面的点，但不会经常是这些点），总利润和利润率会停止下降或保持不变，有时甚至是稍微上升。一旦利润率上升一点点（也许是利润率下降的速率变得非常缓慢），利润的预期会提高。乐观的利润预期将会引导处在谷底时期的投资增多，这也标志着经济开始复苏。

对利润挤压(或胡桃夹子)理论的评价

这个模型的成功之处在于它的主要目的是将收入和成本结合在一个简单的模型中,但它也还有很多缺点和局限性。

本章所述的这个理论存在的主要问题是它还遗漏了一些非常重要的变量。一个完整的模型需要包括政府的经常性行为,这点显然对美国经济至关重要。一个完整的模型还必须包括一个国际部门,这一点对美国每一天的经济更重要。所以说,一个完整的经济模型必须包括经济中所有的金融要素,这个就能解释为什么经济扩张后可能变得繁荣和为什么衰退时就变得极度萧条。最后,一个完整的模型必须考虑垄断力量对经济周期中的经济行为所产生的影响。如果把这些因素都遗漏了,那么这个模型肯定非常不完整,充其量也只是第一次近似模拟。

该模型的另一个局限性是它的高度的整体性。它没有考虑不同的消费需求类型(例如商品需求相对于服务需求)、投资类型、不同行业的竞争程度,等等。部分问题在下面几章中有详细的说明。该模型更正式的局限性会在附录 13.1 进行讨论。

附录 利润挤压(或胡桃夹子)理论的一个规范模型

最简单可行的利润挤压(或胡桃夹子)模型从均衡状态开始,国民产值(Y)等于消费需求(C)加上投资需求(I):

$$Y_t = C_t + I_t \tag{13.1}$$

在成本方面,国民产值等于利润(R,所有财产性收入)加上工资(W,所有劳动力成本)加上所有原材料成本(M,类似于马克思政治经济学理论中的不变资本):

$$Y_t = R_t + W_t + M_t \tag{13.9}$$

消费是财产性收入和劳动收入的函数

$$C_t = a + bR_t + W_t \tag{13.10}$$

所有小写字母是常量。常数 b 小于 1。投资是利润变化的正函数:

$$I_t = v(R_{t-1} - R_{t-2}) \tag{13.11}$$

工资性收入，或所有劳动力成本是产出的正函数：

$$W_t = c + wY_t \tag{13.12}$$

常数 w 小于 1。最后，材料成本是产出的正函数：

$$M_t = g + mY_t \tag{13.13}$$

这个系统方程组的简化形式是：

$$Y_t = H + AY_{t-1} + BY_{t-2} \tag{13.14}$$

在这个等式中，$H = a - bc - bg + c$，$A = w + (b+w)(1-w-m)$，和 $B = -v(1-w-m)$。在周期里 A^2 小于 4B。

一个更为现实的利润挤压（胡桃夹子）模型。如果存在均衡（仍然忽略政府和净出口），然后把产出定义为国民收入（Y），等于消费支出（C）加上投资支出（I）：

$$Y_t = C_t + I_t \tag{13.1}$$

除了价格之外所有的变量都以不变美元表示。

消费支出是上一时期的产出（或国民收入）加上一时期的劳动力占国民收入之比的函数：

$$C_t = a = bY_{t-1} + c(W/Y)_{t-1} \tag{13.15}$$

这个消费函数表示当工人获得更高比例的国民收入时消费需求将上升。

投资支出是前两个时期利润率（R/K）变化的正函数：

$$I_t = v(R/K_{t-1} - R/K_{t-2}) \tag{13.16}$$

一个更现实而且复杂的投资函数还可以包括总利润（同时总利润还可以作为一个独立的信用变量），当然每一个变量都含有各自特征的时滞性。

这个模型中的利润率反映了收入和成本等要素。利润是收入要素的正函数，是成本要素的反函数。收入等于消费需求加上投资需求，可用生产能力利用率（Y/Z）来表示。此模型中的成本等于工资或劳动份额（W/Y）加上原材料价格比率（M）除以商品价格（P）。因此，

$$R/K_t = p(Y/Z)_t - gW/Y_t - hM/P_t \tag{13.17}$$

虽然这个利润函数很简单，但它却教会我们在获取利润时不要忘记需求和成本这两个因素。

以上解释了需求因素。接下来我们将解释影响成本的因素。劳动份额既影响收入也影响成本，它是某一时期的生产能力利用率和失业的反

第十三章 利润挤压（或胡桃夹子）周期理论：生产－实现的一种假说

函数：

$$(W/Y)_t = w - z(Y/Z)_t - uU_t \tag{13.18}$$

虽然在现实生活中，失业出现很长一段时间后才对劳动份额产生影响。为了简化计算，在这个等式中暂时不考虑时滞性。

我们现在必须对失业做出解释。失业是产出的反函数：

$$U_t = j - kY_t \tag{13.19}$$

这个函数中可能存在一段时间的滞后。

生产能力利用率是产出需求（Y）的正函数：

$$Y/Z_t = q + rY_t \tag{13.20}$$

最后，原材料价格比率（M）除以成品价格（P）是产出的正函数，但是它上升或下降的速度比产出更快：

$$M/P_t = m + nY_t \tag{13.21}$$

通过迭代算法，我们可以得到最简方程，所有的产出：

$$Y_t = H + AY_t + BY_t \tag{13.22}$$

其中 $H = a + c(w - zq - uj)$，$A = b + c(uk - zr) + v(pr + gzr - guk - hn)$ 和 $B = -v(pr + gzr - guk - hn)$。虽然有一大堆常数，但仍然得到一个二阶差分方程的解。如果 $A^2 < 4B$，就会出现死循环；如果 $B = 1$，周期就会以固定振幅沿着均衡点上下波动；如果 $B > 1$，就会产生膨胀；如果 $B < 1$，就会出现衰退。

该模型的一些局限性

首先，附录 13.1 对此函数进行了尽可能简单地说明。一个现实的模型允许每个不同的变量包含更复杂的时间滞后，并将不同时期的值赋予一些变量。

其次，附录 13.1 中的模型只使用线性关系。在现实中，大多数关系不是线性的，而是非线性的。具有复杂的时间滞后性和线性关系的模型会更切实际，但理解起来反而更困难。或许，应该强调的是读者可重视一般的关系和函数，将其视为商业周期的一个图景，然而这并不意味着我们需要重新考虑那些关系的精确形式。下一节中有个更一般的模型会阐述这一点。

最后，本章指出，该模型没有考虑政府、国际关系、金融要素和垄断力量，所有的这些将在本书的下一部分进行讨论。

由于这些局限性，这个模型——例如以前提过的更简单的模型——从可靠的计量价值和预测的时间路径方面来说还不值得做估计。该模型要成为一个有用的预测工具还太简单。此模型有助于解释为什么一些政策（如通过降低工资来预防危机出现）是错误的，但任何强大政策的制订都必须尽可能地与实际情况相符。

一般的利润挤压模型

在一个更一般的模型中会着重介绍函数的关系，其中的变量包含更复杂的时间滞后性，但该模型并不试图详细说明该函数的形式。

如果模型（仍然忽略政府和对外贸易）中存在均衡，那么产出等于消费需求加投资：

$$Y_t = C_t + I_t \tag{13.1}$$

消费是各个不同时期的总收入和收入分配的函数，收入分配通过劳动份额表现出来，其中包含总收入这个变量的不同时期的值：

$$C_t = f^1(Y_{t-1} \cdots Y_{t-n}) + f^2(W/Y_{t-1} \cdots W/Y_{t-m}) \tag{13.23}$$

这里 f^1 和 f^2 是正函数。

投资是各个不同时期总利润和利润率的函数：

$$I_t = f^3(R_{t-1} \cdots R_{t-n}) + f^4(R/K_{t-1} \cdots R/K_{t-n}) \tag{13.24}$$

这里 f^3 和 f^4 是正函数。

利润是收入减去成本的函数。在生产能力利用率中反映出了收入等于消费加上投资或总需求。此模型中的成本主要是劳动成本，这在劳动份额中有所反映，原材料价格对成品价格之比也部分地反映了物质资本的成本：

$$R_t = f^5(Y/Z \cdots Y/Z_{t-n}) - f^6(W/Y_t \cdots W/Y_{t-n}) - f^7(M/P_t \cdots M/P_{t-n}) \tag{13.25}$$

这里 f^5 是正函数，但 f^6 和 f^7 具有消极影响。

在一个周期内资本的利润率类似于总利润，因为决定它们的变量有些是相同的。除此之外，它们对利润、生产能力利用率和原材料价格的影响将影响新增加的资本的满意度。因此，假设利润率由3个相同的变量决定，这3个变量决定利润但函数形式略有不同：

$$R/K_t = f^8(Y/Z \cdots Y/Z_{t-n}) - f^9(W/Y_t \cdots W/Y_{t-n}) - f^{10}(M/P_t \cdots M/P_{t-n}) \tag{13.26}$$

在这里 f^8 是正函数,但 f^9 和 f^{10} 是负函数。

劳动份额是由什么决定的呢?正如第 8 章中所讨论的那样,假设劳动份额是生产能力利用率的比例(Y/Z)和失业率的函数:

$$W/Y_t = -f^{11}(Y/Z_{t-1}\cdots Y/Z_{t-n}) - f^{12}(U_{t-1}\cdots U_{t-n}) \quad (13.27)$$

其中 f^{11} 和 f^{12} 都是负函数。失业对劳动份额产生影响将比生产能力利用率对劳动份额产生影响滞后更长的时间。

如第 10 章中指出的那样,原材料价格与消费品价格之比(M/P)会随着生产能力利用率的变化而变化。

$$M/P_t = f^{13}(Y/Z_{t-1}\cdots Y/Z_{t-n}) \quad (13.28)$$

其中 f^{13} 是正函数。

生产能力利用率是由什么决定的呢?它的比率随着总产出水平变化变化:

$$Y/Z_t = f^{14}(Y_{t-1}\cdots Y_{t-n}) \quad (13.29)$$

其中 f^{14} 是正函数。

最后,失业率通常向着总产出变化的反方向变化。

$$U_t = -f^{15}(Y_{t-1}\cdots Y_{t-n}) \quad (13.30)$$

其中 f^{15} 是反函数。

这个一般化的模型没有前面所分析的简单模型的数学局限性。在计量测试中使用此模型时需要做一些技巧性的(和不现实的)简化。然而,作为一个启发式的模型,这对所有试图解释内生经济周期的经济学家可能会有用。它包含如下几种特殊情况模型:消费不足、过度投资和后备军。

该模型仍然存在这样的局限性:没有明确阐述金融和信贷、国际关系、政府活动或垄断力量的影响。这些影响因素都将会在接下来的 4 章中分别做出解释,并说明怎样修正这个一般化的模型。

第三部分

更多的现实逼近

第十四章

信贷和金融危机

这一章论述了在经济周期中，货币、信用和金融所起的重要作用以及其需求与供给。这一章的主要假设是衰退是由利润下滑所引起的，但衰退是否转变为萧条，信用体系起着非常重要的作用。就像许多经济学家们说的那样，在经济扩张时期，一国的经济和金融体系变得越来越脆弱，因此，仅仅是预期利润的一个小小的下滑都有可能导致一场金融危机，继而引起经济的萧条。另外，在经济复苏和早期扩张的阶段，信用则起着积极的作用。为了对这个假设进行评价，本章首先将考察这个假设与其他现存理论之间的关系，然后再用一些经验数据来检验这些理论。

马克思、凯恩斯和米切尔的共同观点

在经济学领域中，马克思、凯恩斯和米切尔均认同两个基本观点：①货币和金融体系是商业周期的前提条件；②信用和金融体系加强和扩大了商业周期（凯恩斯的观点，见托宾［1985］；马克思和凯恩斯的观点，见克罗狄（Crotty）［1986，1987］和萨多尼（Sardoni）［1982］；米切尔的观点，见伍德沃（Woodward）［1987］）。马克思、凯恩斯和米切尔都强调资本主义制度需要一套货币和信用制度。在这个制度中，货币作为一种价值储藏手段，而不仅仅是一种交易媒介。就如一些理论家所假设的那样，如果亨利·福特生产了100万辆汽车，那么他去考虑如何在拍卖会上用他所生产的每一辆汽车来换取其他的东西，这种做法是非常荒谬的。相反，福特需要货币作为资本来投入到下一个生产阶段中。因此，在这个情况下，货币用来买卖商品，然后将货币储藏起来，直到需要时再用。这样,萨伊定律的逻辑基础就被推翻了(尽管瓦尔拉斯一般均衡范式这样写道:新古典经济学中最复杂的公式在形式上包括货币,而这里货币的作用与其他任何商品不相同。因而货币金融体系降低了物物交换率)。

马克思、凯恩斯和米切尔都强调资本主义是不稳定的,因为它是一种货币信用经济。米切尔的目的是让货币经济成为他的主要研究项目,在这个项目中,商业周期仅仅是第一个部分。米切尔从托尔斯坦·凡勃伦那里认识到工业(为人类生产有用的东西)和金融经济(货币利润创造)之间的差异。凡勃伦指出,在经济的每次收缩中,资本家都在破坏工业,从这个意义上来说,他们在减少产出和就业。他们这样做的目的是为了维护自己的货币利润。米切尔强调,周而复始地,资本家进行生产仅仅是为了创造货币利润。

在这个研究领域,凯恩斯为马克思的理论提供了既具体又良好的参考(见凯恩斯1979,81)。马克思所称的交换经济,凯恩斯有时会称为"合作经济"。在合作经济中,他假设不使用货币,这是因为人们在没有货币的情况下也能相互合作(就好像是在最原始的村落)。而对于马克思所称的"货币"经济,凯恩斯有时称之为"企业家"经济,他强调企业家的金钱利润动机在经济中起着关键的作用。

马克思指出,当货币(M)这个概念在封建社会首次被用到时,它的作用仅仅是辅助物与物的交换,因此他将经济交易表示为 C – M – C。但是,在资本主义制度下,资本家从货币(M)开始,接着用货币购买商品(C)来生产更多的商品,他们这样做的目的是增加货币(M')——这就是现在商品运动的形式。因此,经济交易的表达式为 M – C – M'。凯恩斯(1979)如是写道:"合作经济和企业家经济的不同之处与马克思的早期观察有些联系……他指出,在现实世界里,就像经济学家经常假设的那样,生产活动的本质并不是 C – M – C 的情况,即物与物(劳务)之间的交换。这种物物交换的形式也许只是私人消费者的观点。但它却不是商业的情况,在商业中是 M – C – M',即利用货币来购买商品(或者劳务)为的是得到更多的货币。"(81)

上述结论是凯恩斯攻击萨伊定律的核心所在,其中他表明了有时候不马上用钱去购买更多的商品也是一种明智的做法。

马克思主义者解决货币危机的方法

对于货币危机，马克思讨论得更加具体（对马克思的金融理论讨论的最充分和彻底的是克罗狄［1987］）。在资本主义的经济扩张时期，人们利用信贷来作为投资的支出，这些投资的人无法马上有收入（因此陷入了负债），并且他们对未来的利润创造也没有客观的预期。由于这种行为是在没有考虑客观条件的基础下进行的，因此马克思将这种信贷利用称为投机。投机行为会推迟衰退，但它也会生产出大量超过市场（需求）极限的商品。消费者也高估了他们未来收入的预期，因此他们利用信贷来支持那些超过收入范围的支付。这种信贷消费的增加也延迟了衰退，但却增加了个人破产的脆弱性。

当经济开始收缩，消费者失业或实际工资下降，消费者没有能力购买商品，从而使资本家无法将其生产的所有商品售出。在经济收缩过程中，资本家、企业和工人阶级消费者的过度负债导致了企业和个人的破产，因此银行的贷款很难被收回。在这样的情况下，银行无法偿还所有的存款者，便会出现挤兑现象，银行业跟着破产。当经济崩溃来临的时候，每个人都想要钱，没人需要商品。

什么是利息？它是如何表现的？根据马克思的理论，利息是总利润的一部分（或者说是总价值的增加额）。工业资本的所有者使其收益与资本保持在一定的比例中。但对于金融资本的放贷者，利息也是利润的一种形式。因为利息是总利润的一部分，利息率通常低于总利润率，但在经济危机中例外。

在假定了消费习惯、传统习俗、法律以及供给和需求条件也给定的情况下，利润率的水平反映了金融资本家与工业资本家的斗争。相关法律（例如，高利贷限制法、利润率上限、货币政策）也是由斗争所决定的。马克思强调了金融制度的历史演变。在资本主义以前，贷款大部分是用于奢侈品的购买、国防支出以及其他非生产性物品的购买。在资本主义制度下，消费者信贷仍然很重要，但根据马克思的理论，投资的关键是信用由金融资本家贷款给工业和农业资本家。

在扩张的起始阶段，金融资本家往往处于较弱的谈判地位，因为这个时候的市场存在货币资本的超额供给。当对货币资本的需求上升时，由于更高的收益预期和投机行为的作用，利率开始上升。在繁荣时期，随着投资热情的高涨，市场上出现了更多的借贷行为，随即也出现了更高额的负债和更高的利息率（对信用的需求超过供给时）。

在衰退过后，对信贷的需求会继续上升一段时间，这是因为人们和企业需要通过借款来偿还旧的债务或者支持日常消费。接下来，利息率会稍稍有所提升。因此，利息率像一个滞后的经济周期指标。基于不确定条件，高利息率和信用约束很少成为衰退的主要原因，但是它们经常使温和的衰退转变成严重的萧条。

在衰退中，利润预期的下降导致了商业贷款的急剧下降、货币资本的囤积和积累以及更低的利息率。因此，当真实利润率预期开始上升时，金融系统便又开始支持新一轮的经济复苏。

一些经济学家首次承认在等式 $MV = PT$ 中可以反映众所周知的有用性，马克思是其中之一。在等式中，M 是货币供应量，V 是货币流通速度（一定时间内货币流动的时间数量），P 是价格，T 是指商品的交易数量。古典货币数量论，假定在长期中，货币流通速度的改变是非常缓慢的，与之相反，马克思却认为货币的流通速度是周期性变化的。在经济扩张时期，消费者和商人都变得乐观，消费的速度将会上升。在经济收缩阶段，消费者和商人的情绪则变得悲观，这时消费的速度会下滑。凯恩斯主义者和制度主义者均同意马克思的许多观点，但是货币主义者却完全不同意（然而，不得不强调的是，马克思对于货币和信用的评论是十分广泛的，这些观点大都是散乱的，并且无法组成一个系统的整体，从而得出一个可靠的结论。马克思关于货币和信用的分散的观点由德·布鲁霍夫（De Brunhoffu）[1976] 收集和整理。

早期的货币理论和货币过度投资理论

认为货币是商业周期存在的主要原因的一些理论已经存在很长一段时间了。在 19 世纪中期，马克思对这些理论进行了批判。在 20 世纪 30 年代，霍特里（R. G. Hawtrey）提出了一种极端的观点：货币数量的变化是经济周期更迭的唯一原因 [具体对霍特里及类似理论的讨论，见哈伯勒（1960，第 3 章）]。货币数量的增加（货币供应量乘以货币流通速度）加速了经济扩张。在经济扩张的晚期，当银行使贷款变得更加难以获得的时候，市场上的货币数量变少，这引起了对货币需求的减少，并导致了衰退。货币数量的减少可以在经济的衰退或者萧条中反映出来。在萧条时期的晚期，当银行放松信贷的时候，流通中的货币数量开始增加，这样也就确保了新一轮的经济恢复。如果货币数量没有限制，经济复苏应该不存在什么问题，然而，霍特里指责政府利用限制货币发行量的方式来干预银行系统。

一些相关的理论是货币过度投资理论［见哈伯勒（1960，第3章）］。这些理论认为在扩张时期的大部分时间里，市场利率低于使储蓄等于投资的均衡利率。因此，企业家试图使投资额超过可利用的资源。投资与消费共同竞争资源，便出现了资本短缺的现象。这种"资本短缺"反映为可借资金的缺乏和更高的利息率。资金的缺乏导致了投资的下滑，而这会引起一场衰退或者萧条。最终，在经济的紧缩过程中，利息率开始下滑，对新投资基金的需求少于真实的可利用资源，市场上存在过多的资本，新的一轮经济复苏开始了。

货币主义者的观点

货币主义者假设竞争性资本主义市场会自动趋向于充分就业，即萨伊定律——或者用现代的观点来说，即趋向于自然失业率。从米尔顿·弗里德曼开始，就有大量文献支持和反对货币主义的观点（由克拉季斯（courakis）［1981］所写的一本关于商业周期的赞同货币主义的著作中就引用了弗里德曼和其他货币主义者的文献）。像古典经济学家一样，货币主义者认为货币是两种商品（货币或劳务）之间的交易媒介，因此在物物交换经济中需求总是等于供给的。因为货币没有被储存，它便不会引起内生性的周期问题。实际上，对于货币主义者来说，货币数量的改变对于真实变量的长期价值没有任何影响，比如真实的国民生产总值。真实GNP是单独由资源和技术决定的。

货币主义者相信货币供应量的改变的确会决定名义收入和价格水平。货币供应量会影响价格是因为除了在长期经济活动中其缓慢变化外，货币流通速度不会改变，真实的生产是由资源和技术决定的。根据一些货币主义者的观点，比如弗里德曼。货币供应量的改变和政府支出会影响真实GNP，但在长期的经济活动中，货币供应量和政府支出额会调节以适应由真实因素所给定的水平。另外，理性预期货币主义者声称，即使在短期，如果人们有充分的信息，他们将会迅速调整。例如，如果人们知道政府的支出最终会导致通货膨胀，他们会马上在价格上涨前购买到商品，这样便会立即爆发通货膨胀。因此，政府支出只会导致通货膨胀，而通货膨胀会抵消掉所有的支出，结论便是在短期中也不存在对真实 GNP 的影响。

既然货币主义者完全否定货币信用在企业家中导致商业周期，那么他们为什么又被称为货币主义者呢？尽管他们否认货币作为内生的作用，货币主义者还是相信货币供应量的改变（政府政策，比如说，美联储的公开市场操作）的确会影响商业周期。当政府政策出错的时候，货币主义者认为过多的货币会导致通货膨胀，过少的货币会导致失业，这对原本没有被这些因素影响的经济施加了一层货币的面纱。因此，尽管由于内生或者系统的原因，货币和信贷不会引起衰退，但货币供应量的外生性变化的确会导致暂时性的衰退和通货膨胀，因此货币量是非常关键的政策因素。

后凯恩斯主义者的观点

后凯恩斯主义者反对货币主义者，并且强调凯恩斯所提出的如下论断［最佳的阐述，见罗西斯（Rousseas, 1986）］。凯恩斯强调投资过程的不确定性，他说，即使轮盘赌局是以概率为基础，但是经济产出不能由概率来确定，这是因为未来是不可预测的。例如，你是否能预测将有战争发生？未来是否会出现一种与汽车一样重要的新发明呢？技术革新和战争对经济的影响十分巨大，但是我们无法对这些以及其他影响经济的其他因素的概率进行计算。"我们对此一无所知。"（凯恩斯，1979，213）

当新古典经济学家用一种确定（或者说是确定的可能性）的眼光来看待交换经济时，后凯恩斯主义者则用一种不确定的眼光来看待货币信用经济。资本家通过以下两种方法来对抗不确定性：①通过垄断和勾结；②签订远期合约，比如说 2 年或者 3 年的劳动合同。但是这些方法都不足以抵消信用经济不确定性所带来的问题，因为经济本身就是不稳定的。

不确定的事实使得人们想要持有货币而不是不间断地周转它。如果不是为了消除不确定性，"哪个疯人院外的正常人会将货币作为财富进行储藏？"（凯恩斯，1979，216）罗西斯认为货币是一种特殊的商品，人们可以储藏货币而不必担心它会损耗，也可以在无限的未来使用货币（尽管我们对于货币的支付能力和价值抱有不确定的态度）。货币的这种特殊性使我们在一个不确定的世界推迟自己的决策。货币的特征以及信贷让我们在自己的收入以外还能借到钱。因此，货币会导致经济不稳定。

后凯恩斯主义的内生货币供给理论

根据凯恩斯的理论，人们对于货币的需求是建立在流动性偏好的基础上的。因为未来存在不确定性，人们对货币存在3大需求，分别是交易需求、谨慎需求和投机需求。另外，凯恩斯在《通论》中假设，货币供给是一个由政府决定的外生变量。货币主义与新古典凯恩斯主义者均认同货币供给是由政府决定的，它是经济的一个外生因素。

然而，后凯恩斯主义者将货币供给视为由经济本身决定的（见罗西斯［1986］对这个问题的出色讨论）。因此，商业周期中的扩张阶段会增加产出，这会增加金融市场中对信用需求的压力，从而影响市场上货币和信用的数量。这些理论家假设银行通常以自身的需要来提供信贷，并且接下来只会关心从哪里寻找足够的储备。但如果情况的确是这样，那么在银行体系需要储备的时候，它们上哪儿去找呢？

后凯恩斯主义者发展了两个理论来回答这个问题。第一个理论认为，联邦储备委员会（或者是其他国家的中央银行）总是适应银行体系的需求，因为政治压力使其不得不这样做（关于联储政治的详细和较真实的观点，见杰德尔（Greider）［1987］）。记得美联储的作用之一就是维护"有条理"的市场并且在紧急时期成为最终贷款者，因此它通常会尽全力来避免银行破产，因为它希望能避免多米诺效应。在这个观点中，美联储控制了利息率，但是银行在这个利率的水平上获得它们所需要的任何货币数量。

第二个理论认为，不论什么时候，美联储（或者是其他中央银行）不能或不会适应经济，私人金融体系也会通过负债管理和发明新的金融合约来创造足够的储备。但一部分理论家大体上相信美联储通常不能完全适应经济。因为，美联储有着其他压力和限制，比如维持货币稳定的需求。如果美联储只是顺从经济的需要，那么它很可能会导致通货膨胀，这本身也是美联储试图要避免的。而且，美联储也可能会犯错。

如果美联储太过于约束，银行则会想办法将资金从高储备金要求的负债（活期存款）转向其他形式的低储备金要求的负债（例如存款证）。由于银行将利率作为促使资金从一处流向另一处的诱导剂，这种做法会提高总体的利率水平。

随着储备率趋向于下降并且银行的负债变得更加不稳定和高昂，银行在经济衰退时就更加脆弱了。然而，如果美联储不能适应经济，则会出现信用崩溃。我们应该注意到，如果创新的负债管理起作用的话，则货币的流通速度会提高（因为每一单位的存款可以提供更多的贷款）。许多后凯恩斯主义者相信银行创新的负债管理是比美联储管制更加重要的因素。其他凯恩斯主义者则强调，银行扩大其创新方式的能力是有限的。如果利润率下降或者美联储限制流动性，则银行可能会无力满足所有的信贷需求，这会使衰退提前发生。

后凯恩斯主义的金融脆弱理论

沃夫森（Wolfson）（1986，188）认为金融危机源于两个过程的集中。一方面，是内生于任何资本主义经济正常运行的经济周期发展；另一方面，是经历了长期历史演进的金融体系中的特定制度结构。一旦这两个过程都创造了适宜的条件，任何"突发性"的冲击都可能会导致一场金融危机。在战后，美国出现的"突发性"事件包括银行破产或者美联储的政府行为，如1980年3月，在总统卡特执政期间的信贷紧缩。金融体系同样内生地但毫无预计地引起这些"突发性"事件。

明斯基极力倡导金融脆弱性的长期理论，也可见乌泽鲁尔（Wojnilower）（1988）。但是对于不同观点的整理，则见森马（Semmler）（1989）。罗伯特·博林（Robert Pollin）（1986，1987）的重要贡献是根据企业和消费者信贷中的经验来分析其脆弱性。这些作者已经审视了在近几十年来金融体系脆弱性增加的长期趋势，就像在第二部分讨论的那样。另外，沃夫森（1986）的杰出著作以及伍德沃德（Woodward）（1987）的优秀综合性论文，已经证明了金融体系在每一次商业周期的扩张过程中是如何变得越来越脆弱的。具体说来，他们的著作反映了在每次扩张中企业的负债—权益率上升；允许债务偿付的期限变得更短；

在企业资产中的流动性越来越少。

这些事实的深层含义可以简要地叙述。就像在第十二章详细讲述的那样，在接近资本主义每一次扩张的末尾阶段，由于一些内生的原因，真实的企业利润下降了。由于企业已经增加了它们的债务负担，当它们自身的利润开始下降的时候，它们无力偿还贷款。货币供给突然间出现了短缺，企业和消费者无力偿还贷款导致了银行的破产——这首先是由真实利润的下降引起的。在经济紧缩的开始阶段，这种银行破产的"突发性"冲击可能会导致一场突然的金融危机，这反过来可能会引起深度的衰退。尽管大范围的银行破产也许源于某些经济基本的原因，但仅仅一次严重的信贷紧缩或者金融崩溃就能使一场衰退（由真实因素所导致的）转变成严重的萧条。

为了证明这一系列理论正确与否，我们需要看看历史的经验记录。

金融体系的历史变迁

为了更好地理解现在的情况，我们必须退回到 20 世纪 30 年代。1929 年利润率的下降、企业的破产以及消费者收入的减少，再加上缺少金融监管，导致了 1931—1933 年的金融危机。银行的崩溃使得萧条更加严重，实际上，成为了大萧条。罗斯福政府感到有必要采取行动来防止危机复发。首先，也许是最重要的，创建联邦存款保险公司来保证存款者银行账户达到 2500 美元（现在是 100000 美元）的存款者被保护以避免银行挤兑。其次，对于金融业的扩张采取了很多限制措施，包括银行不能像经纪人一样行动，经纪人也不能像银行一样，以及不允许开设越出州范围的银行机构，而且储蓄贷款机构应该主要投资房产抵押证券。

到第二次世界大战结束的时候，美国经济一片繁荣，高需求、高利润以及低的负债—权益比率，在大萧条期间的债务已经被清偿，对战争时期的支出进行正规的限制，而且在战争期间也没什么可以买或者投资的东西。以上提及的新规则与这些战后情况相结合使美国在 1945 年到 20 世纪 60 年代中期创建了健康的金融体系。二战后，美国相对强大的军事和经济地位，美国强加于布雷顿森林体系之上的将美元作为储备货币的能力，以及战争对美国经济造成的较少伤害，这些都造就了美国全球霸权的地位。这都有助于提高美国的利润，而利润会使美国的金融体系更加稳固。

到 20 世纪 60 年代中期，繁荣使得人们减少了谨慎并且促进了规避管制方法的创新。例如，资金从正常的存款（高的存款准备要求）流向了存款证（较低的存款准备要求）。大额定期存款意味着受到联邦存款保险公司更少的保护，因为它们的发行数量远远超过了存款保险的上限。而且，在欧洲美元市场上存在更多的美元借贷。

60 年代后期的通货膨胀损害了存款和贷款，因为它们不得不以高利率借贷（由于对利率上限去管制），但是大部分的资金都被锁定在低利率的长期抵押贷款中。因此，一些对允许的贷款类型的限制变成了八九十年代灾难的一个原因。

在 70 年代和 80 年代，我们目击了不断增加的国际间竞争、美国更低的生产力以及更低的利润率。这里有不断增加的企业债务、更高的负债—权益比率以及规避法律管制的企图，这些导致了金融体系脆弱性的增加和银行破产数量的上升。美联储作为最终借款者，以避免大规模的破产和防止金融体系在经济收缩中出现崩溃。其中一个影响就是在大萧条中未清偿的债务在这个阶段继续保持上升势头。

与 GNP 有关的非金融性贷款总量在 60 年代中期至 80 年代中期上升了 60%，包括增加家庭债务、企业债务和政府债务。"自 60 年代中期开始，经济总产量中通过借贷融资的部分已经从根本上脱离了长期稳定的发展路径，上升至一个前所未有的高度。"［博林（Pollin），1987，146］

是什么导致了企业债务的大幅增长？第一，有观点认为，债务的上升是因为通货膨胀，而通货膨胀引起了真实利率的下降。第二，一些经济学家声称膨胀的心理导致了企业投机。第三，还有人声称七八十年代有限的利润促使企业进行超过其需求的借贷，以保持企业的增长赶上其竞争对手。这 3 种观点指的是对信贷的需求。第 4 种说法是融资方法的创新，例如用于企业重组的垃圾债券，已经扩大了对所有企业的信贷供给［对于这些不同观点的最佳讨论见博林（1986，1987）］。

企业债务的不断上升是金融脆弱性的一项指标。其中一个原因是，从 1979 年至 1985 年间商业破产率成倍上升。另一个原因是，由联邦存款保险公司（FDIC）判定为问题银行的数量已经从 1983 年的 250 家上升至 1986 年的 1200 家［见哈森和布鲁斯托（Harrison and Bluestone）1988，167］。最终，数以百计的储蓄贷款公司破产了。

除了企业贷款，家庭贷款的上升部分是因为大多数家庭需要贷款仅仅为了防止他们的消费下降，但富人却利用信贷来投机。结果是消费者债务的大幅上升（见博林 1987）。政府通过大量的财政赤字来增加它的债务。一些赤字是由于在萧条时期的反周期行为所导致的，其中大部分政策是法律本来就做了规定的，但是 80 年代大部分的债务是由于政府在大幅增加军事支出的同时又采取了减税政策。

金融全球化

金融全球化（包括贸易赤字和债务危机）和它们对周期的影响将在第 16 章进行讨论。

利率的趋势

一些理论假设所有的资本都是借来的，利率是投资最重要的决定量。在现实中，不是所有资本都是借来的，工业资本家利用大量的留存利润来进行再投资。借来的资本需要支付利息，但这仅仅是影响成本的一个因素。

30 年代的名义利率非常低，并且直到 60 年代都增长非常缓慢，仅仅在 70 年代和 80 年代才出现了非常高的利率。因此，在自 1949 年起的 7 个经济周期中，由银行规定的平均主要利率在整个周期中的平均价值增长为：1949—1954 年的周期中增长了 2.7%；1954—1958 年的周期中增长了 3.6%；1958—1961 年的周期中增长了 4.4%；1961—1970 年的周期中增长了 5.6%；1970—1975 年的周期中增长了 7.5%；1975—1980 的周期中增长了 9.4%；1980—1982 年的周期中增长了 16.5%（见经济分析局，美国商务部 1984，出版物 109）。就像那时所预期的一样，在 40 年代至 50 年代的研究报告中很难找到利率影响投资的经验证据［见梅耶尔和库恩（Meyer and Kuh）1957，181—89］。

在 70 年代和 80 年代，当名义利率非常高的时候，我们可以预计的是高利率对投资的负面影响。事实上，通货膨胀比利率上升得更快（这是价格上涨的原因之一）。因此在这个时期中，真实利率下降了。像早先提到的那样，一些理论家把大部分贷款投资行为的上涨归因于真实利率下降的事实。但在决定投资借贷的利润图景中，利率成本仅仅是一小部分，因此它也只是原因的一部分。一项经验考察得出的结论是"公司借贷的冲动是与他们追逐利润增长和在竞争环境中生存下来的需要密切相关。在这个恒等式中，获得资金的成本的确是一个影响因素。但利率成本不是唯一的影响因素或者甚至是决定因素"。（博林，1986，228）

周期不稳定性地增长

50年代和60年代温和的周期变化被反映到金融变量的温和衰退中，70年代和80年代早期更加严重的周期变化反映在金融变量的剧烈衰退中，并且也因为它们的剧烈衰退，周期的变化幅度扩大了。表14.1就反映了这个变化。

表14.1列出的所有金融变量在1970—1982年平均经济紧缩中的下降都比1949—1970年的期间要大。以下变量在早先时期均有所下降，但是在后期会下降得更多。货币供应量（M1），货币流通速度，所有的私人非金融信用借贷，银行规定的主要利率和短期利率，企业的现金流以及企业对于厂房和机器的新要求。3个金融变量——货币供应量（M2）、大宗商品500指数、货币金融流量的综合指数。在早期的正常紧缩中，实际上所有的变量都上升了一点，但后期则下降了一点。因此，表14.1提供了对增加的金融不稳定性的定量分析。金融变量更加严重的周期特性证明了信贷中断将成为发达资本主义脆弱性一个越来越重要的原因。

表14.1　金融衰退不断增加的严重性

	Contraction Amplitude Average of 4 *Cycles*, 1949 – 1970	*Contraction Amplitude Average of* 3 *Cycles*, 1970 – 1982
Money supply, M1, real (105)	– 0.1	– 1.7
Velocity, GNP/M1 (107)	– 1.4	– 1.5
Private credit, real (110)	– 10.8	– 35.2
Prime rate (109)	– 15.5	– 37.7
Short-run interest rate (67)	– 15.2	– 34.3
Corporate cash flow, real (35)	– 6.4	– 13.6
New orders for plant and equipment, real (20)	– 13.2	– 22.1

续表

	Contraction Amplitude Average of 4 Cycles, 1949–1970	Contraction Amplitude Average of 3 Cycles, 1970–1982
Money supply, M2, real (106)	2.6	-0.1
Stock prices (19)	3.5	-0.7
Composite financial index (917)	0.5	-3.1

资料来源：美国商务部，经济分析局，周期指标手册，对商业摘要的补充（华盛顿特区：美国政府出版局，1984）。

注：括号内的数字是指原始数据数目。

金融行为的持续性和变化

前面部分所显示的数据表明，在金融部门存在一种趋向于更大的不稳定性的变化，但是有些事物仍然相对地保持不变。在扩张和收缩阶段

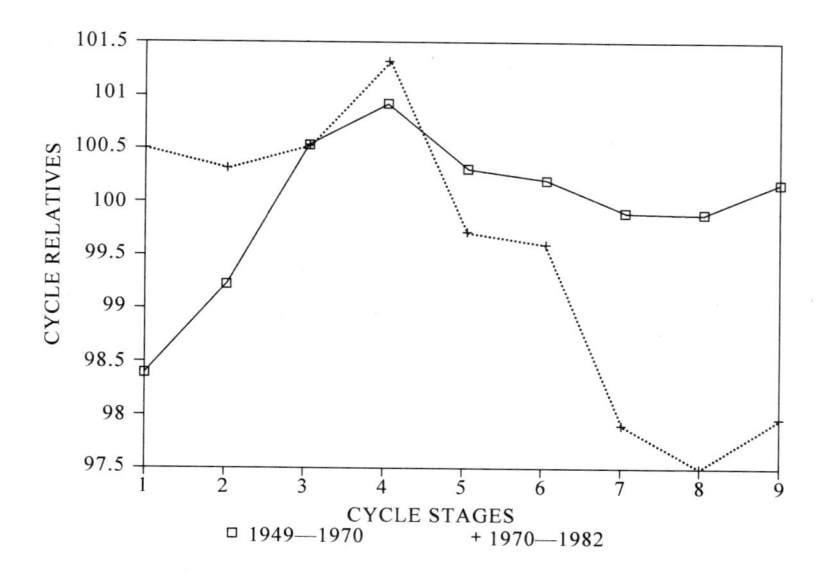

图 14.1　货币供给量，M1：在 1949—1970 年的 4 个周期和 1970—1982 年的 3 个周期的平均每个阶段中的变化幅度

（见附录 D 和 E，序列 105）

中，即便金融行为已变得越来越剧烈，但它的周期模式和顺序仍然大体一致。我们考察了金融变量转变的周期模式和顺序的以下 3 个方面：①货币供给的速度；②信贷；③利息率。我们给出了两个阶段的所有金融行为模式。

货币供应和货币流通速度

从第二次世界大战开始，名义货币供给（M1，现金和活期存款）和信贷一起在经济的扩张和收缩中都有所上升，在经济扩张过程中的上升速度要快得多［见弗里德曼（B. Friedman）1986，406］。在经济收缩过程中，真实的货币供给和真实的信贷供给实际上是下降的。根据弗里德曼（1986，413）的观点，货币流通速度也会先于周期上升或者下降。

真实货币供应量（M1 和 M2）都是与周期正相关的，在经济扩张过程中上升，在经济收缩过程中下降。M1 的周期表现在图 14.1 中给出，M2 的数据请见附录 A－H。货币供应量的周期特性与周期如此一致是与"货币供应量是周期的内生结果"的假设相符合的。尽管货币供应量与周期相一致而且仍然是外生性的变量，但我们必须相信它在周期中是一个决定变量，因为这里没有更好的理由证明它不是。货币主义者相信货币供给在周期中是决定性的变量，但是经验研究中的最综合性的评估却发现证据是相反的［见伍德沃德（Woodward）1987］。

货币流通速度（M1 和 M2）是与周期同时同向变化的。在周期的整个扩张中，速度会上升，而在整个紧缩过程中，速度会下降。M1 的货币流通速度的周期特性在图 14.2 中给出，M2 的货币流通速度的周期特性在附录 A－H 中给出。由于消费者对于工作和工资乐观，同时资本家对利润预期乐观，因此在经济扩张过程中，货币流通速度会上升；在衰退过程中，当资本家对利润预期悲观，而且消费者对较低工资和失业恐惧的时候，支出货币的速度会下降。这个结论反驳了简单化的货币数量论对周期性波动的解释，因为那个理论错误地假设了一个不变的速度。这里存在一种更加成熟的版本，它仅仅要求货币流通速度是缓慢变化和可预测的，但是货币数量论的这个版本也遭到了批评（见伍德沃德 1987）。

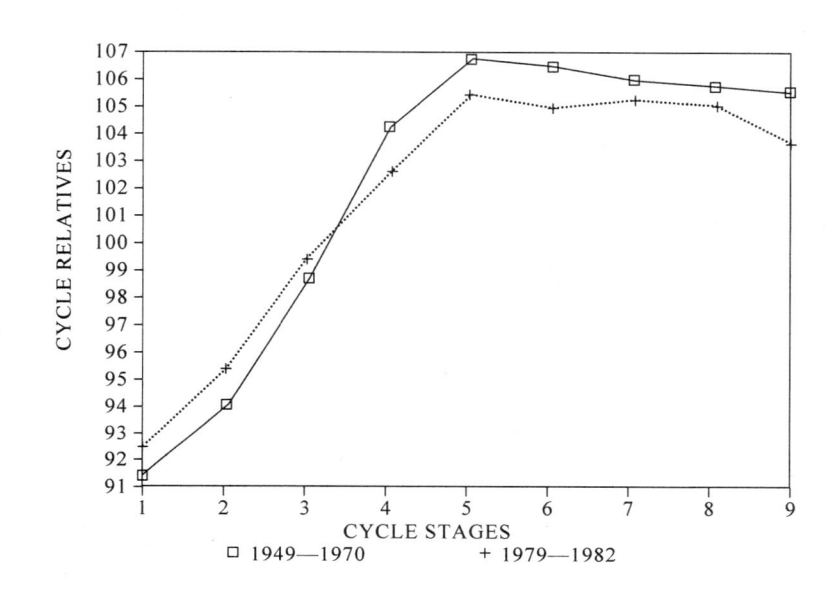

图 14.2　货币流通速度，M1：在 1949—1970 年的 4 个周期和 1970—1982 年的 3 个周期中，平均每个阶段的变化幅度

（见附录 D 和 E，序列 107）

总信贷

在 1919 年至 1938 年的 5 个经济周期中，在美联储体系下的所有银行的总信贷量在每个扩张时期上升了 12.6%，而在每个紧缩时期下降了 14.2%（米切尔 1951，330）。二战后的信贷周期表现在图 14.3 中给出。

私人借贷是指所有私人非金融部门借款者在信贷市场借得资金的总量，它也是顺周期的。它在扩张时期上升，但在周期顶峰之前便开始下降。因此，信贷像货币供给一样，随着周期上升和下降，但会稍稍先于周期变化。信贷上升和下降的方式比货币供应量变化的方式要快得多，这是值得我们注意的。我们可以通过比较图 14.1 和图 14.3 或者查看表 14.1 来得出结论。在最后 3 次经济收缩过程中，真实的货币供应量下降了 1.7%，但是私人借款的真实总量则下降了 35.2%。我们有理由相信，周期对信贷的影响比对货币的影响要大得多。

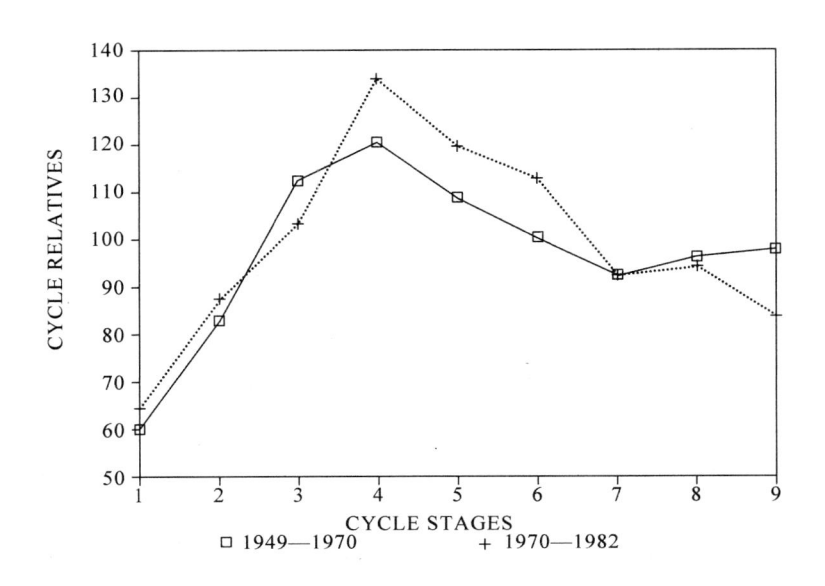

图 14.3　私人借贷：在 1949—1970 年的 4 个周期和 1970—1982 年的 3 个周期中，平均每个阶段的变化幅度

（见附录 D 和 E，序列 107）

图 14.3 也显示了每一季度私人借贷总量通常引导着周期——即新借款的总量下降，但仍然是正的，因此未偿还债务的总额在经济达到顶峰之前会一直保持上升态势（新借款比率下降的原因将在接下来的部分进行讨论）。真实的借款总量在第 1 阶段到第 4 阶段迅速上升，在第 4 阶段和第 7 阶段之间下降，而在其余几个阶段，只有轻微的上升或者下降。

在经济扩张的早期和中期阶段，信贷的快速上升是经济发展的一个引擎。借贷的大部分资金都进入了商业投资领域。但其中有些资金也是被家庭借来扩大消费的。因此，信贷的增长刺激了经济的所有部门，允许消费者和投资者进行远远超出其现有收入的支出。这种刺激是经济繁荣的直接原因——而且使经济超出了它本来可以通过其他方式达到的目的。

商业信用

当商业信用作为经济扩张的一种伟大恩赐时,它也会最终使经济变得更加脆弱和不堪一击。沃夫森(1986)深入研究了这个问题的周期,考察了一系列可以预示经济健康或者疲软的最重要的金融比率。他发现企业债务和企业股权(资本的股票持有者的所有权)的比率"已经随着周期顶峰的到达不断的上升了"(1986,135)。债务比资本增长得更快意味着如果企业必须面临着收入的下降,企业就正处于比较危险的境地。偿还债务变得更加困难,利息侵蚀了利润的很大一部分,破产变得岌岌可危。

沃夫森也考察了其他重要变量的周期特性。第一,债务到期率,这是非金融部门企业中短期债务对总信贷的比率,它具有顺周期的特征。它在经济扩张中上升,指的是对再融资债务的更大需求,而且使得企业在必须再融资的时候对高利率的反映更加脆弱(见沃夫森1986,135)。第二,流动比率,是指非金融部门企业中流动资产对短期债务的比率,它具有反周期的特性。当它在经济扩张中下降的时候,企业只有用更少的流动性资产来偿还它们的应支付债务(1986,136)。第三,利息偿还率,是指利润、折旧与净利息收入的和除以企业支付的净利息。当它在扩张阶段下降时,它预示着更少的利息能被资本收入所"覆盖"(1986,137)。

所有这些指标都表示,在经济扩张时期,相对于资产和收入,企业在负债方面陷得更深。在扩张的末尾阶段,当收入开始下降的时候,企业与扩张开始阶段相比,变得更加脆弱。因此,与周期的早先阶段相比,利润和收入的下降更有可能导致破产。如果企业不能偿还所有或甚至一部分对银行和其他金融机构的债务,那么这种脆弱性将导致银行和信用的崩溃,就像大萧条时期那样。

消费者信贷

对于消费者而言,最重要的比率是债务和收入的比率。博林(1988a,1988b)发现,家庭的负债与收入比率长期存在向上的趋势。

他发现在1950年至1965年间这个比率上升很快，在1965年至1975年间趋于平缓，在1975年至1985年间又再次快速上升。

博林总结出了这个趋势的两个主要原因。第一，通货膨胀降低了真实利率，使用借款来购买资产，比如房屋，像某些投机性投资一样，具有更大的吸引力。第二，也是最重要的，家庭有迫切的需要去进行更多的借债。他指出在1973年至1985年间，真实家庭收入下降了4.9%，而居民房屋的购买价格上升了7.4%。因此，一些负债的上升可能是由于富人的投机行为引起的，但大部分负债的上升是博林所说的穷人们的"必需"借贷（也可见沃夫森1986）。

通过对50年代和60年代早期周期性运动趋势的研究，我们发现，消费者信贷对个人收入的比率也是周期性波动的。这个比率在1970年至1982年间的平均周期变化反映在图14.4中。这幅图反映了消费者信贷对收入的比率是顺周期的，即在扩张中上升，在收缩中下降。这个比率滞后一个阶段。在周期低谷之后，其在第3阶段达到其低点，在周期高峰滞后，其在第6阶段达到其高点。

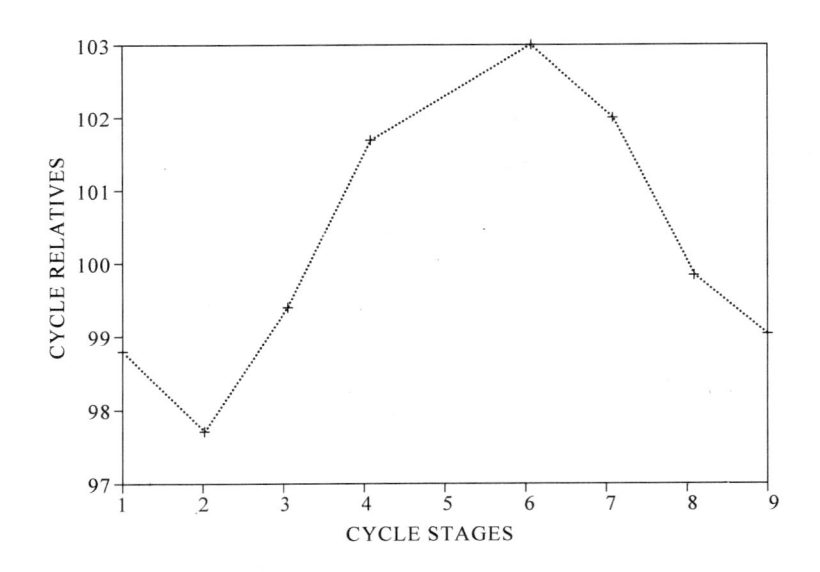

图14.4　消费者信贷/收入比率：1970—1982年中平均每个阶段的变化幅度
（见附录E，序列95）

消费者信贷为什么会以这种方式发生变化？在经济扩张过程中（从第 5 阶段至第 6 阶段），越来越多的消费者有工作和固定的收入。因此，它们比之前更加乐观。大部分消费者感觉它们可以利用信贷来购买必需品，如果他们不这样做的话就不能支付起这些必需品。因此，在这个阶段，消费者的信贷需求比消费者的个人收入增长得更快。

当经济紧缩开始时，许多消费者失业或者只能获得较低的工资。他们不能偿付债务，因此他们会抢着去获得新贷款以偿还旧的贷款——部分消费者仍然通过借款来购买当前的必需品，他们希望情况有所改善。因此，在顶峰过后的第一个阶段，所有这些"必需"借贷的缘由，消费者债务与个人收入的比率有较大的上升。

随着经济紧缩的加深（阶段 6 至阶段 9），消费者对于未来的收入情绪悲观。由于这个原因，他们削减了负债。金融机构也同样不愿意借款给那些未来不确定的消费者（当然，当家庭破产的时候，一些坏债必须写入）。由于供给和需求的双重原因，为偿付债务个人收入的比率下降了。

在经济扩张的第一个阶段，个人收入迅速增加。但是最近一次的衰退和萧条的经历让消费者仍然十分担忧，因此，他们不会签订新的债务合同。所以消费者债务对收入的比率继续下降。

消费者信贷对经济周期有什么影响呢？在经济扩张阶段，乐观的消费者的消费支出比他们现期收入增长得更快。这个阶段的消费者信贷刺激了经济，这种正面的刺激以更缓慢的步伐持续着，甚至延续到经济紧缩的第一个阶段，这增加了消费者的需求。

然而，在经济紧缩的余下阶段，消费者信贷的削减促使消费者的需求下降，以及使得经济衰退的速度比现期收入下降所预示的还要快。在经济顶峰时期有着高负债率的消费者在经济衰退时期会较脆弱，因此他们无力偿还向银行或者贷款公司的借款。对于个人消费者而言，这意味着他们失去了冰箱、汽车和房产。这些坏账可能会导致一些银行破产，使它们趋向于金融崩溃。这些负面影响甚至持续到扩张的第一阶段，但是这没有或者很少有坏处，因为它的影响已被收入的快速上升所抵消了。

利率的周期性特性

米切尔（1951，312—332）发现纽约商业票据的利率在 14 个周期（1858—1914）的扩张阶段中平均上升了 31.4%，在紧缩阶段平均下降了 33.9%。他也发现了商业票据的利率滞后于周期，直到第 6 个阶段才达到顶峰，并且直到下个周期的第 2 个阶段才落到最低点。米切尔（1951，312—332）也发现，在美国东北部的 8 个城市所经历的 4 次周期（1919—1933）中，利率的加权平均数在经济的扩张阶段上升了 5%，在经济的收缩阶段下降了 10.1%。他也发现了利率在第 6 个阶段达到了顶峰而在下个周期的第 2 个阶段落到最低点，因此利率是经济周期的一个滞后指标。

在第二次世界大战后到现今的阶段中，所有研究所达成的共识是短期利率一直是顺周期的；它们与周期有着高度的一致性，但在达到顶峰和谷底的时候有所滞后［见弗里德曼（M. Friedman）1986，408；布兰查德和沃特森（Blanchard and Watson）1986，123—82；以及扎诺维兹和摩尔（Zarnowitz and Moore）1986，560—561］。长期利率通常也是顺周期的，但是其调整幅度更小，与周期的一致性也更低。这些观点在图 14.5 与图 14.6 的数据中可以得到论证。

这些图表说明了可信度最高的借款者的基本利率和商业短期贷款的银行利率都是顺周期的，在扩张时期上升，在收缩时期下降。为什么利率是顺周期的？在扩张阶段，对商业贷款、消费者贷款和抵押信贷的需求增加；对通货膨胀的预期上升；并由此政府试图以提高利率的方式来限制信贷［见莫尔（Moore）1983，140］。在经济的收缩过程中，对贷款的需求减少，对通胀的预期下降，美联储则会试图降低利率。

大部分利率滞后于周期的变化。因此，在 1949 年至 1970 年间的基础利率和银行给商业的短期贷款利率直到第 6 个阶段才达到顶峰（在周期达到顶峰之后）。在 1970—1982 年期间，所有类型的利率达到最高值的时间推迟得更多，并且直到下个扩张阶段的早期才会落到谷底。在周期达到顶峰时，利率的滞后变化是因为在经济紧缩的开始阶段，企业和消费者十分渴望获得信贷，但是信贷已经被严重的限制住了。

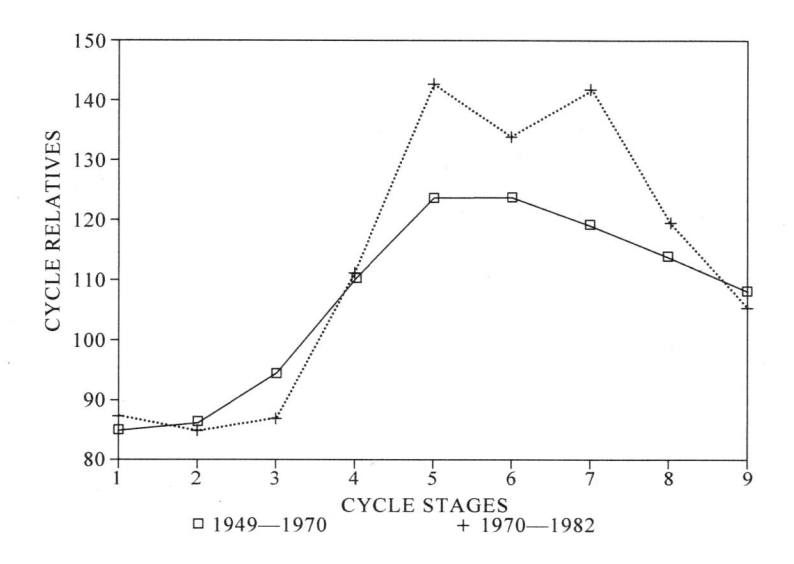

图 14.5　基准利率：在 1949—1970 年的 4 个周期和 1970—1982 年的 3 个周期中，平均每个阶段的变化幅度

（见附录 D 和 E，序列 109）

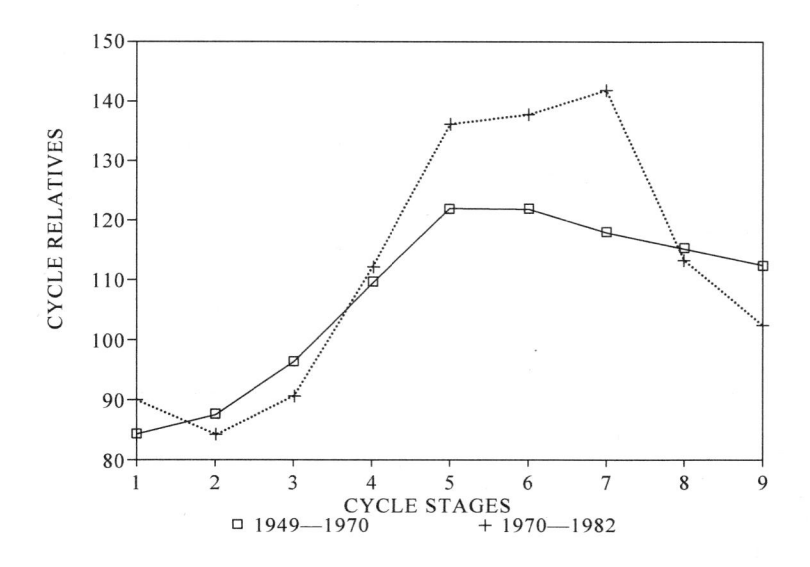

图 14.6　商业贷款的银行利率：在 1949—1970 年的 4 个周期和 1970—1982 年的 3 个周期中，平均每个阶段的变化幅度

（见附录 D 和 E，序列 87）

在扩张的早期阶段，当就业和利润上升得十分迅速时，利率很低并且上升缓慢，或者仍然处于下降态势，因此利率成本是微不足道的。在扩张的后半阶段，利润的局限和利率的上升使得利率成本变成了一个更具显著负面影响的因素，尽管与利润压榨的主要原因相去甚远。在经济收缩的前半段（危机时期），仍在上升的利率对于利润下降的企业和工资减少或失业的消费者来说是一个沉重的负担。因此，利率成本加速了危机的产生。最终，在商业周期收缩的后半阶段（萧条阶段），利率快速下降并且成为经济复苏的一个准备条件。

真实因素和金融变量的时间特征

在不同长度的周期中，每个变量都会领先或者滞后于周期，但是这些变量跟另一个变量的顺序在所有周期中仍然保持一致。表 14.2 给出了在 1949 年至 1982 年期间的 7 个周期中，一种变量先于（-）或者滞后于（+）周期顶峰的平均月数。

表 14.2　　真实因素和金融变量的时间特征

Series	Median Number of Months of Lend (-) or Lag (+)
Leading variables	
80. Real corporate profit after taxes	-14
106. Real money supply, M1	-11
13. Number of new business incorporations	-10
113. Net change in consumer credit	-10
112. Net change in business loans	-9
20. Orders for new plant and equipment	-8
Coincident variables	
50. Real gross national product	0
54. Real sales of retail stores	0
49. Real value of goods output	0
86. Real nonresidential fixed investment	0
41. Employees on nonagricultural payrolls	0

续表

Series	Median Number of Months of Lend (−) or Lag (+)
48. Employee hours in nonagricultural business	0
107. Velocity of money, M1	0
Lagging variables	
109. Prime rate charged by banks	+4
67. Bank rates on short-term loans	+4
56. Real consumer credit	+4
101. Real commercial and industrial loans	+4
95. Ratio, consumer credit/personal income	+4
70. Real manufacturing and trade inventories	+6
77. Ratio, inventories/sales	+8

资料来源：同表14.1，第172—73页。

注释：序列数字请参考原始资料。

一些金融变量总是领先于周期变化。提前变化时间最长的是非金融部门的企业利润；利润率也有着同样的领先特性。本书的第二部分讨论了导致利润和利润率下降的因素。一旦利润预期变得更暗淡时，接下来该下降的就是一些金融变量了：真实货币供应量会下降、消费者信贷的增长率会下降以及商业信贷的增长率也会下降。尽管新私人借贷总额一直是正数，但它也会下降，因此未偿还贷款仍然在增长。下降的利润预期意味着商业合并的意愿减少了，而商业合并的数量也在下降。最终，更低的利润预期与增长更慢的信贷和更少的新企业一起，在厂房和设备的投资下降中反映出来。

一些金融变量的特殊转折点通常与相关周期的转折点一致。这些变量包括产出的大部分指标：国民生产总值、零售店的销售额、产出货物的价值和非居民固定投资。所有指标均以美元计算。同时变量也包括就业指标：非农业部门的就业数量和工人在非农业部门的工作时数。还有一个金融同时指标是货币流通速度，它反映了居民和商人在经济扩张时期利用越来越多的信贷，但在收缩过程中对信贷的利用则越来越少。

一系列典型的滞后变量都是金融指标。利率会滞后一个阶段（或者4个月），这包括主要利率和银行向企业提供的所有短期借款。在危机阶段，由于人们急需贷款，因此利率的这种滞后性会产生。信贷变量的数量也大体上有着相同的滞后性，因为这些变量都反映了对贷款的紧急需求。这些信贷变量在经济经过顶峰之后才会达到最大值，其中包括未偿付的商业信贷、未偿付的消费者信贷和消费者信贷与收入之比。因此，直到经济进入衰退阶段之前，信贷都会支持经济（但是以越来越高的利率）。然后信贷量迅速下降，使经济收缩更加恶化。

最终，制造业和交易存货的真实总量都会在顶峰前有一段很长的时滞，这个总量在收缩阶段会毫无征兆地继续积聚。这种情况的恶化会在存货对销售的比率的更长期的滞后中体现出来。在经济达到顶峰销售开始下降时，存货仍然会继续上升（作为未出售货物的一个指标）。仅仅在半年之后就进入了紧缩时期。平均来讲，不需要的存货开始下降。即便这样，在更多的时候，不需要的存货也比销售下降得更加缓慢。当存货对销售的比率最终开始下降时，经济便开始复苏。

结论：金融的周期性作用

在分析金融在商业周期中的作用之前，读者也许该回忆第 3 章所阐述的人们对货币的运用是如何成为商业周期的这个前提的。然而，我们在考察商业周期的具体原因的时候，应该注意到信贷（广义）比货币数量（狭义）要更大，以及在周期中信贷的波动比货币要更加迅速。

值得我们记住的是长期趋势是金融脆弱性在从 1949—1970 年阶段以及 1970—1982 年阶段是增加的。这个趋势可能是对后期深度紧缩的一个解释。

有了这些背景，我们可以就一些关于商业周期中金融和信贷的有争议的话题提出一系列的疑问。

1. **在经济逐渐扩张的过程中，信用扮演着什么样的角色？**

对于上升的利润预期和个人收入预期来讲，信贷的反应有些滞后。在经济扩张时期，信贷量大幅上升——消费者信贷和商业信贷——使经济以更加快速的步伐增长，这种刺激比乘数加速机制对于仅仅基于真实因素的经济推动要大得多。收入除了从新的投资中获得以外（在乘数过程中以消费者的形式表现），也会因为信贷融资支出而增加，因为信贷比银行系统的现期储蓄要增大很多倍。投资除了由单独基于真实因素的加速数预测外，投资还会由于以较低利率获得信贷而增加。

2. 在经济衰退的过程中，信用扮演着什么样的角色？

货币主义者的理论声称，导致货币和信贷下降的外部冲击不是经济衰退主要的甚至是唯一的原因。本书的第二部分详细地论证了即便货币和信贷没有引起问题，真实因素也会引起衰退。而且，信贷是由内生因素决定的，并且在经济扩张的后期和进入危机阶段的时候，尽管未偿付贷款上升的速度会变得更加缓慢，但它仍在继续扩大。仅仅在大部分真实因素引起了利润预期的下降后，信贷增长才渐渐缓慢下来；只有在衰退开始的后一个阶段，信贷才会急剧下降。

另外，那些认为衰退的开始只是因为真实因素的变化的理论也是不正确的，或者至少是不完全的。本章节给出的数据表明利率的时滞性贯穿于经济扩张的整个阶段。我们认为利率的上升是因为基于真实因素对信贷的需求（并且错误的乐观最初也是由真实因素所激起的），这里的情况仍旧是，上升的利率会降低利润率。但是利息仅仅是企业总成本的一小部分，因此它也只是引起衰退的负面因素中的一小部分。结论就是，即便成本和信贷的可获得性保持不变，事实上，在普通衰退的起因方面，信贷成本的增加的确扮演着一个适当的角色（大部分是由内生因素决定的）。

3. 在经济收缩的积聚过程中，信贷扮演着什么样的角色？

如果真实因素衰退、对利润的预期暗淡，那么经济衰退就会发生。但如果不存在信贷这样的东西，那么所有衰退看上去都是温和的。金融体系会使潜在温和的衰退转变为严重的萧条。在通常的收缩中，在短暂的时滞过后，在消费者和商业信贷总量下降的同时，就业和产出也正在减少。在这样的情况下，一些消费者就不能偿付企业或者银行的借款，一些企业也不能偿还银行的贷款——因此，一些银行就会破产。

如果信贷崩溃足够严重，便会导致大萧条，这是因为它放大了由乘数加速数引起的衰退。最初的衰退对经济产生的负面影响的深度取决于经济体的金融脆弱程度。这一章描述了在整个扩张过程中，因为金融脆弱性增加所引起的内生过程。由于企业相对于自有资本来说，有更大的借款压力，借助于短期贷款，用尽了它们的流动资产，并且要支付更高的利息，因此企业变得更脆弱了。这意味着当利润开始下降时，普通企业正面临着储蓄极少的障碍，这使更多企业趋于破产。

在经济的整个扩张阶段，消费者贷款与个人收入比率的上升意味着消费者的融资变得脆弱了。由于失业和低工资，消费者变得越来越脆弱，这使得他们不可能再维持贷款的偿付。

在整个扩张过程中，银行在金融方面也趋向于更加脆弱。为了获得最大的短期利润，银行将它们自身的乐观预期反映在越来越高的贷款—储备的比率上，以及向拥有更低信用度的个人和企业提供贷款。因此，当在衰退中消费者和企业不能偿还贷款的时候，银行会比在其他周期阶段中更容易破产。简单说来，在扩张过程中增加的金融脆弱性本身并没有导致衰退，但它会决定衰退的深度，而且程度足够高的金融脆弱性是发生大萧条的潜在因素。

4. 信贷在引起反弹的过程中扮演了什么角色？

在经济衰退中，利率会下降（存在时滞）。利率的下降会降低成本，并且其是帮助利润率回升的一小部分因素。金融脆弱性也在收缩中下降——部分是通过实力最弱的企业的破产而达到的。因为利率在经济复苏的早期仍然保持很低的水平，所以他们在帮助经济复苏过程中只是一小部分因素。

附录　信贷是怎样修正利润压榨模式的

如果一个人希望通过金融的多样化来使利润压榨模式正规化，那什么样的修正是必须的呢？

消费函数必须包括在消费中起积极影响作用的消费者信贷。消费者信贷的变化或许可以由消费者需求和预期的变化来解释，这里的消费者信贷是作为就业和收入的函数。

投资函数必须包括通过利润所体现的互助基金的影响，还包括对商业可获得信贷的影响。预期利润率强烈地影响着商业信贷的需求和供给，所以人们假设所有那些影响利润预期的因素可能通过不同的作用影响商业信贷。

最后，在其他成本中，影响投资的利润率会被利息成本所影响。因此，利息成本应该被加进决定利润率的方程式中。另一个方程式可以将利率解释为对产出产量的一个滞后函数。

　　这些金融因素的增加和修改的总体效果会增加周期波动的幅度。然而，基本形状和内生周期运作的顺序仍然会保持原样。

第十五章

垄断力量与商业周期

这一章主要关注的是垄断力量对价格和利润的周期性行为的影响。作为一个背景，不仅开始考虑平均价格的长期和周期性变化，还考虑在垄断力量方面的发展趋势（第12章考虑了总利润的周期性变化）。

价格行为

凯恩斯主义的理论框架强调，如果总供给小于总需求（可表示为消费、投资、政府购买和净出口），就可能会有通货膨胀。货币主义的理论框架强调，如果总供给（可表示为价格乘以产出）小于总需求（可表示为货币供给乘以货币流通速率），就会产生通货膨胀。尽管两个理论框架（都是真实定义）的着重点在需求的不同方面，但都强调通货膨胀为需求拉动的现象，而不像一些其他理论将通货膨胀强调为成本推动或者利润推动的现象。我们将根据这3类理论验证事实。

战时的通货膨胀

最容易解释的通货膨胀类型就是战时的通货膨胀。美国历史上最惊人的通货膨胀发生在战时。在美国独立战争、1812年战争、美国内战和第一次世界大战期间，美国发生了巨大的通货膨胀。第二次世界大战期间，通货膨胀压力被严格的价格控制所抑制，但之后当战争结束后价格控制放松以后，通货膨胀发生了。朝鲜战争和越南战争也同样引起了通货膨胀。无独有偶，在其他国家，最著名的通货膨胀产生于战时或者之后的一段时期。例如，一战后的德国、处于革命和内战之中的俄罗斯和中国。

在战争时期，价格上涨是因为巨额的政府支出，它与消费支出和投资支出竞争产品和人力资源。从事军事供给生产的人们不能吃子弹和坦克，所以他们的钱花费在供给短缺的消费品上面。消费品供给短缺的原因是劳动力被拉去生产军用品。生产非军事装备的私营企业与从事军事装备生产的部门竞争有限的厂房、设备和原材料，因而推动了通货膨胀。然而，政府不能通过征税完全消除从事军事装备生产部门的工资和利润，因为他们希望保持民众的支持和对工作的意愿。

二战前的通货膨胀和通货紧缩

在美国历史的大部分时间里，价格在每个商业周期的扩张时期都趋于上涨，在每个商业周期的收缩时期都趋于下跌。美国的批发价格最优指数揭示，在1890年到1938年之间（参照米尔斯Mills［1946］，同样的结果，参照扎尔诺维茨和摩尔1986，526）的26个周期性扩张和收缩中的23个，价格与真实产出同方向运动。在1891年到1914年间和1921年到1938年间的11个周期的平均水平上，批发价在扩张阶段上涨8.7%，在下跌阶段下降8.9%（参照米切尔1951，312—321）。

为什么在这个时期价格通常在扩张期上涨而在收缩期下跌呢？最简单的解释是扩张期总需求比总供给上升的要快，所以有通货膨胀；同时因为收缩期总需求比总供给下降的要快，所以有通货紧缩。用凯恩斯的话说，消费需求和投资需求上升的要比扩张期的商品产出迅猛的多，反之亦然，收缩期也一样。用货币主义的话说，在扩张期，货币供给和流通速率上升（基于内在的原因）的要比产量快，然后在收缩期正好相反。

二战以后的周期性价格行为

像之前的扩张期一样，二战以后的扩张见证了价格的上涨。然而，却区别于过往的周期性收缩阶段，最近的7次收缩（1949年到1982年）全都同样显示了价格上涨。尽管有很多年没有出现通货膨胀了，但是朝鲜战争时期和越南战争时期以及之后的一段时期，通货膨胀趋势依然保持着。

表 15.1 说明了 3 个重要的事实。第一，在 20 世纪 50 年代和 60 年代通货膨胀总体上很轻微，但是在 20 世纪 70 年代和 80 年代却非常严重。第二，像之前提到的那样，通货膨胀甚至在收缩期也会继续。凯恩斯和货币主义的观点都将通货膨胀视为过度需求的结果，所以在收缩期从价格上涨的现象看上去与他们的理论是相矛盾的。然而，他们指出，尽管价格上涨了，但是在收缩期通货膨胀率却是下降的（对美国而言，这种情况由摩尔［1983，233］发现）。因此，他们认为，就像失业率在收缩期会上升一样，通货膨胀率会下降，反之亦然。第三，在 4 个收缩期中（1954 年、1975 年、1961 年和 1982 年），通货膨胀率确实下降，和正统的需求拉动理论预测的一样。然而在 3 个收缩期中（1970 年、1975 年和 1980 年）收缩期的通货膨胀率实际上比之前的扩张期上涨的还要高。换句话说，在 20 世纪 50 年代和 60 年代，失业率和通货膨胀大部分时间朝相反的方向运动。在 20 世纪 70 年代，通货膨胀随失业率上涨而上涨，失业率下跌时通货膨胀稍微下跌。在需求下降的时期通货膨胀的快速上升明显与任何需求拉动的通货膨胀理论相矛盾。为了解释这一新现象，我们必须考虑其他理论，比如许多类型的成本推动和利润推动理论。

表 15.1 扩张期和收缩期的通货膨胀
（根据周期基点，每季度的价格变化）

周期	扩张	收缩
1949—1954	0.4	0.3
1954—1958	0.8	0.6
1958—1961	0.5	0.1
1961—1970	0.8	1.5
1970—1975	1.5	2.7
1975—1980	1.9	2.7
1980—1982	2.2	1.2

资料来源：序号#310，GNP 隐含价格的通缩，来自于美国商务部经济分析局，周期指标手册，对商业环境摘要的补充。

（华盛顿特区，美国政府出版局，1984）

工会实力的下降

一种流行的用成本推动理论对通货膨胀的解释是劳动者工会拥有强大的力量。但是，事实上，工会的实力却在持续下降。1956 年全体工会成员包括了 36% 的所有非农业工人，但到了 1986 年，下降到只有 18%［参照弗里曼（Freeman）1988，64］。在非农部门的私营企业中，工会成员从 1956 年的 38% 减少到 1986 的 14%。只有在政府部门，工会实力从 1956 年的 12% 上升到 1986 年的 40%。显而易见，工会在政府部门的增加（其数量远少于私营企业的数量）远远没有抵消其在私营企业中的减少。

对工会实力下降的解释多种多样。一些热门的解释包括工会分裂、没有进取心的工会招募、政府推出的更多反工会法律和反工会干预，以及商业上更多的反工会打击，但是这些态度的改变必须能自圆其说。一种观点认为美国经济正走向一种不利于工会的重组。另一种观点认为从 1945 年到 20 世纪 60 年代中期长期相当平稳的增长和繁荣使得工会更软弱以至于工人更难接受（对这些争论讨论可见罗宾逊［1988］以及弗里曼［1988］和雷德尔［Reder］［1988］）。

不管引起工会力量下降的原因是什么，在过去 30 年里工会变得越来越弱势已经是个事实。因此，对通货膨胀上升的解释（特别是在衰退和萧条时期）不可能是工会实力；这不再是一个有说服力的理论。事实上，当工会实力下降时，各行业的工资份额也下降，这是一个很好的证据。亨利（1987a）发现了工资份额和工会强势或弱势之间的相关关系。因此，在这个时期，工会实力的下降更可能是降低通货膨胀的因素。我们必须着眼于别的地方去寻找对通货膨胀趋势的解释。

垄断力量的增强

追溯到 1860 年，小农场和小企业生产美国的大部分产品。在美国内战消灭掉奴隶主之后，资产阶级在获得统治权力时再没有对手了。北部企业家通过共和党掌握着政府，并用政府力量去渗透南部和西部。例如，大片土地——总面积比许多欧洲国家还大——给了铁路。同时，技术进步使得一大批产品有更多的利润，所以北部企业家有强烈的动机去扩张。此外，运输和通讯的进步使得全国性的企业变得相当有可能。

在 1929 年，最大的 200 家制造公司拥有所有制造业资产的 46%。除去二战时期的轻微下降（中型企业发展得很好），这个总体集中指标持续稳步上升。最大的 200 家制造公司的市场占有率从 1949 年的 47% 上升到 1973 年的 60%。到 1977 年，最大的 100 家公司生产出 33% 的所有制造业净产出（参照奥尔巴赫（Auerbach）1988，150）。在 1984 年财富 500 强企业有着 65% 的销售额 70% 的就业量以及矿业和制造业总资产的 84%（穆恩吉斯和克罗德勒尔 Munkirs and Knoedler 1987，808）。

集中度的增加一部分是由于最大的公司的内在增长，另一部分是由于合并。从 1950 年开始，最大的 1000 家制造公司中，每 5 家就有 1 家被更大的巨头吞并。这些合并的种类随着时间而改变。在 19 世纪 90 年代和 20 世纪初，有一阵横向合并的浪潮，即在同一行业中两家相互竞争的企业的合并。在 20 世纪 20 年代和 30 年代，有一阵纵向合并的浪潮，即在制造商和它的供应者或是零售商之间的合并。在 20 世纪 60 年代、70 年代和 80 年代，又掀起了一阵企业集团合并的巨大浪潮，即没有关联的企业的合并。这样，企业集团的合并并不局限于制造业，而是发生在美国经济的每个部门。

直到 1963 年（在大部分企业集团合并之前），在美国 40% 的制造行业中，只有 4 家企业占有各自行业过半的销售（参照布莱尔（Blair）1972，14）。在美国另外的 32% 的行业中，只有 4 家企业占有各自行业 25%—50% 的销售。只有 28% 的行业被 4 家企业控制不到 25% 的销售。这些关于集中度的数据令人印象十分深刻，但是它们仍然远远低估了经济力量的集中度（关于企业集团最新的数据在一篇由道格尔（Dugger）[1985] 文章中给出）。

第一，这其中有一个问题，即要普查的行业定义太宽泛了，它们包含的产品是不可替代的而且是没有竞争的。这降低了公布的集中度。另外，公布的集中度没有包括因为国际竞争而增加的部分。为了对这两个相反偏见的调整（以及其他一些不那么重要的偏见），谢泼德（W. G. Shepherd）发现大部分行业集中度都比所公布的高（1970，

274—80）。这里的集中率可以被定义为行业中最大的 4 家企业销售额占行业总销售额的百分比。1966 年，在所有主要行业里，官方没有调整的集中率都比谢泼德调整后的比率要低，只有一个例外。这些调整的变化是很大的，例如，对林业而言，调整后的比率从 16% 上升到 46%；对石油和煤炭产品而言，调整后的比率从 32% 上升到 64%。

第二，100 家巨头企业集团中的每一个都控制着几个行业中的一些大型公司，所以它们的权力远远超过所公布的集中率。根据最适应经济理论的统计学定义，一共有 1014 个独立的制造行业。集中率之前被定义为被各个行业 4 家巨头公司控制的销售百分比。然而在绝大多数的制造业，那个行业中 4 家巨头公司至少有 1 家被一个巨型企业集团控制（参照布莱尔 1972，53—54）。所谓巨型企业集团，就是在所有行业前 100 名的大的企业中的 1 家。

第三，最大的企业集团间有许多连锁董事会，以至于同样的一些人在几个董事会里监督着他们的公司。在 1965 年，最大的 250 家公司有总计 4007 个董事，但是这些只被 3165 个董事长拥有（参照布莱尔 1972，76）。在这些董事长中，562 位拥有 2 个或更多的董事席位，有 5 位拥有 6 个董事席位。同样也存在着各种各样的公司集群。例如，一个集群的大宗股票被洛克菲勒集团持有，而另一个集群的大宗股票被杜邦集团所持有。

第四，银行和许多工业集团都有内在联系去形成用统一方式运作的其他重要集群。在银行体系内部，存在着资产集中。在 1968 年，有 13775 家商业银行。在这些商业银行当中，仅仅 14 家银行（不是 14%，而是 14 家）拥有所有存款的 25%。100 家最大的银行拥有总存款的 46%。

第五，有必要检查一下所有的美国企业，包括商业的所有部门。表 15.2 显示的是 1985 年的统计数据，这是可获得的最新数据。表格揭示了 170 万家小型企业（占所有企业的 54%）只拥有 570 亿美元的资产（不到总资产的 1%）。资产规模水平最高的（超过 2.5 亿美元）只有 4000 家企业，但它们拥有 9.9 万亿美元的资产（或者说总资产的 77%）。

表 15.2　　　　　　　　　1985 年美国公司资产的分布

资产规模（美元）	公司数量	资产数量	公司百分比（%）	资产百分比（%）
少于 10 万	1692	57	54	1.0
10 万—100 万	1152	371	37.0	3.0
100 万—250 万	267	974	9.0	8.0
250 万—2500 万	21	1517	0.6	12.0
多于 2500 万	4	9852	0.1	77.0

资料来源：美国国内收入署，美国收入的统计：公司税恢复（华盛顿特区，美国政府出版局 1986）。

注：表格包括所有至少有 1 美元资产的美国公司。资产总数用 10 亿美元为单位，公司数量以千为单位。

所有的这些数据导致了两个结论。在美国企业中经济聚集程度很高。被定义为 100 家最大企业所占百分比的美国公司间的总经济聚集在 20 世纪 70 年代和 80 年代初出现了大幅度的增长。行业聚集，定义为在每个行业里被 4 大巨头所占有的销售百分比，在这个趋势中不是很清晰，但是在可获得的最新数据中却显示了略微的增长（虽然这甚至是有争议的并且是依赖于定义的）。通过这些数据，我们能够理解美国公司价格变化的演变过程。

垄断力量和限价

在 20 世纪 30 年代的大萧条和 1938 年稍微轻微一点的萧条中，加德纳·米恩斯（Gardiner Means）（1975）在垄断部门中发现了他所称的"限制"价格。米恩斯发现在更为聚集的行业里，价格不是由竞争市场决定的，而是被谨慎地限制或者为垄断阶级最大利益所设定。他发现竞争价格频繁变动，但是限制或者垄断价格却很少变动。

更特别的是在萧条中竞争部门的价格水平有巨大的下降，但是垄断部门的限制价格却只下降了一点点。撇开行业中间的 60%，米恩斯将竞争部门定义为聚集程度最低的 20%，将垄断部门定义为聚集程度最高的 20%。从 1929 年到 1932 年，竞争部门的价格下跌了 60%，但是垄断部门的价格仅仅下跌了 10%（米恩斯 1975，8—9）。少数垄断部门的价格甚至在大萧条中还上涨了一点。

根据米恩斯的说法，在 1933 年到 1937 年的扩张时期，竞争部门的价格上涨 46%，然而垄断部门的价格仅上涨 10%。在 1937 年到 1938 年的萧条期，竞争部门的价格下跌了 27%，而垄断部门仅仅下跌 3%。很明显，垄断价格更加稳固，并且在萧条中抵制住了需求的下降。这表明垄断价格的稳定（或是增长）是以小型竞争性企业的巨大价格下降、消费者购买力降低和工人的高失业率为代价的。

表 15.3 表明即使在大萧条时期，有很强垄断力量的行业只将价格下降了一点点，它们通过减少很大比例的产量来保持价格不下降。竞争性更强的行业没有选择，由于缺乏需求，只能被迫让价格下降。竞争性部门的产量下降的要少，因为价格越低需求越大。垄断部门因此维持住了它的价格（和每单位的利润），这是以产量的大幅减少和大规模的失业为代价的。竞争性部门减少产出要比垄断部门少，并且解雇的工人也要少，但却遭受了价格和每单位利润要比垄断部门下降得多的代价。因此，一个高度垄断的经济在每次经济下滑中更倾向于创造高失业率。

表 15.3　　　　　　　　1929—1932 年萧条期中的价格和产量

行业	价格下降（%）	产量下降（%）
机动车	12	74
农业用具	14	84
铁和钢	16	76
水泥	16	55
汽车轮胎	25	42
皮革产品	33	18
石油产品	36	17
纺织品	39	28
最终食品	39	10
农业产品	54	1

资料来源：国家资源委员会（在 Gardiner Means 的领导下），美国经济的结构（华盛顿特区，美国政府出版局 1939），386 页。

注：下降是根据 1929 年的基点给出的。

第三部分 更多的现实逼近

将通货膨胀考虑在内,更新的商业周期数据显示了相似的情况。竞争性部门被定义为在所有产业中最顶端的 8 家公司占有的销售量的聚集度低于 50% 的行业。垄断部门被定义为在所有行业中最顶端的 8 家公司占有的销售量的聚集度高于 50% 的行业。(这个定义和有特别分割点的其他定义一样,纯粹是武断的。一种更精确——但也复杂的多——的分析则会关注全局情况,从聚集度最低到聚集度最高的,关于企业状况的各个方面,都会被分析到)。通过平均聚集率,加权每个行业的货物价值,成百个独立的行业会被聚集到两个部门。

价格指数的扩张幅度被定义为从最初到周期顶峰的上涨幅度,用周期平均水平的百分比表示。从 1949 年到 1973 年垄断部门和竞争部门中所有价格的平均扩张幅度都在表 15.4 中显示。1949—1953 年和 1954—1957 年这两个周期性扩张的结果不同寻常,价格在垄断部门上涨超过在竞争部门的上涨。在最近的 3 次扩张,即 1958—1960 年,1961—1969 年和 1970—1973 年中,价格在竞争部门上涨的要比在垄断部门快。这与 1933—1937 年的扩张阶段是一样的。情况通常是这样的,在扩张期,价格在竞争性更强的部门上涨的要稍微比垄断部门快一些。这种变化的理由将在下一部分被讨论。

表 15.4   价格在垄断和竞争部门的扩张幅度

扩张时期	垄断部门价格(%)	竞争部门价格(%)
1949.10—1953.7	13.6	11.1
1954.5—1957.8	11.0	4.6
1958.4—1960.4	2.1	3.0
1961.2—1969.12	8.3	16.3
1970.11—1973.11	10.2	23.4

资料来源:Robert Lanzillotti,就业,增长和价格水平:美国国会联合经济委员会听证会(华盛顿特区,美国政府出版局 1959),2238;John Blair,"市场力量和通货膨胀",经济问题期刊 8(1974 年 6 月):453—78;Kathleen Pulling,市场结构以及价格和利润的周期性变化,1949—1975(加利福尼亚大学 Riverside 博士,1978)。

注:扩张幅度的意思是作为周期平均数百分比从波谷到波峰的上升。

然而,最有意思的是在收缩期的相关价格变化。表 15.5 显示了 1948 年到 1975 年初的收缩幅度。像之前提到的那样,所有部门的平均价格在最近的收缩中与之前的萧条期或衰退期的变化一样。它们不是下跌，而是上涨，所以萧条和失业不再意味着通货膨胀的结束。基于这个原因，尽管处于不同比率，从1967年开始显著的通货膨胀一直持续着。通货膨胀伴随着越南战争的支出以一种正常方式开始，但是它在需求下降时期的坚挺就像出现一个新物种一样。这种新现象有多少与竞争部门相关，又有多少与垄断部门相关？

形形色色的研究者都在研究竞争性和垄断性价格在1948年以来的收缩期中的变化。他们的发现被总结在表15.5中。价格指数的收缩幅度被定义为它从周期波峰到周期波谷的变化，用整个行业周期中它的平均水平的百分比表示。表格揭示了1948年衰退的形态和米恩斯（1975）在1929年到1937年大萧条中发现的形态是一样的。在全部3个事例中，垄断价格只下降了一点点，尽管竞争价格下降巨大。在1954年、1958年和1961年的衰退中，我们发现了滞胀（产出停滞而价格上涨）的第一个迹象。竞争价格像往常一样下降，尽管很少，但是垄断价格在衰退中却竟然上涨了，尽管也很少。这种新情况在1970年的衰退中非常明显，竞争价格显著下降，但垄断价格却上涨了相当大的幅度。一种更好的分类显示在竞争性更强的行业，价格甚至下降得更猛烈。然而在集中率低于50%的行业，价格下降了3%，在集中率低于25%的行业，价格下降了6.1%。

表 15.5　　　　价格在垄断和竞争部门的收缩幅度

收缩时期	垄断部门价格（%）	竞争部门价格（%）
1948.11—1949.10	-1.9	-7.8
1953.7—1954.5	+1.9	-1.5
1957.8—1958.4	+0.5	-0.3
1960.4—1961.2	+0.9	-1.2
1969.12—1970.11	+5.9	-3.0
1973.11—1975.3	+32.8	+11.7

资料来源：与表15.4一样。

注：收缩幅度的意思是作为周期平均数百分比从波峰到波谷的下降。

1973—1975年衰退期间的价格数据表明，衰退期间的垄断价格上升幅度惊人。这在目前处于统治地位的垄断部门中是非常大的涨价幅度，甚至使得竞争性部门的价格也在历史上第一次显示出在衰退期间的轻微上升（因为，竞争型企业不得不从垄断部门购买一些商品）。毫无疑问，这对竞争性部门会造成严重的毁坏，减少产量，增加企业破产数，以及增加失业人数。像这样的竞争价格和垄断价格的不同之处也可以在日本找到［见小林（Kobayashi）1971］。

对价格行为的解释

在50年代以前的所有衰退中，几乎价格都下降了。价格的这种特性可以很容易地由传统的经济理论来解释和预测。传统的宏观经济理论使我们认为需求的减少会导致产出和价格的双重下降。为了卖出更多的存货，我们可以通过减少供给和降低价格的方式来达到。在恒等式中，供给总量与每个行业的需求量应该一并考虑。

同样，从总量上看，50年代的传统宏观经济理论预计超额供给将会导致产量下降、失业和价格下降（如果存在垄断力量或者"制度刚性"时，价格则会保持不变）。另外，50年代传统的宏观经济理论预计，只有在需求超过充分就业的供给时，才会有通货膨胀。

传统理论认为通货膨胀不会发生在需求下降和失业的情况下，但在1954年、1958年、1961年、1970年、1975年、1980年和1982年在衰退或萧条的垄断部门中却发生了通货膨胀。当然，传统理论承认，如果垄断企业想要通过限制供给来提高价格的话，它们总是可以这样做的。但是为什么在需求下降的情况下垄断企业还会发现急剧减产以提高价格是有利可图的呢？

只有少数经济学家——大部分是马克思主义者、后凯恩斯主义者和传统的制度主义者——提供了这个问题的答案（见卡莱茨基1968；布莱尔1974；以及艾希纳1973）。在大部分的垄断部门，每个行业都有一个单独的大型企业控制着价格，其他企业只是价格领导者的追随者。这些由大企业进行的"成本加成"的定价方式已经被许多经验调查所证实（见艾希纳1973；罗宾逊1979）。

在任何给定的情况下，巨型企业都不会通过把价格定得尽可能高来使短期利润最大化。相反，它们会通过边际收益来定价，以确保长期增长和长期利润最大化。因此，边际收益必须完全满足企业增长和预期的需求。每个企业都会设定一个目标利润水平，这个利润水平是基于它之前的情况以及本行业领导者的情况而设定的。

在商业扩张中，为了达到它们利润的最长期增长，巨型企业通常会把价格定在市场均衡价格以下，这样做的目的有：①打击竞争者进入行业的信心；②在更广阔的市场上获得人们对新产品的认可；③阻止工会声称巨型企业能够支付更高工资的诉求；④降低政府采取反托拉斯行动以及进行价格控制的积极性；⑤稳定分红（以及股价），通过防止价格上升过高而使价格在衰退期间不会跌得过猛。压低价格的这种做法给予了垄断或者寡头企业更大的权力，它们可以在接下来的收缩中保持甚至提高价格水平，因为巨型企业有着更广阔的市场、更少的竞争对手以及更少的政府管制，等等。

如果大型企业发现它的销售收入在衰退或者萧条中下降了，它会怎样做呢？企业将通过提高销售价格的方法来获得足够的收入以达到它的目标利润。沃克特和埃迪尔森姆（Wachtel and Adelsheim）（1976）已经在其出色的论文中用精密的数据模式对这个过程进行了阐述。"例如，密集型产业中的一家公司，其直接成本（原材料和劳动力）设定为每单位产出200美元，把利润设定为直接成本的20%，因此每单位产品售价为240美元，利润为每单位40美元。我们假设目标利润水平为40000美元；为了达到这个利润目标，就得售出1000单位的产品，每单位产品售价240美元。现在失业和经济衰退使销售额下降了，比方说，下降到了960单位。但是，如果企业仍然把利润目标设定为40000美元，它想达到的话，就不得不把产品价格从先前的240美元每单位稍稍提高到242美元每单位。与先前每单位毛利为20%的成本相比，它把现在每单位的毛利提高至每单位成本的21%。一旦增加了每单位产品的利润，企业便达到了它的目标利润水平。但结果却是它刺激了经济中的通货膨胀和失业的发生。"

这个阐述假设，当价格被提高时，需求很少或者不会进一步下降。但是沃克特和艾迪尔森姆指出，他们的结论是正确的，即拥有这些策略的垄断企业会在衰退中提高价格，即使价格的上升会导致需求的进一步下降。当然，即便现实中最紧密的垄断同盟也会因为产品价格的提升而失去一小部分顾客，但他们中的大部分对市场都有着足够强的控制——

而且有着足够强大的广告形象——这确保了他们不会失去太多的顾客，可以定多高的价格与他们的垄断程度有关。

更具体说来，他们对于价格的垄断程度有3条主要的限制。第一，如果整个行业提高了价格（由价格领导者所带领），那么有多少顾客愿意或者可以转向替代品的购买呢？第二，如果价格和边际利润都上升了，有多少新企业能够进入该行业，或者对于这些新加入者来说，门槛有多高呢？第三，如果价格漏洞很明显被忽略了，那么政府干预的真实性有多大呢？

遵循着"成本—加成"定价方法的寡头企业不会像竞争性企业一样频繁地改变它们的价格。即便成本和价格迅速上涨，这些企业通常会在一定时期内维持价格，然后由它们在成本之上的正常边际收益来决定，把价格提升至一个新的水平。因此，显而易见的事实是在经济扩张和价格上涨迅速的时期，竞争性的企业对产品的提价通常会更快和更频繁。

然而，在衰退时期，小型竞争企业在面对需求下降的时候被迫迅速降低其产品的价格（因为它们中没有企业可以控制行业的供给），而不去考虑降价对它们利润的影响。但对于大型的寡头企业来说，这便不是事实了。在衰退时期，如果寡头企业每单位成本依旧保持不变（在它们进行大量的物质生产的时候），那么它们便可以维持原来的价格不变以使其利润尽可能长久地保持不变。当然，与相同的竞争行业相比，这造成了产量的额外减少以及大量的工人失业，但这不是垄断企业所担心的。

的确，在最近的衰退或者萧条中，当总的销售额下降时，垄断企业实际上会提高价格，它们认为这对于维持边际收益和总利润是很有必要的。为了在需求下降的情况下提高价格，它们会急剧地减产，从而加重失业。

垄断与利润率

如果我们的经济是在一个纯粹的和完全的竞争市场上运行的，那么资本会从利润率低的领域迅速流入利润率高的领域。这遵循的原则是所有行业的利润率必须均等。然而，在所有行业中，利润率却不是均等的。在垄断程度越高的行业，利润率总是越高。

在这种情况下，我们将"集中度"定义为由前 8 家最大型企业控制的行业销售额的百分比。每个工业群的集中度是其所构成行业的加权平均值。垄断部门被定义为在 1949 年至 1973 年人口普查年间，行业集中度超过了 50% 的部门；而竞争性行业被定义为在 1949 年至 1973 年人口普查年间，行业集中度低于 50% 的部门。这里的利润率是指在每个行业中利润对销售额的百分比［其他研究发现，当利润率被定义为利润对资本的百分比时，也会得到相同的结论（见谢尔曼 1968，第 3 章）］。对于垄断部门（行业集中度超过 50%）来说，在 1949 年至 1973 年年间，其利润对销售收入的比率平均每年为 11.2%；而在竞争部门（行业集中度低于 50%），在 1949 年至 1973 年间，利润对销售收入的比率平均每年仅 6.2%；两个部门在数据上的差异是显著的［见普尔林（Pulling）1978］。

为什么垄断部门的利润率比那些竞争部门要高呢？首先，垄断力量意味着在限制产量和保持高价方面，其比竞争部门更有能力（包括在前一部分所讨论的 3 条限制）。对于所有工人来说，高物价意味着低的真实工资。农民、小型竞争型企业的利润都会受垄断价格的损害，因为在某种程度上，它们必须从垄断部门购买产品。在垄断部门，一些大企业作为小型竞争企业产品的买家，拥有对市场额外的控制权，逼迫这些小的供应商降低价格。

垄断部门的大型企业在劳动力市场上也会有额外的权力，因此它们可能会通过低于平均工资的工资水平来招募工人获利。当然，这个因素所带来的影响可能会因为工会的行动而被抵消。在美国制造业，工资份额在高集中度的行业较低，而在工会化程度高的行业较高（见亨利 1987a）。当这两个因素都起作用的时候，它们会部分地相互抵消。在现代社会，工资不是由市场上的供给和需求自动决定的。工资是由劳资双方的议价能力所决定的（在供给和需求给定的条件下），而垄断资本通常处于有利地位。因此，工人被垄断部门从两个方向进行压榨。一方面，垄断部门将工人当作消费者，提高物价；另一方面，垄断部门可以通过行使它们在劳动力市场上的权力来压低工资（然而，在现实中，集中程度高的行业的工资率通常更高，因为对于工会来讲，组织更大的工会通常更容易，这也因为垄断部门发现，与其与工会做斗争，不如对消费者实行更高的价格而对企业内部实行更高的工资）。

表 15.6　　　　　　　　股票投资者资本投资长期利润

规模（资产，百万美元）	利润率（税收前利润）（%）
0—1	3.7
1—5	5.3
5—10	6.7
10—50	7.4
50—100	8.1
100—250	8.5
250—1000	8.8
1000 以上	11.7

资料来源：美国联邦贸易委员会，美国制造业的季度报。
（华盛顿特区：美国政府出版局，1956—1975）

　　超额垄断利润来自有利可图的政府军事合约，这是通过向工人征税进行融资的，因此再一次提高了总利润。海外投资的高额回报率也会增加垄断利润，即利润是从外国工人身上压榨得到的。总的来讲，垄断或者寡头取得远高于平均利润率的利润是通过以下几个方式进行的：①向消费者提高产品的售价，因此降低了实际工资；②向小型企业和农民提高产品的售价；③从小型企业和农民那里以较低的价格购买产品；④从工人那里以较低价格购买劳动力（但这通常会被工会组织的行动所抵消，像上面提到的那样）；⑤向政府提高产品的售价；⑥在国外以较低的价格购买劳动力和原材料。通过这些相对高的价格和低成本（通常与相同情况下的竞争企业相比），垄断和寡头企业从国内、国外的工人——消费者——纳税人身上榨取更大的利润；它们同样也将小型企业和农民的利润转移到自己身上。

　　表 15.6 给出的是 1956—1975 年间，平均每年所有股票投资者进行资本投资的长期利润。根据资产的规模，将企业分成几个部分，从最小（低于 100 万美元）到最大（超过 10 亿美元）。表 15.6 要表达的关系是十分明确的，即投资利润率单独地随着企业规模的增大而增大。

　　前面已经用很多原因解释了高利润率是源于垄断势力。在很大的程度上，大规模意味着垄断势力。虽然有些产业，集中度达到 4% 甚至

8%，其垄断程度低，而有些产业小到只有一个中型公司就足以达到垄断势力。此外，当我们只从规模来研究，这消除了由一个集团公司多家控股子公司分布在许多不同行业所造成的集中度的失真。大规模也直接通过生产规模经济、分销和全国范围的广告攻势来影响赢利能力。大型制造企业也可以拥有自己的自然资源。再者，大公司可能以更低的成本获得融资，或者因为其信用等级或者因为与金融机构有直接的勾连而获得融资。

商业周期中的垄断利润率

众所周知，大型垄断企业在长期的运营中比小型竞争性企业获得更高的利润率。我们也知道在经济扩张期，大型垄断公司相对缓慢地提高它们的价格以期提高市场占有率。在经济紧缩时期，竞争性企业不得不降低价格或上涨微小的价格，而大型垄断公司可以阻止价格的下降或者实际上涨价。鉴于价格行为的差异性，在商业周期中两方面利润率的表现有何不同？表15.7显示了垄断企业和竞争性企业的利润率在商业周期中的波动幅度。

在表15.7中，垄断企业一方包括所有主要的工业企业，在普查制造业的年度1954年、1958年、1967年和1972年，它们的市场占有率均超过50%。竞争型企业一方包括在相同年度里市场占有率低于50%的团体。经济扩张时期的波动幅度是最大值减去初始的最低值以作为周期均值百分比。经济紧缩时期的波幅是最终的谷底减峰顶的百分比。利润率是利用总利润除以销售额（当利润率定义为利润对资本的百分比时也能得出十分相似的结果。详见谢尔曼1986，第6章）。

表15.7非常清晰地表明，在相同的模式下如价格行为相同，利润率在竞争型企业一方往往比垄断型企业一方呈现更猛烈的升降。但在1949年到1970年的4次扩张期中，制造业中竞争力强的企业的利润率4次均比垄断企业提高得快，而在4次萧条时期则有3次比垄断企业跌得更多。

如果我们从公司规模来检验利润率的周期波动，其模式是极其相似的。表15.8列出了通过资产规模划分，在1949—1970年的4次商业周期中，基于销售额计算的利润率，以及在1970—1982年的3次商业周期中，基于资本计算的利润率。这两种不同定义的利润率的使用表明定义虽然不同但是结果不变。

表 15.7　　　　　　　　垄断部门和竞争部门的波幅

周期	垄断部门 扩张幅度	垄断部门 收缩幅度	竞争部门 扩张幅度	竞争部门 收缩幅度
1949—1954	32.1	-30.8	45.8	-56.9
1954—1958	21.6	-41.3	32.1	-47.8
1958—1961	33.5	-28.6	36.6	-47.1
1961—1970	25.0	-35.1	49.0	-32.3
平均值	28.0	-34.0	40.9	-46.0

资料来源：由凯瑟琳普林收集的联邦贸易委员会数据，市场结构以及价格和利润的周期行为，1949—1975。
（博士论文，加利福尼亚大学河滨分校，1977）

表 15.8　　　　　　　根据公司规模的利润率的波幅

资产规模	扩张幅度（%）	收缩幅度（%）
第一部分　4个周期（1949—1970）的平均波幅		
小于 250000 美元	+83	-83
250000—1000000 美元	+39	-55
1000000—5000000 美元	+37	-52
5000000—100000000 美元	+28	-27
超过 100000000 美元	+22	-27
第二部分　3个周期（1970—1982）的平均波幅		
小于 5000000 美元	+49	-58
5000000—25000000 美元	+38	-39
25000000—100000000 美元	+34	-41
100000000—1000000000 美元	+25	-37
超过 1000000000 美元	+24	-33

来源：美国人口普查局，制造业企业季度融资报告（华盛顿特区：美国政府出版局，1949—1988）。

注：1949—1970 年的利润率为税前利润与销售额的比率（所有美国制造业企业）；1970—1982 年的利润率为税前利润与股东权益的比率（所有美国制造业企业）；所有振幅都为特定的周期。

表 15.8 揭示了大公司的利润率在扩张期比小公司上升得慢,在紧缩期比小公司下降得少。当我们把这一结论同表 15.7 垄断部门和竞争部门的结论加以融合,得出的结论就是大型垄断公司的利润率比小型竞争性企业更稳定。

为什么大型垄断公司在经济兴衰期内均拥有相对稳定的利润率呢?第一,它们试图设定产品的价格以获得稳定的利润率。第二,它们的垄断力量允许它们在这些条件下固定价格。在经济萧条期,它们通过限制产量(和就业)来保持价格。在扩张时期,它们只是缓慢地提高价格并随之快速增加它们的产量(和就业)来获得和保持扩张市场中的高份额。第三,当各种的产品均在最大产能以下时,大公司每生产一单位产品所耗成本十分稳定,而小公司在产能下降到低于最佳产能时,其每生产一单位产品所耗成本将迅速增加。第四,与大公司相比,小公司有更重的利息压力,不仅是因为它们需要偿付较高的利息率,同时也是由于它们的借款所占资本的比例较高。第五,也是非常重要的一点,小公司是把所有的鸡蛋放在一个篮子里(没有储备金),而对于大公司来说,经营就非常多元化,它们会对那些即使在经济紧缩期也可能实现增长的产业进行投资(这是一种将储备资本从一个领域转移到另一个领域的能力)。

也有一些证据表明,危机在冲击大型垄断公司以前已经对小型竞争型企业打击了很长一段时间。在 1949—1961 年的商业扩张时期,垄断产业(是指那些销售额占市场 50% 以上的 8 家企业)中的利润率在最初的 4 个月并没有受到挤压,这超出了平均水平,只是在扩张期高峰来临前的 2.2 个月利润率才开始向下调整。

总之,从具有高垄断能力的部门来看,提高对经济的垄断促进了价格和利润的稳定,但是,也降低了产出和就业的稳定性。且垄断价格的稳定也更进一步地动摇了竞争性部门的价格。而竞争型企业一方的不稳定性是造成各种生产过剩或紧缩危机的主要原因。但是垄断一方这种猛烈地削减产出与就业(以保持高价格)无疑会使危机进一步加深。

跨国公司(或全球性公司)的集聚

当前在整个资本主义社会里,经济高度集中的资产主要来源于少数庞大的跨国公司及全球性公司，它们促成了国际资本集中的新结构性阶段。"跨国公司"是指被多个国家所管理，事实上是每个公司主要由来自发达资本主义国家的侨民管理。"全球性公司"可能更不易被误解，但是，许多经济学家现在依然使用更确切的词——"跨国公司"。有一种观点要合并所有这些公司，它们认为全球市场是它们的，要获得巨大的利润就要尽可能多的控制多国市场。

为了追逐利润，美国的全球性企业向海外市场迅速扩张。在1957年，美国公司投资国外的种植业和设备业已经占国内同行业全部投资的9％，但是到了1970年，国外投资所占国内投资的比例就上升到了25％。就美国产业的总资产来说，截止到1974年，大约40％的消费品产业，大约75％的电子产业，约33％的化工业，约33％的制药业和半数以上的资产在1000亿美元的石油工业都在美国以外的国家投资（巴奈特和穆勒（Barnet and Muller）1974，17）。

然而，值得强调的是美国全球公司先前的霸主地位已经结束，它的市场份额在急剧减少。在1961—1970年美国的公司拥有国外直接投资的2/3，而到1976—1980年间，其市场份额还不到50％（奥尔巴赫Auerbach1988，243）。与此同时，联邦德国及日本公司开始迅速提升。因此，今天美国所面临的最紧要的国际问题就是美国公司所面临的挑战。

同样重要的是在资本主义国家内进行的许多交易仅仅是在同一个母公司下的子公司间的交易。大量的例子表明，在资本主义世界里，有超过50％的对外贸易是通过这种公司内部各子公司间的各种非市场交易完成的［穆勒（Muller）1975，194］这就意味着税款可以转移到那些税率最低的国家。也就意味着税收政策可以不用实施，或者说只是为了让那些全球巨头获益。许多研究表明，那些总部在美国的全球公司吸收了所有美国政府支出和旨在刺激经济的税收削减的不成比例的一部分（Muller1975，188）。

全球的制造业公司是由支行遍布各地的全球银行提供服务的（奥尔巴赫1988，195—201）。在他们资金紧张时，银行将会创造额外的信用，如巨大的欧洲美元资产池（特别提款权也可作为货币）。自从欧洲美元没有发行准备金要求以后，信用创造则会使欧洲美元格外的不稳定，而且也会给通货膨胀带来很强的推动力。这种国际信用扩张以及货币穿越国界在各子公司之间迅速流动，使得资本主义国家比以往更难以找到可靠的货币政策来控制货币供给。

还需要指出的是由于全球公司将产量由工资高的地区向工资低的地区迅速转移，致使工会的议价能力被进一步削弱了。例如，如果美国的工人工资过高，它们将会转移到墨西哥，但是若墨西哥的工资也很高，它们将转移到香港。

跨国公司或全球公司是当前从新殖民主义国家获取的巨额利润转移到帝国主义国家的工具。例如，在1960年，美国公司从国外获得的利润仅占美国公司总利润的7%，但是到了1974年就上升到30%［穆勒（Muller）1975，183］。美国前298家的全球公司，其40%的净利润是从海外获得的，而且，它们所获得的海外利润率要比国内利润率高很多。此外，美国海外投资的利润率中，在欠发达地区所获得的是在先进资本主义国家获得的数倍；不发达的新殖民主义国家为美国的资本积累做了很大的贡献（相同的事实可以用来表明欧洲和日本在第三世界的投资）。

最后，国际投资决策集中在少数相关的公司中，且各资本主义国家的国际贸易和投资有着非常密切的关联，这些都使得各国间经济联系更紧密了。因此，在第16章我们将详细介绍开始于一个国家或少数几个全球公司的经济紧缩是如何迅速席卷其他国家的。

结 论

通货膨胀现象在经济衰退时期出现，是因为集中垄断力量的大幅增加（无论是美国经济还是全球经济均存在）。在20世纪50年代和60年代的几个经济衰退期中，虽然在每次经济收缩时竞争价格下降，但垄断价格却上涨。在1975年和1980年的萧条期中，全面的通货膨胀小幅度提高竞争价格，而垄断价格飙升。由于垄断者对价格以及对一些绝对规模的要素进行控制，因此垄断利润率相对稳定，在衰退或萧条下降的幅度相对较小（尽管工人因为实际工资减少甚至承受更大负担）。因此，垄断的增加造成生产大幅下降和更多的失业，同时通过严格限制供应来提高价格。

因此，相对于没有垄断的情况，垄断的存在使周期性失业提高到更高的水平。但是，与新古典主义的观点不同，本书的其他章节已经表明，即使是竞争性资本主义（也就是没有僵化体制或垄断势力），仍将继续存在着周期性失业。

附录　利用垄断力量的利润压榨（胡桃夹子）模型

我们应该怎样修正第 13 章的利润压榨（或者胡桃夹子）模型以反映垄断力量的现实情况呢？垄断力量影响价格特征，垄断力量也会影响利润特性、工资特性和投资行为——它们中的每一个变量在集中度高的企业中的表现与在竞争行业的小企业中的表现是不同的。而且，通过影响收入分配（由卡莱斯基 1968 第一章），垄断力量会影响消费，并因此改变乘数值。通过影响投资行为，垄断力量改变了加速数的值。

简单说来，每个变量的特征作用在垄断部门（意味着更高的行业集中度）和在竞争部门（意味着更多竞争的行业）是不同的。因此，最简单的修正就是将模型分解为两个部分，每个部分都有所有变量的特征和作用，但这也可以体现出两个部门怎样相互影响，并且在整个经济中它们是如何联系在一起的。垄断部门可以被定义为高于一定集中度的所有行业，而竞争部门可以被定义为低于一定集中度的所有行业。

由于模型本身比较复杂，因此对于模型的简化将会遭到批评。首先，集中度不是垄断力量的一个很好的指标，也肯定不是唯一的指标。其他指标，例如进入行业的门槛应该作为每个行业垄断程度的指标。其次，不存在界限分明的两个部门，但是在集中度最高行业中的最大型企业和竞争度最高行业中的最小企业之间还是存在很大差别的。除了两个部门模型外，我们还需要 N 个部门模型来体现从竞争到垄断的全貌。这样的模型就可以根据经济周期中的垄断力量来阐明行业的一些重要特性，但这不会改变内生经济周期模型的总体特征。

关于垄断力量的文献综述

约瑟夫·布林（Joseph Bowring）在 1986 年对垄断力量、价格和利润进行了最好的独立研究。巴兰和斯威齐于 1966 年率先对垄断力量进行了重要的马克思主义研究。约翰·福斯特紧随其后，对巴兰和斯威齐的论点进行了正反两方面的彻底研究。威力·森姆勒尔（Willi Semmler）在1982年运用马克思主义的视角对垄断力进行了研究，他反对巴兰和斯威齐关于垄断力量的一些观点。左翼自由党的约翰·凯斯（John Case）于1981年撰写了一部关于垄断和通货膨胀的内容精美、思路清晰的流行著作。艾希纳于1976年对后凯恩斯主义的观点进行了综合而敏锐的阐述。索耶在1982年对垄断和通货膨胀进行了非常有趣而实用的讨论。同时，他还对垄断资本主义理论进行了很好的评述。约翰·穆恩科尔斯（John Munkirs）在1985年撰写了一本关于美国垄断力的演变的优秀著作。华莱士·皮特森（Wallace Peterson）在1988年对那些研究垄断力的制度主义经济学家的文献进行了有力的集合。杜·博夫和赫尔曼（Du Boff and Herman）在1989年对兼并行为进行了清晰地分析。艾米塔瓦·杜特（Amitava Dutt）在1987年对关于垄断力的马克思主义批判做出了有用的评述和贡献。威廉姆·杜葛尔（William Dugger）对企业集团进行了最佳讨论。对于兼并和反托拉斯政策的新古典主义观点，见斯蒂夫·萨洛普（Steven Salop）（1987）、劳伦斯·怀特（1987）、理查德·施马兰西（Richard Schmalensee）（1987）。对于收购的新古典主义观点，见哈尔·范里安（1988）、施莱夫和威世（Shleifer and Vishay）（1988）、迈克尔·杰森（Michael Jensen）（1988）、杰瑞尔、布雷克力和奈特尔（Jarrell, Brickley and Netter）（1988）以及F. M. 舍勒（F. M. Scherer）。

第十六章

国际经济与商业周期

这一章剔除了不现实的假设,即假设美国经济是孤立和自给自足的。到目前为止,封闭式经济的假设对解释国内商业周期方面还是有效的,但对这种不现实的经济环境,邓伯格(Dernberg 1989)强调说:"由于不存在类似封闭式经济这种经济环境……随之产生的很多宏观经济学［在封闭经济的假设上］不仅是不完整的,而且是不正确的。"这一章考察了在现实世界中的国际贸易、投资和金融,美国的商业周期是如何表现的(麦克尤恩 MacEwan 和塔布 Tabb1989 收集了这方面的优秀文章)。这一章以美国经济起起落落的戏剧性历史为开头。在那种历史背景下,本章接着转向描写商业周期国际传播的理论,然后对现实发生的经济现象进行实证分析。这一章的假设是资本主义经济密切的国际一体化会增加经济的不稳定性。

美帝国的崛起

直至南北战争,美国的资本主义仍远远落后于欧洲的资本主义。然而,美国亦有其优势,即它没有封建或半封建的阻碍。内战后,美国废除了奴隶制度,并将整个国家向资本主义开放。此外,相对来说,美国经济劳动力短缺,所以它不得不用最先进的技术。结果,在 1870 年后,美国的工业化发展非常迅速,最终赶超英国和其他欧洲工业。最后,两次世界大战使欧洲衰退很多,但却刺激了美国的经济。到 1945 年,美国已经完全成为资本主义世界的霸主,尽管这个霸主地位在历史上只持续了短暂的时间。从 1945 年到 60 年代的中期,美国的经济远比欧洲或日本强势,同时,美国的军事力量扮演执法者的角色,试图保持帝国主义地位，控制第三世界（关于更深刻的帝国主义理论的讨论，见格里芬 Griffin 和格尼 Gurney［1985］）。

在 1945 年和 1950 年间，美国的 GDP 等于其他所有国家的 GDP 的总和。这样，在 1950 年，法国的 GDP 只有美国的 10%，联邦德国的 GDP 只有美国的 8%，意大利仅为美国的 5%，日本仅为美国的 4%，英国的 GDP 仅为美国的 13%——这 5 个国家的总和仅为美国 GDP 的 39%。在 1950 年，美国生产了全球 82% 的交通工具和全球 55% 的钢铁，消耗了全球能源的 50%（见 Syzmanski 1975，65—70）。

在 20 世纪 50 年代和 60 年代的早期，美国公司也扩大了对欧洲工业的控制。到 1965 年，美国的公司和它们的子公司拥有计算机生产的 80%，汽车产业的 24%，合成橡胶工业的 15%，以及包括整个欧洲共同市场的石油化工产品生产的 10%。此外，我们可以看到这些所有权是如此集中。在英国、法国以及联邦德国，美国直接投资的 40% 是由福特汽车公司、通用汽车公司和新泽西州的美孚石油公司所有（有关本节的大部分数据，见曼德尔 Mandel［1970］）。

从第二次世界大战到 20 世纪 60 年代早期，相对于西欧公司，美国公司保持着相对优势，因为更大规模的资产、更多的储蓄、更先进的技术。在最大的 100 家跨国企业中，有 65 家是在美国，11 家在英国，18 家在其他普通市场国家，5 家在日本，这个事实体现了美国企业的巨大优势。在这个时代，美国公司能进行更多的技术研究。此外，美国的军费持续大量补贴美国企业的技术研究。美国在人均研究上的花费，是欧洲人均在研究上花费的 3 倍到 4 倍。最后，美国充分利用了许多欧洲顶尖的人才（他们在欧洲接受培训）。在 1949 年和 1967 年间，约 100000 最好的医生、科学家和专家离开西欧奔赴美国。

美帝国的衰落：20 世纪 60 年代至今

尽管有这些最初的优势，但美国经济的优势在全球生产中逐渐消退。目前，经常在规模、科研优势和产业创新上被欧洲和日本企业通过竞争所取代。日本和西欧的资本主义经济始于 1945 年，是依靠熟练的劳动力发展起来的，而不是破败的工厂。同时，它们的产业从头开始重建，用最新的技术，长期稳步的发展来赶超美国经济。然而数据显示，美国在50年代早期仍占最高统治地位，在20世纪70年代早期，在每个市场上，美国受到日本和西欧持续增长的竞争力的冲击——在80年代，它们在很多领域已经超过美国。

在20世纪70年代，美国仍然是最大的经济大国，但它不再比其他国家所有总和大很多。因此，到1972年，法国GDP已上升到美国GDP的17%，联邦德国上升到美国的22%，意大利上升到美国的10%，尤其是日本，上升到美国的24%，英国上升到14%——这5个国家的GDP总和为美国GDP的86%。在具体的基础生产领域，美国所占的份额在1950年和1972年间不断下降，交通工具的份额从82%下降到29%，钢铁生产从55%下降到20%，能源生产从50%下降到33%。

在20世纪70年代和80年代，日本和西欧的竞争力已经更强，每单位时间的生产率比美国的生产率增长更快。另外，日本和西欧的工资水平也比美国的增长得快，这一点损害了美国的竞争力。

美帝国的衰退有几个明显的结果。第一，美国企业不再能轻易出售多余的产品到国外，所以美国不能再依靠增加出口来避免衰退。第二，美国对一些第三世界的控制力在一定程度上减弱了，因此，一些原材料的价格，主要是原油，在20世纪70年代增长很快（虽然现在石油价格下降了）。美国衰退的第三个结果是国外可以大量增加在美国的投资。外商投资已经上升到4810亿美元，到1980年几乎是5000亿美元（数据来源于美国商务部，Tamalty 1981，1）。所有这些投资，50%源于联邦德国，7%源于加拿大，7%源于日本，21%源于其他国家，包括中东。这些投资随着美国经济的波动获取收益，同时也帮助美国把衰退传播到国外。

当然，美国的对外投资也很大（但国外资金在美国的投资在过去10年增长得更快）。1950年，美国在海外的私人投资是120亿美元，但到1980年，美国在国外的资产已经上升到2140亿美元。1950年，美国公司抽回美国的赢利为15亿美元，到1980年已经上升到430亿（见哈里森Harrison和布鲁斯通Bluestone1988，27）。因此，如果其他国家遭遇衰退，就会有较少的收益流回美国。由于这些收益现在相对来说对美国经济是很重要的，国外的衰退可能对美国经济有一定的抑制作用。

第四，在20世纪50年代和60年代，美国是其他国家的最大债权国和资本供给国。现在，美国是全球最大的净债务国。在1981年，美国的国际净投资是 1410 亿美元，但到 1987 年，美国的净投资是负 4030 亿美元（见麦克尤恩 MacEwan1989，17）。这是一个重大的转变。

第五，当美国在 50 年代和 60 年代占经济的统治地位时，它的货币可以维持一个对黄金的固定兑换率。其他国家持有美元储备并将美元作为它们的基础货币。当美国经济在 70 年代相对衰弱时，它不得不改为灵活的兑换率。美元的价值可以快速变化，这大大增加了国际金融的不稳定性。

第六，另一个反映美国经济实力相对西欧和日本的减弱是美国贸易的赤字。在 50 年代和 60 年代，美国的出口远大于进口，所以当美国遭遇更多美元流入的时候，其他国家都抱怨"美元短缺"。过剩的美元全部用于美国巨大的海外投资以及美国巨大的军费和国外军事援助上。

随后，欧洲和日本的竞争使美国的全球出口份额减少。美国占全球出口的份额从 1957 年的 21% 下降到 1983 年的 14%（见哈里森 Harrison 和布鲁斯通 Bluestone1988，27）。在同一时期，美国原油和其他产品的进口量也增加了。因此，贸易赤字产生了，并且不断持续地增加。赤字从 1980 年的 250 亿美元增加到 1987 年的 1600 亿美元（更深层次的分析，见麦克尤恩 MacEwan［1989］）。赤字的作用代替美国需求增加的作用，补偿了净出口，美国实际需求流失补偿了净进口。

研究出口和进口模式的细节转变作为背景来分析商业周期是很有意义的。根据相关机构数据（美国经济顾问委员会，1988），从 1960 年到 1979 年，美国的进口平均占 GNP 的 3.1%，同时，出口占 GNP 的 3.7%，因此美国有正常的贸易顺差。也就是说，净出口是 GNP 的 0.6%（在 50 年代达到 0.7%）。在 70 年代发生巨大的改变。从 1970 年到 1979 年，进口占 GNP 的比例上升到 5.9%，但出口占 GNP 的比例只上升到 5.4%，因此存在贸易赤字，即净出口平均为 GNP 的 -0.5%。这样的情况在 80 年代更加恶化。从 1980 年到 1987 年，美国进口占 GNP 的比例平均上升到 8.5%，出口占 GNP 的比例只上升到 6.3%，所以净出口显示出巨大的赤字，是 GNP 的 -2.2%。因此，贸易变得更加重要，贸易平衡从盈余到赤字。

商业周期扩散理论

国际商业周期传播的途径为国际贸易、国际投资以及国际金融系统。

商业周期通过国际贸易途径传导的过程如下：假设美国的出口增长，造成出口远大于进口（贸易顺差）。这就是说，对美国产品的需求净增加；如果经济处于低于充分就业状态，这将提高收入和产出。当然，如果经济已经处于充分就业状态，需求的增加只会使价格提高。或者，假设美国不断增加进口直到出口小于进口（贸易逆差）。在这种情况下，美国对国外的购买力下降，导致需求减少以及失业。

假设美国经济处于萧条，同时世界上其他国家不处于萧条。然后，由于美国的居民收入减少，美国将减少从其他国家进口。在这样的情况下，其他国家也将会减少对商品的需求，萧条影响它们的产业。由于国际上其他国家收入减少，它们就会部分调整以减少从美国的进口。于是，传播过程就这样累积下来。

如果一个国家开始从萧条中恢复，那么就是一个相反的累积过程。假设美国的收入开始增加，美国的居民有更多的钱来消费，并且国外产品看起来更有吸引力。那么，美国就会进口更多的产品用于消费与投资，最后导致其他国家收入增加以及进口增加。当然，不管处于经济扩张期还是衰退期，我们都应该清楚了解这个累积过程。当这个过程从一个国家传播到另一个国家时，进口和出口的变化就会有多重的影响，同时需要一个有限的时间来完成新一轮的贸易。另外，并不是所有的出口增加都会带来收入增加，然后通过重新消费来增加进口。一些收入会用于国内消费，并不会增加其他国家的出口。

如果一国政府强加贸易壁垒来减少其与他国的贸易（以此来保护本国的产业避免衰减），这种贸易壁垒将加剧国际贸易的收缩。最著名的行动就是美国设置了一个很高的斯穆特—霍利关税，这一关税在大萧条时期加剧了国际贸易的减少。当然，其他国家也会通过提高关税来对抗美国的产品。如果通过相同程度的反击，那么虽然美国的关税将会减少美国的进口，但国外的关税将同等减少美国的出口，结果就是将减少国际贸易、国际产出和就业，但美国的贸易平衡没有改变。

投资与商业周期的传播

商业周期传播的第二种主要途径是国际投资。如果日本在美国的贷款或投资，一部分花费在日本的设备上，另一部分用于美国的设备和操作机器上以及工人工资上，这将迅速导致日本和美国需求的增加。在一定程度上资本进行了重新使用，这将再一次导致累积和多重的效果，即可能迅速引起繁荣或从萧条中恢复过来。我们可以注意到，同时也会产生其他辅助作用，不仅作用于商品的进出口，也会在一定程度上刺激国内消费和投资。

一些评论家强调，境外投资意味着国内的超额储蓄减少，所以，"稳定的资本输出国有着高储蓄率，依赖于国外经常出现的新的投资机会"［国际联盟1945，3；见赛弗恩（Severn）1974；米勒（Miller）和惠特曼（Whitman）1973］。但这个很重要的投资机会本质上是具有波动性和周期性的。事实上，它甚至比那些国内投资的波动性更大，这是因为投放在其他国家的境外投资对经济前景变化更有敏感性。相应地，更具敏感性是由于距离、不同法律、风俗习惯和政治倾向造成的较大的不确定性，经常提到的国际投资问题有由于长距离的通讯及运输造成的管理困难，不充分的法律保护，对语言和风俗的无知，利润的转移限制或被彻底没收的风险。这些因素说明不确定性和敏感性会导致外国投资的大幅度的周期性波动。

古典经济方法强调，国外投资可以提高国内利润的平均利率。穆勒（J. S. Mill）把对外投资看作："检验利润下降趋势的最后的对抗力量……持续不断的资本溢出，流入殖民地或国外，去寻找比在国内能获得的更高的收益……第一，带走了一部分收益不断下降的资金。第二，这部分抽走的资金并没有造成损失，但主要是采用……建立的殖民地成为了廉价农产品的出口大国。"（穆勒［1848］1920，第四篇，第四章，736）

在他的观点中，资本输出国的资本收益将会因为在国内较小的竞争而有所提高，比国外有更高的收益，并且有更廉价的原材料供应给国内的工业。如果衰退始于一个资本输入国，那么在这种背景下就有可能发生较低的投资回报率，会对国外产生不利影响。

国外投资产生的收入也会对需求产生影响，因为它等同于无形的出口。投资收益获得者从债务人处获得现金或信用。如果这些现金或信用立即又再投资于债务国，那么投资效果就会扩张（虽然大部分收益经常是汇回国内）。在大萧条时期，债权人更有可能撤回那些债务国的资金。

每一投资最终都将会在市场上产生商品供给。所以，虽然最初的国际投资会增加对产品要素的需求，往往随后就会与国内产业进行竞争，这取决于产品的类型以及销售地。如果产品是同种类型，同时已使用资本输出国或是资本输入国的资金进行生产，在之前已经建立的产业市场上销售，当然，随后的结果可能令人沮丧。另外，如果商品是资本输出国所需的原材料，那么，他们的生产与销售可能会引起资本输出国资本收益率的上升。

这似乎看起来是一个在相当程度上的贸易协定与投资传播机制，集中体现于如果衰退始于一个进口大量与全球供给有关商品的国家，然后其他国家就会觉得许多商品的需求急剧下降。这似乎是最初主要传播衰退的主要方式。然而，在出口国，较低的商品需求意味着较低的工资、较低的消费和较少的投资机会。当衰退又回传影响起始国时，不仅可能使他们的最终产品出口有所下降，而且由于没有国外投资机会，对资本出口的需求也会急剧下降。

大萧条时期的投资和贸易行为

在大萧条时期，美国的国外投资从1929年的13亿美元下降到1932年的160万美元（国际联盟 1934，220—30）。在萧条期，每个国家都强烈希望能集中地找到或占有新市场来出售商品和实现资本出口，如英国在19世纪那样，但这种从萧条中恢复的方法在20世纪却不怎么起作用（但也有例外，可能是美国在马歇尔计划时期大量资助欧洲，缓和了早期的战后美国的衰退）。事实上，1917年的苏维埃革命后，政府对全球大片地区不断增加的所有权已经压缩了市场。通常，全球经济的复苏必须等先进的资本工业国家的收入增加和出口增长恢复后才能传播到世界各地。

正如预期那样，20世纪30年代的美国大萧条对以下3类人群造成严重的影响：①对于美国的债务人，他们需偿还本金、利息和出口美国所产生的红利；②出口商品的生产商（特别是原材料的），因为他们构成早期美国进口的 85%；③那些出口消费品到美国的生产商（大部分是食品），他们占美国进口的 15%。因为这些原因，阿根廷和澳大利亚的大型原材料出口商立即受到严重的冲击，并且首先脱离了金本位制。另外，大萧条的负面影响立即迫使一些国家进入长期调整过程。例如，一些拉丁美洲国家，如巴西，债务违约，转为进口替代工业模式，这一转变使经济在战后时期有一个快速的增长。拉丁美洲的经济增长最后导致更多的美国产品出口到该地区。

当美国进入一个扩张期的时候，一些增加的收入开始用于进口用于消费的最终产品，这些消费品大部分都是奢侈品，也进口一些产品来进行新的投资，这些商品主要是原材料。虽然在 1929 年，美国的进口只占美国收入的一小部分，但是，美国居民收入一旦下降就意味着更大比例的进口下降。这是因为收入增长中的大部分用于投资原材料（因为加速原理）和消费奢侈品（因为对这些商品的需求可以强烈表现出收入的变化）。因此，在 20 年代的迅速发展阶段，进口的增长快于国内收入的增加。在 30 年代的大萧条时期，进口的下降速度快于国内收入的下降速度。

从 1867 年到 1938 年的 16 个商业周期（不包括 1914 年到 1920 年这段战争时期），进口在经济扩张阶段平均提高 26%，在经济收缩期下降 19%。与之相反，美国的出口呈现较少的周期性运动，因为出口是与其他国家的居民收入的周期性运动有关的，它只是部分地与美国国民收入同步运动。所以，同在 16 个商业周期中，美国出口在经济扩张时期增长 15%，在经济收缩期仅下降 1%。

由于在经济扩张期，进口增长的比出口多，所以净出口在扩张时期下降了（根据定义）。由于在经济收缩时期，进口下降得比出口多，所以净出口在收缩期呈上升趋势。因此，净出口是逆周期的。由于净出口在经济发展巅峰期之前就开始下降，加剧了由于需求减少造成的收益下降。另外，在经济收缩期的净出口增长通常有助于为经济恢复做准备。

正是不发达国家遭遇如此严重的贸易大范围波动，主要产品的国际投资和国际贸易，即原材料、农产品和矿产，显示出巨大的波动性。因此，在大萧条时期，"任何一个国家的经济主要依赖外国投资或贸易大部分依赖基础产品,那么将会在商业周期波动幅度超过一定范围时受到严重的影响。"(国际联盟 1945,92)当然,这一点原理到现在也还是适用的。

在整个 20 世纪 20 年代和 30 年代,农产品的产出稳定或者呈缓慢上升趋势。另外,制造品在 1929 年产量增加,随后又快速下降。在 1933 年全球制造品的产出仅为 1929 年的 40%;随后缓慢增加,直到 1938 年生产水平才达到 1929 年的水平,只是之后又再次下滑。世界统计数据显示,采矿业的生产及矿产的产出甚至有更大的波动性。在 1918 年到 1939 年间的经济扩张阶段,矿产量上升的速度和制造品一样快,但在经济收缩时期,矿产量下降速度却比制造品快(国际联盟 1945,80)。在价格方面,原材料价格的波动远比最终产品大得多。在 20 年代的经济扩张阶段,原材料的价格上升得比最终产品快得多,随后在 1933 年的萧条低谷期,下降也比最终产品快,然后缓慢上升,直到 1938 年;在 1938 年的衰退期,原材料的价格又快速下跌。在国际市场上,钢和铁的价格在此期间有相当小的波动,但有色金属和农产品的价格却有非常大的周期性变化。由于原材料在经济扩张时期相对较贵,第三世界的原材料生产国往往在发展阶段贸易顺差以及有贸易的良好条件。然而在大萧条时期,第三世界国家遭遇贸易逆差以及不良的贸易条件。另外,虽然它们的出口在萧条期锐减,但它们大多数的必需品的进口却不会那么轻易就下降。

出口商品的需求下降有两方面的影响,要么价格下降,要么数量下降,或者两者都下降。大部分出售给消费者的农产品的产出与产量相对稳定,因为从需求方面来说,它们是生活必需品,从供给方面来说,它们在很大程度上是受自然约束以及在极具竞争性的条件下生产的。所以,几乎总是食品的产量在下降,比如谷物和家畜,价格就下跌了。因此,在这些国家中,虽然它们仍生产相同产量的产品,但居民收入还是成比例下降的。

矿产和工业原材料的情况就完全不同,这些作为原材料产品的需求波动性非常大。原材料,最明显的矿产,其产出和就业如同价格和收入一样出现大幅度的下降。例如在 1937 年至 1938 年的短暂衰退期间,不仅来自玻利维亚的锡出口(其主要出口)急剧下降,而且价格也下降了 45%。

二战以来进口和出口的周期循环模式

当其他国家的进口上升，那么美国可以出口更多。因此，一个在20世纪50年代的定量研究得出结论："在全球进口扩张时期，美国的出口数量、价格和价值上升；在全球进口收缩期，它们下降（或增长速度放缓）。"（明茨Mintz 1959，305）这一原理至今仍适用，全球收入的增加会使各国增加从美国进口。

因此，当其他国家处于发展阶段，美国出口会提高。"例如，当加拿大、英国、联邦德国和日本处于增长周期的扩张阶段时，美国出口到这些国家的增长速度是这些国家陷入收缩阶段时的6倍。"（克莱因Klein和摩尔Moore1985，306，亦可见克莱因Klein1976）然而在后面的阶段，它将证明主要资本主义国家的周期往往是同步运动的。所以，由于其他国家经济的发展，美国在经济扩张阶段出口趋于扩张。由于其他国家的经济衰退，美国在衰退阶段出口收缩。所以，多恩布什（Dornbusch）和菲舍尔（Fischer）（1986，462）发现美国出口在1950年到1980年间大体是顺周期的。

美国的进口又是怎样的呢？当美国处于周期中的发展阶段，收入是增长的。因此，对于加拿大、英国、联邦德国以及日本，"从这些国家出口到美国（美国的从这些国家进口）增长的速度是美国经济发展周期上升和下降阶段的3倍"（克莱因（Klein）摩尔（Moore）1985，306）。所以，由于美国进口时美国收入的函数，美国因此进口往往具有周期性；多恩布什（Dornbusch）和菲舍尔（Fischer）发现进口比出口更顺应周期（1986，462）。

表 16.1　　　　　　　　美国的出口与进口

Variable	Expansion Amplitude	Contraction Amplitude
PART A. Average, 7 Cycles, 1949–1982		
Imports (257)	28.4	-4.8
Exports (256)	23.5	-2.6
Net exports (256-257)	-5.1	-2.2

续表

Variable	Expansion Amplitude	Contraction Amplitude
PART B. Average, 4 Cycles, 1949 – 1970		
Imports (257)	31.1	0.6
Exports (256)	20.8	-0.4
Net exports (256 – 257)	-10.3	-1.0
PART C., Average, 3 Cycles, 1970 – 1982		
Imports (257)	27.1	-11.9
Exports (256)	24.8	-5.6
Net exports (256 – 257)	-2.3	6.3

资料来源：美国商业萧条，经济分析局，周期指数手册，商业环境摘要附录（华盛顿特区，美国政府出版局，1984）。

注：括号中的数据是资料来源中的页码。

表 16.1 的 A 部分显示，在 1949 年至 1982 年间的 7 个周期，美国的进口和出口都有周期性。进口在经济发展阶段增长得更快，在经济收缩阶段下降得更快。净出口等于出口减进口，所以净出口用于测量美国需求的净浮动。由于进口上升和下降都快于出口，净出口是逆周期的，所以净出口在经济扩张时期下降，在经济收缩时期上升。

为什么进口比出口上升得更快，下降得也更迅速？理由是进口是美国收入的函数，因此美国进口与美国周期密切相关。然而美国的出口仅与美国周期间接相关。对于美国的出口波动周期，其他国家的周期只是在某种程度上与美国的周期振幅同步。国外的周期不完全与美国周期同步。另外美国作为最大且最先进的资本主义经济，容易遭受更大的经济不稳定性，反映在美国的产出与收入比那些资本主义国家有更高的周期波动上（如下描述）。由于其他国家并不与美国经济完全同步，并且美国经济有更大的波动性，因此美国出口的周期振幅小于进口。

因此，净出口趋于逆周期（多恩布什与菲舍尔 [1986，462] 也得出了这样的分析结果）。这就意味着，在正常发展阶段，资金流的需求流出美国的速度上升得比流入美国的速度快。因此，净出口需求在经济扩张阶段下降，对整个经济来说似乎是个不利的因素。另外，净出口在经济收缩阶段上升，所以对当时的经济来说又是个刺激因素。

表 16.1 的 B、C 部分也显示了 1949—1970 年间与 1970—1982 年间的一些不同点。在这两个时间段的经济扩张时期，进口上升得比出口快，所以净出口下降。然而，在 50 年代与 60 年代的周期中，美国居民个人可支配收入与消费在经济收缩时期上升缓慢，所以美国的进口也在这段期间的经济收缩期中缓慢上升。由于进口上升和出口下降，净出口在经济收缩期持续下降，它是导致经济轻微衰退的因素。

在 1970 年至 1982 年间，美国恢复了正常的周期性规律，在经济收缩期进口和出口均下降。进口的下降速度是出口的 2 倍，所以净出口在经济收缩期上升了。这一现象可从图 16.1 和图 16.2 了解得更清楚。这些数据证实了已讨论过的图，并增加了一个新的事实。在这个特殊的时代，在经济扩张期的最后一阶段，出口增长得比进口快，因此净出口是个领先指标，在峰值之前走势就转为向上。

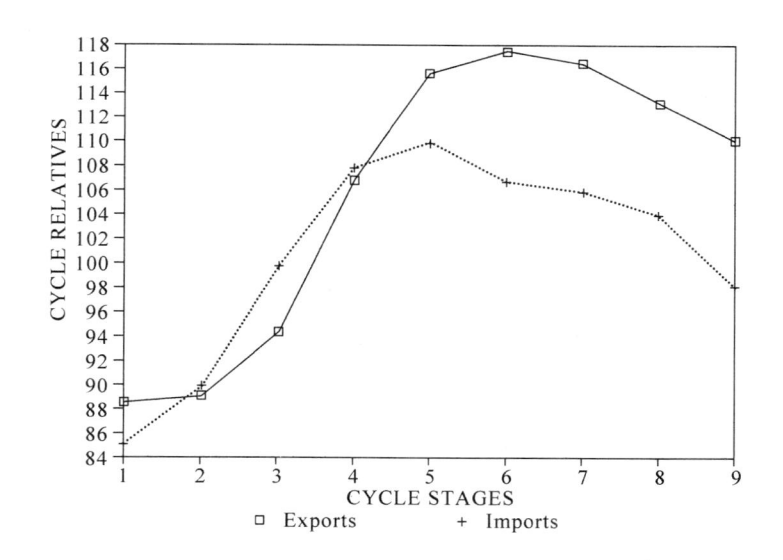

图 16.1 进口与出口：1970 年至 1982 年，经历了 3 个周期的波动
（从 257 页到 258 页，附录 E）

在 70 年代与 80 年代早期，净出口在经济扩张时期的前 3 个阶段是一个不利因素，随后在经济收缩期及峰值之前使需求增加。然而这种现象具有误导性。在这整个时期，美国遭遇贸易赤字，亦称负的净出口。

因此，正确的结论是巨额贸易赤字是个强烈的消极因素，也就是在周期的所有阶段，美国国内需求净减少。这只是在扩张阶段的末尾与收缩阶段的一个小小的消极因素。

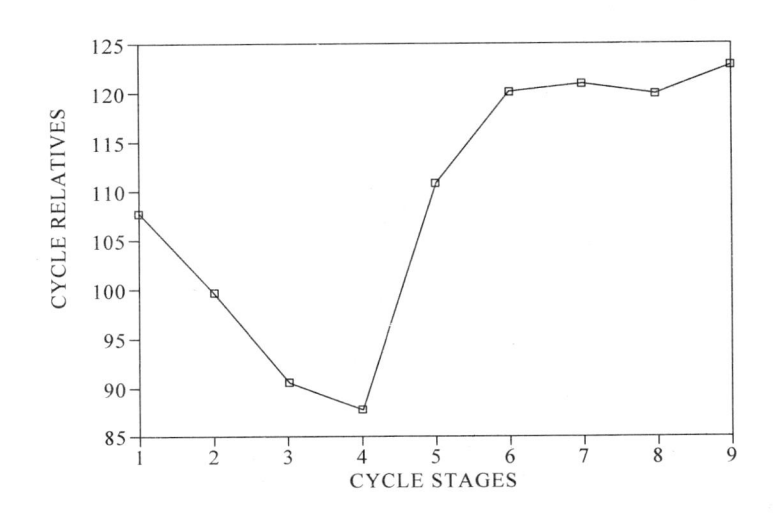

图 16.2　净出口：1970 年至 1982 年，经历了 3 个周期的波动
（258 页和 257 页，附录 E）

国际金融与周期的传播

第三种国际不稳定性与周期的传送带是金融体系（见摩根斯特恩 Morgenstern 的经典研究 ［1959］）。

第二次世界大战后，美国国内由原来的生产和贸易占统治地位转向了金融占统治地位［见麦克道夫（Magdoff）的杰出研究成果（1969，1979）］。这种转变的一个表现就是由美国主导的布雷顿森林体系协议的谈判，这次谈判使美元成为世界货币。美国银行同时也将分行与影响力扩张到全世界。然而在 70 年代和 80 年代，由于美国相对于其他国家生产与贸易的减少，使美国的金融统治地位受到一些影响。这一统治地位受到的影响表现在几个方面，包括其他国家的银行的激烈竞争。

关于目前国际金融一体化程度很高的证据是很清晰的，但对国际金融一体化的影响却有很大的争议。金融一体化的一个重要特点是资本跨国流动。这个研究领域的经济学家们认为国际资本的流动性在增加［见爱泼斯坦 Epstein 和金蒂斯 Gintis（1988）的优秀论文，同时参见泽文 Zevin（1988）写的限制条件］。也有大量的文献认为，假设在封闭的经济中的关于储蓄和投资的理论解释是不实用的。相反，有人认为，所有宏观经济必须在一个国际模式中进行讨论（例如，见多恩布什 1980；亦可见德恩伯格 Dernberg1989）。具体而言，金融全球化意味着商业实力的增强会转移到其他国家，同时政府对国内经济的控制力减弱。例如，密特朗政府企图通过提高购买力来扩张法国的经济，但新增加的开支大部分用于进口，而不是用于对国内产品的购买。

金融一体化的提高也体现在市场中欧洲美元的增加上，电脑的广泛使用促进了信息的流通，股票市场向国外开放，之前提到的国际银行在增加，政府对各种资本流动的管制减少。当然在电子奇迹时代，信息在全球各地迅速传播，但这并没有导致新国际均衡机制的产生，其中所有的资本主义国家和公司都能顺利和灵活地适应世界经济一体化的变化。相反，麦克尤恩（MacEwan）和戈登（Gordon）的研究发现，一个金融系统高度一体化的世界一体化会加剧这样一个经济问题。一个国家不稳定引起的危机会迅速蔓延到所有其他国家。例如，1987 年 10 月的股票市场崩溃，这个消息迅速传播开来，结果，美国、日本和欧洲股市同时下跌（虽然下跌的幅度不同）。这个例子说明，紧密相连的金融一体化并没有导致均衡，而是使不稳定扩散。如德恩伯格（Dernberg, 1989）说的："灵活的汇率和国际资本的高度流动性的组合，造成了宏观经济的冲击会从一个国家传播到另一个国家。"（p. 7）

在 60 年代的中期和末期，由美国主导的旧金融秩序消失后，不稳定的扩散趋势越来越明显，取而代之的是迫切的竞争和大规模的混乱。戈登（1988）指出："在 1971 年布雷顿森林体系崩溃后的灵活汇率的变动，以及 1971 年后的发达国家的周期变得越来越同步，这些都导致了经济活动的波动日益剧烈。当一个国家的经济打个喷嚏，其他国家都会附和。"（p. 11）

除了股市的剧烈震荡和汇率的波动，另一个经济周期不稳定性的扩散机制是通过银行系统。麦克尤恩（1986）评论道："对 20 世纪 30 年代的大萧条的起因分析有很大的分歧，最大的争论在于资本主义世界的金融体系为经济危机的深度和持续时间做出了最大的贡献。当 1931 年奥地利的商业银行倒闭后，国际金融市场通过德国银行的挤兑将影响扩散开，英镑贬值，美元对黄金大量清算，最终导致美国的银行大规模关闭。"（p. 178）

一家银行的倒闭导致其他银行倒闭的现象并不是新出现的，但是，银行分支机构遍布世界，并且信息能瞬间传播，造成的国际影响远远超过过去的水平。

在目前尤其重要的另一个不稳定的传播机制是第三世界对美国及欧洲银行的巨额债务。麦克尤恩（1986）、乔治（George，1988）和波林（Pollin，1989）对第三世界的债务危机及其影响做了仔细的分析。偿还这些债务是不可能的，因为相对于出口收入，债务是如此庞大，特别是巴西、墨西哥和阿根廷，1984年，它们的债务与商品出口的比率分别是45%、69%和141%（麦克尤恩1986，180）。如果这些债务得不到偿还，那么它们就必须记为银行的坏账，使银行的地位明显减弱。普尔（Pool）和斯坦莫斯（Stamos）（1989）就这些问题写了一本出色的著作，并在书中提出了政策建议。

先前对商业周期同步性的实证研究

到目前为止，本章已经提出在资本主义世界，贸易一体化、投资一体化及金融一体化在不断增强。日益一体化的经济使不稳定性能非常迅速地从一个国家传播到另一个国家。结果，我们希望生产周期能同步。此外，处于领先地位的资本主义国家的生产周期密切同步，那么以上所描述的传播机制可能使不稳定性在国与国之间的传播造成的影响变得更大。同步的增加会增长到什么程度呢？

目前有些出色的研究成果是关于不同资本主义国家的商业周期的同步程度的研究［见摩根斯特恩（1959）；明茨（Mintz，1959，1967）；希科曼和斯来歇尔（Hickman and Schleicher，1978）；麦克尤恩（1984）；克莱因和摩尔（Klein and Moore，1985）］。克莱因和摩尔评论道："研究人员在不同程度上发现了发达国家之间的经济同步运动的证据。"（1985，286）值得注意的是在20世纪，随着各国工业化，这些国家就进入了国际商业周期，那些作为工业化国家的殖民地国家也成为国际商业周期的一部分。本书的第三部分详细地探讨了米切尔的研究，即关于当资本主义制度蔓延时如何加强这些国家间的周期同步性,在1929年的大萧条时期各国经济周期几乎同步。

克莱因和摩尔(1985)建立了一个国际综合同步指数,同步指数由7个国家构成(美国、加拿大、英国、联邦德国、法国、意大利和日本)。他们发现,在这7个国家中,许多类似的指标(包括同步的和领先的)都表现得一致。他们发现这些国家的指标显示出清晰的商业周期,有1958年、1961年、1963年、1967年、1971年和1975年的低谷期,虽然在这些年份中,比如1963年和1967年只有经济发展速度的下降,经济没有绝对的下滑。

克莱因和摩尔(1985)发现单独的国家很少偏离国际周期。事实上,他们检测了10个资本主义国家中到底有几个月是与国际周期阶段同步的。他们发现日本与国际商业周期同步程度为86%,加拿大为88%,法国为83%,英国为78%,美国为77%,荷兰为77%,比利时为68%,意大利为66%,瑞典为48%;这几个国家的同步程度平均有75%。

迄今为止,在关于七八十年代比五六十年代增加的周期同步性有多少的研究中,最杰出的是麦克尤恩(1984)。他根据每个国家的工业生产指数和同步中和指数,用3个月移动平均数检验美国、日本、联邦德国、法国、意大利、英国和加拿大的月度数据。他从检验简单的问题开始,即检验这些国家的综合指数有多少是朝相同方向运动的。他发现,在50年代和60年代,美国的商业周期并没有在统计上显著地与其他国家周期同步,除了加拿大,加拿大常随美国经济波动而波动。然而,1970年到1981年6月,他发现除了意大利,其他国家的经济在统计上显著与美国经济同步衰退(麦克尤恩1984,67)。在这个时期,"周期同步日益增加"这一假说得到了确认。也是在70年代和80年代早期,他发现日本、联邦德国、加拿大的商业周期在统计上显著与美国同步处于上升阶段,法国和英国与美国不显著同步,但同样,美国没有与意大利同步。

麦克尤恩用工业生产指数的波动,基于综合指数的回归分析以及基于工业生产指数的回归分析对各国经济进行检验,发现美国、日本与欧洲的同步性在增加,然而在欧洲,同步性在50年代和60年代是最高的,但在70年代却不再增加。他的研究结果表明不断增加的周期同步性与日益经济一体化有关："在欧洲，高度经济一体化与相对较高的同步性有关，美国与日本日益增加的同步性也与他们不断与世界经济一体化有关。"（麦克尤恩1984，75）他提醒道贸易一体化是一体化的很大一部分，但不是一体化中唯一的重要部分。他非常重视国际信贷的扩张和金融资产的运动，以及日益增强的金融一体化。

关于商业周期同步性的数据

表 16.2   各国工业生产的振幅

Country	Average, 4 Cycles, 1949-1970 Expansion	Contraction	Average, 3 Cycles, 1970-1982 Expansion	Contraction
United States (47)	24.5	-8.5	18.9	-11.2
Canada (723)	28.4	-0.9	15.4	-8.7
Japan (728)	63.5	8.0	20.3	-7.7
OECD[a] (721)	31.6	2.0	10.4	-4.5
West Germany (725)	30.1	5.2	9.5	-6.3
United Kingdom (722)	15.3	0.1	6.4	-3.8
Italy (727)	33.5	5.8	15.1	-6.6
France (726)	25.7	6.4	10.9	-3.6

资料来源：同表16.1。

注：括号中的数据是资料来源中的页码。

OECD是经济发展和合作组织，是西欧国家的经济组织。

最简单的比较先进资本主义国家之间同步性的方法是观察美国商业周期的振幅和周期模式及其相关的参考日期。表16.2检验了先进资本主义国家工业生产的周期振幅。

表16.2显示了20世纪五六十年代的温和周期与七八十年代剧烈波动的周期之间的显著差异。在这两个周期中，美国的产出顺周期上升和下降，但平均扩张较小而平均跌幅在后期更大（1970—1982）。加拿大在1970年至1982年这个期间，扩张几乎只有早期的一半，而在同期收缩却超过9倍。其他国家（在日本和西欧）在这2个周期中的差异更明显。在这些国家中，后期的扩张都比早期小。并且所有这些国家在

1949 年至 1970 年这个收缩期有一个持续的增长（虽然速度较慢），但这几个国家的增长速度在 1970 年至 1982 年的收缩期下降了。

产生这种现象的原因并不神秘。在第二次世界大战后，日本和西欧的生产能力很低，并且需要一切物质。因此，在 20 世纪五六十年代，在一定程度上，基于融资的可获得性（很多来源于美国），生产增长迅速。所以，即使在美国的衰退时期，对美国的出口有所下降，这些国家的经济仍在持续增长，虽然以较慢的速度在增长。

在后期，即 20 世纪七八十年代，需求不再快速增加，因此他们更容易受到美国经济衰退的影响。此外，在贸易和相互投资方面，与美国经济的联系越来越紧密。

图 16.3、图 16.4 和图 16.5 比较了 1970 年至 1982 年美国、日本和西欧经合组织成员国的平均周期行为或工业生产。这些行为惊人的相似。在美国的扩张时期，相应地处于 3 个上升阶段，在美国收缩时期的后 3 个阶段，相应的是 3 个下降阶段。唯一不同的是日本和经合组织的工业生产指数比美国的工业生产指数晚一个阶段（大概在 1/4 处）下降——可能是因为它们遭受美国衰退的影响，所以有了一个时间差。无论如何，它们是紧密同步的。值得重申的是麦克尤恩（1984）发现，用计量进行测试得到相同的结果。

结　论

这一章主要阐述了美国的衰退与在全球范围内统治地位的下降。在之后年代的相关国际走势包括国外竞争者比美国有更高的销售额和较快的生产率增长；变为灵活的汇率；美国从净债权国变为净债务国；美国贸易赤字大幅度增加；第三世界对美国银行的庞大债务，其中有很多已发生的或预计发生的违约。这些长期的国际趋势增加了美国经济的脆弱性［进一步的讨论，见麦克尤恩（1990）］。

本章实证分析和描述了 3 个传播不稳定性和周期的主要渠道。首先，最简单的机制是进口和出口的波动。其他国家进口的相对减少（因为它们的收入减少）导致了美国出口品的需求减少。其次，外国人可能增加或减少其在美国的直接投资，这取决于他们的投资资源或投资需求——而美国公司可能在国外获取更多或更少的收益，也可能增加或减

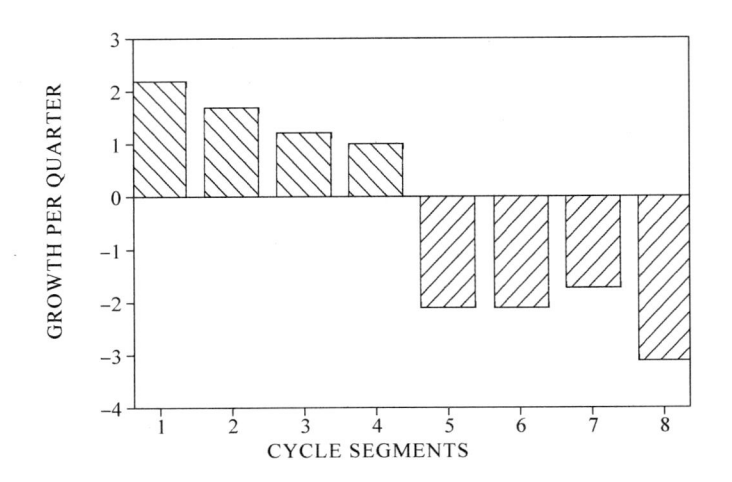

图 16.3 美国工业生产：平均分布在 3 个周期的阶段性增长，1970—1982 年
（从系列 47 开始，附录 H）

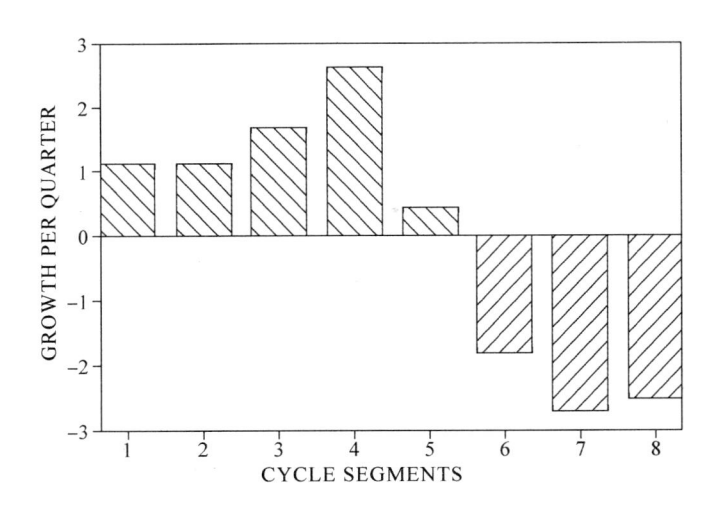

图 16.4 日本工业生产：平均分布在 3 个周期的阶段性增长，1970—1982 年
（从系列 728 开始，附录 H）

少在国外的投资。最后，在金融部门存在一些传播不稳定性的机制——一个股市的崩溃可能导致另一个股市的崩溃；一个银行的倒闭可能引起

另一个银行的倒闭；汇率波动剧烈，可能对贸易产生不利影响和/或一些国家的坏账可能导致其他国家的银行倒闭。重要的是记住这些机制不仅在不同国家的独立公司起作用，而且通过大型跨国公司主宰全球经济（详见第 15 章）。

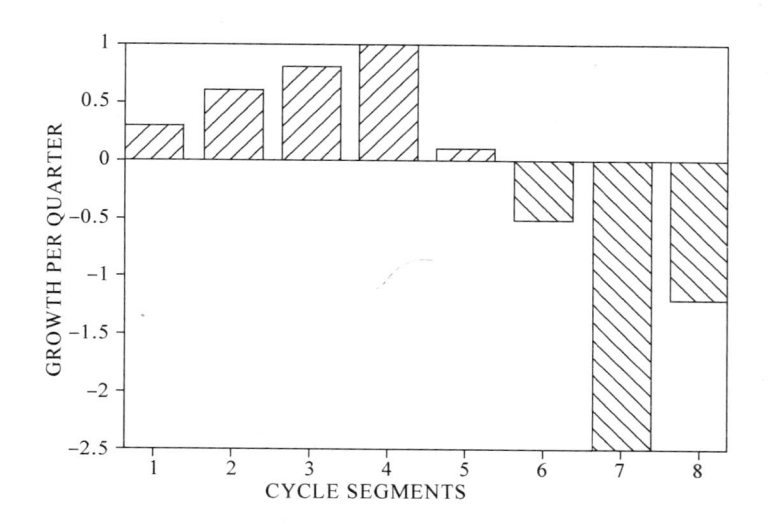

图 16.5　OECD 工业生产：平均分布在 3 个周期的阶段性增长，1970—1982 年
（从系列 721 开始，附录 H）

资本主义经济比之前的时代有更高的整合度，所以这些传播机制能迅速地传播不稳定性。因此，繁荣和衰退时期，资本主义国家比以往更紧密地联系起来。在 20 世纪五六十年代，美国经济仅遭遇较小周期的影响（它是经济的主导力量）。几乎所有的资本主义国家都显示出持续的增长，没有绝对的下降，但在美国衰退时只有缓慢增长。然而，在 20 世纪七八十年代，美国经济遭遇了几次衰退。美国的这几次衰退都引起了西欧和日本经济的同步下降（大部分第三世界国家的经济也下降）——这些衰退使处于收缩期的美国经济更加恶化。因此，上述所有传播国际不稳定性的传播机制开始猛烈地起作用，对之后的时期产生巨大的影响。

当所有这些国家的经济一起下滑，消极影响弥漫，并导致国际经济累积性下降时，它们也试图在国际经济逐渐扩张时期恢复本国的经济。

正如长期趋势的调查和金融传播机制所示，这个时期的金融更具脆弱性和更快的传播速度，所以衰退可能会更加严重，恢复越来越难。无论如何，这个时期紧密的国际经济关系是增加经济不稳定性的一个因素。

国际趋势和同步不稳定性，使任何一个单一政府很难做出有效地回应（这一点将在第 17 章详细讨论）。

附录　关于国际周期的规范模型

目前有很多两个国家间的互动模式，包括收入和价格弹性的影响，这可能与乘数加速数模型有关。这里使用的建模方法是假设美国作为第一经济体，其他先进资本主义国家作为第二经济体。每个经济体都有完整的利润挤压方程（胡桃夹子理论方程），见附录 13.1。由附录 14.1 的金融系统修正，且由附录 15.1 的垄断力量修正。接着我们会观察这两个国家如何通过国际贸易、投资、金融变量相互作用。每一个变量可以是另一个变量的衰退或复苏的催化剂。每一个经济体可能促进另一个经济体累积扩张的进程，也可能促进其累积收缩的进程。

完成模型需要经济不发达的第三世界国家和社会主义国家的不同部分。每个国家拥有的不同的运动规律本书暂不讨论。

第十七章

政府财政行为与商业周期

这一章的主要假设是政府的财政行为是商业周期的内生性变量。这对商业周期有很重要的影响，但在和平年代的周期，政府的财政行为并不是一个非常重要的因素。

政府行为的内生性

政府货币行为的内生性已经在第 14 章讨论过了，这一章重点讨论财政行为的内生性问题（即政府的支出和税收）。这个问题有两个方面：政治方面的问题是什么决定了政府行为；经济方面的问题是每个周期是否都存在一个大致上固定的行为模式。

大部分新古典主义的经济学家没有关于政府行为的理论（除个体投票者的理性选择外），并把这方面的问题留给了政治学家。政治学在很长一段时间的主流理论是多元化理论（这个理论在很多教科书中仍很流行）。多元论者表示美国政府并不是由一个经济阶级主导的，而是由一个多元的权力主导的，它反映了许多不同利益集团的民主，并且其反映的不只是一个集团的利益，而是许多集团的利益。他们称美国的权力结构是非常复杂和多样化的（而不是单一的、一成不变的），这样的政治系统或多或少是民主的……在政治过程中，政治方面的精英是优于而不是从属于经济学方面的精英的［罗斯（Rose）1967，492］。注意到在主张美国是民主的国家这个争论中，多元论者发现有必要强调经济力量。坚持这个主张的理由是经济力量的分布是极端不均匀的。如果政治权利遵循经济实力，这样的不平等程度很难称为民主。

多元论者研究了许多利益集团，其中不仅包括富裕阶层和贫穷阶层、债务人和债权人、工会和大企业,也包括枪支管制的倡导者和全国步枪协会、妇女的人权组织和反妇女人权团体、新教徒、犹太教、天主教,等等。多元论者的观点是所有这些团体都在政治舞台上竞争。民主的过程实际上是各方从这些人中选择能使自己成功的选民做代表,结果是政府妥协并协调所有的利益集团。早期多元论者关于多元论的强有力的批判文章,见林德布洛姆(Lindblom,1977);杰出的马克思主义批判文章,见米利班德(Miliband,1969);作者关于多元论的批判性文章,见谢尔曼(Sherman,1987)。

而新古典经济学家和政治多元论者认为政府的经济行为是经济系统的外生变量,马克思主义者的观点是政府的经济行为是单一的政治经济体系的内生变量。马克思主义关于政治和经济之间的复杂关系的全面讨论,见阿维内里(Avineri,1968)和德雷普(Draper,1977)。马克思主义者强调有两种方式可以决定到底由哪一利益集团决定政府的财政行为。

第一,通过把钱送给候选人的方式将经济实力转化为政治权力,富人拥有和控制(通过广告)媒体,由经济利益集团进行游说,更多的富人参与政治和投票,许多低收入者和失业者缺乏参与权和投票权的动力——事实上,半数的美国人没有参与投票。一些杰出的关于阶级经济权力对政治的影响的实证讨论,见皮文和克洛尔德(Piven and Cloward,1986);伯纳姆(Burnham,1982);格林(Green,1972);斯特恩(Stern,1988)。

第二,即使反对资产阶级的候选人当选,资本主义经济力量结构中的大多数代表仍支持资本主义利益——见证这一点的是1989年投入660亿美元无偿帮助储蓄和贷款机构摆脱困境。现代马克思主义广泛辩论关于政府行为的内部控制的进程和程度,斯齐曼斯基(Szymanski,1978)和卡诺奴瓦(Carnoy,1984);也可见谢尔曼(Sherman,1987);米勒(Miller,1986)清楚地调查了马克思主义者对财政政策的看法。

许多激进的制度主义者已经对政治和经济力量的内生互动关系进行了分析,是由凡勃伦(Thorstein Veblen)发起的。例如,消费不足理论家约翰·霍布森(John Hobson)建议提高工人阶级的收入来增加消费需求,凡勃伦评论道:"预期的行动显示了每一团体的不现实的幻想,正如现代的工业界,公共政策日益以单一目的为指导,即以经济利益集团的简单目的——增加利润收益为指导。"［凡勃伦（1904）1975，13］许多制度主义学者，如加尔布雷思，详细分析了大企业和政府之间的互利关系［见达格 Dugger（1989）对激进制度主义的全面阐述］。还有很多后凯恩斯主义文学作品，其中一些是基于卡莱茨基关于财政和货币政策内生性的开创性工作（见罗斯西斯 Rousseas，1986；亦可见过去十年中《后凯恩斯主义经济学杂志》上提出各种的问题）。

本书并没有详细探讨政府行为的决定因素，而是探讨了一个假设，即政府的行为是内生性决定的。政府的财政行为反映了资产阶级的利益，或多或少与工人阶级的利益产生冲突，政府的财政行为也是对经济周期的某一特定阶段做出的反应。这一章将详细讨论在经济周期中政府财政行为的规律模式，反映这些阶级的利益。

财政行为的局限性

直到20世纪30年代，很少有经济学家（如果有的话）会把和平时期的商业周期归咎于政府的财政行为。事实上，至少到20世纪30年代，财政行为是不可能造成商业周期的，这有两方面的原因。第一，政府总支出只占GNP很小一部分。第二，大部分的财政政策是州和地方政府的支出，均由48个州政府控制，即使在30年代也经常达到支出平衡［米勒 Miller（1982，1986）对这些问题进行了深入的研究］。在1929年（即大萧条前夕），联邦政府的支出仅为GNP的1%。联邦政府支出在30年代只增加了一点点，随后在二战时期大幅增加，并延续至今。

所谓的自动财政政策，主要是20世纪30年代制订的。失业补偿、农业和商业的补贴以及各种社会福利支出开始设立或大幅增加，所有这些项目都会在经济收缩期自动增加，在经济扩张时期自动减少。另外，企业和个人所得税变得重要，所得税在GNP的百分比在经济扩张时期自动增加，在经济收缩时期自动降低。结果，政府赤字（支出减税收）在经济收缩期增加，在经济扩张期减少，正如下面详细讨论的那样。相机抉择的财政政策，自20世纪30年代开始强化这种模式。

本章的假设是即使没有政府的财政政策，资本主义仍有商业周期，正如事实所显示的那样，经济周期在20世纪30年代就已存在，但当时政府的财政行为可以说是微不足道的。自第二次世界大战以来，财政行为是每个和平年代经济收缩期的刺激因素，而在经济扩张时期是抑制或减少刺激的因素——但假设是财政行为，在周期变动中不是决定性因素。

一个与以上完全不同的假说是政治商业周期理论。这种理论认为，政治家操纵选举之前的财政政策刺激经济，并以此来讨好选民，然后在选举后抑制经济来降低通货膨胀。虽然有一些关于这种企图的明显例子，但本章的证据表明，商业周期和财政效果仍是由整个资本主义系统决定的。

这一章的假设也与货币主义者的观点相反。货币主义者的观点是，周期主要是由外部的财政货币冲击引起的。然而本章的假设正好相反，即政府可以通过财政政策（和货币政策）的无偏微调来消除商业周期。这些政策及其他政策将在第18章详细讨论。

财政行为的长期趋势

政府如何采取实际行动？除了在两次世界大战中支出的大波动，政府的总支出（联邦、州和地方）在20世纪持续大幅度上升。政府总支出在1902年占GNP的7.7%，在第一次世界大战前夕的1913年上升到8.1%，然后持续上升，在1940年占GNP的21%［见兰塞姆（Ransom）1980，2］。第二次世界大战后，政府总支出占GNP的百分比从1949—1954年周期的26%上升到1980—1982年周期的37%。这些支出的上升过程经历了共和党政府以及民主党政府。讽刺的是联邦总支出占GNP的百分比涨幅在共和党的里根政府时期是最大的。虽然在1902年政府支出只是一个很小的影响因素，到1982年，政府总支出占GNP的37%，这意味着资本主义的新阶段与政府存在互利关系。财政政策可以而且确实改变了收入分配、资源配置、通货膨胀率和商业周期的过程。大多数人开始对政府支出的增长进行思考，他们认为联邦支出在战时是正确的，否则政府支出就应该要少。但在其他情况下就不太正确。在大萧条前的1929年，联邦支出只占GNP的1%。在二战期间，政府支出（几乎所有的军费）在1944年上升到令人难以置信的高度——42%，并由此造成了充分就业。自那时以来的趋势见表17.1。

表 17.1　　　　　　　政府支出（占 GNP 的百分比）

Cycle	Federal Purchases of Goods and Services	Federal Spending	State and Local Spending	Total Spending
1949—1954	12.1	18.0	7.5	25.5
1954—1958	11.4	18.0	8.6	26.6
1958—1961	11.1	19.1	9.8	28.9
1961—1970	10.6	19.4	11.4	30.8
1970—1975	8.4	20.5	13.7	34.2
1975—1980	7.5	21.8	13.7	35.5
1980—1982	8.2	23.8	13.1	36.9

资料来源：所有数据来源于美国商务部经济分析局，周期指标手册；商业环境摘要补充（华盛顿特区；美国政府出版局，1984 年）。

注：定义与序列号：联邦的商品购买和 GNP 序列是序列#502。州和地方支出是#512。政府总支出是#502 加上#512。GNP 是#50。所有数据均以美元计。

政府总支出在 1949 年至 1982 年出现了大幅度的增长（从占 GNP 的 26% 增长至 37%），但这些增长很多不能归咎于联邦政府。大部分的增加是应归咎于州和地方的，其支出占 GNP 的百分比在这个时期几乎是以往的 2 倍。在这个时期，联邦政府对商品和劳务的购买实际上是下降了的，从占 GNP 的 12.1% 下降到 8.2%。联邦总支出却是上升了，但不是因为商品和劳务的购买增加而上升的。联邦政府的总支出增长是由于转移支付的增长，尤其是社会保障和利息支出的增长。转移支付就是将收入从那些纳税人手中转移给政府所要支付的人。大部分联邦政府债务的利息增长归咎于军费支出，以及支付给富人。联邦政府的利息支出相当于 1980 年的个人所得税的 20%，在 1986 年上升到 38%（哈里森和布卢斯通 Harrison and Bluestone 1988, 152），收入的重新分配主要是收入从纳税人手中转移到富有的债券持有人手上。

税收

个人所得税之所以被认为是进步的，是因为它在较高收入阶层实行较高的税率。企业所得税也被认为是进步的（假设公司支付企业所得税，而不是将这些税转移到消费者身上）。到第二次世界大战结束，最有钱的纳税人阶层的官方税率上升到90%，但由于法律漏洞，有效的税率总是较低。社会保障工资税是一种倒退，因为低收入阶层要支付一个占收入较高比例的税收。州和地方的销售税也是一种倒退（见佩克曼Pechman1985，6—7）。

美国历史上的改革者一直探讨税收制度的收入再分配问题，以减少极端的不平等。但是，正如1985年的情况，如果综合所有的进步和倒退的税收影响，"很显然，税收制度对收入分配的影响非常小"（佩克曼1985，5）。佩克曼的研究是谨慎和详细的，并达到与相关税收影响范围的假设大致相同的结论。

在1966年至1985年的研究中，佩克曼发现公司税和个人所得税（均是累进税）的重要性及累进性的下降。同时，税率递减的工资税变得更加重要。因此，"这些变化的影响是减少税收制度的累进税"（佩克曼1985，8）。更有趣的是，按照消费阶层收入的重要作用，在1966年，由资本产生的税收比由劳动产生的税收多，但到1985年，对劳动的税负大大高于对资本的税负（佩克曼1985，9）。

赤字的增长

20世纪80年代利息支出增加，一部分原因是较高的利率，另一部分原因是国家债务的增加。赤字显示1年的债务增加，盈余显示1年的债务减少。在20世纪五六十年代，有5年出现盈余，但到了七八十年代，美国政府财政每年都是赤字。平均财政赤字增长与GNP的关系。在20世纪50年代，赤字是GNP的0.4%（7个财政赤字年度）；在60年代是GNP的0.8%（8个财政赤字年）；在整个70年代，赤字每年平均是GNP的2%；从1980年到1987年，赤字平均为GNP的4%（经济顾问委员会1988）。

军费支出

很多赤字的产生是由于军费支出的增加。在里根政府期间，所有的军费支出超过了10000亿美元。美国国防部是世界上除了苏联以外最大的计划经济体，它的花费超过了所有美国公司的净收入，但军费的支出远远超过了国防部的支出。赛弗（Cypher，1972）对军费支出进行了详细的研究，他定义的军费支出包括所有"国际事务"支出的50%，退伍军人福利，原子能和太空拨款（主要与军事有关的），公共债务利息的75%（因为至少75%的债务是用于支付战争所需），还有其他不可能得到真实数据的军事支出主要是用于研究和开发的预算支出、美国中央情报局和其他情报机构的支出，当然还用于死亡、伤残和防止美国年轻人的疏离感。

衡量美国军费支出最重要的方法是估计其与GNP的百分比。1947年至1971年间，这个数据不断变化，根据赛弗的估计，在1952年的朝鲜战争中，军费支出从1948年占GNP的10.1%上升到21.9%。在整个1947年至1971年期间，根据这一估计，直接军费支出平均是GNP的13.2%。然而，直接军费支出的数额仍低估了军事产业的影响。经济学家用政府乘数来衡量军事支出的二次效应，衡量了所有支出的增加与政府每增加1美元支出的比率。用乘数估计军费支出，所有花费在军事上的每1美元产生1.85美元至3.5美元的效应（见赛弗（1974）；也可见格里芬、华莱士和迪瓦恩（Griffin, Wallace and Devine, 1982））。如果我们做一个保守的估计，即间接效应等于直接效应，那么占GNP13.2%的直接军费支出可能就会变为GNP的26.4%。

高额的军费支出会产生高额的商业利益，事实上也对财政政策产生了影响。这一影响是基于军事产品的高收益率以及这些利润大部分进入一些大型公司。大部分军事合约进入世界500强中的205家公司，而它们之中只有100家能拿到所有军事合约的85%。

军事利益绝大多数被轻描淡写，因为军工厂将财务数据报告给政府的时候都会夸大成本。这些军工厂并不是在一个竞争环境下，而是在一个五角大楼的密切关系网中经营，它们可能比大部分公司更夸大成本。不过，美国政府的总审计局（GAO）清楚地说明了它们的高收益率（见赛弗1972，第五章）。首先，总审计局用问卷调查的方式询问81个庞大的军事承包商在1966年至1969年间的收益率。在这些回答中，出于自身利益的考虑，军事承包商只承认了平均利润率为24.8%，这个数据远高于同行业的非军事利润企业。但总审计局的抽查表明，这些收益率仍然少报很多，因此总审计局对146家主要军事承包商自身的审计进行研究。研究发现，这些承包商的资本回报率达到惊人的56.1%。

军事支出的周期性影响存在着争议。汤姆·里德尔（Tom Riddell，1988）认为，当利润率下降时，军事支出可用于提高利润率，而另一些人认为军事支出一直受军事工业复杂性的推动（见梅尔曼 Melman，1988）。这些问题都可以通过观察政府支出的实际模式得到解答。

战争时期与和平时期的商业周期支出模式

在内战和和平年代的周期中，联邦政府的支出模式有巨大的差异。朝鲜战争主导了1949—1954年的周期，而越南战争则主导了1961—1970年的周期。在这两个战争主导的周期中，军事装备的生产指数在扩张时期每季度上升1.1%，在收缩时期每季度下降5.8%（美国商务部经济分析局，1984年，序列#557）。由于军事支出占联邦商品和服务购买的很大一部分，军事生产的巨大起伏造成了联邦政府购买相似的波动。因此，在战争主导的周期中，联邦政府实际的商品和服务的购买在经济扩张阶段每季度上升3.1%，在收缩阶段每季度下降5%（美国商务部经济分析局1984，序列#253）。因此看来，在这两个周期中，军费支出的增长是引起经济扩张的主要原因，战后军费支出的减少是引起经济收缩的主要原因。

我们将目光从两个战争周期转到5个和平年代的周期（1954—1958年，1958—1961年，1970—1975年，1975—1980年和1980—1982年），军费支出的作用并不是那么重要。此外，军费支出的作用从顺周期转变为逆周期。在和平时期的经济扩张阶段，军费生产每季度仅增长0.3%，政府所有的商品与劳务的购买每季度仅增加0.1%。在和平年代的经济收缩期，军事生产每季度增长0.5%，而所有商品和服务的联邦购买每季度上升了0.7%。可以看到，在和平时期的军事支出和其他联邦购买被用于刺激衰退的经济，但在扩张阶段却被压缩。但是，军费支出投入数10亿美元研究炸弹、毒气和其他大规模杀伤性武器。因此，无论是道德上还是经济合理性上，在衰退中要支撑起经济，需要浪费很多军费支出。

表 17.2　　　联邦政府支出（每季度的增长率，单位：美元）

Cycle	Expansion		Contraction	
	Rate	Politics	Rate	Politics
PART A. Two War Cycles				
1949—1954	4.0	Truman，Korea	-4.1	Eisenhower
1961—1970	1.1	Johnson，Vietnam	0.9	Nixon
Average	2.6		-1.6	
PART B. Five Peacetime Cycles				
1954—1958	0.3	Eisenhower	3.2	Eisenhower
1958—1961	0.1	Eisenhower	1.9	Kennedy
1970—1975	0.4	Nixon	2.9	Ford
1975—1980	0.9	Carter	3.0	Carter
1980—1982	0.8	Reagan	2.1	Reagan
Average	0.5		2.6	

资料来源：序列3502，与表17.1资料来源相同。

联邦总支出

商品和服务只是联邦政府支出的一部分。现在我们来看联邦总支出，其中不仅包括商品和劳务，也包括各种转移支付。我们会检验每一个战争周期和和平时期周期的每一个数据。表17.2显示了美国周期在扩张和收缩阶段中支出的增长速度。

毫不奇怪，在战争周期的经济扩张阶段，由于军费支出的大幅增加，联邦政府的支出每季度增加2.6%，但在和平周期的经济扩张阶段每季度仅增加0.5%。战争周期中的两个收缩期，支出每季度平均下降1.6%。相反，在5个和平周期中的经济收缩阶段，政府支出每季度平均增加2.6%。因此，政府支出在收缩期的作用是在战争周期是顺周期的，在和平周期是逆周期的。

令人惊讶的是没有证据显示在共和党或是民主党执政时，政府支出对哪一党派具有重要影响，也没有证据显示在经济收缩期，共和党的支出比民主党的支出少。在5个和平周期中的每个阶段，不管谁执政，该模式都是相同的。在经济扩张时期，联邦政府的支出缓慢增长，在经济收缩阶段支出迅速增加。在图 17.1 中，这一模式用图形的方式显示了最近 3 个周期（1970 年至 1982 年）政府支出的变化。

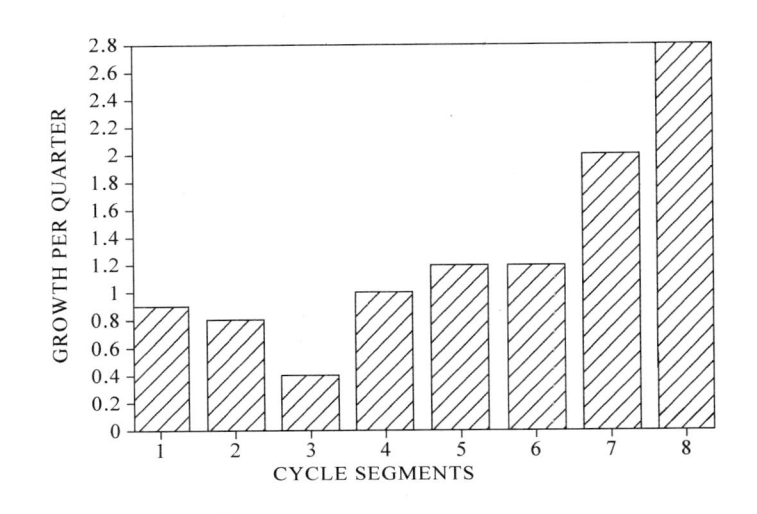

图 17.1　联邦支出：1970—1982 年 3 个周期中每阶段的增长
（序列 502，附录 H）

为什么联邦政府支出在经济扩张阶段上升缓慢，在收缩阶段迅速上升？在经济扩张阶段，政府支出的缓慢增长反映了军费支出和商品、劳务、企业补贴、福利和债务利息的长期增长。在经济收缩期支出的快速增加主要不是因为酌情政策的实施，而是根据现行经济规律自发产生的。一部分支出在每个衰退期或萧条期自动增加，如农业补贴、失业补贴和企业补贴。这些行为的结果之一是个人收入的下降速度比 GNP 慢得多，从而支撑更多的消费支出。

联邦收入与赤字

除了支出，政府的财政作用取决于收入（主要是税收）。表 17.3 列出了联邦政府的收入以及由于每个周期每季度支出的周期性增长造成的赤字。

收入在战争时期和和平时期的行为一样。它在每个经济扩张阶段上升，在每个经济收缩阶段下降，主要反映的是企业和个人收入的增加和下降。这种关系的影响作用远超过根据战争与和平的不同时期政府部门实施的酌情政策产生的作用。表 17.2 显示了后 3 个周期联邦政府收入的顺周期行为。

与主流观点相反，无论哪一党派执政，联邦赤字的行为也与和平周期相同。因此，赤字在每个和平周期的收缩阶段都上升（或盈余减少）——如艾森豪威尔、肯尼迪、福特、卡特和里根政府时期。赤字在每个和平周期的经济扩张阶段均下降，如艾森豪威尔、尼克松、卡特和里根政府。在越南战争期间的周期模式与 1961—1970 年周期的赤字情况相同（此期间为约翰逊和尼克松政府）。只有在杜鲁门和艾森豪威尔执政期间的 1949—1954 年的朝鲜战争时期的周期中，军费支出迅速上升和下降，颠覆了正常的模式。图 17.3 显示了联邦政府在最近 3 个周期的赤字，揭示了和平时期周期的赤字明显的逆周期模式。因此，我们可以假设一个标准化的周期——联邦赤字是逆周期的，也就是说，赤字在经济扩张时期下降，在收缩期上升。这一重要事实的含义将在后面章节讨论，在我们已经研究过州和地方财政行为和政府总财政行为后讨论。

表 17.3　联邦政府的收入和赤字（每季度的增长率，单位：美元）

Cycle	Expansion			Contraction		
	Receipts	Deficit	Politics	Receipts	Deficit	Politics
PART A. Two War Cycles						
1949–1954	0.6	3.4	Truman, Korea	−4.2	0.0	Eisenhower
1961–1970	1.3	−0.2	Johnson, Vietnam	−2.5	3.7	Nixon
Average	1.0	1.6		−3.4	1.9	
PART B. Five Peacetime Cycles						
1954–1958	1.3	−1.0	Eisenhower	−3.2	6.3	Eisenhower
1958–1961	2.4	−2.3	Eisenhower	−0.8	2.7	Kennedy
1970–1975	1.4	−1.0	Nixon	−1.0	3.9	Ford
1975–1980	1.2	−0.3	Carter	−0.9	4.2	Carter
1980–1982	1.7	−0.9	Reagan	−2.0	4.0	Reagan
Average	1.6	−1.1		−1.6	4.2	

资料来源：同表 17.1。

注：定义：收入是序列#501。赤字是支出（#502）减收入（#501）。

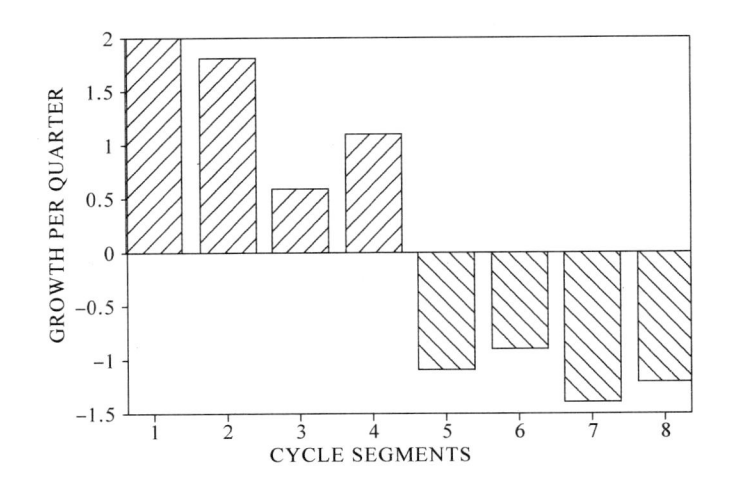

图 17.2 联邦收入：最近 3 个周期（1970—1982 年）的每阶段的增长（序列 501，附录 H）

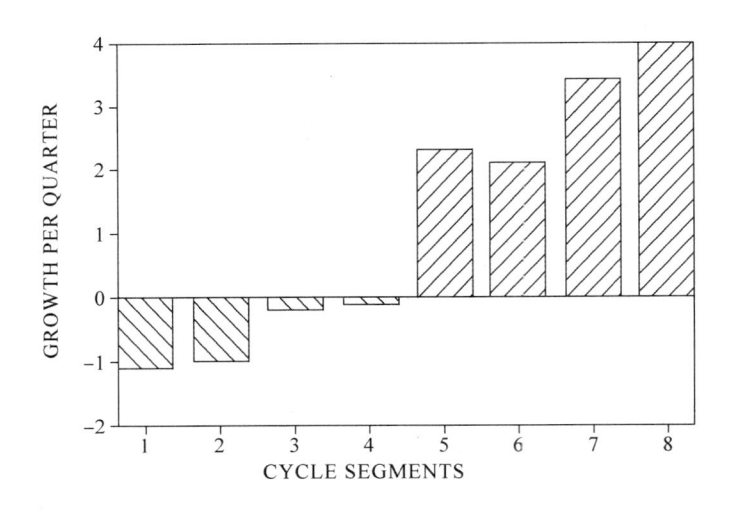

图 17.3 联邦赤字：最近 3 个周期（1970—1982 年）的每阶段的增长（序列 502—501，附录 H）

表 17.4　　　　　州和地方的支出、收入和赤字
（每季度的增长率，不变美元价格）

Cycle	Expenditures	Revenues	Deficits
PART A. Expansions			
1949—1954	1.2	1.1	0.1
1954—1958	1.5	1.5	0.0
1958—1961	1.0	1.7	-0.7
1961—1970	1.6	1.7	-0.1
1970—1975	1.0	1.4	-0.4
1975—1980	0.4	0.8	-0.4
1980—1982	-0.7	-0.2	-0.5
Average	0.9	1.1	-0.3
PART B. Contractions			
1949—1954	2.4	0.9	1.5
1954—1958	2.7	1.9	0.6
1958—1961	2.4	1.9	0.5
1961—1970	2.8	1.8	1.0
1970—1975	1.0	-0.1	1.4
1975—1980	-0.2	-0.1	-0.1
1980—1982	0.2	0.0	0.2
Average	1.6	0.9	0.7

资料来源：同表 17.1。

注：定义：收入是序列#511，支出是序列#512 赤字是支出减收入。

周期中的州和地方财政行为

表 17.4 显示了州和地方的支出、收入和赤字的周期循环行为。该表不分战时与和平时期，因为在这两种周期中，它们的周期性行为没有明显的变化。

州和地方财政收入（主要是销售税及财产税）在 20 世纪 50 年代和 60 年代的经济扩张阶段和收缩阶段增长迅速。收入在 70 年代和 80 年代的增长比在经济扩张阶段慢得多。在前两个周期的经济扩张阶段，支出的增长速度与税收的相同，因此财政预算是平衡的。之后，在经济扩张

阶段支出的增长速度慢于税收的增长速度（或在1980—1981年的轻微扩张阶段下降得更快），因此赤字在经济扩张阶段下降。在每个经济收缩阶段（除了第一个）支出的增长速度比收入的增长速度快得多，因为需要帮助在经济收缩期受到冲击的产业。因此，在每个收缩期（除了第一个）赤字上升是逆周期的。唯一的例外是1980年经济收缩期的危机局势，当收入下降，迫使州和地方政府不得不减少支出，这一行为加剧了收入的下降。

最近3个周期的行为见图17.4、图17.5和图17.6，可以看出，州和地方1970—1982年时期的财政行为基本上是逆周期的，这一模式与联邦政府行为相似。支出在经济收缩期比扩张期上升得更快。收入在经济扩张期上升更快，在危机阶段下降，在萧条期有微小的上升。结果见图17.6，州和地方赤字在这个时期的整个经济扩张期下降，在整个收缩期上升。因此，它确实有助于提高联邦政府逆周期行为的效果。

总体政府财政活动的周期性行为

政府的所有行为包括联邦的、州的和地方的行为。1970年至1982年的3个经济周期，表17.5和图17.4、图17.5和图17.6揭示了政府总支出、收入和赤字的周期性行为（如前两节，用不变美元表示）。表17.5也显示了联邦、州和地方行为的统计分析。

在1970—1982年期间，图17.7显示了政府的实际总支出在经济恢复阶段适度增长，然后在繁荣期缓慢上升，在危机阶段又开始加速上升，在萧条期上升得更快。因此，政府的实际总支出在收缩期比扩张期上升得更快。

相反，图17.8显示政府的实际总收入在经济恢复期上升得更迅速，然后在繁荣期上升速度变慢。收入在危机阶段和萧条期下降，因此收入是顺周期的。收入遵循实际国民收入的模式，但上升和下降得更快，主要是因为所得税在高收入阶层的税率更高。

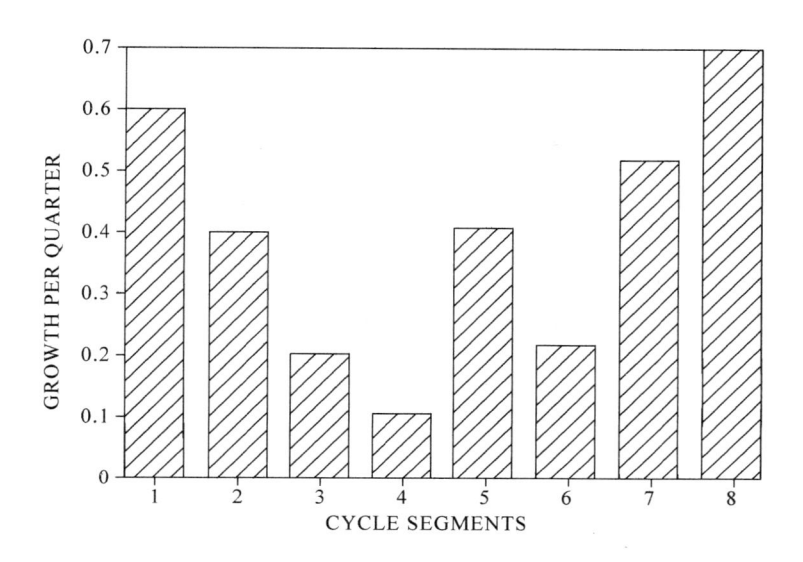

图 17.4　州和地方支出：1970—1982 年 3 个周期的每阶段的增长
（序列 512，附录 H）

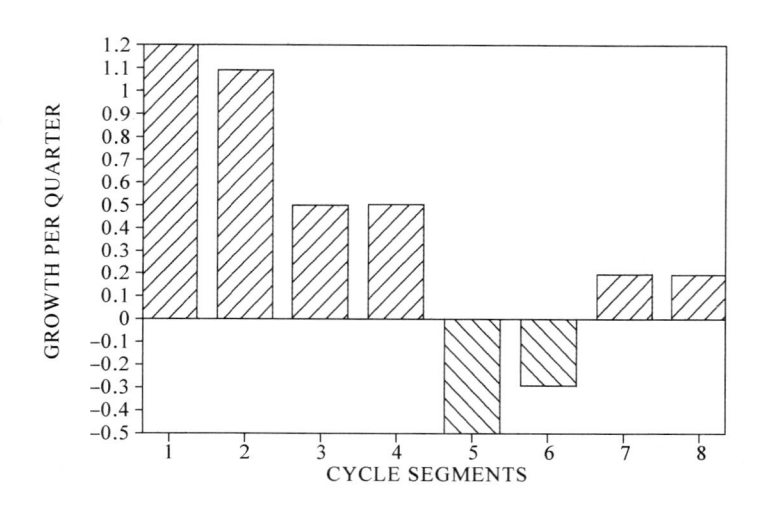

图 17.5　州和地方收入：1970—1982 年 3 个周期的每阶段的增长
（序列 511，附录 H）

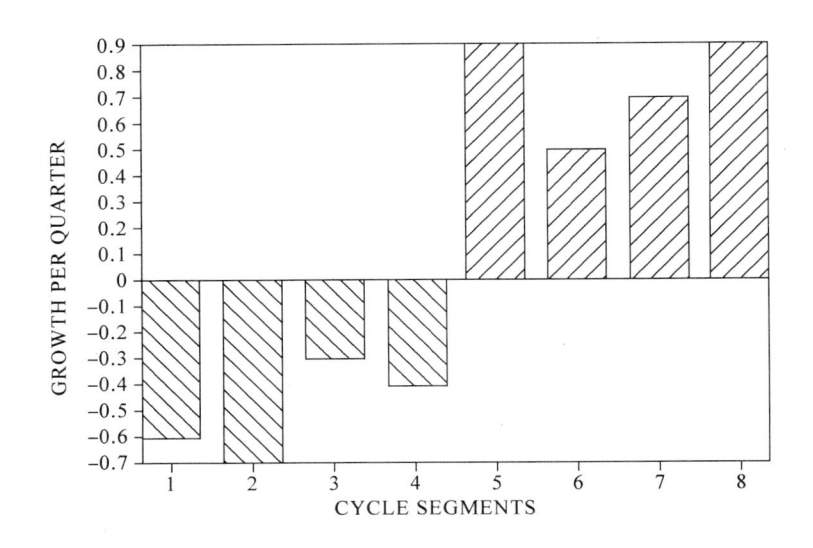

图17.6 州和地方赤字：1970—1982年3个周期的每阶段的增长
（序列512—511，附录H）

作为支出和税收模式的结果，政府的实际总赤字在复苏阶段以一个相当快的速度下降（当收入上升得比支出快），如图17.9所示。在繁荣期，收入仅比支出增长得稍快。政府总赤字也仅仅有轻微的下降。在危机阶段，政府总赤字迅速上升（因为支出上升而税收实质下降）。在衰退阶段，政府总赤字上升得更迅速（因为支出急剧上升，而收入仍在下降）。因此，政府总赤字在经济扩张阶段下降，在收缩阶段上升，这是一个重要的逆周期因素。如前所述，这种模式受执政党财政思想的影响而造成的变化微乎其微。

关于财政数据的矛盾解释

在和平时期的周期，政府总赤字——联邦的、州的和地方的财政决定的累积结果，在经济扩张期下降，在经济收缩期上升。由于高赤字刺激经济（如果凯恩斯是正确的），这意味政府在经济收缩期倾向于刺激经济，在扩张期减少对经济的刺激。

自由凯恩斯主义者会赞成赤字的这种逆周期行为。凯恩斯主义认为，在经济收缩期赤字会趋于上升，在其他条件相同的条件下，会减少失业和鼓励经济恢复。赤字在经济扩张期趋于下降以防止经济过热和通货膨胀。

另外，货币主义者会指出，赤字在经济收缩阶段上升会导致更高的利率。这种说法是货币主义者的"人满为患"的说法，对贷款的需求会推高所有贷给借款者的利率（这一观点在第 18 章讨论）。货币主义者还谴责了在当前周期的扩张期，赤字支出仍在持续增加的行为（虽然以递减的速度在增加）。对货币主义者而言，赤字支出在整个周期中存在意味着政府不断将货币注入经济中。在他们看来，这一行为在长期是导致经济通货膨胀的主要原因（这一观点也在第 18 章讨论）。

具有较强的消费不足观点的人应该称赞政府自 1970 年以来的持续赤字支出，因为赤字有助于改善需求不足。消费不足观点的人也赞同赤字应在所有经济收缩期增加，能帮助经济恢复。然而，消费不足主义者认为赤字应该更大，因为在这个年代美国经济仍远低于充分就业状态。支持消费不足观点的理论指出，里根政府自 1982 年来的创纪录的赤字以及始于 1983 年持续了很久的经济扩张期。

表 17.5　财政行为的周期模式（平均而言，3 个周期，1970—1982，每季度的增长率，不变美元价格）

	Expansion	Contraction
Expenditures		
Federal (502)	0.8	1.8
State and local (512)	0.3	0.5
Total government (502 + 512)	0.6	1.1
Receipts		
Federal (501)	1.4	-1.2
State and local (511)	0.6	-0.1
Total government (501 + 511)	1.2	-0.7
Deficits[a]		
Federal	-0.6	3.0
State and local	-0.4	0.5
Total government	-0.5	1.8

资料来源：同表 17.1。

[a] 支出减收入

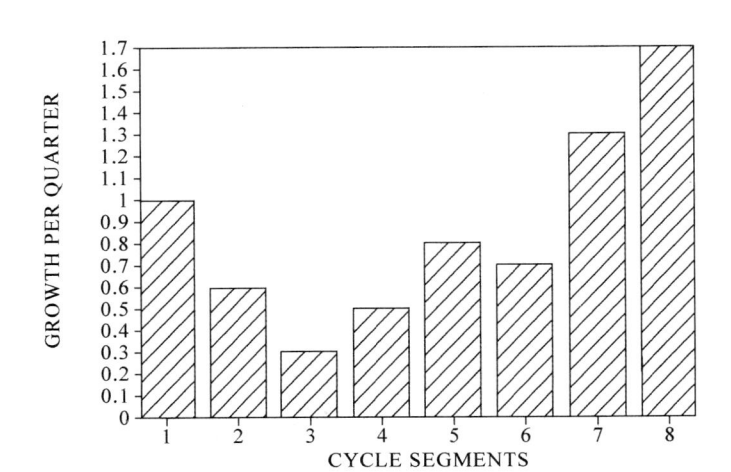

图 17.7 政府总支出：1970—1982 年 3 个周期的每阶段的增长
（序列 512＋502，附录 H）

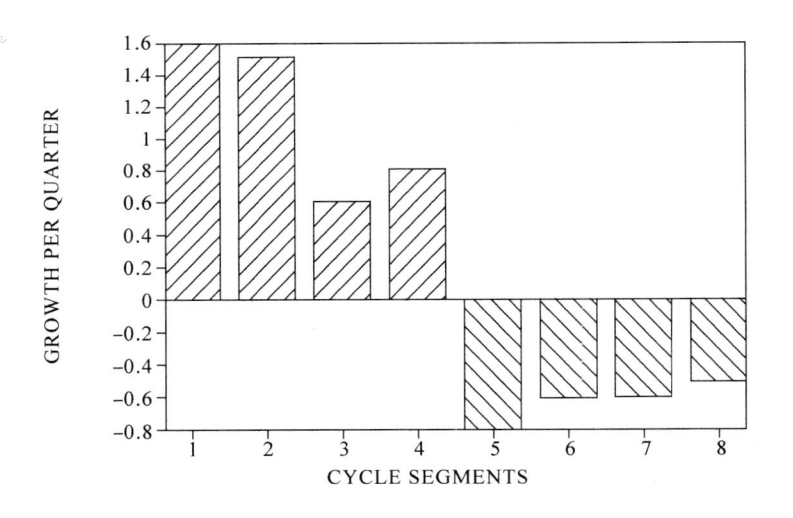

图 17.8 政府总收入：1970—1982 年 3 个周期的每阶段的增长
（序列 511＋501，附录 H）

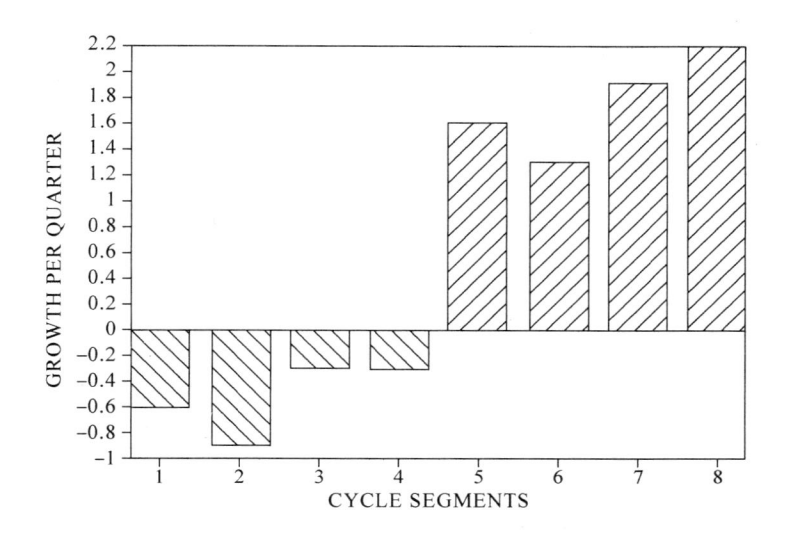

图 17.9　政府总赤字：1970—1982 年 3 个周期的每阶段的增长
（序列 [512＋502] － [511＋501]，附录 H）

一些新古典经济学家认为，由于在每个经济扩张期政府并没有将赤字减少为零，造成了经济周期的衰退。他们认为，持续的赤字导致通货膨胀，通货膨胀导致工资上升得比收益更快，然后导致产出减少和衰退。一些马克思主义者同意高工资引起的经济问题，但相信政府会试图用抑制性的财政政策防止经济在高峰期前达到充分就业，这也会引起衰退。他们指出大多数的衰退是由政府盈余的增加或至少是政府赤字的减少引起的。

结　论

为解释这些问题，我们回到最明确确定的事实。在战争占主导地位的周期，显而易见，政府有着巨大的作用。在二战、朝鲜战争和越南战争期间的经济扩张阶段，政府的军费支出是最大的并且是上升最迅速的因素。每次战后，军费支出的减少都或多或少导致经济的衰退。

但是，在和平期的周期中，政府的作用有很大的不同。在经济恢复阶段，个体经济蓬勃发展（产出和利润迅速增加），政府赤字迅速下降。这一行动（主要是现行经济规律下的自发行为）剔除了不必要的发展因子，并能降低通货膨胀的压力。

然而，在繁荣阶段，当个体经济减缓其增长的速度，赤字支出的进一步下降剔除了支撑经济扩张的因子，因此它有助于经济进入收缩阶段。由于一些赤字支出仍在继续，我们不能说政府的财政行为导致经济衰退，但赤字的轻微下降确实加剧了需求增长率的下滑。在繁荣期，赤字的下降是目前财政结构固有的，这种结构的设计代表了经济利益（未推动经济一直发展到充分就业状态，从经济学角度看，这将引起工资上升过快）。因此，政府的财政政策扮演一个重要角色，政府对经济刺激的减少是导致衰退的一个因素。而经济衰退是由个体经济引起的，因为即使政府仍在刺激经济（尽管刺激力度越来越低），个体经济部门的发展速度还是下降了。

在整个经济收缩期，包括危机和萧条阶段，政府赤字相对增长较快。因此，目前的财政结构在收缩期是逆周期的，并且是一个引起经济进入恢复阶段的内生性因素。它为个体经济的周期性趋势提供了一个重要的支撑（受经济利益影响再次明显地朝有经济利益的方向发展）。因此，本章的两个主要假设，即财政行为的内生性以及其局限性，在和平时期的周期中有着重要的作用，并由当前历史性时期的证据证实。

还值得强调的是，早在美国的历史上，早在财政政策实施前，个体经济就已经在经济扩张期上升，在收缩期下降，这一行为足以影响经济，导致经济的好转与衰退。在20世纪30年代之前的许多周期中，政府在和平时期的支出和税收的作用并不重要。

附录　正式周期模型中的政府

在商业周期模型中，政府支出是需求的一个重要组成部分，它通过允许销售来提高利润。政府税收减少了需求，从而减少利润收入。政府的财政政策会影响消费功能以及投资功能，也对取决于支出和税收模式的功能产生相关影响。

鉴于其相当规律的周期性行为，描述政府财政行为的最简单方式是失业。赤字是导致失业的积极因素，它随着失业上升而上升，随着失业下降而下降。如果这两个因素在研究赤字时是分开的，那么这两个变量都是必须的。可以说政府的财政收入是失业的消极影响，它随着失业的下降而上升,反之亦然。政府支出可以看作是失业的积极影响,其增长速度随失业上升而上升,随失业下降而下降。这些函数反映了商业周期中政府财政行为的内生性。用胡桃夹子理论对这些方程进行修改,但不会改变基本假设,即其周期是内生的。

第四部分

政　策

第十八章

改革政策能减轻资本主义商业周期吗

财政政策、货币政策及收入政策

本书前几部分的分析得出了一些结论，这对政策的制订是很重要的。

（1）萨伊定律是不正确的。
（2）商业周期主要是内生的。
（3）有效需求是决定周期的一个非常重要的因素。
（4）收入分配是决定消费者需求的一个重要因素。
（5）供给成本也是决定利润的一个重要因素。

分析性结论所得到的启示

鉴于以上结论，有些政策观点必须予以驳回。首先是供给侧主张——应该通过减少富裕资本家的税收来增加投资。这种观点是不正确的，因为储蓄越多并不一定意味着投资越多（凯恩斯证实了这一点）。其次，有这样一种观点：降低工资可以解决失业问题，因为较低的工资将鼓励投资。此观点也是错误的，因为消费需求是决定投资的一个重要因素，低工资意味着低消费需求。最后，还有这样一种观点：较高的工资将增加消费需求，从而减少失业。这也是不正确的，因为成本是决定投资的重要因素（通过利润），工资是成本中最大的一部分。

基于这些分析性结论，本章余下的部分将探讨其他建议，这些建议通常是为财政政策、货币政策及收入政策所提供的。

新古典—凯恩斯主义财政政策

20世纪五六十年代，大多数美国经济学家和政治家在以需求为导向的财政政策上达成了压倒性共识，这些人通常被称为"自由派"或"凯恩斯主义者"。在教科书的描述里，该学派依赖于两项简单的政府政策来微调经济，防止通货膨胀和商业周期的收缩。第一种情况：如有失业（无通货膨胀），增加政府支出，减少政府税收，通过赤字支出来刺激需求。第二种情况：如遇通货膨胀（无失业），减少政府支出，增加税收，通过盈余来吸收过量需求。

在现代的美国，这些政策叫自由主义政策。为了预防失业和通货膨胀所带来的弊端，这些政策将增加政府活动。但是，如果这些政策将减少政府的逆周期活动，而依靠私营资本系统来自动更正任何问题的话，这些政策就被认为是保守主义的。

这些政策通常也叫凯恩斯主义政策，不过萨缪尔森将其重新命名为新古典—凯恩斯主义，因为在要求政府增加活动来预防失业和通货膨胀方面，这些政策是凯恩斯主义的，但是一旦充分就业得以恢复，人们就认为私营企业经济在按最佳方式运行，此时，这些政策是新古典主义的。由于坚持认为"只有工资—价格刚性或竞争过程的不完美性能够阻止充分就业的调整"这一观点，因此这种分析也属于新古典主义。由于这些分析和政策与罗宾逊夫人所认为的凯恩斯自己的观点相去甚远，罗宾逊（1979）称其为"伪凯恩斯主义"分析和政策。

不管能否被称为新古典—凯恩斯主义，这种观点坚决认为财政政策可以微调经济以消除商业周期。20世纪60年代，许多著名经济学家曾指出，商业周期已经消失。莫迪利亚尼（1977）指出，主流观点是"通过采用适当的货币政策和财政政策，那些使用无形资金的私营企业经济需要稳定，可以稳定，应该得以稳定下来"（p. 27）。萨缪尔森说，在"索洛、托宾及我自己的著作中，注意力都集中在管制经济方面，即通过熟练运用财政政策和货币政策，将凯恩斯的有效需求力引入新古典模型行为当中"（引自莱卡赫曼 Lekachman1960，30）。

这种新古典—凯恩斯主义综合的财政政策存在3大局限：①行政管理不足；②基于阶级利益的政治制约；③经济目标内部存在冲突。

行政制约下的财政政策

事实上,管理这些自由政策并非易事(正如保守主义者经常注意到的),因为它要求在一个混乱而又无计划的资本主义经济体制内有精准而又及时的政府计划。第一种行政延误是信息搜集问题。在现有数据可以揭示失业率和通货膨胀变化之前,总会延误一段时间。第二种行政延误是对数据进行分析。一些政府经济学家必须确定的是在采取措施前,失业率或通货膨胀率上升,或二者同时上升的情况就已存在。第三种行政延误是在决定该怎么办时。经济学家必须估算出要增减多少支出,多少税收,或同时增减多少开支与税收才能满足目标。这不仅费时,同时也非常棘手。没有两个经济学家能在数额上达成一致,政府估算也并不总是准确(结论是过去的证据是压倒性的)。如要用于购买设备或建设性支出,工程师也必须制订计划。

在国会漫长的审议(也就是在多少有点礼貌的辩论中引发的阶级冲突)和立法过程中,必然出现第四种行政延误。计划实施前,又势必会出现第五种行政延误。计划造一艘新战舰并不会马上就投入流通货币,而是要花很多年。"立即"减税也需要时间,这样才能得到消费者或投资者所花的估计数额。

由于这五项延误(信息搜集、分析、计划、立法、执行),再加上制定计划时可能出现的严重过失,结果很少会与计划一致。事实上,旨在终止衰退的新开支实际上却有助于过度刺激扩张,这种事情时有发生。同样,通过减税来刺激经济最终却可能会增加通货膨胀。

政治制约下的财政政策

政治制约下的财政政策在预算过程中所面临的问题比行政制约更棘手。正如第 17 章中所谈到的,资产阶级的利益在预算过程中占主导地位。它们的利益经常与自由派经济学家假定的理想目标相冲突。例如,充分就业——被定义为无人失业状况——将给劳动者提供更大的权力来提高工资。因此,这绝不是美国财政政策的真正目标(尽管自由派已经迫使国会接受了一些可行的观点,但却无执行程序)。在实践中,美国政府经常采纳保守派的意见，诸如6%或7%的失业率是"自然的"（当然，如果失业是"自然的"，那是好事）。

增加或减少政府支出会损害部分团体的利益，但同时也会有益于其他团体。同理，增税或减税会伤害部分团体的利益，同时也会有益于其他团体。没有阶级中性的财政政策——正如不存在用标记为"政府浪费"的按钮来推动无痛削减一样。问题总是这样，钱为谁花、税为谁减？自由财政政策的最大弱点就是忽视了这一问题。

直接受影响的不仅是收入分配问题，还有资源分配问题。财政政策决定着私人资源（如卡迪拉克Cadillacs）与公共资源（如公共交通）的使用，决定着花在医院或学校、炸弹或战舰上的开支。同样，这一切都并非阶级中性，但对收入分配影响甚大。

假设有这样的奇迹，大多数人都同意将一定数额的政府支出花在应对失业问题上，但首要的政治问题却是花在什么上，因为此处既得利益者在发挥作用。举例来说，有时即使是小规模却又重要的免费医疗保健支出，也会过不了美国医学协会这一关。一旦超越经济增长所必须的最低收益，强大的既得利益者几乎会反对任何一个民用预算项目。究竟该击败什么样的利益者才能拥有必要的支出来填补经济收缩时期的巨大需求不足呢？例如，田纳西流域管理局的建设性项目可以建水坝，用来灌溉，还可以得到便宜的能源。然而，由于可能会降低利润率，私人力量利益者经过拼命努力才争取到。本来可能有大批公共房屋，但私人承包商长期将这种规划控制在最低限度。

可能还会有其他建设性支出，如医院和学校。然而，富人们却认为这些开支是对穷人的补贴，有钱人可以自己掏腰包去买这些东西。建议增加失业补偿或给穷人减税的做法遇到更大的阻力，因为这样做可能会把富人的钱转移到穷人那里。同样，可以将数十亿的钱有效地援助或借给欠发达国家，在那里贫困和痛苦随处可见。不过，这种提案只有在由数百名国会议员组成的机构里大范围通过才行，这些议员代表的是利己者的利益，他们完全没有为世界贸易以及世界和平的长远发展增益这一概念。如果以上任何措施在一定程度上通过了，那也必然经历了长期的政治斗争，自然无法及时阻止正在恶化的萧条状况。

占主导地位的资本主义利益集团绝对不会容忍政府与私营企业竞争，也不会容忍破坏有钱人特权的措施或大大改变政府收入分配的政策。因此，他们往往会反对除商业补贴以外的任何政府非军用支出。这种一般化情况唯一主要的例外是政府在高速公路上的支出，这是任何一个行业最大的游说力量进行反攻后所积极倡导的——即汽车制造商。

从以上所给事实可以断定：一方面，为实现充分就业而在和平建设方面支出大笔钱将遭到太多特殊利益集团的反对，因而在政治上行不通。另一方面，军事支出不会侵犯任何既得利益。大企业认为军事支出是一项理想的反萧条政策，原因有三：第一，这些支出正如花费在其他更具社会有益性的项目一样，对就业和利润具有同样的短期效应；第二，军事支出对大企业而言意味着巨大而又稳定的利润，而社会福利支出却有可能将富裕纳税人的收入转移给穷人；第三，军事支出所带来的长远影响将更受欢迎，因为没有开发新的生产设备来与现有设施竞争（另外，大多数研究证明每1美元的军费支出提供的就业机会比非军费支出少）。

这是历史事实，单是二战期间的军事支出就使美国走出了大萧条。这同样也是历史事实，20世纪50年代和60年代的疯狂扩张和轻度紧缩得到了在朝鲜战争和越南战争中冷战高层次消费者的坚决拥护。然而，就在越南战争结束后的一篇著作里，自由派的萨缪尔森（1973）声称，可以轻而易举地用非军事支出来代替军事支出："不管世纪之交列宁的观点有多正确……现在绝对不会再现凯恩斯时代的情况：混合经济（换言之，资本主义与政府）的繁荣取决于冷战支出以及帝国主义的冒险……制造导弹和弹头能创造工作机会吗？……那么就该建新工厂，修好路，建好学校，清理河流，并为老人和残疾人提供最低收入补贴。"（pp. 823—824）

以这些建设性方式而不是战争等破坏性方式来创造工作机会诚然是对的。但忽视这样一个事实（即既得利益者可能会阻止那些也许会损害他们利益的政府规划）是幼稚的。政府建新厂意味着直接与私人企业竞争；免费公共教育意味着将钱花在较穷的公民教育上；清理河道意味着强迫私人企业花钱净化废弃物；给老人和残疾人提供补贴意味着将收入转给穷人。而政治现实是——既得利益者用暴力言论以及有效的政治压力来反对这里面的任何一项计划。

萨缪尔森说，马克思主义者曾问："政治上，与迫切地希望为热战或冷战的目的而花钱相比，和平时期有效的充分就业规划所需的花费会同样紧急吗?"他答道:"要是在20世纪50年代,可以恰当地反问这个问题。但是……自那以来的经验表明,现代选民对失业率已经变得非常敏感,而在以前那个好时代,他们可能会比较温和。他们确实会在投票选举时给政府施加有效的压力。"(萨缪尔森 1973,824—25)但首要的压力仅仅是为了得到工作机会——并不一定是建设性工作,战争工作也行。因此,共和党和民主党政府均继续支出军事费用来避免失业——但并没有大量的建设性支出。

萨缪尔森只是假定"人民"或"选民"成功地为自己的需要和利益施压。第17章曾指出,这种观点是不正确的,美国政府由资本家利益集团统治着,违背了大多数人的利益。自萨缪尔森提出以后,尼克松、福特、卡特以及里根政府均没有表现出任何反资本主义倾向。美国政府并没有将用于越南战争的支出转化为大笔新收入以补贴给老年人和残疾人、政府兴建的工厂、道路、学校,或将巨额开支用在清理河道上。历史记录表明,与萨缪尔森预期相反的是,20世纪70年代和80年代初的大部分时间里,美国出现高失业率,而美国政府并没有因大幅度增加和平政府支出而消除高失业率。相反,尼克松、福特、卡特和里根政府都谈到需要采取财政保守主义。同时,在高失业率期间,它们削减了各种社会项目。

里根政府只是以一种更为激烈的方式遵循着与卡特政府类似的政策。1981年,里根政府的预算是阶级利益发挥作用的经典范例。该预算大幅增加军事支出。同时(高失业率依然持续着),支出削减最多的是公共服务就业规划,而提供工作机会的青少年保守党团却被排除在外。其他可能会减少就业的支出削减如下:教育规划,援助弱势儿童,特殊保健方案,拨给地方政府的医疗费用,老年人医疗,公共住房(租金不断上涨),食品券,妇幼营养,学校午餐,日间托儿所,有子女家庭补助计划,经济发展管理部门,阿巴拉契亚地区政府,都市发展资助方案,消费者产品安全委员会,大量跨境援助,水净化工程基金,公园建设基金,人文艺术基金,为穷人提供法律服务的基金,邮政服务基金,公共广播基金,社会行动项目基金。不过,对大企业的补贴并没有削减[管理预算办公室主任戴维·斯托克曼 David Stockman(1985)向记者提到了这一点]。

在税收方面,个人所得税削减比例平等,这意味着富人比穷人减得更多，最大削减比例从 70% 降至 33%。个人所得税制度比以前漏洞更多，也不如以前先进。众议院共和党领导人罗伯特·米歇尔议员在投票减税前上了国家电视台，他在众议院共和党的一次会议上告知与会成员一定要提醒富裕阶层，新税法并不比老税法先进。与此同时，大幅减少各种企业税，加速折旧大大降低了公司的利润税，大量额外减税名额给了石油公司。最后，为了帮助那些"真正有需要的"有钱人（尽管里根政府谈论的是帮助真正有需要的穷人），所有赠与税与继承税都得到了大幅削减。

有些教训是一目了然的。他们并没有增加萨缪尔森认为很容易增加的建设性支出项目，而是削减了这些支出。削减的支出中受害最深的是穷人和工人阶级，另外一些削减的支出则伤害了中产阶级。大部分减少的税收加上增加的军事开支，增加了整个资产阶级的税后利润。对税收法案的谨慎性总结："尽管税收法案包含大量企业减税以及特殊利益集团减税优惠，但仅有一小部分的变化对普通劳动者有益。"（美国合众国际新闻社 1981 年 1 月）

重要的是要记住，这份反工人阶级亲资产阶级的预算是由保守的共和党起草的。然而，同样重要的是要记住，该预算之所以能通过的重要原因是民主党支持它，民主党的预算提案在所有非军事反工人阶级项目方面同样作了很大的削减，尽管这些削减并不比共和党多。

经济制约下的财政政策

要理解为何美国自由派和保守派采用明显相似的财政政策告终（同样要理解为何这些政策效果并不明显），就必须知道资本主义结构在政策方面设置的经济制约。制约系统的 4 种主要因素如下：①对穷人再分配可能会减少资本家的投资动力；②政府参与竞争可能会减少资本家的投资动力；③减少内部赤字政策与减少贸易赤字政策之间可能会产生冲突；④反失业政策与反通货膨胀政策之间也可能产生冲突。此外，还有所谓政府借贷与私人投资借贷间的冲突。保守经济学家把所有这些问题都看作是对任何政府激进主义者的障碍。当这些障碍成为真正的障碍时——并非仅用花言巧语来制止社会行动——他们指向系统内的冲突以及改变系统的需求（但这一点将留待下一章分析）。

挤出效应

经济萧条时期，自由凯恩斯主义政策会引发赤字支出。在现行法律下，这的确是一种自动的内置效果。保守派认为，政府借贷使得利率提高，从而减少或排挤私人借贷投资。因此，他们认为政府开支减少了同等金额的私人支出，但却并没有产生其他效果。从表面看，政府借贷可能会使利率上升的观点似乎很合理。但会上升多少？这种增加重要吗？会不会远远被其他影响覆盖？

第 14 章还提到这样一个事实，即大部分实证研究在统计上并没有发现利率对投资有明显的负效应。商业周期的历史记录（尤见第 14 章与第 17 章）解释了为何没人想找到有力的证据来证明赤字支出会使利率上升、较高的利率会降低投资。在平均扩张过程中，政府赤字下降（主要是由于收入增长），但利率上升主要是由于私人需求上升，而私人投资上升则主要是因赢利期望的提高。而在平均收缩过程中，政府赤字上升，利率下降，私人投资也跟着下降。

因此，用来证明政府支出会挤出私人支出的证据无法令人信服。但明确的是赤字支出会产生有效刺激效应，因为需求效应（通过乘数）远比较高利息成本的效果更大。

虽然赤字支出在每一次战争中均刺激了经济的发展，但影响最大的还是以下两个时期。首先是二战期间，在罗斯福总统领导下，政府收购了国民生产总值的 40%。由于大量需求新的商品和服务，经济大萧条时期大范围的失业现象消失了。截至 1943 年，官方失业率下降到了 1%。经济扩张一直持续到战争结束。

其次是 1980 年至 1988 年间，里根总统时期，大幅度增加军事支出，同时经济却大幅度减税，结果出现了史无前例的赤字。这些赤字使得美国的经济从萧条中复苏，并促成了一个不同寻常的长期扩张。因此，里根总统为支持凯恩斯和平时期（有军备集结）理论提供了最好的证据。

收入再分配

凯恩斯认为资本主义出了故障，理由为"无法实现充分就业""财富、收入分配的任意性、不平等性"（凯恩斯 1986，第二十四章，引自罗西斯1986,372)。凯恩斯认为,财政政策应该将收入重新分配给穷人(见霍特森1976,13—14),这将有助于缓解有效需求的不足。但是,如果用财政手段急剧减少收入的不平等必须通过自由政府或温和的激进政府来立法,那么资本家可能会拒绝投资。这种美国经济方面的怠工——"怠工"是凡勃伦所指的资本家不投资决策——一般并不是因增加税收或福利开支这些细小改革而起的。然而,真正重大的再分配政策可能会挫伤"商业信心",从而使得资本家囤积资金或携资金逃离该国。

不管是在智利萨尔瓦多·阿连德统治下的社会主义政府,还是在法国弗朗索瓦·密特朗统治的社会主义政府,这种潜逃都确实发生过。

另一个更直接的再分配问题是庞大的美国国债意味着持有大量美国国债的富人从普通纳税人那里获得大量的利息收入。里根政府产生的巨额赤字,再加上高利率,大大增加了收入的不平等。

与私营企业竞争

如果美国政府给一个成功的能源公司注资,较低的价格将导致其与现有私营能源公司竞争。这些私营能源公司可能会通过不继续投资或逃往海外来抵御。保守派经常正确地指出任何由政府直接投资的和平建设性项目都会导致政府与私人资本竞争。因此,政府投资过多的话可能会导致投资停滞或资金外流。当然,补救措施依然是增加政府投资,但这样将会走向社会主义,难道不是吗?

同样的制约可能适用于与精英人才的竞争。如果制订免费的全民健康保障措施,医生可能会得到合理支付而非不道德的垄断收入。医生也有可能逃跑,但他们将逃往何处?所有其他工业化国家(南非除外)都已有免费的全民健康保障。

政府赤字与贸易赤字

美国经济受刺激后,收入也跟着增长,收入的增加导致进口增加。如果出口不变(并且不依赖于美国经济),那将导致净出口减少——净出口减少将寻致贸易赤字增加。因此,如果经济增长了,政府赤字减少,贸易赤字也可能会增加。然而,较高的贸易赤字意味着对美国产品的需求减少。

与之相关的问题是较为强劲的美国经济将会导致美元汇率上升，但是，汇率上升将会减少美国出口。同样，内部政策也可能会与贸易政策发生冲突。

通货膨胀与失业

也许，对美国财政政策而言，最为棘手的问题是减少失业的政策往往会提高通货膨胀率。但在20世纪70年代和80年代初，美国经济既面临失业也面临通货膨胀。20世纪70年代初，萨缪尔森说，经济学家们知道如何预防失业或通货膨胀，但他悲伤地承认，尚无同时解决这两个问题的自由政策："专家们还不知道……哪项收入政策能允许我们同时拥有……充分就业和价格稳定。"（萨缪尔森1973，823）为促进充分就业，典型的自由凯恩斯主义政策刺激了经济，扩大了需求，但以往的凯恩斯主义政策一旦降低通货膨胀就会减少需求。两者不能同时兼得。

诚然，在20世纪70年代，失业与通货膨胀有时会同时存在。然而，经过仔细观察，我们发现它们有时一起上升，但几乎从未一起下降过。因此，不能采取同样的政策对待它们。需求急剧上升可能会造成充分就业，但同时也可能会导致更为严重的通货膨胀。需求急剧减少则会导致零通胀或价格稳定，但也有可能造成更多人失业。

货币政策

货币政策可以通过增加或减少可动用信贷来影响需求。美联储使用以下3个主要工具：①变更法定准备金；②控制贴现率；③公开市场操作。在考虑政策替选方案之前，让我们先评论这些有名的工具吧。

银行准备金必须用来填补所有银行负债，并根据法定准备金来设定法定最低值。法定准备金可通过每种负债所占的一定比例来说明。提高或降低法定准备金都会大大影响新的银行借贷量以及由提供给银行系统的新储量产生的货币/信用创造量。例如，提高活期存款负债的法定准备金将会减少新的银行贷款额。因而，提高法定准备金就会降低信贷；反之则会增加信贷。

银行也可通过贴现窗口从美联储借入储备金。银行对这种贷款收取的利率叫作贴现率。通过提高或降低贴现率，美联储可以阻止或鼓励银行储备金的借贷。

除非在极端情况下，美联储过去很少使用这两种政策。由于政治原因，法定准备金被认为变化太大，因而很少用到。多年来，为了响应商业银行施加的压力，法定准备金都在慢慢下降。美联储定期改变贴现率，但这通常只反映了市场利率的变化。通常，贴现率低于竞争中的市场利率。因为理想情况下，银行只会去贴现窗口紧急贷款。此外，人们一般认为这种利率不该是惩罚性贴现率。只有在少数情况下，才会大胆地将贴现率当作宏观政策工具来用。

公开市场操作是执行货币政策的真正手段。美联储每天都会带着实现政策目标这样明确的意图来开展这些活动。公开市场操作由纽约联邦储备银行监督实行，交易商正式在这里购买或出售美国国债。当美联储从银行购买美国债券换钱时，银行储备金增加。但当美联储向银行抛售债券时，货币储备金就会减少。银行储备金的增加允许银行可以进行更多的贷款。这意味着银行负债，包括活期存款（货币供给的一部分）都会增加。因此，这些活动会影响信贷水平、资金以及经济利率。美联储政策的主要实施手段是公开市场操作。过去几乎只用这种工具，将来很可能继续成为占主导地位的工具。

严格的货币主义

严格的货币主义主张采纳货币"规则"（弗里德曼，1968）。该规则是指不管经济状况如何，货币供给都应该按某一指定速率增长，如4%到5%。不该用货币扩张来对抗经济衰退，因此，美联储不能进行任何反周期活动。利率应完全由市场决定，因此，美联储不应试图影响利率。

根据该派的观点，通过公开市场操作谨慎控制银行储备金水平或货币基础（银行储备金加上非银行大众所持有的货币），货币供给将得到控制。通过实证研究，在银行储备金与货币供给间建立联系的货币乘数将得以确定。一旦确定了这个乘数，公开市场操作就会以足够快的速度进行，这一速度快到能允许储备金的增长比率足以产生货币供应量所需的预期增长。例如，美联储可能会在其公开市场操作中控制银行准备金总额，而经济分析师则可能会从他们的研究中得出结论。如果准备金年增长率为3.5%，那么 M_1 货币供应量将增长4%。这时，纽约联邦储备银行的交易专柜将可能得到购买美国国债的指示，购买速度应以允许银行准备金每年增加3.5个百分点为准。不管市场情况怎样，他们都会忠诚、顺从地做到这一点。

如果经过一段时间，他们发现正是由于自己对乘数的猜测错误，才会导致货币供给量增长过快或过慢，他们就会通过调整准备金增长率来进行补偿。例如，如果美联储正在控制准备金，且准备金增长率为3.5%，但货币供给量的增长率却是5%而不是预期的4%，那就必须稍微下调准备金所允许的增长率，直到近乎实现货币供给目标为止。

如果不考虑严格货币主义的实际运行计划，该政策有一个区别于其他自由货币主义的基本特征：公开市场操作时，不会给当前经济状况带来任何反应。追求稳定或推行逆周期政策都不是美联储（或任何其他中央银行）的工作。这是自由放任政策最纯粹的一种形式。自由市场经济所需的就是运行不受干预。

严格货币主义者试图证明自己的政策是最可行的货币政策。他们认为，美联储不要指望能同时控制利率以及2项或3项货币总量措施。此外，货币主义者认为，货币供给量增长率的变化无疑会引起支出水平的变化，但货币与支出间的滞后性以及振幅也是易变的。因此，扩张性的斟酌性货币刺激可能会过量也有可能会不足，其所带来的混乱和危害比好处多。追求非常基本的目标时，较为简单的办法是拥有一个容易实现的目标，使用一个简单的程序——便于私营经济部门解决自己的问题。假设萨伊定律运行的话，私营经济就会自动实现充分就业。此外，严格的货币主义者声称，斟酌性政策最终会不可避免地变为通货膨胀政策。货币主义者坚持认为，如果存在货币法则，通货膨胀必然成为历史。

斟酌性货币主义

斟酌性货币政策的倡导者（如保罗·沃尔克任美联储主席时）也将货币视为影响名义经济支出水平最为重要的金融变量。这个变量（若不是唯一），也是美联储试图控制的主要变量。这些货币理论家对自由企业制度同样有相当大的信心，但与纯货币主义者相比，他们认为这一制度不太稳定。因此，他们认为偶尔需要逆周期稳定性政策。

沃尔克政策无疑是一种斟酌性货币主义政策。该政策主要强调控制货币总量，大量关注货币供应量M_1，而关注的第二重点是利率行为。

严格的货币主义者不会允许这样做。为了实现货币目标，理想的斟酌性货币主义政策将会一直陈述其目标。然而，货币目标不会一直保持不变，将根据经济条件来提高或降低。

更加倾向于凯恩斯主义的货币主义批评家对货币主义的两种形式，特别是对货币主义的"法则"有不少反对意见，他们大都认为这一法则不够灵活。传统的凯恩斯主义者立场是，政府众多角色之一就是实施逆周期稳定政策。如果所推行的政策合适，政府就可以成功做到这一点。他们并没有将经济看作是一台偶尔需要滴几滴货币油才能灵活运转的机器。相反，他们发现私营部门动辄就会受到各种因素干扰，面临各式各样的经济灾难。货币法则只是束缚住了最强有力的一个机构而已，在经济危机中，这一法则就失效了。如果金融市场本来就不稳定，再加上信贷需求波动，有害的投机活动间歇性爆发，合理决策出现失误，那此时实施货币主义政策是不明智的。美联储越接近狭隘货币主义增长率目标，利率波动就会越大。如果没有美联储的干预，任何信贷需求暴增都有可能推动利率上升。受货币存量内生这一争论影响的经济学家，如后凯恩斯主义者（如第 14 章所述），都极力批判货币主义。他们认为，从长远来看，货币主义政策将完全无效。例如，采用货币法则，私人信贷和政府信贷需求都会继续增长，由此而来的高利率将为新金融工具的发展提供有利的环境。这些新工具最初是货币替代品，最后至少会在某些商业层面拥有货币职能。有了这样的发展，美联储的实际控制工具（如货币供应量 M_1）变得与消费水平越来越不相关。这种现象可能会表现为速度上升——也就是说，官方确定的货币供给量所支出的比例将会猛增。速率增长主要是因为美联储正在使用法则控制的货币供给在经济层面上的支出变得不那么重要了（而信贷变得更加重要）。

控制广义总量及信贷

某些倾向于凯恩斯主义的货币经济学家批评货币主义者将重点放在狭义货币总量方面，他们建议检测和瞄准更广泛的流动性总量，如一些信贷措施。这些理论家认为，与货币相比，这些包容性信贷总量与消费水平的关系更为密切（见厄尔利、帕森斯和汤普森 Earley, Parsons and Thompson, 1976）。

这样的想法与内生性货币存量观点相当一致。如果开发出具有货币职能的近似货币替代品,那么,更为广义的金融总量更有可能包括这些开始充当货币的工具(如货币市场基金)。因此,如果内生货币存量的观点正确,那么,信贷总量政策就不太可能会被通货膨胀"吓到"。这些政策的倡导者指出,广义信贷总量的速度往往是近20年都不变的,而货币流通速度却是大幅波动的。他们认为,这为广义的信贷总量与支出之间更为精确的长远关系提供了有力的证据。

信贷家(他们可能会得到这样的称呼)强调消费水平与新信贷的扩展都是流量(而货币总量却是存量)。信贷流量的任何变化都将直接引起支出变化,但货币存量不变,支出也会增长。此外,货币存量的变化并不一定会导致支出变化。货币作为金融资产时,需求的升降会扰乱货币与支出的关系,但展期信贷金额的上升几乎绝对会产生新的支出。当通货膨胀成为问题时,信贷家认为控制信贷比减慢货币供给速度更有可能取得成功。

货币政策的影响

货币主义者认为政府对经济的财政、货币冲击是美国政治经济体系中最主要的不稳定因素。但与之相反的是,本书第二部分阐述了私人资本主义经济是如何内生性生成商业周期的。当然,持续内生商业周期所提供的相同的证据——在1975年和1982年严重收缩——也驳斥了这样的假说,即借助财政政策与货币政策,政府就能通过微调来稳定经济。第14章与第17章所提供的证据表明,财政行为与货币(或信贷)行为对经济体系而言是内生的(从受经济周期危机阶段以及长期资本主义利益决定这个意义上说)。这种行为同样有着显著的影响,但这种影响通常是有限的(战争驱动周期以及一些特殊情况除外)。在和平时期的收缩阶段,政府通常通过实行财政赤字、放宽信贷以鼓励借贷来刺激经济。因此,政府行为是帮助私营经济复苏的因素之一。在和平时期的扩张阶段,公敌通常是通货膨胀。因此,财政政策与扩张进程一样,所带来的刺激变得越来越少。在一般扩张期,货币政策最初是与商业相包容的,但通常接近峰顶时限制就会增多。利率开始下降时,货币限制通常就会起作用。因此,私营经济只能沿着它所选的路往前推进。因而,政府通常允许其有一个低迷期,但随后便鼓励其进入恢复期。私营经济就像一个演员,但不是主演——其动作大多是可预见的。

货币政策的局限性

许多自由主义者认为,在诸多适当的政策下,货币政策是有效地。即便是明斯基(强调资本主义经济的脆弱性以及美联储政策的错误性)也这样说道:"一旦内生的经济进程将经济带到了危机边缘,美联储的干预可以中止一场全面的经济危机和债务型通货紧缩的发展。"(引自罗西斯1986,114)然而,仍有不少理由可以对任何货币政策的有效性表示怀疑。

假设有一个自由的美国政府和一个凯恩斯主义自由派的美联储主席均致力于实现充分就业和稳定物价;假设对货币政策与财政政策均有细致的协调;假设没有实际问题来干涉美联储控制货币信贷总量的能力(尽管这可能与内生货币理论与信贷供给的现实相违背),但货币政策有明显的局限性〔一些政治问题以及实际问题详见爱泼斯坦(1981)〕。

首先,我们先以通货膨胀为例。诚然,充分有力的措施可以抑制通货膨胀。例如,在1980年冬天,无论是卡特政府还是美联储都同意采取有力的措施来减少信贷。几个月之内,这些措施成功地将通胀率从18%降至8%。问题是为了能有效抑制通货膨胀,这些措施过于严厉,最终导致经济衰退。1980年所出现的结果是经济衰退,失业率明显上升(英国的撒切尔政府与美国的里根政府都采取了同样的政策,结果失业率均上升)。

其次,我们再以严重的失业情况为例。许多新古典—凯恩斯主义者会支持低利率和宽松的信贷。但后凯恩斯主义者却强调,为实现充分就业均衡,所需的利率可以很低,直至不能再低。这一利率可能会低于投机的最低水平,在这种情况下,投机性投资者可能会犹豫,因为他们预期利率将反弹到一个更高的水平。如果利润预期为负值的话,那充分就业均衡利率将更有可能为负值——也就是说,如果预估会有损失,企业只有在银行花钱请时它才会去借。基于这些原因,后凯恩斯主义认为,在经济大萧条时,货币政策是财政政策最好的辅助者(或合作伙伴)。如果所有的预期收益率均低于零,低利率根本无法缓解失业问题。

最后,20世纪90年代的现实情况为通货膨胀与失业并存于美国资本主义社会。在这种情况下，自由新古典—凯恩斯主义货币政策将是怎样的？应该放宽信贷、降低利率，以便足以刺激经济并将非自愿失业率降至为零吗？如果该政策成功的话（这是有争议的），将引发通货膨胀。为了将通货膨胀减至零，就要减少信贷、提高利率吗？而如果这种政策效果够明显的话，将会带来更严重的失业问题。

货币政策、工资和通货膨胀

在每一个扩张时期，实际工资一上涨，许多新古典经济学家就开始担心——工资上涨将引发通货膨胀，削弱美国的竞争地位，进而恶化贸易赤字。例如，哈佛大学经济学教授劳伦斯·萨默斯就曾忧虑地说："在最近20个季度中的17个季度里，那些接受实际工资减少的工人将会开始要求所得的工资上涨率应超过过去的物价增长率，从而使得工资—物价呈螺旋式上升。"（1988，1）萨默斯并没有注意到工会力量在此期间稳步下降的现实。同时，也没有留意凯恩斯对有效需求的整体分析，而是回到了前凯恩斯主义倾向于降低工资的立场，希望通过"减少消费，增加国民储蓄"来消灭一切罪恶。他认为："减少消费可以为美国产品的需求增加腾出空间，随之而来的将是贸易赤字的下降。"（1986，1）这一观点给前凯恩斯主义加入了现代风味。换句话说，如果工人足够理智地接受更低的工资（在过去20个季度中有17个季度工资减少后），经济就会增长，也就不会出现贸易赤字、联邦赤字，美联储也没必要放缓经济增长的步伐。

同样，在许多新古典经济学家意见纷呈的文章中，约翰·贝里（John Berry）（1988）总结道："美国工人的补偿……在3年内正以最快的速度增长，引发了在未来几个月内通货膨胀加速的担忧。"（p.1）贝里（1988）注意到经济学家似乎只关心工资增长，而不关心工资降低。他指出经济学家对失业率的下降也感到担忧，因为这将使工资上涨（"约占所有经营成本的2/3"）。在这种情况下，贝里指出："美联储主席艾伦·格林斯潘警告国会……不会出现经济预期放缓……为防止新一轮的通货膨胀，美联储将被迫继续提高利率。"（p.11）

因此，每当内生力量促进经济发展、增加就业和工资时，资本家压低工资的欲望就会在美联储紧缩政策当中反映出来。但这些政策会导致危机成为现实，经济衰退或萧条。因此，作为逆商业周期政策，必须将其视为是失败的。现在，我们转向意图更为明显的政策，即通过直接控制来减少实际工资以便抑制通货膨胀，这项政策的上一任使用者是尼克松政府。

收入政策：对工资与物价的直接控制

本章已经证明，无论是财政政策还是货币政策（或二者结合），均无法遏制失业以及通货膨胀。因此，当失业和通货膨胀的结合成为20世纪70年代初最明显的祸害时，即便是保守的尼克松政府也决定尝试极端的军事支出方案以及收入政策，即直接控制工资与物价。由于直接控制是对货币政策与财政政策合理的补充手段，因此，将此事件作为案例研究很有启发意义［依靠哈里斯（Harris）出色的研究（1978）］。

1971年8月15日，尼克松总统颁布了一项新的经济政策，旨在挽救美国经济，增加企业利润。第1阶段运行了3个月，从1971年8月持续到11月。工资、物价以及租金均被冻结（利润除外）。实际上，所有工资增长均被阻止，但有些物价却持续上升。

第2阶段从1971年11月一直持续到1973年1月。冻结结束了，但对工资、物价以及租金却有严格的管制措施（利润除外）。在这一制度下，尽管年均通货膨胀率减至4%，但通货膨胀依旧存在。根据官方界定，失业率从1970年衰退期的最高值约6%跌至约5%。

据政府发言人所说，第3阶段应该"逐步取消经济稳定计划，回归自由市场，因为价格指标即将实现"。此阶段解除了所有行业的价格控制（食品、保健、建筑以及替代品自愿控制除外）。自愿控制完全就没有管制，因为这些控制没有强制执行程序。因而，企业也不重视，最后导致物价暴涨，一年就上升了约8%。第3阶段的第1部分仅从1973年1月持续到了6月。此阶段的一个显著特点是工会必须不断承受遵守自愿控制所带来的压力，以及限制工人要求提高工资的额度。结果，工人的货币工资略有上升，但实际盈利能力却下降了。但在利润方面，依然没有管制，使得其继续大幅上扬。

第3阶段快结束时，物价迅速上涨，出现新的冻结。第3阶段的第2部分始于1973年6月，止于8月，为第2个冻结期。所有价格均被冻结,但对未加工食物以及租金没有实施管制。工资、利润也未被冻结,但工资仍受第 3 阶段自愿控制。

第 4 阶段始于 1973 年 8 月,止于次年 4 月。此阶段采取的依然是对价格、工资以及租金的强制性制度,但没有控制利润。此制度对压低工资很有成效,但物价却以年均约 10% 的速度继续攀升。

1973 年,工人的实际购买能力下降了 4%,但利润却迅速增长。1974 年上半年,失业率上升到 6%,实际国民生产总值下降,通货膨胀率上升至 12%。根据一般界定,美国经济正在通货膨胀中衰退。然而,尼克松总统却认为这不是衰退期,而更愿将其称为轻微调整期。后来,福特总统最终承认这是衰退期,但不是萧条期,尽管失业率超过了 9%。截至 1974 年年底,福特总统依然抵制任何控制失业率的尝试。即便到了 1974 年 10 月,他仍在谈论增税问题。

1975 年是经济衰退年,失业率高,工人的实际工资减少(因通货膨胀)。由于实施工资和物价管制,再加上持续的通货膨胀和失业,工人的实际购买能力在 1972 年达到最高点,接下来的 4 年开始下降。因此,一个有 3 名家属的城市职工每周的实际工资从 1972 年的 96.64 美元降至 1975 年的 90.53 美元(以 1967 年不变美元为准)。

管制导致低效与腐败

不同学派的大多数经济学家均批评这种控制,不过理由不一。新古典经济学家弗里德曼就对违反自由放任经济学第一戒律的做法深感不安,他说,你们不应该干涉工资和物价制订的市场过程(1971,45)。他们一直认为,如果不是根据市场竞争来设定价格,那么资源(包括资本和劳动力)就无法得到有效分配。如果政府强行规定价格,商人如何才能有效地计算出该生产何种产品或使用何种技术呢?如果商人遵循政府规定的价格,那么他就无法生产出消费者所需的产品,也无法以最廉价的方式进行生产。他们无法生产出尽可能廉价的商品,因为这些价格无法准确地反映真正稀缺的资源。此外,这些商品也不会成为消费者渴求的商品,因为这些价格无法准确地反映消费者的真正偏好。因此,工资—物价管制注定会使资本主义经济难逃无能的命运。直接管制与资本主义不太相融的观点可能是正确的,因为这种混合意味着在市场经济中官僚规划与私人贪欲的结合。这种管制有时可能会在纯粹的市场经济中得到改善（如急剧通货膨胀），但如下说示，这种结合也不稳定。

管制增加不平等

这种组合不稳定的原因之一是这意味着对相对收入实施政治管制。由于资产阶级力量强大，由政治决定的相对收入总是会增加收入的不平等性。如上所述，在尼克松政府的管制下，利润上升时，工资却受到了限制。关于这一点，不该有任何人感到惊讶，因为在宣布工资—物价控制政策时，尼克松曾说："所有美国人将从更多利润中受益。利润给扩张增添了燃料……意味着投资增多……也意味着……更多的税收收入。这就是为什么在美国经济中较高的利润对每个美国人都好。"（尼克松1971）副总统阿格纽用同样的理论来赞同这种管制，他说道："穷人比任何时候都更希望企业利润上升。"［阿格纽（Agnew）1971］尼克松政府成功地限制了工资，提高了利润。

设定工资的机构为工资委员会，尼克松任命了人数相等的商界代表、"公众"代表以及工会代表。最终，美国劳联—产联的工会代表辞职了。他们指出，尼克松任命的所谓"公众"代表比商界代表更加积极地反对增加工资。因此，劳工每次都以2比1的差额失去选票。这一特定结果反映出当权的特殊行政权力，不过在任何资本主义国家，总体趋势是一致的——尽管非常强大的劳工运动与社会党（如瑞典）当然有可能导致更为进步的结果。

一致的自由宏观政策

许多自由派经济学家提倡综合运用财政政策、货币政策以及收入政策，此处的"收入政策"指的是直接的工资—物价管制政策（例子可见托宾1985，16）。加尔布雷思一贯主张实施管制，美国劳联—产联也多次提倡管制。自由民主党国会授予尼克松总统管制权，尽管他们这样做的原因只是不期望他行使权力。保守的尼克松一直反对管制，但却将其视为实现短期目标的必要手段。尼克松不仅使用直接管制来抑制通货膨胀、分配资本家收入，同时还通过增加军事开支来压低失业率。1980年初选期间，参议员爱德华·肯尼迪主张相同的基本稳定政策，但分配政策不同。

一份意见一致的自由政策声明可能包括如下内容。

（1）为了实现充分就业，应将更多的政府支出用在和平建设性项目上。

（2）为了实现充分就业，应通过给穷人、工人、中产阶级减税来刺激消费需求。

（3）为了实现充分就业，应运用货币政策来降低利率。

（4）为了消除通货膨胀，应对所有垄断企业实施价格直接管制，严格执法与惩罚。

无须对小型企业实施价格管制，它们会遵循垄断价格；也无须对工资实施管制，它们只会试图跟上物价。只有对前1000强企业实施管制，才能有效地管理好这些公司，卷入较少的官僚主义——但如果缺乏工资管制，将很难产生反工人阶级分配效应。

公共支出最自由的形式是强大的充分就业法（用来取代由参议员汉弗莱与霍金斯代表提倡的法案，此法案一直到其最终形式不起作用时才被削弱）。真正的充分就业法案规定，任何失业人员都可以从作为最后求助对象的雇主——政府（地方政府、州政府及联邦政府）那里得到工作。工资将自动设置为与私营部门类似工作等同。这项自由主义改革可以在此基础上提出，即当且仅当私营企业无法提供工作机会时，政府才会被迫提供就业机会。不过，以下两方面应该会引起一些保守派的兴趣：①永远停止发放失业补偿（从而不会再有不劳而获之人）；②对有工作能力者所得的福利金将永远停止发放（当然，有子女的职业妇女仍需托儿费，病人和残疾人也仍需得到照顾）。

所做的工作不该是无用的工作。美国急需更换旧桥、旧道路、旧下水道系统，更换并增加公共交通，清理河流湖泊，建新医院，提供更多的卫生保健人员，等等。到处都有大量工作需要做，只不过这些领域并没有大量私人的利润。

自由计划带来的问题

该计划在某段时间内会相对比较成功。不过，首先，如果有任何管制的话，政治现实将导致对工资—价格实施管制，不仅对所有价格也应对所有工资实施管制。即便是参议员肯尼迪以及劳联—产联都赞成这种妥协，当然，前提是必须郑重承诺此管制不能以反工人阶级的方式来对收入进行分配。这可能是他们制订的最好、最可行的计划。

要成功实现充分就业、物价稳定、阶级收入平等以及经济合理有效，这一计划需要多长时间？假定自由政府已经实施了这一计划。我们在管制方面的经验——二战期间、朝鲜战争期间、尼克松执政期间——所有经济理论均表明，该计划在一定程度上可以成功维持6个月至12个月，之后便会到达一个十字路口。

首先，保守党的效率问题将越来越难以得到解决。价格可能会被冻结6个月至12个月，但到那时国内供求情况、技术水平、国外条件都将有很大变化。因此，大的调整也就变得越来越有必要。一种选择是像尼克松政府那样慢慢解除管制，另一种选择则是制订其他形式的计划。

其次，由于经济会受充分就业的刺激，政府支出增多，由此而产生的消费需求也会增加，通货膨胀压力可能会极为巨大。同样，答案可能为终止价格管制或终止保障性充分就业。这意味着回到老商业周期，通货膨胀最终靠经济萧条和大规模失业来得到控制。另一替代方式是制订其他形式的计划。

再次，将是收入分配问题上的斗争。想象一下充分就业下的经济，不过此时的工资和利润均由政府管理委员会决定。要想控制这些管理委员会，劳工和资本家就必须在政治舞台上大战一场才行。如果资本家政治力量大于劳工运动的话，那么物价上涨时工资将被冻结。经济结果将引发冲突，随之而来的可能就是镇压。

最后，如果劳工的政治力量大到足以获得强大的价格管制，但工资却不断上涨，这将意味着利润率降低。利润率一降低，资本家就会通过减少投资来进行反攻。这将进一步降低私营部门的失业率。商业信心的丧失以及私营部门的崩溃将再次给解除管制带来巨大的压力。替换方式可能是增加更多公共储蓄、公共就业以及一些国民经济计划。因此，自由计划可以暂时改善商业收缩状况——但从长远来看，现实选择是回归市场资本主义（其间总是会有周期性收缩）或实施民主计划（下章将进行讨论）。

推荐阅读

　　从不同角度分析政策的文献数量庞大。最保守的观点可见乔治·吉尔德（1981）。供给侧观点见阿瑟·拉弗（1982）。货币主义者观点见米尔顿·弗里德曼（1968）与弗兰科·莫迪利亚尼（1977）。中间道路温和派观点见查尔斯·金德尔伯格（1978）及詹姆斯·托宾（1981）。后凯恩斯主义者对政府政策的观点见约翰·霍特森（John Hotson）（1976）以及海曼·明斯基（1986）。制度主义者观点见华莱士·彼得森（Wallace Peterson）（1987）。马克思主义财政政策观点见大卫·戈尔德（David Gold）（1977）以及约翰·米勒（John Miller）（1986）。一些意见一致的左倾政策计划由鲍尔斯、戈登、韦斯科普夫提出（1983），另见弗雷格尔与曼德勒（Ferleger and Mandle）（1987）、达格（Dugger）（1989）。对凯恩斯及其政策的不同观点见哈罗德·瓦泰尔（Harold Wattel）（1985）。

第十九章

商业周期能否被消除

经济民主与民主规划

从本书实证来看,商业周期是由资本主义系统造成的。要消除商业周期,就必须将之变为另一种经济系统。本章在经济民主与民主规划的基础上提出了这样一个系统,定义如下。本章仅包含一个简单的系统示意图,如对所有问题进行全面讨论将需要很大篇幅。通过这一解决方案所引发的问题在谢尔曼(1987)一书中有详细讨论,替代经济系统的问题在津巴利斯特、谢尔曼和布朗(Zimbalist,Sherman and Brown)的书中有所比较(1989)。

经济民主

与产业结构相关的3个问题同样与商业周期相关。首先,正如第15章所解释的,垄断力量往往会使失业情况恶化,同时也会加剧通货膨胀。其次,正如第8章所示,收入分配平等是决定有效需求的重要因素,但所有权集中与公司资产集中会使收入分配更加不平等。最后,民主规划机制必须建立在民主结构基础上。换言之,民主规划过程不能由一小部分精英通过数量相对较少的大企业来与非民主资本主义管制及所有权结合起来。两者是不兼容的,因为民主规划的目标是为国家获得最大利益,但私营企业的目标是获得最大的私人利润,公司将通过经济力量来控制规划过程。

为克服以上3个问题,有人建议美国前1000强公司——均有垄断力量——应该成为公有企业，并由这些公司的工人将其当作集体企业来管理。根据定义，每个工人在公司董事会里有一票表决权是美国工业巨头运行的一项民主程序。这将自动终止所有权高度集中的现象，大大减少收入的不平等。

每个集体企业将由工人选举产生一个董事会。董事会里应该有1名政府代表来直接获取信息并监督安全法的执行，也监督环境法规的执行。因此，广大公众的利益会在一定程度上限制地方利益。要不然，集体企业就会通过市场机制来出售他们的产品，实现利润最大化。董事会应该任命1名经理来管理产出、技术、价格等。与往常一样，经理自身的工资在很大程度上取决于集体企业的利润。经理和董事会可以通过所得利润再投资来扩大集体企业的资金。

目前，一些大公司的规模比达到最佳效率所需的规模大了好几倍。因此，在重组为集体企业以前，这些公司可以而且也应该按照较小规模的最佳尺寸来拆分。但另外，有些公司规模则可能过小。例如，由于美国所有航空公司和机场均由管理者通过国内网络将其紧密联系起来，因此，在美国航空业，有可能只有一个公司来确保安全和效率。该公司将由航空公司员工合作运行，但在安全问题上却由联邦密切监管——如果是垄断物价的话，也会有价格监管。

如果社会要通过民主的方式控制经济，就必须控制金融体系。美联储应该通过结束其半独立身份，使其成为国会和总统领导下的正常政府机构来实现民主化。银行体系是一个应该公有化的行业，只有这样，美联储才能直接控制信贷，管理好银行业。

经济民主指的是将民主控制扩展到经济领域。如果通过政府能使公众拥有并控制金融系统，如果所有大企业均由工人集体企业控制，那么大多数经济都在经济民主的控制下。由于资本家将失去对大部分经济的所有权和控制权，那将不再叫资本主义了，而应该叫经济民主——如果喜欢的话，也可叫民主社会主义（不过在美国"社会主义"是个贬义词）。

民主规划

民主规划指的是美国人民通过正式当选的政府来规划整体宏观经济

的方向。在详细解释此概念前，有必要关注一下其他经济学家对此观点的看法。所有新古典主义经济学家均抵制公共规划需要，他们认为私营经济会自动调整到最优路径——但这一观点被经济衰退、经济萧条以及周期性失业这些事实所驳倒。对人类而言，一个令数百万人失业的制度是最优的说法是令人难以置信的。

当然，马克思以及大多数马克思主义经济学家都提倡适度规划。凡勃伦和很多制度主义追随者主张在美国实施民主规划，不过这一点鲜为人知（见达格1988）。凯恩斯不仅提倡使用财政政策和货币政策来应对失业和通货膨胀，他还强调了直接规划投资的需要，但这一点更是鲜为人知。

凯恩斯的社会化投资

凯恩斯（1936）规定了"一个较为全面的社会化投资"（见霍特森，第二十四章，13—14）。由于投资的快速增长与下降对经济周期至关重要，因此，要想应对经济周期，凯恩斯认为政府必须对投资实施最终控制的主张是不足为怪的。不过，凯恩斯所谓的投资社会化到底指的是什么呢？

在一篇极具吸引力的文章中，罗伯特·莱卡赫曼（Robert Lekachman）（1985）道出了凯恩斯激进方面的细节，表现出相当大的规划决心。1939年，凯恩斯写道："在当今时代，如果我们想得到财富、利润，就需要……比现在增加更多中央规划……商业周期循环加剧，失业率日益增长，表明私人资本主义在解决经济问题方面能力下降"（引自莱卡赫曼1985，32）。凯恩斯在1943年的观点更加清晰明了："如果总投资的2/3或3/4均得到落实，或受公共或半公共机构的影响，那么，一项长期稳定的计划应该可以将潜在的波动范围减至比以前更窄的范围"（引自莱卡赫曼1985，33）。

凯恩斯当然支持某些投资规划，但他没有说明到底有多少应该直接由公共机构来"落实"，有多少会受公共机构的"影响"，又有多少由私营企业来落实。不管凯恩斯到底想说什么，本章主张通过财政政策和货币政策来影响国有大型合作企业（较小规模的维持私营企业经营）的投资；通过公共机构来落实维持投资的各种必要条件，使经济接近充分就业。在此处设想的经济形式中，所有大企业都是合作企业，其余将仍为私营企业。显然，这些公司将继续拥有投资的权利，但会有不同形式、不同程度的管制。美国政府（通过经济顾问委员会）将向美国国会联合经济委员会提出投资建议。此计划将通过本机制部分地得以实施：政府支出与税收的财政程序；政府货币政策。此外，国会将命令美联储来执行货币政策，不仅通过其一贯的手段，主要还是通过其在银行系统中的所有权来直接控制信贷。政府（通过美联储）以低利率的方式直接给最大的集体企业提供信贷，以便使他们在各自领域里实现扩张。这种方式与日本政府要求银行向特定领域的企业提供信贷类似——不同之处在于日本的贷款对象为大企业，而此处是给工人集体企业。为了鼓励这种民主经济形式增长，新工人集体企业也将得到信贷。

然而，除此之外，当有必要刺激经济时，美国政府还将追加投资——以其公开、民主的规划进程为基础。当有必要减缓增长速度时，政府可能会减少投资。有时候，可以将这些资金投入现有企业，但也可以用其来组建全新企业，特别是在那些需要新研究、新发展或改革创新的领域。这些新公司将立即转交给工人，将其作为集体企业来管理。因此，政府不能卷入现有企业的微观经济规划业务当中去——除非组建新企业，否则政府所能规划的将是投资数量，而不是投资性质。

国际影响

如果由联合国来执行经济规划，这将是最好的，但目前那可能只是一个空想。综上所述，美国规划机制在控制贸易赤字方面也是有效的。这一机制可以在多方面使美国经济在国际上更具竞争力。

首先，国内垄断势力只有在国外竞争者突然赶超后才会明显地感觉到要创新的竞争压力。大型集体企业将与那些关注技术进步和贸易的政府机构保持密切联系，因而他们在创新方面可能更易感受到压力（他们在董事会可能会有政府代表）。

其次，将技术创新的具体目标铭记于心，现有集体企业可能专门会在创新领域得到信贷。美国出现贸易赤字的主要原因是与其他国家相比，美国缺乏技术规划。如果这一障碍解除了，那么贸易赤字也能得到解决。

民主规划与苏联计划

以上描述的计划与苏联计划截然不同。首先，直到最近，苏联计划都是不民主的。苏联计划的基本方向是由几个上层领导决定的，且这些领导是由一个小团体自己任命的。正因为苏联计划不民主，该计划在资源分配方面并没有遵循大众的意愿。此外，由于民众不能指责最高领导人，他们所犯的大错只会在新领导上任很多年以后才能被加以评论。因此，我们可以猜想到底浪费了多少资源。当然，戈尔巴乔夫正在试图通过公开政策（或开放性政策）、分散重建（或重建政策）来改变这一历史特性（见戈尔巴乔夫，1987）。

在美国，任何计划都由我们选出的领导人管理，且完全公开接受任何激烈的批评。因此，计划的基本要素就是要遵循大多数人的意愿——否则，领导者就会因民主程序问题下岗。人人都会及时讨论政府所犯的错误，反对党更会如此。据推测，宏观经济计划将由经济顾问委员会制订，然后递交给国会联合经济委员会进行磋商，并开始进行必要的立法程序。

其次，苏联计划都是高度中央集权的。戈尔巴乔夫（1987）广泛地讨论了这一特点，并证明了其效率极其低下。当前的苏联体制必然效率低下，因为它试图在微观经济层面做规划。仿佛莫斯科的规划者对苏联任何一个企业的钉子、螺母、螺栓都了如指掌，但事实上，即便采用最先进的计算机，也是没法计算出来的，且无此必要。

相比之下，此处提到的美国规划制度不会做微观经济决策；这些决策将留给市场中的个体公司（不管是政府运行企业，还是集体企业或私营企业）。该规划的目的是为了实现宏观经济均衡增长。如上所述，该计划将运用财政政策、货币政策、备用价格管制、企业直接信贷，或视需要直接进行新投资。政府投资将追加给老集体企业，或用在组建新集体企业上。除非情况特殊，否则这些投资不能用来建设国营企业。因此，公司将继续做出微观经济决策，但必须在有计划的宏观经济环境下进行（当然，前提是有安全法规和环境法规）。

充分就业：制度、法律和执行

上一章曾指出，在垄断资本主义社会，财政政策和货币政策是如何在有限的范围内实现充分就业和价格稳定的。不过，这一章也指出这些政策面临种种制约、限制，在目前的制度体系中存在固有的矛盾。

只有在制度上有根本变化，才能使民主宏观经济规划成为可能。首先，通过将最大的企业转变为公有、合作经营企业，彻底改变垄断力量和收入分配。其次，政府应该承担投资规划。

这种新的体制结构应该将实现充分就业和稳定物价的目标看作是良好规划所得的正常结果，而不是特别措施所得的结果。例如，在市场资本主义制度下，价格管制措施难以通过立法来控制个人利益，执行时也很难，最终将与私人决策基本系统发生冲突。在一个宏观经济规划制度化的民主（或社会主义）经济体制中，维持备用价格管制力量是合理的。

如果宏观经济规划完美，就不需要价格管制。不过，由于判断错误或发生突发事件，有时会出现紧急情况，可能需要在较短的时间内在一个有限的区域通过价格管制预防通货膨胀——那样的话随时都能得到权力。

市场资本主义制度下的另一个改革建议是宪法应该赋予每个成年人充分就业的权利，而政府作为最后的雇主。在目前体制下，这种改革已被证明是无法立法的。即便纳入宪法，也会与私营企业引发基本冲突，因为它改变了资本主义劳动市场的基本规则——其中，企业始终比工人拥有更多权力。此外，在每个萧条期，政府都将与私营企业竞争，并慢慢取代私营企业。

根据提议的机制，没有理由反对将充分就业这一宪法权力看作是对个人有帮助的备用权力。然而，如果规划运作正常，个人将很少或根本就没有机会行使这项权利。将计划充分就业视为特定机构出现的正常情况明显比紧急修正好。无论如何，规划与工作权的结合将使失业工人的照片成为博物馆里的陈列品，失业补偿也将成为历史学家眼中的异国主题。这不是完全没根据的推测，因为仍有不少问题存在，但失业的病理状态可以而且也应该得到根除。

附 录

附录 A 定义变量

除非另有规定，否则所有定义均以美国商务部经济分析局的《周期指标手册——商情摘要补充》为依据（华盛顿特区：美国政府出版局，1984）。以下仅给出简要定义，详细阐述见原始资料。在原始资料中，每个定义前的数字为序列号（#）。

20. *厂房设备新订单*。厂房设备的合同及订单（以 1972 年美元价值为准）。

30. *存货投资*。企业库存变化（以 1972 年美元价值为准）。

43. *失业率*。民用劳动力失业人数比例，用百分比表示。

47. *工业生产指数*。该指数以 1967 年的 100 点为基准，涵盖了制造业、采矿业、天然气以及公用电业。

50. *国民生产总值*。由劳动力和财产提供的劳动力及财产所产生出的商品服务市场价值（以 1972 年美元价值为准）。

64. *劳动分配比例*。雇员补偿占国民收入的百分比为#280/#220。

77. *比率，存货对销售*。制造业及贸易库存与销售收入的比率（以 1972 年美元价值为准）。

82. *产能利用率*。产出量（由美联储委员会计算所得）与总产量（由美联储委员会调查估算所得）的比例。

86. *非住房投资总额*。私人非住房固定投资总额（结构及生产者耐用设备）（以 1972 年美元价值为准）。

105. *货币供应量，M1*。包括货币、旅行支票、活期存款、有息支票存款（以 1972 年美元价值为准）。

109. *基础利率*。银行收取他们最具信誉的商业客户的短期借贷利率。

110. *私人非金融借贷*。信贷市场上由私人非金融借款人筹集的资金（净还款额），作者根据通货膨胀做了调整。

220. *国民收入*。在货物生产和服务方面用劳力或财产所得的所有美国居民收入，作者根据通货膨胀做了调整。

231. *消费总额*。个人消费支出（以1972年美元价值为准），也就是个人所购（或所得）商品及服务。

233. *耐用消费品*。个人耐用品消费支出（以1972年美元价值为准）。

238. *非耐用消费品*。个人非耐用品消费支出（以1972年美元价值为准）。

239. *消费者服务*。个人服务消费支出（以1972年美元价值为准）。

280. *劳动收入*。员工所有补偿金，包括工资、薪金、奖金、小费及所有附加福利。

286. *公司税前利润额*。公司税前利润额与库存估价、资本消耗补偿。作者根据通货膨胀做了调整。

320. *消费物价指数*。所有城市消费者在固定市场所购的一篮子商品和服务的人均消费量（1967 = 100）。

331. *原料价格*。这是所有原料价格的生产价格指数（1967 = 100），包括进口用于深加工的原料。

346. *计时工资*。非农商业部门的所有雇员平均时薪指数（以1972年美元价值为准）。

358. *每小时产量*。非农商业部门的所有雇员每小时产量指数（以1972年美元价值为准）。

501. *联邦政府收入*。包括所有税、费以及社会保险费。

502. *联邦政府支出*。包括财货与服务购买、转移支付、净利息支付、补贴以及较少的政府企业利润。

910. *先行指标指数*。通常引领循环的12个序列号的平均数（序列号1，5，8，12，19，20，29，32，36，99，106，111）。

920. *同步指标指数*。通常引领循环的4个序号的平均数（序列号41，47，51，57）。

930. *滞后指标指数*。通常引领循环的6个序列号的平均数（序列号62，77，91，95，101，109）。

来自人口统计局的序列号,制造业、矿业以及贸易公司季度财务报表(华盛顿:美国政府出版局,1970—1983)。

1. 资本利润率(税前)。税前利润与股东权益比率。
2. 资本利润率(税后)。税后利润与股东权益比率。
3. 销售利润率(税前)。税前利润与同一部门销售额的比率。
4. 销售利润率(税后)。税后利润与同一部门销售额的比率。

附录 B 7 个周期的基圈

米切尔将基圈定义为整个周期的平均变量。基圈是绝对水平的活动,我们可在其周围测得相对周期运动。因此,它给读者提供了一个研究周期运动的基础或背景;如果我们获得连续几个周期的基圈,那将为我们提供一条所有周期活动都从中移除的趋势线。本附录列出了自 1949 年至 1982 年间 7 个周期中许多变量的基圈(使用所有季度数据和季度周期日)。

序号		周期						
		1	2	3	4	5	6	7
		1949—1954	1954—1958	1958—1961	1961—1970	1970—1975	1975—1980	1980—1982
19	500 支普通股价格指数	26	45	60	89	106	108	136
43	失业率(百分比)	3.6	4.8	6.0	4.7	5.7	7.0	8.4
44	失业率,失业 15 周或以上人员(百分比)	0.7	1.1	1.7	1.1	1.2	1.9	2.5
47	美国工业生产指数(1967 = 100)	36	43	47	67	88	100	107
50	国民生产总值,雷亚尔(万亿美元)	1.4	1.5	1.6	2.1	2.6	3.0	3.3
64	雇员报酬/国民收入(百分比)	67	68	69	70	73	73	75
67	短期商业贷款率(百分比)	3.3	4.1	4.9	6.0	8.1	10.1	16.4

续表

序号	周期	1 1949—1954	2 1954—1958	3 1958—1961	4 1961—1970	5 1970—1975	6 1975—1980	7 1980—1982
77	制造业 & 贸易库存/销售额（比率）	1.54	1.51	1.52	1.50	1.56	1.60	1.66
82	产能利用率，美联储制造业（百分比）	85	84	79	85	82	80	75
86	私人非住宅投资总额，雷亚尔（10亿美元）	131	153	153	221	290	336	3379
95	消费者分期付款信贷/个人收入（百分比）	6.7	9.1	9.9	11.9	12.8	13.0	12.2
109	银行所收基准利率（百分比）	3.0	3.6	4.4	5.6	7.5	9.5	16.3
110	私人非金融借贷，雷亚尔（10亿美元）	17.7	27.6	32.9	58.1	134.5	232.0	251.4
114	国库债券，短期收益率（百分比）	1.6	2.1	2.8	4.4	5.8	7.2	12.2
117	市政债券收益率（百分比）	2.2	2.8	3.4	4.1	5.6	6.6	11.0
230/220	消费额/国民收入（百分比）	77	77	78	76	76	78	80
231	消费总额，雷亚尔（万亿美元）	0.8	0.9	1.0	1.3	1.6	1.9	2.1
233	消费额，耐用品，雷亚尔（10亿美元）	75	91	94	135	198	245	250
238	消费，非耐用品，雷亚尔（10亿美元）	372	421	456	551	662	732	766
239	消费额，服务业，雷亚尔（10亿美元）	320	376	430	574	766	912	1030
241	国内私人投资，雷亚尔（10亿美元）	219	242	253	350	461	503	495
310	国民生产总值物价平减指数	25	28	30	35	49	70	95
320	消费者物价指数	79	82	88	99	132	193	275

续表

序号		周期						
		1	2	3	4	5	6	7
		1949—1954	1954—1958	1958—1961	1961—1970	1970—1975	1975—1980	1980—1982
331	原材料、生产价格指数	109	99	100	101	153	233	323
346	每小时的实际工资指数（1977 = 100）	56	65	71	83	95	99	96
358	每小时实际产出指数（1977 = 100）	60	65	70	83	94	99	99
502	联邦政府开支，雷亚尔（10 亿美元）	266	266	305	410	539	648	758
721	工业生产指数，经合组织（1975 年 = 100）	26	39	48	66	92	101	105
728	工业生产指数，日本（1975 = 100）	7	13	19	47	91	103	120
910	先行指标指数（1976 = 100）	56	64	71	95	121	136	139
920	同步指标指数（1976 = 100）	58	66	68	91	120	136	142
930	滞后指标指数（1976 = 100）	49	62	71	92	111	113	122

资料来源：美国商务部经济分析局《周期指标手册——商情摘要补充》（华盛顿特区：美国政府出版局，1984）。

附录 C 7 个周期的相对指数、均值：1949—1982

	序号	阶段								
		1	2	3	4	5	6	7	8	9
20	厂房及设备新订单，雷亚尔	82.5	89.2	102.6	112.9	112.1	109.3	102.4	97.7	95.1
30	库存投资，雷亚尔	67.5	97.6	118.9	113.7	112.7	97.1	84.1	80.7	55.6

续表

阶段										
序号		1	2	3	4	5	6	7	8	9
43	失业率	115.7	108.4	93.1	84.3	83.9	91.4	106.9	122.5	133.1
50	国民生产总值，雷亚尔	89.6	93.9	100.1	104.7	106.4	105.8	104.7	104.3	104
77	库存与销售额比率	104.4	99.2	97.8	99.1	100.3	101.8	103.9	105.7	106.1
82	产能利用率，美联储制造业	91.7	97	103.3	104.1	104.1	101.3	97.4	92.9	90.8
105	货币供应量 M1	99.3	99.7	100.5	101.1	100	99.9	99	98.9	99.2
109	银行所收基准利率	86.1	85.6	91.2	110.8	132	127.9	129	116.5	107
110	私人非金融借贷，雷亚尔	61.9	84.8	108.1	125.7	113	105.4	92.3	95.7	91.7
233	耐用消费品，雷亚尔	84.7	92.4	101.4	106	107.3	105.9	104.4	102.6	101.8
238	非耐用消费品，雷亚尔	93.3	95.5	99.5	103.1	104.4	104.2	104.1	104.3	104.6
239	消费者服务，雷亚尔	91.3	93.8	98.3	103.6	106.2	106.4	106.9	108.1	108.9
910	先行指标指数（1976 = 100）	86.6	94.6	101.8	105.5	104.4	102.6	100.3	98.7	100
920	同步指标指数（1976 = 100）	86.6	91.4	100.4	107.1	109.4	108.1	105.5	102.1	100.4
930	滞后指标指数（1976 = 100）	93.2	89.8	96.3	105.5	111	112.8	113.3	111.3	108.8

资料来源：美国商务部经济分析局《周期指标手册——商情摘要补充》（华盛顿特区：美国政府出版局，1984）。

附录D 4个周期的相对指数、均值：1949—1970

序号		阶段								
		1	2	3	4	5	6	7	8	9
20	厂房及设备新订单，雷亚尔	78.3	87	104.9	112.6	110	107.9	100.6	97.5	96.8
64	雇员补偿/国民收入	100.1	98.4	98.7	100.8	102.3	102.9	103.1	102.9	102.9
67	短期商业贷款的银行利率	84.3	87.6	96.2	109.5	121.9	121.8	118	115.3	112.3
86	私人非住宅投资总额，雷亚尔	84.3	89	101.8	106.5	111.2	109.5	107.6	106.1	104.3
95	消费者分期付款信贷/个人收入	90.6	90.4	100.4	103.2	107.1	107.9	108.4	108.6	108.3
105	货币供应量M1	98.4	99.2	100.5	100.9	100.3	100.2	99.9	99.9	100.2
107	货币流通速度，国民生产总值/M1	91.4	94.1	98.7	104.2	106.7	106.4	105.9	105.7	105.3
109	银行收取的基准利率	85.1	86.2	94.4	110.4	123.8	123.7	119.3	114.1	108.3
110	个人非金融借贷，雷亚尔	59.9	83	112.1	120	108.5	100.1	92.4	96.5	97.7
220—280	财产收入	90	96.4	103.3	103.4	101.5	99.1	97.8	97.7	97.3
231/220	消费额/国民收入	10.3.2	101.2	98.5	98.6	99.4	100.2	101.2	102	102.4
231	总消费额，雷亚尔	90.5	93.4	98.8	104.2	107	107.2	107.3	107.8	108
280	员工消费额	87	90.8	99.3	106.2	109.7	109.6	108.7	108.2	107.8
286	企业利润，税前	82.3	98.7	107.9	105.3	101.1	94.2	87.5	86.2	84.9

续表

	序号	阶段 1	2	3	4	5	6	7	8	9
346	计时工资，雷亚尔	92.4	94.7	99	103.1	105.2	105.4	105.7	106.2	106.3
358	每小时产量，雷亚尔	93.4	96.1	99.9	102.3	103.3	103.1	103.5	104.3	104.5

资料来源：美国商务部经济分析局《周期指标手册——商情摘要补充》（华盛顿特区：美国政府出版局，1984）。

	序号	阶段 1	2	3	4	5	6	7	8	9
A.	资本税前利润	79.6	103.7	113.2	102.5	99.0	87.5	81.4	76.0	73.9
B.	销售额税前利润	91.7	105.0	106.6	99.8	94.1	89.5	85.8	83.3	82.1

资料来源：人口调查局美国商务部经济分析局《制造业、矿业以及外贸公司季度财务报表》（华盛顿特区：美国政府出版局，1949—1983）。

附录 E 3 个周期的相对指数、均值：1970—1982

	序号	阶段 1	2	3	4	5	6	7	8	9
20	厂房及设备新订单额，雷亚尔	88.1	92.2	99.5	113.3	114.9	111.1	104.8	98	92.8
43	失业率	103.7	102.6	95.4	86.5	86.3	92.5	102.6	114.1	127
47	美国工业生产额	90.1	94	100.8	106.7	108.5	106.4	103.9	101.5	98.3
64	雇员补偿/国民收入	101.1	99.8	99.3	99	98.9	100	101.6	101.8	101.9
67	短期商业贷款银行利率	89.6	84.1	90.4	111.7	136.1	137.7	141.7	113.3	102.3
82	产能利用率，美联储	95.2	98.1	102.8	106.1	105.1	102.3	98.6	95.6	91.8

续表

序号		阶段								
		1	2	3	4	5	6	7	8	9
86	私人非住宅投资实际总额	90.6	90.9	97.7	108.3	112.2	111.6	107	103.4	100.5
95	消费分期付款信贷/个人收入	98.8	97.7	99.4	101.7	102.3	103	102	99.8	98.9
105	货币供应量 M1	100.5	100.3	100.5	101.3	99.7	99.6	97.9	97.5	98
107	货币流通速度,国民生产总值/M1	92.5	95.4	99.4	102.3	105.4	104.9	105.2	105	103.9
109	银行收取的基准利率	87.5	84.9	87	111.3	142.9	133.7	141.9	119.8	105.2
110	个人非金融借贷,雷亚尔	64.5	87.2	102.8	133.2	119	112.4	92.2	94.5	83.7
220	国民收入	92.9	95.7	100.1	104.4	105.4	104.6	102.5	101.4	100.6
220—280	财产收入	90.1	96.3	102	107.3	108	104.7	97.9	96.4	95.5
231	总消费额,雷亚尔	93.1	95.6	100	103	103.5	102.9	102.7	103	103.7
231/220	消费额/国民收入	101	100.2	99.4	98.4	98.3	99	100.8	101.9	103.3
241	个人国内投资实际总额	83.5	92.7	105.2	112.3	113.3	108	99.2	94.6	85.3
256	出口,雷亚尔	88.6	89.2	94.4	106.9	115.7	117.5	116.5	113.2	110.1
256—257	净出口	107.8	99.9	90.7	87.9	110.9	120.2	121	120	122.8
257	进口,雷亚尔	85.1	89.9	99.8	107.9	109.9	106.7	105.9	104	98
280	员工消费,雷亚尔	93.9	95.9	99.4	103.4	104.5	104.6	104.1	103.3	102.4
286	公司税前利润	88.6	99.3	106.4	111.7	111.7	109.1	95.4	91.2	84.2

续表

序号		阶段 1	2	3	4	5	6	7	8	9
320	消费者物价指数	87.2	90.2	94.9	102	109	110.5	114	117.4	118.2
331	原材料，生产价格指数	83.3	87.8	92	107.1	117	118.8	115.4	121.6	118
331/320	原材料/消费物价指数价格比	95.7	97.5	97.1	105.3	108	108.1	101.7	103.6	99.7
346	计时工资，雷亚尔	97.8	98.7	100.5	100.9	99.4	99.1	99.6	99.6	100.1
358	每小时劳动产量	96.6	98.8	100.7	101.4	100.9	100.3	99.6	99.7	100
501	联邦政府收入	91.7	93.1	100.6	106	107.6	106.8	105.6	103.7	102
501—502	联邦政府赤字	117	127.6	81.5	52.2	48	63.9	92.1	136.5	190
502	联邦政府支出	93.5	95.6	98.2	100.4	102.3	103.5	105	107.4	110.2
721	经合组织，工业生产	94.8	95.6	98.9	103.2	105.6	105.7	105.3	101.9	100.7
728	日本，工业生产	89.7	92.3	97.3	105.2	110.6	111	108.3	104.8	102.3

资料来源：美国商务部经济分析局《周期指标手册——商情摘要补充》（华盛顿特区：美国政府出版局，1984）。

序号		阶段 1	2	3	4	5	6	7	8	9
A.	税前利润/资本	81.6	98.9	103.6	119.4	112.9	106.6	104.5	88.9	73.7
B.	税前利润/销售额	87	101.8	104.4	113.6	106.5	104.4	99.8	88.1	76.6

资料来源：美国商务部人口调查局《制造业、矿业以及外贸公司季度财务报表》（华盛顿特区：美国政府出版局，1970—1983）。

附录F 7个周期的每季度增长率、均值：1949—1982

序号		分割段							
		1—2	2—3	3—4	4—5	5—6	6—7	7—8	8—9
13	新组成公司数	2.3	2.4	1.3	0.2	-1.1	-2.3	-0.7	3.8
19	500支普通股指数价格	5.1	2.3	0.8	-1.5	-3.2	-4.1	3.3	7.3
20	厂房设备的合同和订单数，雷亚尔	2.8	2.6	1.8	-0.7	-2.8	-6.6	-3.5	-2.6
30	库存投资，雷亚尔	10.1	4.2	-1	-0.3	-15.6	-13	-3.4	-25.1
35	企业净现金流量，雷亚尔	5.9	1.9	-0.1	0	-2.1	-4.2	-0.1	1.7
43	失业率	-2.9	-3.3	-1.5	-0.3	7.5	14.8	14.1	10.6
50	国民生产总值，雷亚尔	1.4	1.2	0.9	0.6	-0.6	-1.1	-0.3	-0.3
50/106	货币流通速度，国民生产总值/M2	0.4	0.6	0.2	0.6	-0.7	-0.9	-0.9	-1
67	短期商业贷款的银行利率	-0.8	5	3.4	4	4.1	-4.7	-11.3	-6.2
77	库存/销售额	-1.7	-1.3	-0.3	0.4	1.5	2	1.9	0.4
82	产能利用率指数	2.2	1.5	0.2	0	-3.2	-3.9	-4.2	-2.6
86	非住宅投资，雷亚尔	1	2	1.5	1.3	-1	-3.1	-2.5	-2.2
105	货币供应量M1，雷亚尔	0.2	-0.1	0.1	-0.6	-0.1	-0.9	-0.1	0.4
106	货币供应量M2，雷亚尔	0.9	0.5	0.5	-0.1	0.2	-0.1	0.6	0.7
107	货币流通速度，国民生产总值/M1	1.1	1.2	0.8	1.2	-0.4	-0.1	-0.3	-0.7
109	银行收取的基准利率	2.6	3.1	3.7	8	-4	-0.2	-11.7	-9.6
110	由非金融借款人的私人借贷	11.4	2.6	6.3	-8.2	-7.6	-13.8	5.3	-4
114	短期国债收益	9.1	4.5	7.6	3.3	-7.8	-18.1	-17.5	-12.9

续表

		分割段						
序号		1—2	2—3	3—4	4—5	5—6	6—7	7—8	8—9
115	短期国债收益	2.6	1.5	2.4	4.4	-0.8	-2.8	-2.6	-4.6
116	高级别国债收益	2.5	1.1	3.2	4.5	-1.2	-2.2	-4.1	-4.7
117	20 支市政债券收益	1.8	0.6	2.7	6.1	-1	-0.1	-2.3	-3.7
220	国民收入，雷亚尔	1.4	1.3	0.9	0.5	-0.8	-1.5	-0.6	-0.6
231	总消费额	0.9	1	0.9	0.6	-0.2	-0.1	0.3	0.4
233	耐用消费品	2.6	1.8	0.9	0.5	-1.5	-1.5	-1.8	-0.7
238	非耐用消费品	0.7	0.8	0.7	0.4	-0.2	-0.1	0.2	0.3
239	消费者服务	0.8	0.9	1.1	0.9	0.2	0.5	1.2	0.7
286	税前公司利润	4.7	1.7	0.2	-0.8	-5.1	-9.7	-2.5	-3.7
910	先行指标指数	2.6	1.5	0.7	-0.4	-1.8	-2.3	-1.5	1.2
917	货币和金融流量综合指数	1	0.8	0.3	-0.5	-0.7	-0.8	0	1.1
920	同步指标指数	1.6	1.8	1.3	0.8	-1.3	-2.6	-3.4	-1.7
930	滞后指标指数	-1.1	1.3	1.8	1.9	1.8	0.5	-2	-2.5

资料来源：美国商务部经济分析局《周期指标手册——商情摘要补充》（华盛顿特区：美国政府出版局，1984）。

	分割段						
序号	1—2	2—3	3—4	4—5	5—6	6—7	7—8	8—9
资本税前利润率	8.9	1.7	2.2	-3.4	-9.3	-4.7	-8	-7.7

资料来源：美国商务部人口调查局《制造业、矿业以及外贸公司季度财务报表》（华盛顿特区：美国政府出版局，1949—1983）。

附录G 4个周期的每季度增长率、均值：1949—1970

		分割段						
序号		1—2	2—3	3—4	4—5	5—6	6—7	7—8	8—9
30	库存投资，雷亚尔	15.9	13.7	2	5.9	-16.6	-7	-6.3	-3.3
47	美国工业生产指数	2.3	1.9	1.1	1.0	-2.2	-3.0	-2.0	-1.1

续表

序号	分割段	1—2	2—3	3—4	4—5	5—6	6—7	7—8	8—9
48	工作时间	0.9	1	0.6	0.5	−0.5	−1	−1.6	−0.3
64	劳动分配比例，也就是劳动收入/国民收入	−0.6	1	0.6	0.5	−0.5	−1	−1.6	−0.3
77	库存/销售额	−2.4	−0.4	−0.1	0.2	1.6	2.5	2.0	1.0
86	非住宅投资，雷亚尔	1.7	2.1	0.8	1.4	−1.3	−2	−1.7	−1.8
220	国民收入	1.5	1.3	0.8	0.6	−0.8	−1	−0.4	−0.4
220—280	财产收入总额	2.1	1.3	0.1	−0.6	−2.4	−1.3	−0.1	−0.4
220—280 / 220	财产份额	0.6	0	−0.7	−1.2	−1.6	−0.3	0.3	0
231	消费总额	1	0.9	0.9	0.8	0.2	0.1	0.5	0.2
231/220	平均消费倾向，即消费额/国民收入	−0.7	−0.5	0	0.3	0.8	1	0.8	0.5
241	个人国内投资实际总额	4.3	1.9	0.1	−0.4	−3.5	−4.4	−0.9	−0.6
256	出口	0.4	1	1.4	2.1	−0.4	−1.1	−0.2	−1.4
256—257	净出口	−0.2	−0.9	−0.2	−0.3	0.3	0.1	−0.3	−0.9
257	进口	0.6	1.9	1.6	1.9	−0.7	−1.2	0.1	2.3
280	劳动收入总额，雷亚尔	1.2	1.3	1.2	1.1	−0.1	−0.9	−0.5	−0.4
282	业主收入，雷亚尔	1	0	0	0	−0.6	−0.2	−0.6	−0.4
284	租金收入，雷亚尔	0.1	−2.4	−7.6	0	−0.4	0.3	−0.1	0.9
286	税前企业利润	5.4	1.6	−0.4	−1.4	−6.5	−6.7	−1.3	−1.2
288	净利息收入，雷亚尔	1.9	0.9	−7.6	2.2	1.5	3.9	4.1	1.7
346	实际计时工资	0.8	0.7	0.7	0.7	0.2	0.3	0.5	0.1
358	生产力，也就是每小时实际产出	0.9	0.6	0.4	0.3	−0.2	−0.3	0.8	−0.2
721	经合组织，工业生产	1.4	1.8	1.9	2	1.4	1.2	0.7	0.4

续表

序号		分割段						
		1—2	2—3	3—4	4—5	5—6	6—7	7—8	8—9
722	英国，工业生产指数	1.0	0.8	0.7	1.0	0.4	1.2	0.3	0.1
723	加拿大，工业生产指数	1.2	2.0	1.7	0.4	-0.2	-0.9	0.4	0.3
725	联邦德国，工业生产指数	1.4	1.7	1.8	2.6	1.1	2.3	1.8	0.8
726	法国，工业生产指数	0.4	1.1	1.2	1.5	2.4	2.6	1.5	1.1
727	意大利，工业生产指数	1.8	1.5	2.6	2.0	5.1	0.5	1.3	0.4
728	日本，工业生产指数	1.6	2.9	4.3	5.1	2.3	3	1.6	0.4

资料来源：美国商务部经济分析局《周期指标手册——商情摘要补充》（华盛顿特区：美国政府出版局，1984）。

	序号	分割段						
		1—2	2—3	3—4	4—5	5—6	6—7	7—8	8—9
A.	资本税前利润率	9.1	2.2	-2.7	-1.1	-11.5	-6.1	-5.4	-2
B.	税前利润/销售额	7.1	0.4	-1.5	-1.5	-6.4	-2.4	-1.7	-1.7

资料来源：美国商务部人口调查局《制造业、矿业以及外贸公司季度财务报表》（华盛顿特区：美国政府出版局，1970—1983）。

附录 H 3个周期的每季度增长率、均值：1970—1982

序号		分割段						
		1—2	2—3	3—4	4—5	5—6	6—7	7—8	8—9
47	美国工业生产指数	2.2	1.7	1.2	1.0	-2.1	-2.1	-1.7	-3.1
48	工作时间	0.6	0.8	0.9	0.7	-0.4	-0.6	-1.3	1
64	劳动分配比例，也就是劳动收入/国民收入	-0.8	-0.2	-0.1	-0.1	0.8	1.2	0.2	0.1

续表

序号		分割段							
		1—2	2—3	3—4	4—5	5—6	6—7	7—8	8—9
86	非住宅投资，雷亚尔	0.1	1.3	2.7	2	-0.6	-3.5	-2.8	-2.9
220	国民收入	1.6	1.1	1.1	0.5	-0.8	-2.1	-1	-0.9
220-280	财产收入总额	3.1	1.4	1.3	0.6	-3.3	-6.8	-1.5	-1
(220-280)/220	财产份额	1.5	0.3	0.2	0.1	-2.5	-4.7	-0.5	-0.1
231		1.4	1	0.9	0.3	-0.6	-0.2	0.3	0.7
231/220	消费总额	-0.5	-0.2	-0.2	-0.1	0.7	1.4	0.8	1.4
241	平均消费倾向，即消费额/国民收入	5.1	3.1	1.8	0.5	-5.3	-6.8	-3.5	-9.3
256	个人国内投资实际总额	0.1	2	2.5	3.3	1.8	-0.9	-2.5	-3.1
256-257	出口	-2.9	-0.4	-0.1	2.2	5	0.4	-0.3	2.9
257	净出口	3	2.4	2.6	1.1	-3.2	-1.3	-2.2	-6
280	进口	0.8	0.9	1	0.4	0.1	0.4	-0.7	-0.8
282	劳动收入总额，雷亚尔	2.1	0.3	-0.4	-0.7	-5.8	-6.1	2	-0.3
284	业主收入，雷亚尔	3.2	-1.7	2.9	2.6	3.6	-15.3	-1	8.1
286	租金收入，雷亚尔	6.2	1.8	1.3	-0.1	-2.6	-10.5	-3.2	-7
288	税前企业利润	1.5	2	2.9	5.5	2.1	2.5	-1.1	-1
320	消费价格指数	1.7	1.5	1.9	3.3	1.5	2.9	2.5	0.8
331	原材料价格指数	2.7	1.2	3.3	4.2	1.8	-2.5	5.4	-3.7
331/320	原材料价格/消费价格指数	1.2	0.4	1.4	0.8	0.1	-4.9	2.1	-3.9
346	实际计时工资	0.5	0.4	0.1	-0.7	-0.3	0.4	0	0.5
358	生产力，也就是每小时实际产出	1.1	0.5	0.2	-0.3	-0.5	-0.7	0.1	0.3
501	联邦政府收入，雷亚尔	2	1.8	0.6	1.1	-1.1	-0.9	-1.4	-1.2

续表

序号		分割段						
		1—2	2—3	3—4	4—5	5—6	6—7	7—8	8—9
501+511	政府收入总额，雷亚尔	1.6	1.5	0.6	0.8	-0.8	-0.6	-0.6	-0.5
502	联邦政府支出，雷亚尔	0.9	0.8	0.4	1	1.2	1.2	2	2.8
502-501	联邦政府赤字，雷亚尔	-1.1	-1	-0.2	-0.1	2.3	2.1	3.4	4
502+512	政府支出总额，雷亚尔	1	0.6	0.3	0.5	0.8	0.7	1.3	1.7
(502+512)-(501+511)	政府赤字总额	-0.6	-0.9	-0.3	-0.3	1.6	1.3	1.9	2.2
511	国家和地方收入，雷亚尔	1.2	1.1	0.5	0.5	-0.5	-0.3	0.2	0.2
512	州政府和地方支出，雷亚尔	0.6	0.4	0.2	0.1	0.4	0.2	0.5	0.7
512—511	州政府和地方赤字，雷亚尔	-0.6	-0.7	-0.3	-0.4	0.9	0.5	0.7	0.9
721	经合组织，工业生产	0.3	0.6	0.8	1	0.1	-0.5	-2.5	-1.2
722	英国，工业生产指数	-1.3	0.2	1.2	0.7	-2.4	0.6	-1.8	-0.6
723	加拿大，工业生产指数	1.8	0.9	1.9	0.0	-0.3	-2.7	-1.1	-2.5
725	联邦德国，工业生产指数	0.4	0.5	0.5	1.0	-0.4	-1.1	-2.0	-2.0
726	法国，工业生产指数	0.3	0.4	0.9	0.7	1.0	-1.0	-1.8	-1.1
727	意大利，工业生产指数	1.0	1.0	0.6	2.0	0.9	-0.2	-5.7	-1.2
728	日本，工业生产指数	1.1	1.1	1.7	2.6	0.4	-1.8	-2.7	-2.5

资料来源：美国商务部经济分析局《周期指标手册——商情摘要补充》（华盛顿特区：美国政府出版局，1984）。

		分割段							
	序号	1—2	2—3	3—4	4—5	5—6	6—7	7—8	8—9
A.	资本税前利润率	8.5	1.2	8.7	-6.5	-6.4	-2.7	-11.4	-15.2
B.	资本税后利润率	9.3	1.2	9.9	-6.7	-1.3	-6.2	—	—
C.	消费额税前利润率	6.4	1	6	-5.5	-2.1	-4.2	-8.5	-11.5
D.	消费额税后利润率	7.2	0.6	7.4	-6.8	-3.5	-5.3	-7.9	-13.6

资料来源：美国商务部人口调查局《制造业、矿业以及外贸公司季度财务报表》（华盛顿特区：美国政府出版局，1970—1983）。

参考文献

Abromowitz, Moses. 1950. *Inventories and Business Cycles*. New York: National Bureau of Economic Research.

AFL-CIO Executive Committee. 1973. *The National Economy*. Washington, D.C.: AFL-CIO.

Agnew, Vice-President Spiro. 1971. Speech at National Governors' Conference, September 4.

Alchian, Armen. 1969. "Information Costs, Pricing, and Resource Unemployment." *Western Economic Journal* 7 (June): 107–29.

Amott, Teresa. 1989. "Re-slicing the Pie." *Dollars and Sense*, No. 146 (May): 10–11.

Ando, A., and Franco Modigliani. 1963. "The Life Cycle Hypothesis of Saving." *American Economic Review* 53 (March): 55–84.

Arcela, Francisco, and Allan Metzler. 1973. "The Markets for Housing and Housing Services." *The Journal of Money, Credit, and Banking* 5 (February): 78–99.

Arestis, P., and C. Driver. 1980. "Consumption out of Different Types of Income in the U.K." *Bulletin of Economic Research* 32: 23–36.

Auerbach, Paul. 1988. *Competition, The Economics of Industrial Change*. New York: Basil Blackwell.

Avineri, Shlomo. 1968. *The Social and Political Thought of Karl Marx*. Cambridge: Cambridge University Press.

Bain, Joe S. 1939. "The Relation of the Economic Life of Equipment to Reinvestment Cycles." *Review of Economics and Statistics* 21 (May): 79–88.

Baran, Paul. 1957. *The Political Economy of Growth*. New York: Monthly Review Press.

Baran, Paul, and Paul Sweezy. 1966. *Monopoly Capital*. New York: Monthly Review Press.

Barnet, Richard, and Ronald Muller. 1974. *Global Reach*. New York: Simon and Schuster.

Barro, Robert J., ed. 1989. *Modern Business Cycle Theory*. Cambridge, Mass. Harvard University Press.

———. 1980. "The Equilibrium Approach to Business Cycles." In Robert J. Barro, ed., *Money, Expectations, and Business Cycles*, 41–78. New York: Academic Press.

Bell, Peter. 1977. "Marxist Theory, Class Struggle, and the Crisis of Capitalism." In Jesse Schwartz, ed., *The Subtle Anatomy of Capitalism*, 170–94. Santa Monica, Cal.: Goodyear Publishers.

Bernanke, Ben, and James Powell. 1986. "The Cyclical Behavior of Industrial Labor Markets." In Robert Gordon, ed., *The American Business Cycle*, 583–638. Chicago: University of Chicago Press.

Bernstein, Michael A. 1987. *The Great Depression*. New York: Cambridge University Press.
Berry, John. 1988. "Labor Costs Raise Fears of Inflation." *Washington Post*, July 27, 1, 11.
Bils, Mark. 1987. "The Cyclical Behavior of Marginal Cost and Price." *American Economic Review* 77 (December): 838–55.
Black, Fischer. 1987. *Business Cycles and Equilibrium*. Hagerstown, Md.: Basil Blackwell.
Blair, John. 1974. "Market Power and Inflation." *Journal of Economic Issues* 8 (June): 453–78.
———. 1972. *Economic Concentration*. New York: Harcourt, Brace, Jovanovich.
Blanchard, Oliver, and Mark Watson. 1986. "Are Business Cycles All Alike?" In Robert Gordon, ed., *The American Business Cycle*, 123–82. Chicago: University of Chicago Press.
Bleany, Michael. 1976. *Underconsumption Theories*. New York: International Publishers.
Blinder, Alan S. 1988. "The Challenge of High Unemployment." *American Economic Review* 78 (May): 1–15.
———. 1976. "Intergenerational Transfers and Life-Cycle Consumption." *American Economic Review* 66 (May): 87–93.
———. 1975. "Distribution Effects of the Aggregate Consumption Function." *Journal of Political Economy* 83: 446–61.
Blinder, Alan, and Douglas Holtz-Eakin. 1986. "Inventory Fluctuations in the United States Since 1929." In Robert Gordon, ed., *The American Business Cycle*, 183–236. Chicago: University of Chicago Press.
Boddy, Raford, and James Crotty. 1975. "Class Conflict and Macro-Policy." *Review of Radical Political Economics* 7 (Spring): 1–17.
Boskin, Michael. 1978. "Taxation, Saving, and the Rate of Interest." *Journal of Political Economy* 86 (April): 503–27.
Bowles, Samuel, and Herbert Gintis. 1982. "The Crisis of Liberal Democratic Capitalism." *Politics and Society* 11: 69–79.
———. 1981. "Structure and Practice in the Labor Theory of Value." *Review of Radical Political Economics* 12 (Winter): 1–27.
Bowles, Samuel, David Gordon, and Thomas Weisskopf. 1983. *Beyond the Wasteland*. New York: Doubleday.
Bowring, Joseph. 1986. *Competition in A Dual Economy*. Princeton, N.J.: Princeton University Press.
Brenner, Harvey. 1976. *Estimating the Social Costs of National Economic Policy: Implications for Mental Health and Criminal Aggression*. Prepared for the Joint Economic Committee, U.S. Congress, Washington, D.C.: U.S. Government Printing Office.
Bureau of Economic Analysis, U.S. Department of Commerce. 1984. *Handbook of Cyclical Indicators, A Supplement to the Business Conditions Digest*. Washington, D.C.: U.S. Government Printing Office.
Burkett, Paul, and Mark Wohar. 1987. "Keynes on Investment and the Business Cycle." *Review of Radical Political Economics* 19 (Winter): 39–54.

Burmeister, E., and P. Taubman. 1969. "Labor and Non-Labor Income Saving Propensities." *Canadian Journal of Economics* 2: 1–15.

Burnham, Walter Dean. 1982. *The Current Crisis in American Politics*. New York: Oxford University Press.

Burns, Arthur, ed. 1952. *Wesley Clair Mitchell: The Economic Scientist*. New York: National Bureau of Economic Research.

Burns, Arthur, and Wesley Mitchell. 1946. *Measuring Business Cycles*. New York: National Bureau of Economic Research.

Buttrell-White, Betsy. 1978. "Empirical Tests of the Life Cycle Hypothesis." *American Economic Review* 68 (September): 547–60.

Carnoy, Martin. 1984. *The State and Political Theory*. Princeton, N.J.: Princeton University Press.

Case, John. 1981. *Understanding Inflation*. New York: Penguin Books.

Chandler, Lester. 1970. *America's Greatest Depression, 1929–1941*. New York: Harper and Row.

Cherry, Robert. 1981. "What Is So Natural about the Natural Rate of Unemployment?" *Journal of Economic Issues* 15 (September): 729–44.

———. 1980. *Macroeconomics*. Reading, Mass.: Addison-Wesley.

Cherry, Robert, et al., eds. 1987. *The Imperiled Economy*, Book 1. New York: Union for Radical Political Economics.

Cochrane, D., and G. H. Orcutt. 1949. "Application of Leasat Squares Regression to Relationships Containing Autocorrelated Error Terms." *Journal of the American Statistical Association* 44 (May): 32–61.

Costrell, Robert M. 1981–1982. "Overhead Labor and the Cyclical Behavior of Productivity and Real Wages." *Journal of Post Keynesian Economics* 4 (Winter): 277–90.

Council of Economic Advisers. 1988. *Economic Report of the President, 1988*. Washington, D.C.: U.S. Government Printing Office.

Courakis, Anthony, ed. 1981. *Inflation, Depression, and Economic Policy in the West*. Totowa, N.J.: Barnes and Noble.

Crotty, James. 1987. "The Role of Money and Finance in Marx's Crisis Theory." In Robert Cherry et al., eds., *The Imperiled Economy*, Book 1, 71–82. New York: Union for Radical Political Economics.

———. 1986. "Marx, Keynes, and Minsky on the Instability of the Capitalist Growth Process." In Suzanne Heldurn and Daird Bramhall, eds., *Marx, Schumpeter, and Keynes*, 297–327. Armonk, N.Y.: M. E. Sharpe.

Crotty, James R., and Jonathan P. Goldstein. 1988. "A Marxian-Keynesian Theory of Investment Demand: Empirical Evidence." Paper presented at Conference on International Perspectives on Accumulation and Profitability, at New York University, New York, September 1988.

Crow, John A. 1948. *The Epic of Latin America*. Garden City, N.Y.: Doubleday.

Cypher, James. 1974. "Capitalist Planning and Military Expenditures." *Review of Radical Political Economics* 6 (Fall): 1–19.

———. 1972. "Military Expenditures and the Performance of the Post-War Economy, 1947–1971." Ph.D. diss., University of California, Riverside, Cal.

Darity, William, and Wanda Marrero. 1981. "Distribution, Effective Demand, and the Orthodox Macromodel." *Journal of Macroeconomics* 3 (Fall): 455–87.

Davidson, Paul. 1978. *Money and the Real World.* New York: Wiley.

De Brunhoff, Suzanne. 1976. *Marx on Money.* New York: Urizen Books.

De Leeuw, F. 1962. "The Demand for Capital Goods by Manufacturers: A Study of Quarterly Time Series." *Econometrica* 30, No. 3 (July): 407–23.

Dernberg, Thomas. 1989. *Global Macroeconomics.* New York: Harper and Row.

Devine, James. 1987. "Cyclical Over-Investment and Crisis in a Labor-Scarce Economy." *Eastern Economic Journal* 13 (July-Sept.): 271–80.

———. 1983. "Underconsumption, Over-Investment, and the Origins of the Great Depression." *Review of Radical Political Economics* 15 (2): 1–27.

Dornbusch, Rudiger. 1980. *Open Economy Macroeconomies.* New York: Basic Books.

Dornbusch, Rudiger, and Stanley Fischer. 1986. "The Open Economy." In Robert J. Gordon, ed., *The American Business Cycle.* Chicago: University of Chicago Press.

Draper, Hal. 1977. *Karl Marx's Theory of Revolution.* New York: Monthly Review Press.

Du Boff, Richard, and Edward Herman. 1989. "The Promotional-Financial Dynamic of Merger Movements." *Journal of Economic Issues* 23 (March): 107–34.

Duesenberry, J. 1949. *Income, Saving, and the Theory of Consumer Behavior.* Cambridge, Mass.: Harvard University Press.

Dugger, William, ed. 1989. *Radical Institutionalism.* New York: Greenwood Press.

———. 1985. "Centralization, Diversification, and Administrative Burden in U.S. Enterprises." *Journal of Economic Issues* 19 (September): 687–701.

Dutt, Amitava Krishna. 1987. "Competition, Monopoly Power, and the Uniform Rate of Profit." *Review of Radical Political Economics* 19 (Winter): 55–72.

Earley, James, Robert Parsons, and Fred Thompson. 1976. "Money, Credit, and Expenditures." *The Bulletin* 3. New York: NYU Graduate School of Business: 2–38.

Edsall, Thomas. 1986. "More than Ever, the Electorate Is Polarized on Economic Lines." *Washington Post National Weekly Edition,* January 6.

Eichner, Alfred. 1987. *Macrodynamics of Advanced Market Economies.* Armonk, N.Y.: M. E. Sharpe.

———. 1976. *The Megacorp and Oligopoly.* Armonk, N.Y.: M. E. Sharpe.

———. 1973. "A Theory of the Determination of the Mark-up Under Oligopoly." *Economic Journal* 83 (December): 1184–99.

Eichner, Alfred, and J. A. Kregal. 1975. "An Essay on Post-Keynesian Theory: A New Paradigm in Economics." *Journal of Economic Literature* 13 (December): 1293–1314.

Einarsen, Johan. 1938. *Reinvestment Cycles.* Oslo: J. Chr. Gundersens Boktrykkeri.

Eisner, Robert. 1978. *Factors in Business Investment.* Cambridge, Mass.: Ballinger.

Epstein, Gerald. 1981. "Domestic Inflation and Monetary Policy." In Tom Ferguson and Joel Rogers, eds., *The Hidden Election*, 141–95. New York: Pantheon.

Epstein, Gerald, and Herbert Gintis. 1988. "An Asset Balance Model of International Capital Market Equilibrium." Paper presented at Conference on Financial Openness (WIDER), Helsinki, July 1988. Revised paper presented at Conference on International Perspectives on Profitability and Accumulation, at C. V. Starr Center for Applied Economics and New York University, New York, September 1988.

Evans, Michael K. 1969. *Macroeconomic Activity*. New York: Harper and Row.

Evans, Paul. 1987. Book review of *How Real Is the Federal Deficit?*, by Robert Eisner. *Journal of Economic Literature* 25 (September): 1345–46.

Ferleger, Lou, and Jay Mandle. 1987. "Democracy and Productivity in the Future American Economy." *Review of Radical Political Economy* 19 (Winter): 1–15.

Fichtenbaum, Rudy. 1985. "Consumption and the Distribution of Income." *Review of Social Economy* (October): 234–44.

Fine, Ben, and Lawrence Harris. 1976. "Controversial Issues in Marxist Economic Theory." In R. Miliband and J. Seville, eds., *The Socialist Register*, 141–178. New York: Monthly Review Press.

Fisher, Franklin. 1987. "Horizontal Mergers." *Journal of Economic Perspectives* 1 (Fall): 23–40.

Foley, Duncan. 1983. "Say's Law in Marx and Keynes." Paper presented at Conference on Heterodoxy in Economic Thought: Marx, Keynes, and Schumpeter, at University of Paris X-Nanterre, Paris, June 3–5, 1983.

Foster, John B. 1987. "What Is Stagnation?" In Robert Cherry et al., eds., *The Imperiled Economy*, Book 1. New York: Union for Radical Political Economics.

———. 1986. *The Theory of Monopoly Capital*. New York: Monthly Review Press.

———. 1985. "Sources of Instability in the U.S. Political Economy and Empire." *Science and Society* 49 (Summer): 167–93.

Freeman, Richard B. 1988. "Contraction and Expansion: The Divergence of Private Sector and Public Sector Unionism in the United States." *Journal of Economic Perspectives* 2, No. 2 (Spring): 63–88.

Friedman, Benjamin. 1986. "Money, Credit, and Interest Rates in the Business Cycle." In Robert Gordon, ed., *The American Business Cycle*, 395–458. Chicago: University of Chicago.

Friedman, Milton. 1982. *Capitalism and Freedom*. Chicago: University of Chicago Press.

———. 1971. "Price Controls." *Newsweek*, August 30, 81.

———. 1968. "The Role of Monetary Policy." *American Economic Review* 72 (January): 1–24.

———. 1957. *A Theory of the Consumption Function*. Princeton, N.J.: Princeton University Press.

Frumkin, Norman. 1987. *Tracking America's Economy*. Armonk, N.Y.: M. E. Sharpe.
Galbraith, John Kenneth. 1989. "A Look Back." *Journal of Economic Issues* 23 (June): 413–16.
———. 1972. *The Great Crash*. Boston: Houghton-Mifflin.
———. 1967. *The New Industrial State*. Boston: Houghton-Mifflin.
Gans, Herbert. 1988. "Is Voting Just for Upscale People?" *Washington Post*, July 8, 1.
Gapinski, James. 1982. *Macroeconomic Theory*. New York: McGraw-Hill.
Geary, P. T., and J. Kennan. 1982. "The Employment-Real Wage Relationship." *Journal of Political Economy* 90 (August): 854–71.
George, Susan. 1988. *A Fate Worse than Debt: The World Financial Crisis and the Poor*. New York: Grove Press.
Gilder, George. 1981. *Wealth and Poverty*. New York: Basic Books.
Glyn, Andrew, and Bob Sutcliffe. 1972. *British Capitalism, Workers, and the Profit Squeeze*. London: Penguin.
Gold, David. 1977. "The Rise and Decline of the Keynesian Coalition." *Kapitalstate* 6 (Fall): 1–18.
Gorbachev, Mikhail. 1987. *Perestroika*. New York: Harper and Row.
Gordon, David M. 1988. "The Global Economy: New Edifice or Crumbling Foundations?" *New Left Review* 168 (March/April): 24–65.
Gordon, David, Thomas Weisskopf, and Samuel Bowles. 1987. "Power, Accumulation and Crisis." In Robert Cherry et al., eds., *The Imperiled Economy*, Book 1, 43–58. New York: Union for Radical Political Economics.
———. 1983. "Long Swing and the Nonproductive Cycle." *American Economic Review* 73 (May): 152–57.
Gordon, R. A. 1961. *Business Fluctuations*. 3d ed. New York: Harper and Row.
———. 1952. "Investment Opportunities in the United States." In R. A. Gordon, ed., *Business Cycles in the Post-War World*. New York: Oxford University Press.
Gordon, Robert J., ed. 1986. *The American Business Cycle*. Chicago: University of Chicago Press.
Gordon, Robert J., and John Veitch. 1986. "Fixed Investment in the American Business Cycle, 1919–1983." In Robert J. Gordon, ed., *The American Business Cycle*. Chicago: University of Chicago Press.
Gottlieb, Manuel. 1963. "Long Swings in Urban Building Activity." In *43rd Annual Report of the NBER*. New York: NBER.
Green, Francis. 1984. "A Critique of the Neo-Fisherian Consumption Function." *Review of Radical Political Economics* 16, Nos. 2 and 3: 95–114.
———. 1980. "A Note on the Overestimated Importance of the Constant U.S. Savings Ratio." *Southern Economic Journal* 47, No. 2: 510–16.
Green, Mark. 1972. *Who Runs Congress?* New York: Bantam.
Greider, William. 1987. *Secrets of the Temple: How the Federal Reserve Runs the Country*. New York: Simon and Schuster.
Griffin, Keith, and John Gurley. 1985. "Radical Analyses of Imperialism, the

Third World, and the Transition to Socialism." *Journal of Economic Literature* 23 (September): 1089–1143.

Griffin, L. J., M. Wallace, and J. Devine. 1982. "The Political Economy of Military Spending." *Cambridge Journal of Economics* 6 (March): 1–14.

Grilliches, Z., and N. Wallace. 1965. "The Determinants of Investment Revisited." *International Economic Review* 6, No. 3 (September): 311–29.

Guttentag, J. M. 1961. "The Short Cycle in Residential Construction." *American Economic Review* 51 (June): 292–308.

Haberler, Gottfried. 1960. *Prosperity and Depression*. 4th ed. Cambridge, Mass.: Harvard University Press.

Hahn, Frank. 1983. *Money and Inflation*. Cambridge, Mass.: MIT Press.

Hahnel, Robin, and Howard Sherman. 1982a. "Income Distribution and the Business Cycle." *Journal of Economic Issues* 16 (March): 49–73.

―――. 1982b. "The Profit Rate over the Business Cycle." *Cambridge Journal of Economics* 6 (June): 185–94.

Hansen, Alvin. 1964. *Business Cycles and National Income*. New York: Norton.

Harris, Joe. 1978. "The Impact of the 1971–1974 Wage and Price Controls on Profit Levels and Distribution of Income." Ph.D. diss., University of California, Riverside, Riverside, Cal.

Harrison, Bennett, and Barry Bluestone. 1988. *The Great U-Turn: Corporate Restructuring and the Polarizing of America*. New York: Basic Books.

Hayek, Frederick. 1939. *Profits, Interest, and Investment*. London: Routledge.

Heilbroner, Robert. 1989. "Rereading 'The Affluent Society.'" *Journal of Economic Issues* 23 (June): 367–78.

Henley, Andrew. 1987a. "Trade Unions, Market Concentration and Income Distribution in United States Manufacturing Industry." *International Journal of Industrial Organization* 5: 193–210.

―――. 1987b. "Labour's Shares and Profitability Crisis in the United States." *Cambridge Journal of Economics* 11 (December): 315–30.

Heskel, Mitchell, Robert Pinkham, and Doris Robinson. 1982. "The Empirical Consumption-Wage Bill Ratio." *Journal of Post-Keynesian Economics* 5 (Fall): 66–77.

Hickman, Bert. 1959. "Diffusion, Acceleration, and Business Cycles." *American Economic Review* 49 (September): 535–65.

Hickman, Bert, and Stefan Schleicher. 1978. "The Interdependence of National Economies." *Weltwirtschaftsliches Archiv* 114: 642–708.

Hicks, John R. 1950. *A Contribution to the Theory of the Trade Cycle*. Oxford: Oxford University Press.

Hobson, John A. 1922. *The Economics of Unemployment*. London: George Allen and Unwin.

Holbrook, Robert, and Frank Stafford. 1971. "The Propensity to Consume Separate Types of Income: A Generalized Permanent Income Hypothesis." *Econometrica* 39 (January): 1–21.

Hotson, John. 1976. *Stagflation and the Bastard Keynesians*. Waterloo, Canada: University of Waterloo Press.

Hultgren, Thor. 1965. *Costs, Prices, and Profits: Their Cyclical Relations.* New York: National Bureau of Economic Research.

Jarrell, Gregg, James Brickley, and Jeffry Netter. 1988. "The Market for Corporate Control." *Journal of Economic Perspectives* 2 (Winter): 49–68.

Jensen, Michael. 1988. "Takeovers." *Journal of Economic Perspectives* 2 (Winter): 21–48.

Joint Economic Committee of the U.S. Congress. 1986. *The Concentration of Wealth in the United States.* Washington, D.C.: U.S. Government Printing Office (July).

Jorgenson, Dale. 1971. "Econometric Studies of Investment Behavior: A Survey." *Journal of Economic Literature* 9: 1111–47.

Jorgenson, Dale, and M. Hall. 1963. "Capital Theory and Investment Behavior." *American Economic Review* 53, No. 2 (May): 247–59.

Kahn, R. F. 1931. "The Relation of Home Investment to Unemployment." *Economic Journal* (June): 25–44.

Kalecki, Michal. [1935] 1968. *Theory of Economic Dynamics.* New York: Monthly Review Press.

Keynes, John M. 1979. *Collected Writings*, 29. London: Macmillan.

———. 1939. "Mr. Keynes on the Distribution of Incomes and 'Propensity to Consume': A Reply." *Review of Economics and Statistics* 27 (August): 128–30.

———. 1936. *The General Theory of Employment, Interest and Money.* New York: Harcourt Brace Jovanovich.

Kindleberger, Charles. 1978. *Manias, Panics and Crashes: A History of Financial Crisis.* New York: Basic Books.

King, M. A. 1975. "The United Kingdom Profits Crisis: Myth or Reality?" *The Economic Journal* 85 (March): 33–54.

Klein, Lawrence. 1962. *An Introduction to Econometrics.* Englewood Cliffs, N.J.: Prentice-Hall.

Klein, Lawrence, and A. S. Goldberger. 1955. *An Econometric Model of the United States, 1929–1952.* Amsterdam: North Holland Publishers.

Klein, Philip. 1989a. "Institutionalism Confronts the 1990s." *Journal of Economic Issues* 23 (June): 545–54.

———, ed. 1989b. *Analyzing Modern Business Cycles.* Armonk, N.Y.: M. E. Sharpe.

———. 1983. "The Neglected Institutionalism of Wesley Clair Mitchell." *Journal of Economic Issues* 17 (December): 867–99.

———. 1976. *Business Cycles in the Postwar World.* Boston: University Press of America.

Klein, Philip, and Geoffrey Moore. 1985. *Monitoring Growth Cycles in Market-Oriented Countries.* Cambridge, Mass.: Ballinger.

Kloby, Jerry. 1987. "The Growing Divide." *Monthly Review* 39 (September): 1–9.

Kobayashi, Yoshihiro. 1971. "Movements of Price and Profits in the Periods of Rapid Growth in the Japanese Economy." *Economic Studies Quarterly* 6 (August): 14–36. In Japanese.

Kotz, David. 1987. "Long Waves and Social Structures of Accumulation." *Review of Radical Political Economics* 19 (Winter): 16–38.

Kuznets, Simon. [1932] 1967. *Secular Movements in Production and Prices*. New York: A. M. Kelley.

Laffer, Arthur. 1982. *Supply-Side Economics*. Pacific Palisades, Cal.: Goodyear.

League of Nations. 1945. *Economic Stability in the Post-War World*. Geneva: League of Nations.

———. 1934. *Statistical Yearbook, 1932–1934*. Geneva: League of Nations.

Lee, Maurice W. 1955. *Economic Fluctuations*. Homewood, Ill.: Irwin.

Lekachman, Robert. 1985. "The Radical Keynes." In Harold Wattel, ed., *Policy Consequences of John Maynard Keynes*, 30–38. Armonk, N.Y.: M. E. Sharpe.

———. 1960. *Keynes' General Theory*. London: Macmillan.

Leontief, Wassily. 1985. "Theoretical Assumptions and Unobserved Facts." In W. Leontief, ed., *Essays In Economics*, 272–82. New Brunswick, N.J.: Transaction Books.

Lindblom, Charles. 1977. *Politics and Markets*. New York: Basic Books.

Long, C. D. 1939. "Long Cycles in the Building Industry." *Quarterly Journal of Economics* 51 (May): 371–403.

Long, John, and Charles Plosser. 1983. "Real Business Cycles." *Journal of Political Economy* 91 (February): 39–69.

Lucas, Robert. 1986. "Models of Business Cycles." Paper prepared in mimeo for the Yrjo Jansson Lectures. Helsinki, Finland (March).

———. 1981. *Studies in Business Cycle Theory*. Oxford: Basil Blackwell.

———. 1977. "Understanding Business Cycles." In Karl Brunner and Alan Metzler, eds., *Stabilization of the Domestic and International Economy*. Amsterdam: North Holland Publishers.

———. 1975. "An Equilibrium Model of the Business Cycle." *Journal of Political Economy* 83 (December): 1113–44.

Maccini, Louis, and Robert Rossana. 1981. "Investment in Finished Goods Inventories." *American Economic Review* 71 (May): 392–401.

MacEwan, Arthur. 1990. *Debt and Disorder*. New York: Monthly Review Press.

———. 1989. "International Trade and Economic Instability." *Monthly Review* 40 (February): 10–21.

———. 1986. "International Debt and Banking: Rising Instability within the General Crisis." *Science and Society* 50 (Summer): 177–209.

———. 1984. "Interdependence and Instability: Do the Levels of Output in the Advanced Capitalist Countries Increasingly Move Up and Down Together?" *Review of Radical Political Economics* 16: 57–79.

MacEwan, Arthur, and William Tabb, eds. 1989. *Instability and Change in the World Economy*. New York: Monthly Review Press.

Mack, Ruth. 1956. *Consumption and Business Fluctuations: A Case Study of the Shoe, Leather, Hide Sequence*. New York: National Bureau of Economic Research.

Magdoff, Harry. 1979. *Imperialism: From the Colonial Age to the Present*. New York: Monthly Review Press.

———. 1969. *Age of Imperialism*. New York: Monthly Review Press.

Magdoff, Harry, and Paul Sweezy. 1987. *Stagnation and the Financial Explosion.* New York: Monthly Review Press.

Mandel, Ernest. 1970. *Europe vs. America: Contradictions of Imperialism.* New York: Monthly Review Press.

Mankiw, N. Gregory. 1989. "Real Business Cycles: A New Keynesian Perspective." *Journal of Economic Perspectives* 3 (Summer): 79–90.

Marglin, Stephen. 1984. *Growth, Distribution, and Prices.* Cambridge, Mass.: Harvard University Press.

Marglin, Stephen, and Amit Bhaduri. 1990. "Profit Squeeze and Keynesian Theory." In Stephen Marglin, ed., *The Golden Age of Capitalism: Lessons for the 1990s.* London: Oxford University Press.

Martin, Henry. 1987. "Financial Instability in the U.S. Economy." In Robert Cherry et al., eds., *The Imperiled Economy*, Book 1, 139–44. New York: Union for Radical Political Economics.

Marx, Karl. [1905] 1952. *Theories of Surplus Value.* New York: International Publishers.

―――. 1909. *Capital*, vol. 3. Chicago: Charles Kerr.

―――. 1907. *Capital*, vol. 2. Chicago: Charles Kerr.

―――. [1867] 1903. *Capital*, vol. 1. Chicago: Charles Kerr.

Mayer, Thomas. 1972. *Permanent Income, Wealth, and Consumption: A Critique of the Permanent Income Theory, The Life-Cycle Hypothesis, and Related Theories.* Berkeley: University of California Press.

Means, Gardiner. 1975. "Inflation and Unemployment." In John Blair, ed., *The Roots of Inflation.* New York: Burt Franklin.

Melman, Seymour. 1988. "Economic Consequences of the Arms Race: The Second-Rate Economy." *American Economic Review* 78 (May): 55–59.

―――. 1970. *Pentagon Capitalism.* New York: McGraw-Hill.

Metzler, Lloyd. 1947. "Factors Governing the Length of Inventory Cycles." *Review of Economics and Statistics* 29 (February): 1–15.

―――. 1941. "Nature and Stability of Inventory Cycles." *Review of Economics and Statistics* 23 (August): 113–29.

Meyer, John, and Edwin Kuh. 1957. *The Investment Decision.* Cambridge, Mass.: Harvard University Press.

Miliband, Ralph. 1969. *The State in Capitalist Society.* New York: Basic Books.

Mill, John Stuart. [1848] 1920. *Principles of Political Economy.* Edited by W. L. Ashley. London: Longmans, Green.

Miller, John. 1986. "The Fiscal Crisis of the State Reconsidered: Two Views of the State and the Accumulation of Capital in the Postwar Economy." *Review of Radical Political Economics* 18, Nos. 1 and 2 (Spring and Summer): 236–60.

―――. 1982. "The State, Cycles, and Crises: A Critical Examination of the Fiscal Revolution in the United States." Ph.D. diss., University of Pittsburgh, Pa.

Miller, Norman, and Marina Whitman. 1973. "Alternative Theories and Tests of U.S. Foreign Investment." *Journal of Finance* 28 (December): 1131–50.

Mills, Frederick. 1946. *Price-Quantity Interactions In Business Cycles.* New York: National Bureau of Economic Research.

Minsky, Hyman. 1986. *Stabilizing an Unstable Economy*. New Haven: Yale University Press.

Mintz, Ilse. 1967. *Cyclical Fluctuations in the Exports of the United States since 1879*. New York: National Bureau of Economic Research.

———. 1959. *Trade Balance During Business Cycles*. New York: National Bureau of Economic Research.

Mirowski, Philip. 1986. "Mathematical Formalism and Economic Explanation." In Philip Mirowski, ed., *The Reconstruction of Economic Theory*, 179–240. Boston: Kluwer-Nijhoff.

———. 1985. *The Birth of the Business Cycle*. New York: Garland Publishing Co.

Mitchell, Wesley C. 1951. *What Happens during Business Cycles*. New York: National Bureau of Economic Research.

———. 1913. *Business Cycles*. Berkeley: University of California Press.

Mitchell, Wesley C., and W. L. Thorp. 1926. *Business Annals*. New York: National Bureau of Economic Research.

Modigliani, Franco. 1977. "The Monetarist Controversy Or, Should We Forsake Stabilization Policies?" *Economic Review*, 21–35. San Francisco: Federal Reserve Bank of San Francisco.

———. 1975a. "The Consumption Function in a Developing Economy and the Italian Experience." *American Economic Review* 65 (December): 825–42.

———. 1975b. "The Life-Cycle Hypothesis of Saving Twenty Years Later." In Michael Parkin and A. R. Nobay, eds., *Contemporary Issues in Economics*. Proceedings of the Conference of University Teachers of Economics. Manchester, N.H.: Manchester University Press.

Modigliani, Franco, and Charles Steindel. 1977. "Is a Tax Rebate an Effective Tool for Stabilization Policy?" *Brookings Papers on Economic Activity* 1: 175–209.

Moore, Geoffrey. 1983. *Business Cycles, Inflation, and Forecasting*. 2d ed. Cambridge, Mass.: Ballinger.

———. 1962. "Tested Knowledge of Business Cycles." In *42nd Annual Report of the National Bureau of Economic Research*. New York: National Bureau of Economic Research.

Morgenstern, Oskar. 1959. *International Financial Transactions and Business Cycles*. New York: National Bureau of Economic Research.

Moseley, Fred. 1985. "The Rate of Surplus Value in the Post-war U.S. Economy: A Critique of Weisskopf's Estimates." *Cambridge Journal of Economics* 9 (January): 43–51.

Muller, Ronald. 1975. "Global Corporations and National Stabilization Policy." *Journal of Economic Issues* 9 (June): 183–84.

Mullineux, A. W. 1984. *The Business Cycle after Keynes*. Totowa, N.J.: Barnes and Noble.

Munkirs, John. 1985. *The Transformation of American Capitalism*. Armonk, N.Y.: M. E. Sharpe.

Munkirs, John, and Janet Knoedler. 1987. "The Dual Economy: An Empirical Analysis." *Journal of Economic Issues* 21 (June): 803–11.

Munley, Frank. 1981. "Wages, Salaries, and the Profit Share." *Cambridge Journal of Economics* 5 (April): 235–42.

Murfin, A. J. 1980. "Saving Propensities from Wage and Non-Wage Income." *Warwick Economic Research Papers*, no. 174: 1–19.

Musgrove, Philip. 1980. "Income Distribution and the Aggregate Consumption Function." *Journal of Political Economy* 88 (June): 504–25.

Nixon, President Richard. 1971. Speech on television, August 15.

Oi, Walter. 1962. "Labor as a Quasifixed Factor." *Journal of Political Economy* 70 (December): 538–55.

Orsberg, Lars. 1988. "The 'Disappearance' of Involuntary Unemployment." *Journal of Economic Issues* 22 (September): 707–28.

Pechman, Joseph. 1985. *Who Paid the Taxes, 1966–1985*. Washington, D.C.: The Brookings Institution.

Perlo, Victor. 1976. "The New Propaganda of Declining Profit Shares and Inadequate Investment." *Review of Radical Political Economics* 8 (Fall): 53–64.

Perry, Charles. 1970. "Changing Labor Markets and Inflation." *Brookings Papers on Economic Activity* 3: 411–41.

Peterson, Wallace. 1988a. *Income, Employment, and Economic Growth*. 6th ed. New York: W. W. Norton.

———, ed. 1988b. *Market Power and the Economy*. Norwell, Mass.: Kluwer Academic Publishers.

———. 1987. "Macroeconomics: Where Are We?" *Review of Social Economy* 45 (April): 64–76.

Piven, Frances Fox, and Richard Cloward. 1988. *Why Americans Don't Vote*. New York: Pantheon Books.

Plosser, Charles. 1989. "Understanding Real Business Cycles." *Journal of Economic Perspectives* 3 (Summer): 51–78.

Pollin, Robert. 1989. "Abyss of Third World Debt." *Monthly Review* 40 (June): 54–58.

———. 1988a. "The Growth of U.S. Household Debt: Demand-side Influences." *Journal of Macroeconomics* 10 (Spring): 231–48.

———. 1988b. *Deeper in Debt: The Changing Financial Conditions of U.S. Households*. Report prepared for Joint Economic Committee, U.S. Congress, Washington, D.C.: U.S. Government Printing Office.

———. 1987. "Structural Change and Increasing Fragility in the U.S. Financial System." In Robert Cherry et al., eds., *The Imperiled Economy*, Book 1, 145–58. New York: Union for Radical Political Economics.

———. 1986. "Alternative Perspectives on the Rise of Corporate Debt Dependency." *Review of Radical Political Economics* 18 (Spring and Summer): 205–35.

Pool, John Charles, and Stephen Stamos. 1989. *International Economic Policy: Beyond the Trade and Debt Crisis*. Lexington, Mass.: Lexington Books.

Pulling, Kathleen. 1978. "Cyclical Behavior of Profit Margins." *Journal of Economic Issues* 12 (June): 1–24.

Ransom, Roger. 1980. "In Search of Security: The Growth of Government in the

United States, 1902–1970." *University of California, Riverside Working Papers*, no. 40 (January).

Rebitzer, James. 1987. "Unemployment, Long-term Employment Relations, and Productivity Growth." *Review of Economics and Statistics* 69 (November): 627–35.

Reder, Melvin W. 1988. "The Rise and Fall of Unions." *Journal of Economic Perspectives* 3, No. 2 (Spring): 89–110.

Ricardo, David. [1817] 1891. *The Principles of Political Economy and Taxation*. London: Gonner, Bell, and Sons.

Riddell, Tom. 1988. "U.S. Military Power, the Terms of Trade, and the Profit Rate." *American Economic Review* 78 (May): 60–65.

Robinson, J. Gregg. 1988. "American Unions in Decline: Problems and Prospects." *Critical Sociology* 15, No. 1 (Spring): 33–56.

Robinson, Joan. 1979. "Solving the Stagflation Puzzle." *Challenge* (November-December): 40–46.

Rodbertus, Karl. 1898. *Overproduction and Crisis*. New York: Scribner's.

Rose, Arnold. 1967. *The Power Structure*. New York: Oxford University Press.

Rosen, Lewis. 1973. "Stock Market Capital Gains and Consumption Expenditures." *Journal of Finance* 28 (December): 1376–89.

Rousseas, Stephen. 1986. *Post Keynesian Monetary Economics*. New York: M. E. Sharpe.

Ruccio, David. 1988. "The Merchant of Venice or Marxism in the Mathematical Mode." *Rethinking Marxism* 1 (Winter): 36–68.

Russakoff, Dale, and Cindy Skrzycki. 1988. "Growing Pains in the 'Contingent Work Force.'" *Washington Post*, February 11, 1, 18.

Salop, Steven. 1987. "Symposium on Mergers and Antitrust." *Journal of Economic Perspectives* 1 (Fall): 3–12.

Samuelson, Paul. 1973. *Economics*. 9th ed. New York: McGraw-Hill.

———. 1971. "Price Controls." *Newsweek*, August 30, 82.

———. 1939. "Interaction between the Multiplier Analysis and the Principle of Acceleration." *Review of Economic Statistics* 21 (May): 75–78.

Sardoni, Claudio. 1982. *Marx and Keynes on Economic Recession*. New York: New York University Press.

Sawyer, Malcolm. 1988. "Theories of Monopoly Capitalism." *Journal of Economic Surveys* 2, No. 1: 47–76.

———. 1985a. "Toward a Post-Kaleckian Macroeconomics." In Philip Arestis and Thanos Skouras, eds., *Post Keynesian Economic Theory*. Armonk, N.Y.: M. E. Sharpe.

———. 1985b. *The Economics of Michal Kalecki*. Armonk: N.Y.: M. E. Sharpe.

———. 1982. *Macroeconomics in Question: The Keynesian-Monetarist Orthodoxy and the Kaleckian Alternative*. Armonk, N.Y.: M. E. Sharpe.

Scherer, F. M. 1988. "Corporate Takeovers." *Journal of Economic Perspectives* 2 (Winter): 69–82.

Schmalensee, Richard. 1987. "Horizontal Merger Policy." *Journal of Economic Perspectives* 1 (Fall): 41–54.

Schor, Juliet, and Samuel Bowles. 1987. "Employment Rates and the Incidence of Strikes." *Review of Economics and Statistics* 45 (November): 580–96.

Schultze, Charles. 1964. "Short-Run Movements and Income Shares." In National Bureau of Economic Research, *The Behavior of Income Shares*. Princeton, N.J.: Princeton University Press.

Schumpeter, Joseph A. 1939. *Business Cycles: A Theoretical, Historical, and Statistical Analysis of the Capitalist Process*. New York: McGraw-Hill.

Semmler, Willi, ed. 1989. *Financial Dynamics and Business Cycles*. Armonk, N.Y.: M. E. Sharpe

———. 1982. "Competition, Monopoly, and Differential Profit Rates." *Review of Radical Political Economics* 13 (Winter): 39–52.

Severn, Alan. 1974. "Investor Evaluation of Foreign and Domestic Risk." *Journal of Finance* 29 (March): 545–50.

Shaikh, Anwar. 1978. "An Introduction to the History of Crisis Theories." In Union for Radical Political Economy, ed., *U.S. Capitalism in Crisis*, 219–48. New York: Monthly Review Press.

Shepherd, William. 1970. *Market Power and Economic Welfare*. New York: Random House.

Sherman, Howard. 1987. *Foundations of Radical Political Economy*. Armonk, N.Y.: M. E. Sharpe.

———. 1986. "Changes in the Character of the U.S. Business Cycle." *Review of Radical Political Economics* 18, Nos. 1 and 2: 190–204.

———. 1971. "Marxist Models of Cyclical Growth." *History of Political Economy* 3 (Spring): 28–55.

———. 1968. *Profits in the United States*. Ithaca, N.Y.: Cornell University Press.

Sherman, Howard, and Gary Evans. 1984. *Macroeconomics: Keynesian, Monetarist, and Marxist Views*. New York: Harper and Row.

Sherman, Howard, and Thomas Stanback. 1962. "Cyclical Behavior of Profits, Appropriations, and Expenditures." *Proceedings of the American Statistical Association* 59 (September): 274–86.

Shleifer, Andrei, and Robert Vishay. 1988. "Value Maximization and the Acquisition Process." *Journal of Economic Perspectives* 2 (Winter): 7–20.

Sismondi, J.C.L. Simonde de. [1815] 1946. "Industrial Crisis: The Result of Laissez-Faire." In Donald D. Wagner, ed., *Social Reformers*, 151–53. New York: Macmillan.

Solow, Robert M. 1960. "On a Family of Lag Distributions." *Econometrica* 28, No. 2 (April): 393–406.

Stanback, Thomas. 1963. *Post-war Cycles in Manufacturers' Inventories*. New York: National Bureau of Economic Research.

Steindel, Charles. 1977. "Personal Consumption, Property Income, and Corporate Saving." Ph.D. diss., MIT.

Steindl, Joseph. 1952. *Maturity and Stagnation in American Capitalism*. New York: Monthly Review Press.

Stern, Philip M. 1988. *The Best Congress Money Can Buy*. New York: Pantheon.

Stockman, David. 1986. *The Triumph of Politics*. New York: Harper and Row.

Summers, Laurence. 1988. "Good News on the Trade Deficit, But . . ." *New York Times*, May 20, 1.

Sweezy, Paul. 1942. *Theory of Capitalist Development*. New York: Monthly Review Press. Reprinted 1970.

Szymanski, Albert. 1978. *The Capitalist State and the Politics of Class*. Cambridge, Mass.: Winthrop.

———. 1975. "The Decline and Fall of the U.S. Eagle." In David Mermelstein, *The Economic Crisis Reader*. New York: Random House.

———. 1974. "Productivity, Growth, and Capitalist Stagnation." *Science and Society* 48 (Fall): 295–322.

Tamalty, Karen. 1981. "Foreigners' Investments in U.S. Rise." *Los Angeles Times*, November 15, 1.

Taylor, Lester. 1971. "Saving Out of Different Types of Income." *Brookings Papers on Economic Activity* 2: 383–416.

Tobin, James. 1985. "Keynes Policies in Theory and Practice." In Harold Wattel, ed., *The Policy Consequences of John Maynard Keynes*. Armonk, N.Y.: M. E. Sharpe.

———. 1981. "The Monetarist Counter-Revolution Today—An Appraisal." *Economic Journal* 71 (March): 321–37.

Turner, Marjorie. 1989. *Joan Robinson and the Americans*. Armonk, N.Y.: M. E. Sharpe.

United Press International. 1981. "Tax Cut Seen Having Small Initial Impact." *Honolulu Advertiser*, August 5, 1.

United States Bureau of the Census. 1986. *Money, Income, and Poverty Status of Families and Persons in the United States*. Washington, D.C.: U.S. Government Printing Office (August).

United States Department of Commerce. Bureau of Economic Analysis. 1984. *Handbook of Cyclical Indicators*. Washington, D.C.: U.S. Government Printing Office.

United States Internal Revenue Service. 1935–1955. *Statistics of Income, Corporate Income Tax Returns*. Washington, D.C.: U.S. Government Printing Office.

Valentine, Lloyd M. 1987. *Business Cycles and Forecasting*. 7th ed. Cincinnati, Ohio: Southwest Publishing Co.

Varian, Hal. 1988. "Symposium on Takeovers." *Journal of Economic Perspectives* 2 (Winter): 3–5.

Veblen, Thorstein. [1904] 1975. *The Theory of Business Enterprise*. New York: Augustus Kelly.

Wachtel, Howard, and Peter Adelsheim. 1976. *The Inflationary Impact of Unemployment: Price Markups during Postwar Recessions, 1947–1970*. Report prepared for U.S. Congress, Joint Economic Committee. Washington, D.C.: U.S. Government Printing Office.

Walbank, F. W. 1956. *The Decline of the Roman Empire in the West*. London: Cobbett Press.

Wattel, Harold, ed. 1985. *Policy Consequences of John Maynard Keynes*. Armonk, N.Y.: M. E. Sharpe.

Weeks, John. 1989. *A Critique of Neoclassical Macroeconomics*. New York: St. Martin's Press.

Weintraub, Sidney. 1978. *Keynes, Keynesians, and Monetarists*. Philadelphia: University of Pennsylvania Press.

——. 1958. *An Approach to the Theory of Income Distribution*. Philadelphia: Chilton.

Weisskopf, Thomas. 1979. "Marxian Crisis Theory and the Rate of Profit in the Postwar U.S. Economy." *Cambridge Journal of Economics* 3 (December): 341–78.

——. 1978. "Marxist Perspectives on Cyclical Crisis." In Union for Radical Political Economics, ed., *U.S. Capitalism in Crisis*, 241–260. New York: Monthly Review Press.

Weisskopf, Thomas, Samuel Bowles, and David Gordon. 1985. "Two Views of Capitalist Stagnation." *Science and Society* 49 (Fall): 259–86.

——. 1983. "Hearts and Minds: A Social Model of U.S. Productivity Growth." *Brookings Papers on Economic Activity* 2: 381–441.

White, Laurence. 1987. "Anti-trust and Merger Policy." *Journal of Economic Perspectives* 1 (Fall): 13–22.

Winnick, Andrew. 1989. *Toward Two Societies: The Changing Distribution of Income and Wealth in the U.S. since 1960*. New York: Praeger.

Wojnilower, Albert. 1988. "The Central Role of Credit Crunches in Recent Financial History." *Brookings Papers on Economic Activity* 2: 277–326.

Wolfson, Martin. 1986. *Financial Crises*. Armonk, N.Y.: M. E. Sharpe.

Wonnacott, Paul. 1974. *Macroeconomics*. Chicago: Irwin.

Wood, Adrian. 1975. *A Theory of Profits*. Cambridge: Cambridge University Press.

Woodward, Kenneth. 1987. "Money, Profits, Credit, and Business Cycles." Ph.D. diss., University of California, Riverside, Riverside, Cal.

Yaffe, David. 1973. "The Crisis of Profitability." *New Left Review* 80 (July/August): 1–21.

Zarnowitz, Victor. 1985. "Recent Work on Business Cycles in Historical Perspective." *Journal of Economic Literature* 23 (June): 523–80.

Zarnowitz, Victor, and Geoffrey Moore. 1986. "Major Changes in Cyclical Behavior." In Robert J. Gordon, ed., *The American Business Cycle*, 519–82. Chicago: University of Chicago Press.

Zevin, Robert. 1988. "Are World Financial Markets More Open?" Paper presented at Conference on Financial Openness (WIDER), Helsinki, July 1988.

Zimbalist, Andrew, Howard Sherman, and Stuart Brown. 1989. *Comparing Economic Systems*. San Diego: Harcourt Brace Jovanovich.

索　引

Abromowitz, Moses, 摩西·阿布罗莫威茨, 129

absolute income theory, consumption and, 绝对收入理论, 消费与绝对收入理论, 87-88

accelerator principle, 加速器原理: defined, 加速器原理的定义, 67

demand and, 需求与加速器原理, 115-16

downturn and, 衰退与加速器原理, 203-4

Hayek's theory of capital costs and, 哈耶克资本成本理论与加速器原理, 218-19

limitations and qualifications of, 加速器原理的限制与不足, 141-42

multiplier-accelerator model of business cycles and, 经济周期的乘数-加速器模型与加速器原理, 138-41

underconsumptionist theory and, 消费不足与加速器原理 195, 201-2

adaptive expectations, neoclassical theory and, 适应性预期, 新古典理论与适应性预期, 57-61

Adelsheim, Peter, 彼得·阿德尔斯海姆, 306-7

adjustment barriers, exogenous shocks and, 调整障碍, 外生性冲击与调整障碍, 64-66

administered prices, monopoly power and, 管理的价格, 垄断势力与管理的价格, 301-5

administrative constraints on policy reform, 政策改革的行政性限制, 364-65

advertising, underconsumption and, 广告, 消费不足与广告, 193

AFL-CIO, wage-price freezes and, 382, 产联, 工资-价格冻结与产联, 384

aggregate consumption, growth model and, 总消费, 增长模型与总消费, 76-77

aggregate demand, 总需求, accelerator relation and, 加速器关系与总需求, 139-140

consumption as, 作为总需求的消费, 83

underconsumptionist theory and, 消费不足理论与总需求, 195-96, 201-2

aggregate indicators, 总指标, business cycles and, 经济周期与总指标, 8

agriculture, 农业, during Great Depression, 大萧条期间, 325

history of, in U.S., 美国的农业史, 32-33, 36-37

role of, in business cycles, 经济周期中

索引

的农业，52

Allende, Salvadore，萨尔瓦多·阿连德，371

amplitude，幅度，See cyclic amplitudes，参阅"周期幅度（cyclic amplitudes）"

Ando, A.，A. 安藤，88－89

"animal spirits"，"动物本能"，114

assets，资产，monopolies and concentration of，垄断和资产集中，298－301

See also banks，参阅"银行（banks）"；corporate assets，企业资产，distribution of，资产分配

automatic fiscal policy，自动财政政策，341－42

average propensity to consume（APC），平均消费倾向（APC），defined，定义，86－88

income and，收入与，（1921－1938），97－98

income and（1949－1970），收入与平均消费倾向（APC）（1949－1970），98－100

income and（1970－1982），收入与平均消费倾向（APC）（1970－1982），100－103

labor share and，劳动份额与平均消费倾向（APC），103－6

neoclassical－Keynesian theories and，新古典理论、凯恩斯理论与平均消费倾向（APC），91－93

workers and capitalists and，工人与资本家与平均消费倾向（APC），95－97

ayllu economic unit，农村氏族公社经济单位，24

Bain, J. S.，J. S. 邦，135

bank rates on business loans，银行商业贷款利率，cycles in，银行商业贷款利率中的周期，287－88

bankruptcy，破产，business cycle contractions and，经济周期收缩与破产，4

banks，银行，concentration of assets in，银行中的资产集中，300－301

endogenous money supply and，内生货币供给与银行，275

failure of，银行失灵，276－77

global operations of，银行的全球性运营，314

international finance and，国际金融与银行，331

open market operations by，银行的公开市场操作，373－74

reserve requirements and，法定准备率与银行，373

in U. S.，在美国的，33－34

Baran, Paul，保罗·巴伦，193

Barro, Robert J.，罗伯特·J.·巴罗，60

Bartering，以物易物，credit and financial crises and，信贷与金融危机与，270

law of supply and demand and，供求定律与，64

role of，以物易物的作用，in business cycle，经济周期中的以物易物，26－27

in Roman Empire，在罗马帝国的，27－28

behavior，行为，financial，金融，continuity and change in，连续性与行为变化，280－81

Berry, John，约翰·贝里，379－80

Black workers, 黑人工人, voluntary unemployment and, 自愿失业与, 251-52

Bretton Woods agreement, 布雷顿森林协议, international finance and, 国际金融与布雷顿森林协议, 329-31

origins of, 布雷顿森林协议的起源, 277-78

British financial panic of 1847, 英国1847年金融恐慌, 36-37

Burns, Arthur, 阿瑟·伯恩斯, 7

Business, 商业: credit, 信用, financial crisis and, 金融危机与商业, 284-85

losses to, from contractions in business cycle, 经济周期中的商业收缩引起的商业损失, 4

spread of, 商业扩张, 31-32

subsidies, 商业馈赠, 366-67, 369

Business Conditions Digest,《商业状况文摘》, 9, 127-28

Business cycle, 经济周期, amplitude and, 幅度与经济周期, 15-16

capital costs and, 资本成本与, 208-14

consumption during, 经济周期期间的消费, 40-42

and cycle relatives, 与周期相关性, 12-14

dates of, 经济周期日程, 9-10

defined, 经济周期的定义, 3, 7-9

depreciation and replacement during, 经济周期期间的折旧和重置, 134-36

divisions of, 经济周期的划分, 11-12

duration of, 经济周期的持续时间, 8

elimination of, 经济周期的根除, 386-91

endogenous cycle theory and, 内生经济周期理论与, 67-72

government spending and, 政府支出与, 339-59

growth rates and, 增长率与, 14-15

history of, 经济周期史, 23-49

income distribution and, 收入分配与, 42-44, 157-89

instability increased during, 经济周期期间的渐增不稳定性, 279-80

institutionalist view of, 经济周期的制度主义者观点, 5

interest rate behavior during, 经济周期期间的利率行为, 287-89

international finance and, 国际金融与, 317-38

international investment and, 国际投资与, 322-23

inventory investment and, 存货投资与, 128-33

investment and, 投资与, 40-42, 110-37

leading, lagging, and coincident indicators, 领先、滞后和同步指标, 16-21

long-run changes and regularity in, 经济周期中的长期变动及规律性, 35

measurement of, 经济周期的测定, 7-33

money used in, 经济周期期间的货币使用, 26-30

monopoly and, 垄断与, 295-315

overinvestment and, 过度投资与, 215-31

production-realization hypothesis, 生产实现假说, 248-66

profits and profit rates, 利润与利润率, 232-47

reference cycles versus specific cycles, 参考周期与特定周期, 10-11

reform policymaking and, 政策制定与, 363-85

reserve army theory and, 预备军理论与, 215-31

state and local government spending patterns, 州及本地政府支出模式, 351-54

synchronization of, 经济周期同步, 332-35

unemployment and, 失业与, 45-48

units as, 的单位, 21

in U.S. economy, 美国经济的, 36-40

capacityutilization, 产能利用, accelerator model and, 加速器模型与, 142

business cycles and, 经济周期与, 187

labor share and, 劳动份额与, 159-60, 163, 255, 263-64

profit rate and, 利润率与, 236-37, 246

underconsumptionist business cycle and, 消费不足主义的经济周期与, 201

unemployment and, 失业与, 179, 181-85

utilization-underemployment hypothesis and, 非充分就业利用假说与, 165-66

wage lag hypothesis and, 工资滞后假说与, 161

capital 资本: accelerator relation and, 加速关系与, 139

profit rates and, 利润率与, 242-46

role of, in profit rate, 利润率中的资本作用, 234

capital costs, 资本成本, business cycle and, 经济周期与, 208-14

cyclical price movements (1949-1970), 周期性价格波动 (1949-1970), 210-11

cyclical price movements (1970-1982), 周期性价格波动 (1970-1982), 211-13

econometrics and, 计量经济学与, 213-14

Hayek's theory of, 哈耶克资本成本理论, 217-19

price changes, 价格变化, 208-10

profit squeeze theory and, 利润挤压理论与, 256

reserve army theory and, 后备军理论与, 226

short-run, cyclical behavior of, 资本成本的短期周期性行为, 216

capital funds, 资本基金, profits and, 利润与, 233

capital investment, 资本投资, technology and, 技术与, 138

capitalism, 资本主义, business cycle and, 经济周期与, 8, 31-32

crises and, 危机与, 48-49

government spending and, 政府支出与, 340-41

Marxist bias against, 马克思主义对资本主义的偏见, 194

propensity to consume and, 消费倾向与, 95-97

stages of, in U.S., 美国资本主义的各个阶段, 32-34

wage lag hypothesis and, 工资滞后假说, 160-61

Carter, Jimmy, 吉米·卡特, 368, 378

Catchings, W., W. 卡其斯, 191

centralization of economy, 经济集权, 390-91

Chandler, Lester, 莱斯特·钱德勒, 37-38

Cherry, 查理, Robert, 罗伯特, 67

underconsumptionstTheory and, 消费不足理论与, 196-97

circulation of money, income and, 货币循环, 收入与, 51-52

classical cycles, 古典循环, leading, lagging, and coincident indicators and, 领先、滞后和同步指标与, 20

class income hypothesis, 阶级收入假说, 93-95, 107, 158-59

time lags and, 时滞与, 108-9

classinterests, 阶级利益, policy reform and, 政策改革与, 368-69

closed economy assumption, 封闭经济假设, fallacy of, 封闭经济假设的谬论, 317

coincident indicators, 同步指标, business cycles and, 经济周期与, 16-21

coins, history of use, 硬币的使用史, 27

commodities, 商品, excess supply of, 商品的过度供给, 55

as money, in business cycle, 经济周期中作为货币使用的商品, 26-27

competition, 竞争, investment and, 投资与, 113-14

competitive sector, 竞争性部门, defined, 竞争性部门的定义, 302-3

profit rates and monopolies, 利润率与垄断, 308-9

computers, 计算机, international finance and, 国际金融与, 330

concentration ratio, 集中度, monopolies and, 垄断与, 299-301

profit rates and, 利润率与, 307-8

conglomerates, concentration of assets in, 企业集团中的资产集中, 299-301

Conservative policies, 保守政策, defined, 保守政策的定义, 364

Constructive spending, 建设性支出, 366

Consumer credit, 消费信贷, See credit, 参阅"信贷（credit）"

Consumer demand, 消费需求, See consumption, 参阅"消费（consumption）"

consumer price index, 消费价格指数, cyclical price movements and, 周期性价格波动与, 211

Consumption, 消费, accelerator relation and, 加速关系与, 139-40

average propensity to consume (APC) (1921-1938), 平均消费倾向 (APC) (1921-1938), 97-98

average propensity to consume (APC) (1949-1970), 平均消费倾向 (APC) (1949-1970), 98-100

average propensity to consume (APC) (1970-1982), 平均消费倾向 (APC) (1970-1982), 100-3

class income hypothesis, 阶级收入假说, 93-95

credit and, 信贷与, 106

during crisis, profit squeeze theory and,

危机期间的利润挤压理论与，257 – 58

dynamic equilibrium and, 动态均衡与, 75

equations of multiplier – accelerator model and, 乘数 – 加速器模型方程式, 153

function of, in underconsumptionist business cycle, 消费不足主义的经济周期函数, 199 – 200

government activity and, 政府活动与, 106

Hayek's theory of capital costs and, 哈耶克资本成本理论与, 218 – 19

history of business cycles and, 经济周期史, 40 – 42

income distribution and, 收入分配与, 97 – 102, 327 – 28

international trade and, 国际贸易与, 106 – 7

investment and, 投资与, 110 – 12

Keynes's view of, 凯恩斯的消费观点, 84, 86 – 88

labor share and propensity to consume, 劳动份额与消费倾向, 103 – 6

life cycle hypothesis and, 生命周期假说与, 88 – 89

multiplier – accelerator model and, 乘数—加速器模型与, 146 – 49

neoclassical – Keynesian theories and, 新古典理论、凯恩斯理论与, 90 – 93

overinvestment model of business cycle and, 经济周期的过度投资模型, 220

permanent income hypothesis, 持久收入假说, 89 – 90

profit squeeze theory and, 利润挤压理论与, 253, 257 – 58, 262 – 63, 265

relative income theory and, 相对收入理论与, 88

reserve army theory and, 后备军理论与, 225 – 26

time lags and, 时滞与, 107 – 9

types of, 消费类型, 83 – 86

wage – price freezes and, 工资—价格冻结与, 380 – 83

workers' and capitalists' propensities to consume and, 工人和资本家的消费倾向于, 95 – 97

contraction amplitude, 收缩幅度, in business cycles, 经济周期中的收缩幅度, 16

price indexes and, 价格指数与, 304 – 5

contraction phase of business cycle, 经济周期收缩阶段, business losses during, 经济周期收缩阶段的经济损失, 4

credit and, 信贷与, 292 – 93

defined, 的定义, 11

government spending patterns and, 政府支出模式与, 357 – 58

individual workers' losses during, 经济周期收缩阶段的个体劳动者的损失, 4 – 5

inflation in, 经济周期收缩阶段的通胀, 296 – 97

overhead labor thesis and, 间接劳动理论与, 163

social losses during, 经济周期收缩阶段的社会损失, 4

cooperative economy, 合作经济, credit and financial crises and, 信贷与金融危机与, 270

economic democracy and, 经济民主与, 386–87

corporate assets, 企业资产, distribution of, 企业资产的分配, 299–301

corporate credit, 企业信贷, 284–85

corporate debt, 企业债务, increase in, 企业债务的增加, 278

corporate income tax, 企业收入所得税, 343–44

corporate profits, 企业利润, after taxes, 企业税后利润, 120, 243–45

before taxes, 企业税前利润, 121–25, 241–45

financial fragility and, 金融脆弱性与, 276

investment and profit rates, 投资与利润率, 120–23

nonresidential investment and, 非住宅投资与, 120, 123–24

profit rate in, 企业利润率, 236

property income and, 财产性收入与, 238–39

as share of capital, 作为资本份额, 123, 126, 241–44

as share of sales, 作为销售份额, 243, 245

stability of, 企业利润稳定性, 311–12

time lags and, 时滞与, 289–91

corporate saving, 企业储蓄, consumption and, 消费与企业储蓄, 94–95

corporate taxes, 企业税, 168–69

corporations, 企业, cost–plus pricing by, 企业成本加成定价, 305–7

public ownership of, 企业的公有制, 386–87

cost effect, 成本效应, profit function and, 利润函数与, 254

profit squeeze theory and, 利润挤压理论与, 254

"cost–plus" pricing, "成本加成"定价, 305–7

costs, 成本, accelerator model and, 加速器模型与, 142

crisis and, 危机与, 258

downturn and, 衰退与, 260

nutcracker effect and, 胡桃夹效应与, 70–72

overhead labor thesis and, 间接劳动理论与, 162–63

overinvestment model of business cycle and, 经济周期的过度投资理论与, 221–22

of plant, equipment and raw material, 车间、设备和原材料成本, 208–14

profit squeeze theory and, 利润挤压理论与, 258, 260–61

recovery and, 复苏与, 261

supply–driven, 供给驱使, 70

underconsumption and, 消费不足理论与, 196

See also capital costs, 参阅"资本成本（capital costs）"

cost theories of investment, 投资的成本理论, 116–17

Courakis, Anthony, 安东尼·科雷奇思, 273

Credit, 信贷, business credit, 商业信贷, 284–85

consumer credit, 消费信贷, 106, 278, 285–87

| 索 引 | 425

contraction phase and，收缩阶段与，292-93

corporate credit，企业信贷，278

cumulative expansion and，累积扩张与，291-92

downturn and，衰退与，292

expansion phase and，扩张阶段与，291-92

financial crises and，金融危机与，269-94

interest rate trends and，利率趋势与，279，287-89

investment and，投资与，117

Keynes and Mitchell on，凯恩斯和米切尔关于信贷的论述，269-70

Marxist view of，信贷的马克思主义观点，269-72

monetary overinvestment and，货币性过度投资与，69

money circulation and，货币循环与，29，377-78

open market operations and，公开市场操作与，373-74

Post-keynesian view of，信贷的后凯恩斯主义观点，274-77

profit and production and，利润与生产与，31

profit squeeze model and，利润挤压模型与，293-94

recovery and，复苏与，293

total credit，总信贷，283，84

U.S.，system of，美国信贷体系，33-34

velocity of money supply and，货币供给速度与，281-83

wide aggregates and，广泛集聚与，376-77

credit/income ratio，信贷—收入比率，285-87

during contraction，收缩阶段的信贷—收入比率，293

crisis phase of business cycles，经济周期的危机阶段，credit and，信贷与，269-94

cyclical instability and，周期性不稳定与，279-80

defined，经济周期的危机阶段的定义，11

financial behavior and，金融行为与，280-81，291-92

income distribution during，经济周期危机阶段的收入分配，175-76

labor share during，经济周期危机阶段的劳动份额，175-76，186

Marxist approach to，马克思关于经济周期的危机阶段的研究方法，270-72

monetarism and，货币主义与经济周期危机阶段，272-74

overinvestment theories，过度投资理论，272-73

Post-Keynesian view of，经济周期危机阶段的后凯恩斯观点，274-77

real and financial factors, timing of，经济周期危机阶段的时机、实体和货币因素，289-91

in sixteenth to eighteenth century England，在16至18世纪的英国，29-30

crude prices/consumer prices ratio，原始价格—消费者价格比率，212-13

cumulative expansion，累积性扩张，underconsumptionist business cycle and, 消费不足主义经济周期与, 203

currency, 通货, gold ratio for, 通货的黄金比率, 320

U. S. dollar as international, 作为国际通货的美元, 329-30

cycle bases, 周期谷底, defined, 周期谷底的定义, 12-14

in seven cycles, 7个世纪里的周期谷底, 395-98

cycle peak, 周期峰顶, 13

cycle phase, 周期阶段, cyclical movements of labor share and, 劳动份额的周期性波动与, 185-87

cycle relatives, 周期相关性, 12-14

in four cycles, 4个周期里的相关性, 401-2

leading, lagging, and coincident indicators and, 领先、滞后与同步指标与, 18

in seven cycles, 7个周期里的相关性, 399-400

in three cycles, 3个周期里的相关性, 403-6

cyclical behavior, 周期性行为, unemployment and capacity utilization and, 失业与产能利用与, 182-84

cyclical instability, 周期性不稳定, increase in, 周期性不稳定的递增, 279-80

cyclic amplitudes, 周期幅度, consumption and investment with, 对应周期幅度的消费与投资, 40-42

defined, 周期幅度的定义, 15-16

income and, 收入与周期幅度, 42-44

monopoly and competitive profit rates, 垄断与竞争性利润率, 310-12

unemployment and, 失业与, 45, 47

damped business cycles, 155-56

Debreu, Arrow, 阿罗·德布鲁, 64

debt, 债务, increase in U. S. foreign, 美国对外债务的增加, 320

debt maturity ratio, 到期债务比率, 284

decline, 下降, causes of, 下降的原因, 151

deficits, 赤字, government spending and, 政府支出与, 348-51

government versus trade, 政府与贸易, 372

growth of U. S., 美国的增长, 344. *See also* federal deficit, growth of, 参阅"联邦赤字增至（federal deficit, growth of）"

deflation, 通货紧缩, postwar cycle of, 战后通货紧缩的周期, 296

demand, 需求, accelerator relation and, 加速关系与, 139-140

administered prices and, 行政价格与, 302-3

cost-plus pricing and, 成本加成定价与, 306-7

cumulative expansion, 累积性扩张, profit squeeze theory and, 利润挤压理论与, 256-57

differential price changes and, 微分价格变化, 210

downturn, 衰退, profit squeeze theory and, 利润挤压理论与, 260

efficiency of, and income distribution, 需求效率与收入分配, 170-71

international investment and, 国际投资

与, 323

for labor, as determinant of labor share, 作为劳动份额决定因素的劳动需求, 159-60

price behavior and, 价格行为与, 303-7

recovery, 复苏, profitsqueeze theory and, 利润挤压理论与, 261

sales and investment and, 销售与投资与, 115-16

Say's law and, 萨伊定律与, 23

demand effect, 需求效应, profit function and, 利润函数与, 254

demand-oriented equation, for investment, 投资, 136

demand-side theories, 需求方理论, criticism of underconsumptionist long-run stagnation theories, 消费不足主义长期停滞理论的批评, 194-96

endogenous factors and, 内生要素与, 5

mulitiplier-accelerator theory, 乘数—加速器理论, 67

nutcracker effect and, 胡桃夹效应与, 70

profit rate and, 利润率与, 236

role of, in macroeconomics, 宏观经济学中需求侧理论的作用, 71

underconsumption hypothesis and, 消费不足假说与, 67-68, 191-207

democracy, 民主, economic, 经济, 386-87

depreciation, 折旧, accelerator model and, 加速器模型与, 142

investment and, 投资与, 133-36

multiplier-accelerator model and, 乘数—加速器与, 155-56

depression, 萧条, defined, 萧条的定义, 11

international trade and, 国际贸易与, 321-22

labor share during, 萧条期间的劳动份额, 186. See also Great Depression, 参阅"大萧条（Great Depression）"

Dernberg, Thomas, 托马斯·德恩伯格, 331

differential price changes, 微分价格变化, 208-13

diffusion indexes, 扩散指数, 127-28

discount rate, 贴现率, 373

discretionary monetarism, 斟酌性货币机制, 375-76

disinvestment: accelerator relation and, 加速器关系与, 139

multiplier-accelerator modeland, 乘数—加速器模型与, 220-21

profit squeeze theory and, 利润挤压理论与, 255

reserve army theory and, 后备军理论与, 227

See also income distribution, 参阅"收入分配（income distribution）", dollar, 美元, as international currency, 作为国际通货, 329-30

surplus of, 美元过剩, 320

downturn phase of business cycle, 经济周期的衰退阶段, credit and, 信贷与, 292

increased severity of, historically, 经济周期衰退阶段渐增的历史严重性, 280

multiplier-accelerator model and, 乘数—加速器模型与, 151

overinvestment theory and, 过度投资理论

与，222

reserve army theory and, 后备军理论与，227–28

underconsumptionist business cycled and, 消费不足主义的经济周期与，203–4

Duesenberry, J., J. 杜森贝利，relative income theory and, 相对收入理论与，88

durable goods, 耐用商品，consumption and, 消费与，83，85

dynamic equilibrium, 动态均衡，75

dynamic input–output, 动态投入—产出，78–79

econometrics, 计量经济学，labor share models and, 劳动份额模型与，188–89

unemployment and capacity utilization and, 失业与产能利用与，184–85

economic concentration, 经济集权，monopolies and, 垄断与，300–301

economic planning, 经济计划，democracy and, 民主与，387–89

full employment and, 充分就业与，391–92

international implications of, 经济计划的国际含义，389–90

policy reform and, 政策改革与，384–85

Soviet planning, 苏联计划，390–91

effective demand, 有效需求，defined, 有效需求的定义，29

theory of, 有效需求理论，198–202

underconsumptionist theory and, 消费不足理论与，198

Eisner, Robert, 罗伯特·艾斯纳，59，117–78

"employee compensation", "雇员补偿"，taxes and, 税收与，168–69

endogenous cycles, 内生周期，business cycles and, 经济周期与，5，67–72

credit and wide aggregates, 信贷与广泛聚集，376–77

discretionary monetarism and, 斟酌性货币机制与，376

government spending and, 政府支出与，339–41

impact of money policy and, 货币政策的影响与，377–78

monetary overinvestment and, 货币性过度投资与，68–69

money supply and, 货币供给与，272–74

multiplier–accelerator model and, 乘数—加速器模型与，67，155–56

profit squeeze (nutcracker effect), 利润挤压（胡桃夹效应），69–72

real overinvestment and, 实际过度投资，68

reserve army theory and, 后备军理论与，69

Say's law and, 萨伊定律与，50–52

underconsumption demand theory, 消费不足需求理论，67–68

England, 英国，economic relations with U.S., 与美国的经济关系，36–37

financial crises in (sixteenth to eighteenth centuries), （16世纪至18世纪）的金融危机，29–30

origin of businesscycle in, 英国经济周期的起源，31–32

equilibrium theory, 均衡理论，dynamic,

动态均衡理论，75

exogenous cycles and，外生周期与，52-53，66

international finance and，国际金融与，330-31

multiplier-accelerator model and，乘数—加速器模型与，146-147

neoclassical economics and，新古典经济学与，58-61

Say's law of supply and demand and，供求的萨伊定律与，23

static，静态均衡理论，74-75，77-78

equipment，设备，depreciation and replacement of，设备的折旧与重置，133-36

inventory investment and，存货投资与，129-33

investment spending for，设备的投资支出，118-20

Eurodollars，欧洲美元，314，330

excess capital，资本过剩，accelerator model and，加速器模型与，142

exchange ratios，汇率，international trends in，汇率的国际趋势，320

exogenous cycles，外生周期，adjustment barriers and，调整障碍与，64-66

government spending and，政府支出与，339-40

monetarism and，货币主义与，272-74

multiplier-accelerator model and，乘数—加速器模型与，155-56

policy implications of，的政策含义，66-67

Post-Keynesian view of，的后凯恩斯主义观点，276-77

Say's law and，萨伊定律与，50-52

underconsumption and，消费不足与，191-92

expansion amplitude，扩张幅度，in business cycles，经济周期中的扩张幅度，16

price indexes and，价格指数与，303-4

expansion phase of business cycles，经济周期的扩张阶段，11

credit and，信贷与，291-92

inflation in，经济周期扩张阶段中的通货膨胀，296-97

multiplier-accelerator model and，乘数—加速器模型与，150-51

overhead labor thesis and，间接劳动理论与，162

overinvestment and，过度投资与，68，profit squeeze theory and，利润挤压理论与，256-57

timing of events in，经济周期扩张阶段的事件日程，128

underconsumptionist business cycle and，消费不足主义的经济周期与，203

expectations，预期，accelerator model and，加速器模型与，141-42

investment and，投资与，114-15

neoclassical view of，预期的新古典观点，57-58

profit rate and，利润率与，233

underconsumption and，消费不足与，196

expected value，预期价值，uncertainty and，不确定性与，114-15

explosive business cycles，爆炸性的经济周期，multiplier-accelerator model and，乘数—加速器模型与，155-56

exports，出口，cyclical amplitudes in，出口的周期性幅度，329-30
decline in U. S. share of，美国出口份额的下降，320
during Great Depression，大萧条期间的出口，324-26
influence of, on U. S. economy，出口对美国经济的影响，34
international investment and，国际投资与，323
postwar cyclical pattern of，战后出口的周期性模式，326-29
U. S. decline in，美国出口的下降，319
external shocks，外部冲击，adjustment barriers and，调整障碍与，65-66
employment equilibrium and，就业均衡与，66
equilibrium and，均衡与，52-53，60
fallacy of composition，合成谬误，neoclassical - Keynesian macroeconomics and，新古典—凯恩斯主义宏观经济学与，56，64
federal deficit，联邦赤字，growth of，联邦赤字的增长，348-51
Federal Deposit Insurance Corporation，美国联邦存款保险公司，277-78
Federal Reserve，联邦储备，33-34
credit restrictions by，来自联邦储备的信贷约束，276-77
economic democracy and，经济民主与，387
endogenous money supply and，内生货币供给与，275
historical role of，联邦储备的历史作用，278

monetarism and，货币主义与，273-74，374-75
monetary policy reform and，货币政策改革与，373-74，378-79
wages and inflation and，工资与通货膨胀与，379-80
Federal Reserve Bank of New York，纽约联邦储备银行，373-77
Feudalism，封建主义，bartering and，以物易物与，27-28
market production and，市场与，25，role of money in，封建主义货币的作用，270
Fichtenbaum, Rudy，鲁迪·费希特鲍姆，97
finance system，金融体系，business cycles and，经济周期与，329-31
cyclical role of，金融体系的周期性角色，291-92
economic democracy and，经济民主与，387
historical changes in，金融体系的历史变迁，277-78
international trends in，金融体系的国际趋势，278
financial variables，金融变量，time lags and，时滞与金融变量，289-91
finished goods，最终产品，overinvestment theory and，过度投资理论与，217-18
prices, ratio of raw materials prices to，原材料与最终产品的价格比率，213-14
flexible accelerator model，弹性加速器模型，116

| 索 引 | 431

Ford, Gerald R., 杰拉尔德·R.、福特, 368, 381

foreign influence, in U.S. economy, 外国对美国经济的影响, 36–37

foreign investment, 外国投资, business cycles and, 经济周期与, 322–23

profit rates and monopolies, 利润率与垄断, 309–10

by United States, 来自美国的外国投资, 313–14

in United States, 美国的外国投资, 319

Foutune 500, 《财富》500强, 299

Foster, John B., 约翰·B.福斯特, 195–96

Foster, W. T., W.·T.福斯特, 191

Friedman, Milton, 米尔顿·弗里德曼, 273, 381–82

monetarism and, 货币主义与, 56–57

permanent income hypothesis and, 持久收入假说与, 89–93

fringe benefits: cyclical changes in income distribution and, 收入分配的周期性变化与, 171

taxes and, 税收与, 168–69

unemployment statistics and, 失业统计与, 45

Frumkin, Norman, 诺曼·弗兰坎, 44

full employment, 充分就业, economic planning and, 经济计划与, 391–92

legislation for, 充分就业法, 383–84

politics of, 政治上的充分就业, 365–66

See also unemployment, 另见"失业（unemployment）"

"fundamental psychological law" (Keynes), "基本心理定律"（凯恩斯）, 86

Galbraith, John K., 约翰·K.加尔布雷斯, 340–41, 383

mathematics of multiplier-accelerator model and, 乘数—加速器模型的数学与, 153

General Accounting Office (GAO), 总审计局（GAO）, 345–46

military spending and, 军事支出与, 345–46

Gilder, George, 乔治·吉尔德, 61

Gini index of income inequality, 收入不平等的基尼系数, 35

global corporations, 全球性公司, See multinational firms, 见"跨国公司（multinational firms）"

Glyn, 格林, 223–24

GNP, 国民生产总值, See gross national product, 见"国民生产总值（gross national product）"

gold, 黄金, currency and, 通货与黄金, 320

Gordon, R. A., R. A.戈登, 330–31

equipment depreciation and replacement and, 设备折旧与重置与, 135–36

profit squeeze theory and, 利润挤压理论与, 251–52

Gordon, Robert J., 罗伯特·J.戈登, 8, 66

government multiplier, 政府乘数, 143, 345

government spending, 政府支出, biases in data about, 354–57

business cycles and, 经济周期与, 34, 339–59

consumption and，消费与，106

cyclical changes in income distribution and，收入分配的周期性变动，170

deficit and，赤字与，344

endogeneity of，政府支出的内生性，339–41

formal cycle model for，政府支出的正式周期模型，358–59

inflation and，通货膨胀与，57

limited impact of，政府支出的有限影响，341–42

ong–run trends in，政府支出的长期趋势，342–46

military spending and，军事支出与，344–46

neoclassical–Keynesian view of，政府支出的新古典观点和凯恩斯观点，55

versus private spending，与私人支出，370

receipts and deficits，收入与赤字，348–51

state and local fiscal behavior and，州及本地财政行为与，351–54

taxation and，税收与，343–44

total expenditures，总支出，346–48，352–55

wartime and peacetime spending patterns and，战争与和平时期的支出模式，346

Great Depression，大萧条，consumption during，大萧条期间的消费，40–42

expectations and uncertainty during，大萧条期间的预期与不确定性，114–15

finance system during，大萧条期间的金融体系，277–78

income distribution and，收入分配与，169–71

influence of, on U. S. economy，大萧条对美国经济的影响，international trade during，大萧条期间的国际贸易，323–26

invest–ment during，大萧条期间的投资，40–42，111–12，323–26

Green, Francis，弗朗西斯·格林，93

gross domestic product（GDP），国内生产总值（GDP），historical trends in，国内生产总值的历史趋势，317–18

internationalcomparisons of，国内生产总值的国际比较，319

gross national product（GNP），国民生产总值（GNP），amplitude by stage，阶段振幅，13

borrowing relative to，相对于国民生产总值（GNP）的借款，278

consumer demand and gross investment，消费需求与总投资，75

cyclical amplitude，周期性幅度，15–16

impact of government spending on，政府支出对国民生产总值的影响，341–43

in vestment and，投资与，110

military spending as portion of，军事支出占国民生产总值的比例，345–46

pattern of, in cycle relative，周期相关性中的国民生产总值模式，12

ratio of consumption to，消费与国民生产总值的比率，83

wage–price freezes and，工资—价格冻结与，381

growth，增长，average, per quarter, in four cycles，4个周期的每季度增长

率，均值，410-12

average, per quarter, in seven cycles, 7个周期的每季度增长率，均值，407-9

average, per quarter, in three cycles, 3个周期的每季度增长率，均值，413-16

average propensity to consume (APC) and, 平均消费倾向（APC）与，98-99

Marx on, 马克思对增长的论述, 73-79

model for, 增长模型, 76-77

rates, in business cycles, 经济周期中的增长率, 14-15

Haberler, Gottfried, 戈特弗里德·哈伯勒, on exogenous cycles, 戈特弗里德·哈伯勒对外生周期的论述, 66

underconsumption theory and, 消费不足理论与, 194-95

"habit persistence" theory, "习惯持续"理论, 88

Hahn, Frank, 弗兰克·哈恩, 64

Hansen, Alven, 埃尔夫·汉森, 192

Hawkins, Augustus (Rep.), 霍金斯, 奥古斯都（共和国）, 383-84

Hawtrey, R. G., R. G. 或特里, 272-73

Hayek, Frederick, 弗雷德里克·哈耶克, capital cost theory of, 哈耶克资本成本理论, 217-19

on real overinvestment, 哈耶克关于实际过度投资的论述, 68

Heilbroner, Robert, 罗伯特, 153

Henley, Andrew, 安德鲁·亨利, 171

Hobson, John, 约翰·霍布森, 192, 340-41

home ownership, distribution of wealth and, 财富分配与, 167

homogeneous equation, 同质方程, multiplier-accelerator model and, 乘数—加速器模型与, 154

hourly wages, 计时工资, cyclical growth of, 计时工资的周期性增长, 177, 180

incomedistribution and, 收入分配与, 158-59

productivity and, 生产率与, 172-74, 177, 179

hours worked: cyclical growth and, 周期性增长与, 179, 181

unemployment and, 失业与, 45-46

Humphrey, Hubert (Sen.), 休伯特·汉弗莱（参议员）, 383-84

Hunter-gatherer economy, 狩猎采集者 market production and, 市场与, 24

imperfect information, 不完全信息, rational expectations and, 理性预期与, 58-59

unemployment and, 失业与, 63

imports, 进口, during Great Depression, 大萧条期间的进口, 324-26

influence of, on U. S. economy, 进口对美国经济的影响, 34, 320

postwar cyclical pattern of, 战后进口的周期性模式, 326-29

of raw materials, 原材料进口, 219

income distribution, 收入分配, capacityutilization, 产能利用, 179, 181-85

class income hypothesis and, 阶级收入假说与, 94-95

consumption and, 消费与, 90-93, 97-102, 327-28

crisis and, 危机与, 186
cyclical movements in, 收入分配的周期性变动, 42-44, 169-70, 182-84
decline of, in U.S., 美国收入分配的下降, 166-67
defined, 收入分配的定义, 157
depression and, 萧条与, 186-87
econometrics and, 计量经济学与, 184-85
economic democracy and, 经济民主与, 386-87
expansion process and, 扩张过程与, 150-51
framework and definitions for, 收入分配的框架及定义, 157-59
growth model and, 增长模型与, 76-77
inequality of, in U.S., 美国收入分配的不平等, 34-35
investment multiplier theory and, 投资乘数理论与, 143-45
labor share and, 劳动份额与, 159-60, 171-72, 174-78, 185-87
long-run trends in, 收入分配的长期趋势, 170-71, 181-82
multiplier theory and, 乘数理论与, 146-47
overhead labor hypothesis, 161-63
permanent and life cycle hypotheses of, 收入分配的持久收入假说与生命周期假说, 89-93
policy reform and, 政策改革, 371, 380-83
politics and, 政治与, 366
profit squeeze theory and, 利润挤压理论与, 255

profits, wages, and productivity and, 利润、工资与生产率与, 167-69
property share, 财产份额, 177-78
prosperity and, 繁荣与, 185-86
recovery and, 复苏与, 185
reserve army hypothesis, 后备军假说, 163-65
taxation and, 税收与, 343-44
underconsumption and, 消费不足与, 192
unemployment and, 失业与, 179, 181-85, 255-56
utilization-unemployment hypotheses, 产能利用—失业假说, 157-90
wage lag hypothesis, 工资滞后假说, 160-61
wages and productivity, 工资与生产率, 172-74, 177, 179
wealth distribution and, 财富分配与, 166-67
indebtedness, 欠债, money circulation and, 货币循环与, 29
industrialization, 工业化, history of, in U.S., 美国工业化史, 33, 317-18
investment in, timing and, 时机与工业化的投资, 126-28
synchronization of, 工业化的同步性, 334-37
inflation, 通货膨胀, administered prices and, 行政价格与, 302-3
consumer credit and, 消费信贷与, 285-87
monetary policy and, 货币政策与, 378-79
monopolies and, 垄断与, 314-15
paper money and, 纸币与, 29

postwar cycle of，战后通货膨胀循环，296

unemployment and，失业与，372

wages and，工资与，379－80

in wartime，战时的通货膨胀，295－96

instability，不稳定性，international finance and，国际金融与不稳定性，331

interest coverage ratio，284

interest groups，利益团体，government spending and，政府支出与，339－41

interest income，利息收入，cyclical behavior of，利息收入的周期性行为，241

interest rates，利率，banks' use of，275，cyclical

behavior of，利率的周期性行为，287－89

differential price changes and，微分价格变化，209

discount rates，贴现率，373

government spending and，政府支出与，343

investment and，投资与，370

Marxist view of，利率的马克思主义观点，271

monetary overinvestment and，货币性过度投资与，69

open market operations and，公开市场操作与，373－74

strict monetarism and，严格的货币主义和，375

trends in，利率趋势，279

interlocking directorates，300－1

international finance，国际金融，business cycles and，经济周期与，317－38，

389－90

economic planning and，经济计划与，389－90

formal model of cycles in，国际金融的正式周期模型，338

synchronization of business cycles and，经济周期同步性与，332－33

international investment，国际投资，during Great Depression，大萧条期间的国际投资，323－26

international trade，国际贸易，consumption and，消费与，106－7

during Great Depression，大萧条期间的国际贸易，323－26

impact of business cycles and，经济周期的影响与，321－22

U. S. Economy and，美国经济与，34，37

inventory investment，存货投资，118－20，128－33

inventory/sales ratio，存货—销售比率，129－32

investment，投资，accelerator relation and，加速器关系与，139－42

competition and，竞争与，113－14

consumption and，消费与，110－12

cost theories of，投资的成本利率，116－17

crisis and，危机与，259－60

demand and sales，需求与销售，115－16

depreciation and replacement，折旧与重置，133－36

downturn and，衰退与，259

dynamic equilibrium and，动态均衡与，75

in early U. S. economy，美国早期经济的投资，36

equations for，投资方程，136-37，153

expansion phase and，扩张阶段与，150-51

expectation and uncertainty，预期与不确定性，114-15

during Great Depression，大萧条期间的投资，323-26

history of business cycles and，经济周期史与，40-42

international trends in，投资的国际趋势，322-23

inventory and，存货与，128-33

multinational corporations and，跨国公司与，314

multiplier-accelerator model，乘数—加速器模型，142-46，153

neoclassical-Keynesian view of，投资的新古典观点、凯恩斯观点，54-55

overinvestment model of businesscycle and，经济周期的过度投资模型与，220

process of，投资过程，389

profit hypothesis and，利润假说与，110-37

profit rates and，利润率与，120-24

profits and，利润与，117-18，120-24，233

profit squeeze theory and，利润挤压理论与，253-54，259-60

reserve army theory and，后备军理论与，226

savings as，用作投资的储蓄，51-52

Say's law and，萨伊定律与，112-13

socialization of，投资社会化，388

tax reductions and，减税与，363

time lags in，投资时滞，124，126-28

types of，投资类型，118-20

underconsumptionist theory and，消费不足理论与，195，201-2

U. S. economy and，美国经济与，37

involuntary unemployment，非自愿失业，

during contractions in business cycle，经济周期收缩阶段的非自愿失业，4-5

emotional upheaval suffered during，非自愿失业期间的精神打击，4-5

neoclassical denial of，新古典理论对非自愿失业的否认，3，5

See also unemployment; voluntary unemployment，参阅"失业"（unemployment），自愿失业（voluntary unemployment）

Jacobite conspiracy，詹姆斯阴谋，29-30

Japan，日本，economic competition with U. S. and，日本同美国的经济竞争与，319-20

industrial production in，日本的工业生产，335-37

investment activity by，日本的投资活动，322-23

synchronization of business in，日本的商业同步性，333-37

Jevons, Stanley，斯坦利·杰文斯，52-53

Jorgenson model of investment，投资的乔根森模型，117

Journal of Post Keynesian Economics，后凯恩斯经济学杂志，341

Kahn, R. F.，R. F. 卡恩，143

| 索 引 | 437

Kalecki, Michal, 米哈尔·卡莱茨基, on government spending, 米哈尔·卡莱茨基关于政府支出的论述, 341

on net investment, 米哈尔·卡莱茨基关于净投资的论述, 128

on nut-cracker effect, 米哈尔·卡莱茨基对胡桃夹子效应的论述, 69-72

profit squeeze theory and, 利润挤压理论与, 250-51

on short-run capital cost cycles, 米哈尔·卡莱茨基关于短期资本成本周期的论述, 216

underconsumptionist theory and, 消费不足理论与, 198

Kennedy, Edward, 爱德华·肯尼迪, 383-84

Keynes, John Maynard, 梅纳德·约翰·凯恩斯, class income hypothesis and, 阶级收入假说, 94-95

on consumption, 凯恩斯关于消费的论述, 84, 86-88

credit and financial crises and, 信贷与金融危机与, 269-70

critique of Say's law by, 凯恩斯对萨伊定律的批评, 23, 53

deficit spending linked with, 与凯恩斯相联系的赤字支出, 370-71

economic planning advocated by, 凯恩斯提倡的经济计划, 388

on endogenous and exogenous cycle theories, 凯恩斯关于内生和外生周期的论述, 50, 274-76

equipment depreciation and replacement and, 设备折旧与重置与, 135-36

on expectations and uncertainty, 凯恩斯关于预期与不确定性的论述, 114-15

government spending patterns and, 政府支出模式与, 354-55

on income distribution, 凯恩斯关于收入分配的论述, 371

on investment, 凯恩斯关于投资的论述, 110, 143, 195

mathematics of multiplier-accelerator model and, 乘数—加速器模型的数学与, 153

on nutcracker effect, 凯恩斯关于胡桃夹子效应的论述, 69-72

overhead labor thesis and, 间接劳动理论与, 162-63

on profit rate, 凯恩斯关于利润率的论述, 233

profit squeeze theory and, 利润挤压理论与, 249-50

reform economic policies and, 经济政策改革与, 364

un derconsumptionist theory and, 消费不足理论与, 195, 197-98

Klein, Philip, 克莱因·菲利普, 233, 332-33

Kondratief business cycles, 康德拉基夫商业周期, 8

Korean War, 朝鲜战争, cyclical patterns in govern-ment spending and, 政府支出的周期性模式与, 346

federal deficit and, 联邦赤字与, 349-51

labor, 劳动, excess supply of, 劳动供给过剩, 55-56

hoarding of, during contraction periods, 收

缩期间劳动的囤积，163

losses of, duringcontractions in business cycle, 经济周期收缩阶段的劳动损失，4-5

neoclassical – Keynesian view of, 劳动的新古典主义观点、凯恩斯主义观点，55

labor income, 劳动收入, cyclical pattern of (1949—1970), 劳动收入的周期性模式（1949—1970），171-72

defined, 劳动收入的定义，157

labor share and (1970—1982), 劳动份额与（1970—1982），174-77

taxes and, 税收与，168-69

labor share, 劳动份额, average propensity to consume and, 平均消费倾向于，103-6

capacity utilization and, 产能利用与，163，183-84

cyclical movements of, 劳动份额的周期性波动，169-72，175，178，185-87

defined, 劳动份额的定义，157

determinants of, 劳动份额的决定因素，159-60

downturn phase and, 衰退阶段与，257-58

income distribution and, 收入分配与，174-77，255

increase in, 劳动份额上升，260-61

models of, 劳动份额模型，188-90

profit function and, 利润函数与，254

profit squeeze theory and, 利润挤压理论与，251-52，257-58，262-63

reserve army theory and, 后备军理论与，223-24，225，228-229

taxes and, 税收与，168-69

underconsumptionist business cycle and, 消费不足主义经济周期与，199-201

unemployment and, 失业与，164-65，183-84

Labor, U. S. Department of, 美国劳工部，45-48

Laffer, Arthur, 阿瑟·拉弗，61

lagging indicators, 滞后指标，289-91

business cycles and, 经济周期与，16-21

consistency of, 滞后指标的一致性，35

large conglomerate, 大型企业集团, defined, 大型企业集团的定义，300

Latin American countries, 拉美国家, during Great Depression, 大萧条期间的拉美国家，324-25

Lauderdale, Lord, 罗德·劳德代尔，191

leading indicators, 领先指标, business cycles and, 经济周期与，16-21

consistency of, 领先指标的一致性，35

Lekachman, Robert, 罗伯特·莱卡赫曼，388

Leontief, Wassily, 瓦西里·里昂惕夫，78，153

liberal economic reform, 自由经济改革, defined, 自由经济改革的定义，364

limits of, 自由经济改革的局限，384-85

macro policies and, 宏观政策与，382-84

underconsumption and, 消费不足与，68

life cycle hypothesis, 生命周期假说，88-89，91-93

liquidity rates, 流动资金比率, 284

local spending patterns, 本地支出模式, 351-54

long-run trends, 长期趋势, business cycles and, 经济周期与长期趋势, 35

in government spending, 政府支出的长期趋势, 342-46, organic composition of capital theory and, 准备有机构成理论, 215

profit rate and, 利润率与, 234-36

reserve army theory of, 长期趋势的后备军理论, 223-24

underconsumption and, 消费不足与, 191-93, 204-5

unemployment and capacity utilization and, 失业与产能利用与, 181-82

Lucas, Robert, 罗伯特·卢卡斯, 58-59

Luxemburg, Rosa, 罗莎·卢森堡, 193

MacEwan, Arthur, 阿瑟·麦克旺, 330-31, 333

macroeconomics, 宏观经济学, liberal reform and, 自由改革与, 382-84

price behavior and, 价格行为与, 305-7

Malthus, Thomas, 托马斯·马尔萨斯, 30-31, 191

Mankiw, N. Gregory, 乔治·N.曼昆, 60

manufacturing, 制造业, during Great Depression, 大萧条期间的制造业, 325

marginal efficiency of capital (MEC), 资本边际效率 (MEC), 249-50

marginal propensities to save (MPS), 储蓄边际倾向 (MPS), 145-46

marginal propensity to consume (MPC), 消费边际倾向 (MPC), class income hypothesis and, 阶级收入假说与, 94-95

defined, 消费边际倾向的定义, 86-88

investment-multiplier theory and, 投资乘数理论与, 145-47

multiplier-accelerator model and, 乘数—加速器模型与, 148-49

workers and capitalists and, 工人与资本家与, 95-97

market, 市场, production for, 市场生产, 24-26

Marshall, Alfred, 阿尔弗雷德·马歇尔, 53, 153

Marx, Karl, 卡尔·马克思, on capital costs, 马克思对资本成本的论述, 208, 216

class income hypothesis and, 阶级收入假说与, 93-95

credit and financial crises and, 信贷与金融危机与, 269-70

dynamic input-output, 动态投入—产出, 78-79

economic planning advocated by, 马克思提倡的经济计划, 388

equipment depreciation and replacement and, 设备折旧与重置, 135-36

government spending cycles and, 政府支出周期与, 340

growth model and, 增长模型与, 73-79

money and crisis, 货币与危机, 270-72

on nutcracker effect, 马克思对胡桃夹子效应的论述, 69-72

on overinvestment, 过度投资, 68

profit squeeze theory and, 利润挤压理论

与，249

reproduction theories of，马克思的再生产理论，73-79

reserve army of labor theory and，劳动的产业后备军理论与，69，223

Say's law and，萨伊定律与，23，52-53

static input-output，静态投入—产出，77-78

underconsumptionist theory and，消费不足理论与，68，193-94，196-97

mathematics，数学，multiplier-accelerator model and，乘数—加速器模型与，152-53

Means, Gardiner，加德纳·米恩斯，301-2

media，媒体，wage lag hypothesis and，工资滞后假说与，161

mergers，兼并，monopolies and，垄断与，299-300

Michel, Robert，罗伯特·米切尔，369

military spending，军事支出，deficits and，赤字与，371

policy reform and，政策改革与，367

as portion of government spending，军事支出占政府支出中比重，344-46

profit rates and monopolies，利润率与垄断，309-10

total federal expenditures on，联邦军事总支出，347-48

U.S., economy and，美国经济与，37-38

wartime and peacetime patterns in，战争与和平时期的军事支出模式，346

Mill, James，詹姆斯·穆勒，51

Mill, John Stuart，斯图亚特·约翰·穆勒，53，322

Mills, Frederick，米尔斯，弗雷德里克，209

mining materials，矿业，挖掘材料，325

Minsky, Hyman，海曼·明斯基，63-64，276，378

Mitchell, Wesley，韦斯利·米切尔，average propensity to consume (APC)，平均消费倾向（APC），97-98

business cycle analysis by，米切尔对经济周期的分析，5，7-9，11-12，31-32

con-sumption patterns and，消费模式与，83-84，110-12

corporate profits and，企业利润与，120-23

credit and financial crises and，信贷与金融危机与，269-70

critique of Say's law，对萨伊定律的批评23，53

dating of business cycles，经济周期日程，38-40

growth rates and，增长率与，15

income distribution and，收入分配与，169-79

interest rates and，利率与，287-89

investment and，投资与，110-12，118-23

on leading, lagging, and coincident indicators，米切尔对领先、滞后和同步指标的论述，16-21

on nutcracker effect，米切尔对胡桃夹子效应的论述，69-72

overinvestment theory and，过度投资理论

与，215 – 16

on panics in England，米切尔对英国恐慌的论述，30

price changes and，价格变动与，208 – 10

profit squeeze theory and，利润挤压理论与，250，252

synchronization of business cycles and，经济周期同步性与，332 – 33

Mitterand, Francois，弗朗索瓦·密特朗，371

Modigliani, Franco，佛朗哥·莫迪利亚尼，88 – 89

monetarism，货币主义，56 – 57

credit and financial crises and，信贷与金融危机与，273 – 74

discretionary，斟酌，375 – 76

downturn phase, credit and，衰退阶段的信贷与货币主义，292

government spending patterns and，政府支出模式与，355 – 56

open monetarism，开放的货币主义，374 – 75

monetary overinvestment，货币性过度投资，crisis and，危机与，272 – 73

supply theory and，供给理论与，68 – 69

monetary policy，货币政策，impact of，货币政策的影响，377 – 78

limitations of，货币政策的局限性，378 – 79

reform of，货币政策改革，373 – 77

wages and inflation and，工资与通货膨胀与，379 – 80

money supply，货币供给，availability of, investment and，货币供给有效性投资与，117

discretionary monetarism and，斟酌的货币政策，375 – 76

exogenous shocks and，外生性冲击与，65

flow of, during crises，危机期间的货币供给流动，272 – 73

instability in，货币供给的不稳定性，279 – 81

profit and production and，利润与生产与，31

regular use of，货币供给的管制利用，26 – 30

strict monetarism and，严格的货币主义与，374 – 75

velocity and，速度与，281 – 83

See also overinvestment theory，另见"过度投资（overinvestment theory）"

monopolies，垄断，administered prices and，价格操纵与，301 – 5

bibliographic sources for，关于垄断的参考书目来源，316

busi – ness cycles and，经济周期与，295 – 315

economic democracy and，经济民主与，386 – 87

income distribution and，收入分配与，170

investment and，投资与，113 – 14

labor share and，劳动份额与，159 – 60

multinational firms and，跨国企业与，313 – 14

postwar inflation and deflation，战后通胀与通缩，296

power of，垄断势力，298 – 301

price behavior and, 价格行为与, 54, 295-97, 305-7

profit rates and, 利润率与, 301-12

profit squeeze theory and, 利润挤压理论与, 315-16

rise of, in U.S., 美国垄断的抬升, 33

union strength and, 工会力量与, 297-98

wartime inflation and, 战时通胀与, 295-96

Moore, Geoffrey, 杰弗里·摩尔, on Great Depression, 杰弗里·摩尔对大萧条的论述, 37-38

on leading lagging, and coincident indicators, 杰弗里·摩尔对领先、滞后与同步指标的论述, 16-21

profit rate and, 利润率与, 233

synchronization of business cycles and, 经济周期的同步性与, 332-33

Mullineux, A. W., 马利诺 A. W, 66

multinational firms, 跨国企业, concentration of asssets in, 跨国企业的资产集中, 313-14

mulitiple regression analysis, 乘数衰退分析, investment equations and, 投资方程与, 137

labor share models and, 劳动份额模型与, 189

multiplier-accelerator model of business cycles, 经济周期的乘数—加速器模型, 67, 138-56

accelerator relation to, 经济周期的乘数—加速器模型的加速器关系式, 138-42

characteristics of, 经济周期的乘数—加速器模型的特征, 147-49

damped and explosive cycles and, 阻尼和爆炸性周期与, 155-56

decline process and, 的下降过程, 151

downturn process and, 的衰退过程, 151

equations of, 的方程, 153-55

expansion process in, 中的扩张过程, 150-51

formalization of, 的正规化, 152-56

functions of, 的函数, 149-51

investment multiplier and, 的投资乘数与, 142-46

limitations and qualifications of, 的限制与不足, 141-42, 146-47

mathematics of, 的数学, 152-53

recovery process and, 复苏过程与, 151

multiplier concept, 乘数概念, investment and, 投资与, 116

Munley, Frank, 弗兰克·芒利, 163

National Bureau of Economic Research (NBER), 美国国家经济研究局 (NBER), business cycle analysis by, 美国国家经济研究局对经济周期的分析, 7, 9-10, 38-40

differential price changes and, 209; nutcracker effect and, 胡桃夹子效应与, 70-71

national income, 国民收入, average propensity to consume (APC) and, 平均消费倾向（APC）与, 98-99, 101-2

defined, 国民收入的定义, 157

expansion and, 扩张与, 203

Hayek's theory of capital costs and, 哈耶克资本成本理论与, 218-19

labor share of, 国民收入的劳动份额,

174－77，189－90，262－63

profit－squeeze theory and，利润挤压理论与，262－63

taxes and，税收与，168－69

underconsumptionist theory and，消费不足理论与，198－99，201－2

national income accounts，国民收入账户，cyclic amplitudes and，周期幅度与，41

"natural" rate of unemployment，失业自然率，63

necessitous borrowing，紧急借款，285－87

neoclassical economics，新古典经济学，consumption and，消费与，90－93

critique of Say's law by，新古典经济学对萨伊定律的批评，54－55

endogenous and exogenous supply theories and，内生和外生供给理论与，57－61

government spending patterns and，政府支出模式与，339－41，357

microfoundations of，的微观基础，63－64

view of business cycles by，新古典经济学关于经济周期的观点，3

neoclassical－Keynesian economics，新古典经济学和凯恩斯主义经济学，consumption and，消费与，90－93

fiscal policy making and，财政政策的制定与，363－64

microfoundations of，的微观基础，63－64

net investment，净投资，accelerator relation and，加速器关系与，139

equipment replacement and，设备重置与，134－35

as function of underconsumptionst business cycle and，消费不足主义经济周期的函数与，201－2

inventory in－vestment，存货投资，130－31

profits and，利润与，128

net national product，国内净产值，75－77

Nixon, Richard，理查德·尼尔松，368，380－83

nondurable goods，耐用品，consumption and，消费与，83，85

See also service industries，另见"服务业（service industries）"

nonlinear equations，非线性方程，155－56

nonmonetaryoverinvestment theory，非货币性过度投资理论，215，216－17

nonresidential investment，非住宅投资，118－20，122

ARMA equation for，的ARMA方程，137

growth by segment，部门增长，123，125

nutcracker theory of business cycles，经济周期的胡桃夹子理论，69－72，248－66

capital cost function and，资本成本函数与，256

consumption function and，消费函数与，253

crisis and，危机与，257－60

demand and，需求与，257－60

distribution function，分配函数，255

downturn phase and，衰退阶段与，260

evaluation of，的评价，261－62

expansion and，扩张与，256－57

formal model of, 的正式模型, 262-66

investmentfunction and, 投资函数与, 253-54, 259-60

Kalecki's view of, 卡莱茨基的观点, 250

production-realization hypothesis, 生产—实现假说, 248-66

profit function and, 利润函数与, 254, 257-61

recovery and, 复苏与, 261

relationships of, 的关系, 252-56

unemployment function and, 失业函数与, 255-56

Weisskopf, Bowles, and Gordon on, 韦斯科普夫、鲍尔斯和戈登的论述, 251-52

OECD countries, 经合组织（OECD）成员国, industrial production in, 的工业生产, 335-37

Oligopoly, 寡头垄断, cost-plus pricing and, 成本—加成定价与, 307

price rigidity and, 价格刚性与, 54

open market operations, 公开市场操作, 373-74

organic composition of capital theory, 资本有机构成理论, 215

Orsberg, Lars, 67

output, 产出, accelerator relation and, 加速器关系与, 138-39

equations of multiplier-accelerator model and, 乘数—加速器模型方程与, 153

overhead labor thesis and, 劳动的论文和理论, 162

profit rate and, 利润率与, 236

profit squeeze model and, 利润挤压模型与, 262-63

ratio to capital, in overinvestment theory, 过度投资理论中的产出—资本比, 221-22

overhead labor hypothesis: income distribution and, 收入分配与, 161-63; labor share models and, 劳动份额模型与, 188-89

overhead workers, cyclical changes in income distribution and, 收入分配的周期性变化与, 171

overinvestment theory, 过度投资理论, evaluation of, 的评价, 222-23

formalization of cycle model, 周期模型的正规化, 229-30

Hayek's theory of capital costs and, 哈耶克资本成本理论与, 217-19

monetary, 货币, 68-69

profit rate and, 利润率与, 236

real, 实际, 68

overstocked inventories, 存货积压, business cycles and, 经济周期与, 132-33

paper money, 纸币, inflation and, 通货膨胀与, 29

part-time work, 非全职工作, unemployment statistics and, 失业统计与, 44-45

party politics, 政党政治, 347-48

Pay Board, 薪酬委员会, 382

peacetime cycles, 和平时期周期, federal deficit and, 联邦赤字与, 349-51

government spending and, 政府支出与, 346

Pechman, Joseph, 约瑟夫·佩克曼, 344

索 引

periodicity，周期性，business cycles and，经济周期与周期性，8

permanent consumption，持久消费，89-90

permanent incomehypothesis，持久收入假说，89-93

personal income tax，个人所得税，343-44

Peterson, Wallace，华莱士·彼得森，66

planned obsolescence，计划陈旧，193

plant closings, voluntary unemployment and，自愿失业与，62

pluralist economic theory，多元化经济理论，339-41

policymaking，政策制定，business cycles and，经济周期与，363-85

political business cycle theory，政治经济周期理论，342

politics，政治，class economic power and，阶级经济力量与，340-41

policy reforms and，政策改革与，365-69

total federal expenditures and，联邦总支出，347-48

Pollin, Robert，罗伯特·波林，276, 285-87

Post-Keynesian economics，后凯恩斯主义经济学，55-56, 274-77

See also neoclassical-Keynesian economics，参阅"新古典—凯恩斯经济学 (neoclassical-Keynesian economics)"

Preferences，偏好，consumption and，消费与，91-93

voluntary unemployment and，自愿失业与，62

price ratios，价格比率，finished output to capital goods，制成品产出—资本品价格比率，221-22

profit squeeze model and，利润挤压模型与，263

raw materials to finished goods，原材料—制成品价格比率，213-14

prices，价格，administered, monopolies and，行政价格、垄断与，301-5

behavior of，价格行为，305-7

capital costs and，资本成本与，208-10

cyclical movements of，价格的周期性变动，210-13, 296-97

differential changes in，价格的微分变化，208-10

income policy and，收入政策与，380-83

inventory investment and，存货投资与，130

monopolies and behavior of，的垄断与行为，295

overinvestment model of business cycle and，经济周期的过度投资模型与，221-22

Post-Keynesian view of，的后凯恩斯主义观点，54-56

profit squeeze theory and，利润挤压理论与，251-52

prime interest rate，优惠利率，cycles in，优惠利率的周期，287-88

private borrowing，私人借款，trends in，私人借款的趋势，283-84

private enterprise，私营企业，government spending and，政府支出与，371-72

history of，私营企业史，25-26

private property, 私人财产, profit and, 利润与, 30-31

private sector income, 私营部门收入, wealth distribution and, 财富分配与, 166-67

production, 生产, international investment and, 国际投资与, 323

labor cost and, 劳动成本与, 56

for market, 市场生产, 24-26

for profit, 盈利生产, 30-31

production-realization hypothesis, 生产—实现假说, 248-66

productivity, 生产率, cyclical growth of, 生产率的周期性增长, 170-77, 180, 187

defined, 生产率的定义, 159

downturn and, 衰退与, 258

income distribution and, 收入分配与, 170

inter-national comparisons of, 的国际比较, 319

labor share and, 劳动份额与, 159-60

measurement of, 的测定, 167-69

overhead labor thesis and, 162

profit squeeze theory and, 利润挤压理论与, 258

recovery phase, 复苏阶段, 185-86

reserve army hypothesis and, 后备军假说与, 164-65

wage lag hypothesis and, 工资滞后假说与, 161

wages and, 工资与, 172-74, 177, 179

profit hypothesis, 利润假说, 110-37

profit rates, 利润率, business cycle and, 经济周期与, 232-47

cyclical behavior of, 的周期性行为, 241-45, 310-12

increase in, during recovery, 复苏阶段利润率的回升, 261

investment and, 投资与, 120-24, 253-54

long-run trends in, 的长期趋势, 234-36

monopolies and, 垄断与, 307-10

overinvestment model of business cycle and, 经济周期的过度投资模型与, 220

profit squeeze theory and, 利润挤压理论与, 253-54

reserve army theory and, 后备军理论与, 226

time lags and, 时滞与, 289-91

underconsumptionist business cycle and, 消费不足主义的经济周期与, 202

Weisskopf's analysis of, 韦斯科普夫对利润率的分析, 235-37, 243, 246-47

profit realization theory, 利润实现理论, 198-202

profits, 利润, accelerator model and, 加速器模型与, 141-42

biased reporting of, 对利润的歪曲说法, 167-69

crisis and, 危机与, 258-59

definitions and biases in, 对利润的定义及偏见, 233-34

downturn and, 衰退与, 260

expansion and, 扩张与, 257

inventory investment and, 存货投资与, 130, 132-33

investment equations and, 投资方程与, 137

Marxist view of, 的马克思主义观点, 271–72

military spending and, 军事支出与, 345–46

production for, 盈利性生产, 30–31

profit squeeze theory and, 利润挤压理论与, 258–61

property income and, 财产收入与, 237–38

recovery and, 复苏与, 261

reserve army theory and, 后备军理论与, 229

underconsumption and, 消费不足与, 196

profit share, 利润份额, 225, 259

profit squeeze theory (nutcracker effect), 利润挤压理论（胡桃夹子效应）, 69–72

business cycles and, 经济周期与, 248–66

capital cost function and, 资本成本函数与, 256

consumer demand and, 消费需求与, 253, 257–58

credit and, 信贷与, 293–94

cumulative expansion and, 累积性扩张与, 256–57

defined, 的定义, 253

demand and, 需求与, 256–57, 260–61

distribution function of, 的分配函数, 255

downturn or crisis and, 衰退或危机与, 257–60

evaluation of, 的评价, 261–62

formal model of, 的正式模型, 262–66

investment and, 投资与, 253–54, 259–60

Kalecki's view of, 的卡莱茨基观点, 250–51

Keynes's view of, 的凯恩斯观点, 249

Mitchell's view of, 的米切尔观点, 250

monopoly power and, 垄断势力与, 315–16

operation of model of, 利润挤压理论（胡桃夹子效应）模型的运行, 256–62

production–realization hypothesis, 生产—实现假说, 248–66

productivity and, 生产率与, 258

profits and, 利润与, 254, 257

profit share and, 利润份额与, 258–61

recovery and, 复苏与, 261

relationships of, 的关系, 252–56

unemployment function and, 失业函数与, 255–56

Weisskopf, Bowles, and Gordon on, 韦斯科普夫、鲍尔斯和戈登的利润挤压理论, 251–52

profit studies, investment and, 投资与, 117–18

"prone to unemployment" concept, 概念, 62

propensity to consume, 消费倾向, 199–200

property income, 财产收入, components of (1970–1982), 239–41

corporate profits and, 企业利润与, 238–39

cyclical movements in, 的周期性波动, 42–44, 237–41

defined, 财产收入的定义, 157

distribution of wealth and, 财富分配, 167

downturn and, 衰退与, 203-4

labor income and labor share and, 劳动收入与劳动份额与, 175-76

life cycle hypothesis and, 生命周期假说, 88-89

pro-pensity to consume and, 消费倾向与, 96-97

taxes and, 税收与, 168-69

total profits and, 总利润与, 237-38

in underconsumptionist business cycle, 消费不足主义经济周期的财产收入, 199-200

property share, 财产份额, cyclical growth of, 的周期性增长, 177-78

defined, 财产份额的定义, 157

property taxes, 财产税, 352

proprietors' income, 业主收入, 240-41

prosperity phase of businesscycle, 经济周期的繁荣阶段, cyclical movements of labor share and, 劳动份额周期性波动与, 185-86

defined, 定义, 11

government spending patterns and, 政府支出模式与, 358

profits in, 经济周期繁荣阶段的利润, 257

profit squeeze theory and, 利润挤压理论与, 250

utilization-underemployment hypothesis and, 非充分就业效用假说与, 165-66

protectionist legislation, 保护法规, international trade and, 国际贸易与, 321-22

public opinion, wage lag hypothesis and, 工资滞后假说与, 161

public waste, underconsumption and, 消费不足与, 193

random shock theory, 随机冲击理论, 65

rate of exploitation, income distribution and, 收入分配与, 158

rational expectations, 理性预期, neoclassical view of, 理性预期的新古典经济学观点, 57-61

raw materials, 原材料, capital costs and, 资本成本与, 256

cyclical price movements and, 周期性价格波动与, 211

differential price changes and, 微分价格变化, 210

Hayek's theory of capital costs and, 哈耶克资本成本理论, 218-19

impact of Great Depression production of, 大萧条对原材料生产的影响, 325

price increases in, 原材料价格攀升, 319

ratio of prices to finished goods prices, 原材料-制成品价格比率, 213-14

Reagan, Ronald, 罗纳德·里根, 368-69

real business cycle theory, 实际经济周期理论, 60-61

realization business cycle theory, 实现经济周期理论, 198-202

real national income, 实际国民收入, 98-103

real wages, 实际工资, as determinant of labor share, 作为劳动份额的决定因

素，159-60

income distribution and，收入分配与，158-59

inflation and，通货膨胀与，379-80

overhead labor thesis and，间接劳动理论与，162-63

receipts，收入，federal，联邦收入，348-51

recovery phase of business cycle: credit and，信贷与，293

cyclical movements of labor share and，劳动份额的周期性波动与，185

defined，定义，11

multiplier-accelerator model and，乘数—加速器模型与，151

overinvestment theory and，过度投资理论与，222

reserve army theory and，后备军理论与，228

underconsumptionist business cycle and，消费不足主义的经济周期与，204

utilization-underemployment hypothesis and，非充分就业利用假说与，165-66

reduced-form equations，简化形式方程，multiplier-accelerator model and，乘数—加速器模型，154

reference cycles，参考周期，10-11，data on，的数据，21-22

time lags and，时滞与，289-91

reform policies，政策改革，administrative constraints on，的行政制约，364-65

economic constraints on，的经济制约，369-72

income distribution and，收入分配与，380-83

liberal macro policy as，作为政策改革的自由宏观政策，382-84

mone-tary policy and，货币政策与，373-79

neoclassical-Keynesian economic theory and，新古典经济学理论和凯恩斯经济学理论，363-64

political constraints on，的政治制约，365-69

wages and inflation and，工资与通货膨胀与，379-80

relative income theory，相对收入理论，consumption and，消费与，88

rental income，租金收入，cyclical behavior of，的周期性行为，240

replacement，重置，investment and，投资与，133-36

reproduction，再生产，dynamic（expanded equilibrium），动态（扩展均衡），75

Marx on，马克思关于再生产的论述，73-79

simple（static equilibrium），简单（静态均衡），74-75

reserve army of labor theory，后备军理论，69

business cycles and，经济周期与，224-25

cyclical pattern of labor income and labor share and，劳动收入和劳动份额的周期模式与，172

evaluation of，的评价，228-29，formalization of cycle model，周期模型的正式化，230-31

income distribution and, 收入分配与, 163－65

labor share models and, 劳动份额模型与, 188－89

long－run stagnation and, 长期停滞于, 223－24

Marxist view of, 的马克思主义观点, 223

model of, 的模型, 225－27

operation of model of, 后备军模型的运行, 227－28

reserve requirements, 法定准备率, 373

residential investment, 住宅投资, 118－20

Ricardo, David, 大卫·李嘉图, 28, 51－52

Riddell, Tom, 汤姆·里德尔, 345－46

risk, 风险, versus uncertainty, 风险与不确定性, 114－15

Roman Empire, 罗马帝国, 24－25, 27－28

sales, 销售, demand and, 需求与, 115－16

inventory ratio to, 存货—销售比率, 129－32

sales taxes, 销售税, 352

Samuelson, Paul, 保罗·萨缪尔森, 364

on demand and sales, 萨缪尔森关于需求和销售的论述, 115－16

on military spending, 萨缪尔森关于军事支出的论述, 367－68

multiplier－accelerator model and, 乘数—加速器模型与, 148－49

neoclassical－Keynesian critique of Say's law and, 新古典主义和凯恩斯主义对萨伊定律的批评, 54－55

Savings, 储蓄, consumption, ratios to, 消费—储蓄比率, 94－95

international investment and, 国际投资与, 322－23

as investment outlet, 作为投资漏出, 51－52

neoclassical－Keynesian view of, 的新古典主义观点和凯恩斯主义观点, 54－55

undercon－sumption and, 消费不足与, 192

savings and loan institutions, 储蓄与贷款机构, government spending and, 政府支出与, 340－41

historical background to, 的历史背景, 277－78

Say, J. B.: J. B·萨伊, on endogenous and exogenous cycle theories, 萨伊对内生和外生周期理论的论述, 50－52

origins of law of supply and demand and, 供求定律的起源与, 23

Say's Law, 萨伊定律, critiques and defenses of, 的批评与支持, 52－54

multiplier－accelerator model and, 乘数—加速器模型与, 146－47

neoclassical－Keynesian critique of, 的新古典主义和凯恩斯主义的批评, 54－55, 58－59

nutcracker effect and, 胡桃夹子效应与, 70－71

Post－Keynesian critique of, 的后凯恩斯主义批评, 55－56

profit hypothesis and, 利润假说与, 112－13

strict monetarism and, 严格的货币主义

与，375

supply-side economics and，供给方经济学与，61

Schultze, Charles，查尔斯·舒尔茨，163

Schumpeter, Joseph，约瑟夫·熊彼特，8，217

search theory of unemployment，失业的搜寻理论，62-63

segments, in business cycles，经济周期的划分，14-15

service industries，服务业，consumption and，消费与，83-84，86

rise of, in U.S.，美国服务业的攀升，33

Seven Year's War，7年战争，30

Shepherd, W. G.，299-300

short-run cyclical behavior，短期周期性行为，3，216

simple reproduction，简单再生产，74-75

sky is falling hypothesis，天空坠落假说，194

slavery，奴隶制，U.S. economy and，美国经济与，36

small businesses，小型企业，business cycles and，经济周期与，4，312

Smoot-Hawley tariff，斯穆特—霍利关税，321

socialist underconsumptionist long-run stagnation theory，社会主义者消费不足的长期停滞理论，193

socialization of investment，投资社会化，388

social security，社会安全，government spending and，政府支出与，343-44

society, losses to, from contractions in business cycle，经济周期收缩阶段的社会损失，4

South Sea Bubble，南海泡沫，29-30

Soviet economic planning，苏联经济计划，390-91

specific business cycles，特点经济周期，10-11

stability，稳定性，wage-price freezes and，工资—价格冻结与稳定性，380-83

stagnation, underconsumption and，消费不足与停滞，191-93

state government spending patterns，州政府支出模式，351-54

static equilibrium，静态均衡，74-75

static input-output，静态投入—产出，77-78

Stockman, David，大卫·斯托克曼，369

strict monetarism，严格的货币主义，374-75

successive approximations，连续逼近，72-73

Summers, Laurence，劳伦斯·萨默斯，379-80

sunspots，太阳黑子，business cycles and，经济周期与太阳黑子，52

supply-side theories，供给方理论，endogenous cycles and，内生周期与，5，51-52

exogenous cycle theories and，外生周期理论与，51-52

international investment and，国际投资与，323

of labor, as determinant of labor share，作为劳动份额决定因素的劳动供给方理

论，159 - 60
monetarism and, 货币主义与, 273 - 74
money economy and, 货币经济与, 28 - 29
neoclassical - Keynesian view of, 供给方理论的新古典主义观点和凯恩斯主义观点, 54 - 55, 63 - 64
overinvestment and, 过度投资与, 68 - 69, 215 - 31
Post - Keynesian view of, 55 - 56
profit rate and, 利润率与, 236
reform policies and, 改革政策与, 363
reserve army of labor and, 劳动后备军与, 69, 215 - 31
successive approximations, 连续逼近, 72 - 73
theory of, 61
surplus value, 剩余价值, Marx theory of, 剩余价值的马克思理论, 73
Sweezy, Paul, 保罗·斯威齐, 193
synchronization of business cycles, 经济周期的同步性, 332 - 35
taxation, 税收, government spending and, 政府支出与, 343 - 44
investment and, 投资与, 363
measurement of profits, wages, and productivity and, 税收测量、工资与生产率与, 167 - 68
policy reform and, 政策改革与, 369
politics of, 政治的, 365 - 66
profits and, 利润与, 233 - 34
supply - side theory and, 供给方理论与, 61, 215
wage - price freezes and, 工资 - 价格冻结与, 381

Tax Reform Act of 1986, 1986 税收改革法案, 168
technology, 技术, accelerator relation and, 加速器关系与, 138
as determinant of labor share, 作为劳动份额的决定因素, 159 - 60
nonmonetary overinvestment and, 非货币性过度投资与, 217
underconsumption and, 消费不足与, 193
wage lag hypothesis and, 工资滞后假说与, 161
Thatcher, Margaret, 玛格丽特·撒切尔, 224
Third World countries, 第三世界国家, during Great Depression, 大萧条期间的第三世界国家, 325
multinational corporations and, 跨国公司于, 314
as source of raw materials, 作为原材料来源的第三世界国家, 319
time lags, 时滞, accelerator model and, 加速器模型, 141 - 42
consumption and, 消费与, 107 - 9
flexible accelerator model and, 弹性加速器模型与, 116
investment, indifferent industries, 不同产业的投资时滞, 126 - 28
in investment process, 投资过程时滞, 124, 126 - 27
multiplier theory and, 乘数理论与, 146 - 47
real and financial factors in, 实际和金融因素的时滞, 289 - 91
total credit, crisis and, 危机与总信贷, 283 - 84

| 索 引 | 453

trade, history of, 贸易史, 24-25

trade deficit, 贸易赤字, versus government deficits, 与政府赤字, 372

U.S. increase in, 美国赤字的增长, 320

transfer payments, 转移支付, federal expenditures on, 联邦总支出, 346-48

government spending and, 政府支持与, 343

wealth distribution and, 财富分配与, 166-67

transitory consumption, 暂时消费, 90

transitory income, 暂时收入, 89-90

transmission mechanisms, 传导机制, 323, 337

transnational corporations, 跨国公司, defined, 跨国公司的定义, 313

t-statistics, t统计量, labor share models and, 劳动份额模型与, 189

uncertainty, 不确定性, business cycle and, 经济周期与, 3-4

credit and financial crises and, 信贷与金融危机与, 274

investment and, 投资与, 114-15

underconsumption, 消费不足, consumption function in, 中的消费函数, 199-200

cumulative expansion and, 累积性扩张, 203

cyclical pattern of labor income and labor share and, 劳动收入与劳动份额的周期模式与, 172

demand-side theory and, 需求方理论与, 191-207

distribution function in, 的分布函数, 200-201

downturn and, 衰退与, 203-4

evaluation of cycle theory, 周期理论的评价, 204-5

exogenous theory and, 外生理论与, 67-68

formalization of model for, 消费不足模型的正式化, 205-7

government spending patterns and, 政府支出模式与, 355, 357

investment function in, 中的投资函数, 201-2

Keynes and, 凯恩斯与, 197-98

long-run stagnation theories, critiques of, 消费不足长期停滞理论的批评, 194-96

Marx and, 马克思与, 196-97

nonsocialist, 非社会主义者, 191-92

realization or demand-side business cycle theory and, 实现经济周期理论或需求方经济周期理论与, 198-202

recovery and, 复苏与, 204

socialist, 社会主义者, 193

wage lag hypothesis and, 工资滞后假说与, 160-61

underemployment, 就业不足, 44

unemployment, 失业, business cycle and, 经济周期与, 45-48

capacity utilization and, 产能利用与, 179, 181-85

consumer credit and, 消费信贷与, 285-87

cyclic amplitudes and, 周期幅度与, 45, 47

endogenous and exogenous cycle theories and, 内生和外生周期理论与, 51

excess labor supply and, 劳动供给过剩与, 55–56

government spending to combat, 解决失业的政府支出, 366

growth by segment and, 部门增长与, 372

investment multiplier theory and, 投资乘数理论与, 143–44

monetary policy and, 货币政策与, 378–79

monopolies and, 垄断与, 314–15

"natural" rate of, 失业自然率, 63

price behavior and, 价格行为与, 305–7

profit rate and, 利润率与, 237

profit squeeze theory and, 利润挤压理论与, 255–56, 262–63

reserve army hypothesis and, 后备军假说与, 164–65, 225, 227

search theory of, 失业的搜寻理论, 62–63

U. S. trends in, 失业趋势, 34–35

wage reduction and, 工资削减与, 363

See also involuntary unemployment; voluntary unemployment, 另见"非自愿失业（involuntary unemployment）, 自愿失业（自愿失业）"

unemployment compensation, 失业救济, determinant of labor share, 老的份额的决定因素, 159–60

unions, 工会, cyclical changes in income distribu-tion and, 收入分配的周期性变化与, 170

determinant of labor share, 劳动份额的决定因素, 159–60

monopolies and, 垄断与, 297–98

multinational corporations and, 跨国公司与, 314

origin of, in U. S., 美国工会的起源, 33

reserve army theory and, 后备军理论与, 223–24

voluntary unemployment and, 自愿失业与, 61–63

wage lag hypothesis and, 工资滞后假说与, 160–61

wage–price freezes and, 工资—价格冻结与, 380–83

unit costs, 单位成本, profit rates and, 利润率与, 311–12

United States, 美国, business cycles in, 美国经济周期, 36–40

economic decline of, from mid–1960s to present, 20世纪90年代中期至今美国经济的衰退, 318–20

history of rise of, 美国崛起史, 317–18

industrial production in, 美国工业生产, 335–37

states of capitalism in, 美国资本主义状况, 32–34

synchronization of business in, 美国经济同步性, 333

U. S. bonds, 美国债券, 373–74

"user cost of capital", "资本的使用者成本", 116–17

U. S. Treasury securities, 美国国库券, 373–74

utilization–unemployment hypothesis, 产能利用—失业假说, income distribution and, 收入分配与, 157–90

labor share models and, 劳动份额模型与, 188–89

Valentine, Lloyd, 劳埃德·瓦伦丁,

59 – 60

variable capital, 可变资本, Marx theory of, 马克思的可变资本理论, 73 – 74

variables (economic), （经济）变量, definitions of, （经济）变量的定义, 393 – 94

veblen, Thorstein, 索尔斯坦·凡勃伦, 371; economic planning advocated by, 由……提倡的经济计划, 388, government spending and, 政府支出与, 340, Mitchell influenced by, 250

refutes Say's law, 萨伊定律的反驳, 23

relative income theory and, 相对收入理论与, 88

felocity of money supply, 货币供给速度, 281 – 83

Marxist view of, 马克思的货币供给速度观点, 272

monetarism and, 货币主义与, 273 – 74

time lags and, 时滞与, 289 – 91

Vietnam War, 越南战争, 346, 349 – 51

Volcker, Paul, 保罗·沃尔克, 375

voluntary employment, 自愿失业, blaming the victim theory and, 谴责受害者理论与, 61 – 63

neoclassical view of, 自愿失业的新古典主义观点, 58 – 59

Wachtel, Howard, 霍华德·沃赫特尔, 306 – 7

wage lag hypothesis, 工资滞后假说, income distribution and, 收入分配与, 160 – 161

labor share and, 劳动份额与, 172 – 174 – 77, 188 – 89

underconsumptionist business cycle and, 消费不足主义的经济周期与, 200 – 201

wage – price freezes, 工资—价格冻结, income distribution and, 收入分配与, 380 – 81

inefficiency and corruption of, 的非效率与腐败, 381 – 82

inequality of, 的不平等, 382

wages, 工资, business cycles and, 经济周期与, 42 – 44, 187

decline of, in U.S., 美国工资的下降, 34 – 35

downturn and, 衰退与, 203 – 4

income distribution and, 收入分配与, 167 – 69, 171, 380 – 83

long – run stagnation and, 长期停滞与, 223 – 24

monetary policy and, 货币政策与, 379 – 80

productivity and, 生产率与, 172 – 74, 177, 179

profit rates and monopolies, 利润率与垄断, 309 – 10

profit squeeze theory and, 利润挤压理论与, 251 – 52

reserve army hypothesis and, 后备军理论与, 164 – 65, 223, 228 – 29

underconsumption and, 消费不足与, 196

unemployment and, 失业与, 363

as variable capital, 作为可变资本的工资, 74

See also hourly wages; real wages, 参阅"计时工资 (hourly wages), 实际工资 (real wages)"

Walras, Leon, 利昂·瓦尔拉斯, defense

of Say's law by, 利昂·瓦尔拉斯对萨伊定律的辩护, 53

war, 战争, cyclical patterns in government spending and, 政府支出的周期模式与, 346

underconsumption and, 消费不足与, 193

U. S. economy and, 美国经济与, 37

wealth, 财富, distribution of: corporate assets and, 企业资产分配, 299-301

income distribution and, 收入分配与, 166-67

life cyclehypothesis and, 生命周期假说与, 88-89

multinational firms and, 跨国企业与, 313-14

Weisskopf, Thomas, 托马斯·韦斯科普夫, 8

cyclical behavior of profit rates, 利润率的周期性行为, 243, 246-47

disagreement with, 与韦斯科普夫的分歧, 246-47

profit rate analysis by, 托马斯·韦斯科普夫对利润率的分析, 235-37

profit squeeze theory and, 利润挤压理论与, 251-52

Welfare spending, 福利支出, policy reform and, 政策改革与, 367

Wolfson, Martin, 马丁·沃尔夫森, 276, 284-85

women, 妇女, voluntary unemployment and, 自愿失业与, 61-63

workers, 工人, propensity to consume in, 工人的消费倾向, 95-97

Young Pretender (England), 觊觎王位者, 29-30

Zarnowitz, Victor, 维克多·扎诺维茨, 59-60